과학적으로 증명하는

# 現場風水

과학적으로 증명하는

# 現場風水

朴奉柱 著

祥元文化社

# 머리말

**사**람에게는 심령心靈이 있고 산山에는 지령地靈이 있다. 영靈은 곧 기氣이다. 따라서 사람에게는 심기心氣라고도 하며 산山에서는 지기地氣라고도 한다.

사람의 심기는 지知·정情·의意를 관장하는 생명체이지만 생존 기간이 짧고 지기는 생명체는 아닌 반면에 영구적이다.

**사**람은 죽으면 영靈만 남고 심心은 사라진다. 지기가 뭉친 진혈眞穴에 조상의 유해를 모시면 왕성한 지기가 시체의 영靈(氣)과 합쳐 더욱 강한 유골인자가 동기감응同氣感應을 일으켜 자손들에게 복을 준다.

**사**람의 심령을 분석하면 심心은 곧 마음이요 영靈은 정신이다. 사전을 찾아보면 마음과 정신을 같은 뜻으로 풀이하고 있으나 동양철학에서는 이를 구분하고 있다. 이퇴계 선생이 쓴 《성학십도聖學十圖》에는 우리 마음은 정신을 관장하는 생명의 주체자로 설명하고 있다. 따라서 정신은 곧 영靈이요 또한 기氣이다. 세계 각국의 심령과학자들이 앞을 다투어 연구하고 있는 내용도 바로 이 부분이다. 마음이 영靈을 다스리고 마음이 기氣를 관장한다는 내용인 것이다. 마음이 탐욕에 의해 혼탁해지면 자연히 우리의 영靈이나 기氣 역시 혼탁해진다. 마음이 맑고 물욕이 없이 연구와 수신修身에 열중해야 우리의 기氣도 맑고 예리해져 산山을 흐르는 지기地氣(地靈)와 통할 수 있어 그 융결처融結處도 투시할 수 있게 된다. 이러한 경지에 이른 지사地師를 신안神眼 또는 도안道眼이라 한다.

**반**대로 돈을 탐내고 자칭 신안神眼 행세를 하는 사람은 신안이 아니라 광안狂眼이요 도안이 아니라 도안盜眼이다. 그린 사람의 눈에는 진혈이 보이지 않는다. 때문에 진실한 효심으로 위선하려는 사람은 먼저 자기 심령을 닦아 적선積善 적덕積德을 쌓아야 탐욕 없는 진실한 지사地師를 만날 수 있는 것이다. 구산자求山者 중에는 마치 백화점에서 가장 비싼 것이 가장 상품上品으로 착각하는 우자愚者도 많다.

필자는 3권의 책《실전풍수입문實戰風水入門》,《한국풍수이론韓國風水理論의 정립定立》,《명당明堂의 진리眞理》에서 이미 서로 다른 풍수이론의 정립과 풍수학계의 정화를 위해 노력해 왔다. 그러나 객관성 없는 단편적 지식만으로 자기 주장만을 최고의 풍수이론으로 고집하는 자들이 너무 많고 그런 사람들일수록 탐욕이 많아 자기 주장을 미화 과장하는 선전술이 탁월하여 순수한 학구적 입장이 꺾이는 세태이다. 격암 남사고 선생 같은 신안도 순수한 효심에서이지만 천하대지에 부친을 모시려는 욕심이 너무 컸기 때문에 고사괘지枯蛇掛枝를 비룡승천飛龍昇天으로 헛보았다는 구천십장가九遷十葬歌는 풍수지리 학계의 유명한 일화이다. 물욕에 가득 찬 범안凡眼들은 얼마나 큰 과오를 범하겠는가? "의사가 실수하면 한 사람만 피해를 입지만 지사가 잘못하면 일가를 망친다"고 했다. 우리는 이런 우를 범해서는 안 된다.

그러기 위해서는 깊이, 넓이 계속 연구하고 탐욕을 버리기 위해 자기 수도에 노력해야 된다. 그래서 옛날 선사先師들은 거의가 속세를 떠나 탐욕이 없는 스님 출신이었다.

필자는 85세의 노약한 기력으로 마지막 네 번째의《과학적으로 증명하는 현장 풍수》를 출간하면서 다시 한 번 천조공응론天祖共應論을 강조하는 바이다. 어떤 종교를 믿던 간에 먼저 자기 조상을 숭상해야 된다는 말이다. 풍수지리의 근본사상은 숭조효친사상에서 출발했기 때문이다. 엄동설한에 하늘에 높이 있는 햇빛(宗敎)만 쳐다보고 있으면 얼어 죽는다. 방안에 조그마한 난롯불(祖上의 蔭德)이 나를 살려준다. 이것이 천리天理이다. 마지막 나의 이 책이 풍수지리 학계의 정화와 사회 윤리의 근간인 숭조효친사상의 회복에 일조가 되기를 기원할 뿐이다.

Contents
차례

# Contents
## 차례

# Contents 차례

# Contents
## 차례

**9**

# Contents
## 차례

# Contents
## 차례

# Contents
## 차례

# Contents
## 차례

# Contents
# 차례

# Contents
## 차례

# Contents 차례

# Contents
## 차례

# *Contents*
# 차례

# 제1부

# 풍수지리의 기본목표

# ☯풍수지리의 기본목표

풍수지리의 궁극적 목적은 진혈(眞穴·明堂)을 찾는 데 있다. 명당明堂이란 지기地氣가 뭉쳐진 곳을 말한다. 지기가 뭉친 곳이란 다음 세 가지 요건이 갖추어진 곳이다. 즉, 장풍藏風·배수排水·지질(地質·혈토의 질) 세 가지이다.

이 세 가지 조건은 그 요령만 터득하면 쉽게 간별할 수 있는 형기形氣에 속하는 내용이다. 때문에 이 세 가지 형기를 정확히 터득할 수 있는 요령을 배우는 것이 풍수지리 공부의 제1차 목표이다. 일반 풍수지리 책을 보면 용龍·혈穴·사砂·수水 순으로 설명이 이루어지고 있다. 그러나 필자는 이번 《과학적으로 증명하는 현장 풍수》에서는 풍風·수水·지地의 순서로 그 중요성을 설명할까 한다.

그 다음은 이기理氣이다. 망인亡人의 안위는 형기形氣에 의함이지만 자손의 화복禍福은 이기에 의함이기 때문이다. 따라서 이기는 형기에 못지않게 중요하다. 이기는 용법龍法·혈좌법穴坐法·수법水法·사법砂法·제살법除殺法 등을 말하며 이기가 잘 맞아야 완전한 진혈(眞穴·明堂)이다. 다시 말해서 형기에 속하는 장풍藏風·배수排水·혈토穴土의 세 가지는 눈으로 보고 식별할 수 있기 때문에 과학적인 반면에 이기는 어렵고 복잡하다. 과학적인 실증도 불가능하다.

그러나 도선국사道詵國師는 말하기를 "형기形氣가 조화롭게 잘 갖추어 졌으면 이기理氣는 자연히 맞도록 되어 있느니라."고 하셨다. 우주만물이 형성된 연후에 선사들이 그 자연의 형기에 맞추어 풍수지리의 이법을 마련한 것이니 일차적으로 정확한 형기를 터득하면서 그에 맞추어 조화롭게 이기를 공부해 가야 학습 의욕을 유발할 것으로 믿는다.

이상 설명한 풍수지리의 네 가지 기본요건을 중심으로 용혈사수龍穴砂水에 대한 내용을 마치 선사들이 자연 형기 속에서 풍수지리 이법을 도출해 낸 과정처럼 순서에 따라 중점적으로 설명할까 한다. 따라서 현재 필자에게 배움을 청하는 원생들에게도 실내에서 이루어지는 이론 연수보다 이기와 형기가 조화를 이루고 서로 부합되는 현장 연수에 주력하고 있다.

## 풍수지리의 기본목표(명당明堂 찾기 ➡ 지기地氣의 융결처融結處)

**➡ 風(장풍)**
- ❶ 주산主山의 개장開帳과 본신룡本身龍 찾기(좌우선左右旋 확인).
- ❷ 이기理氣와 형기形氣에 의한 생사룡生死龍의 감별(산매법山媒法과 15도수법度數法).
- ❸ 청룡靑龍 백호白虎 안산案山 조산朝山의 방풍防風 역할.
- ❹ 재혈裁穴의 오류와(天地人穴) 사산砂山의 저함低陷에 따른 풍살風殺

**➡ 水(배수)**
- ❶ 용절龍節의 기복起伏 굴곡屈曲에 따른 삼분三分 삼합三合.
- ❷ 혈穴 직전의 결인結咽(入首)과 뇌두腦頭의 역할.
- ❸ 혈장 내穴場內 배수排水구조의 신비성(穴場 四眞).
- ❹ 석물石物 설치와 배수상排水上의 문제점.

➡️ **地(혈토)**
- ❶ 입수처入首處와 순전脣氈 및 혈장 내 표토表土에 의한 혈토穴土 추정.
- ❷ 혈토穴土의 본질과 종류(非石非土).
- ❸ 반석盤石(경암硬岩)의 경우 천광穿壙의 요령.
- ❹ 석회석石灰石의 사용 방법.

➡️ **理(이기)**
- ❶ 생왕룡生旺龍과 사절룡死絶龍의 구분 및 혈장의 적정(이기理氣에 의한 용법龍法 및 혈법穴法).
- ❷ 수세水勢와 수법水法에 의한 길수吉水와 흉수凶水의 구분(水法).
- ❸ 사砂의 방향(理氣)과 형체(形氣)에 의한 길수吉凶의 구분(砂法).
- ❹ 혈장과 사砂에 의한 제살諸殺에 대한 예방(殺法).

地氣:風則散 水則止
지기　풍즉산　수즉지

地氣:旺則凸突 衰則 凹陷 廣則氣衰 太長則氣弱 過直則氣死
지기　왕즉철돌　쇠즉　요함　광즉기쇠　태장즉기약　과직즉기사

脈粗則氣惡
맥조즉기악

옛날 선사들은 위와 같은 지기에 대한 원리를 잘 적용시켜 기氣의 융결처(眞穴)를 기맥봉氣脈棒 없이도 잘 찾아냈다. 선사들이 취했던 방법이 오히려 자기 감정이 개입되지 않은 객관적이고도 과학적인 방법이었는지도 모른다.

**동기감응同氣感應**

형기形氣 → 망인의 안위 ──┴── 이기理氣 → 자손의 화복

※ 심룡尋龍 삼년三年에 재혈裁穴 십년十年이라 했는데 아무리 과장된 표현이라 할지라도 그만큼 재혈이 어렵다는 뜻이니 심중을 기하지 않을 수 없다. 우선 심룡尋龍이란 것은 진혈眞穴이 있는 본신룡本身龍을 찾는다는 뜻이다.

# 제1장
## 심혈尋穴 순서(심룡尋龍 三年 재혈裁穴 十年)

### ☯ 본신룡本身龍을 찾는 요령

**❶ 산山의 앞에서 전망(本身龍 찾기) ➡ 龍**

산山 속으로 바로 들어가 버리면 나무들에 가려서 보이지 않으니 앞에서 산 전체를 전망하고 그 산의 생기가 어느 용龍으로 제일 강하게 내려 오는가를 가려 본신룡本身龍을 찾는 것이 순서이다.

① 좌左·우선수右旋水의 확인과 용진龍盡 수요처水繞處 찾기.

좌左·우선수右旋水를 먼저 가린 후 반대되는 용龍 중에서 본신룡本身龍을 찾는다.

② 좌우의 용龍에 비해 낮은 용龍으로서 청룡靑龍·백호白虎·안산案山·조산朝山이 잘 감싸 주는 용龍(장풍藏風).

③ 기복起伏 굴곡屈曲이 있는 생기가 왕성한 용龍(속기束氣).

④ 삼분三分 삼합三合이 잘 이루어져 배수排水가 잘된 용龍(배수排水).

⑤ 안산案山·조산朝山이 앞에 물과 함께 다정하게 감싸 주는 용龍(장풍藏風).

**❷ 본신룡本身龍 오르기 ── 진혈眞穴 찾기 ➡ 穴**

⑥ 기복 굴절된 본신룡의 생왕生旺 사절死絶 확인(15도수법度數法 산매법山媒法 등 통맥법通脈法에서 말하는 태교혈법胎交穴法 교구법交媾法 등도 비슷한 이치이다).

⑦ 안산案山의 높이에 따라 천天·지地·인人·혈穴의 추정(장풍藏風을 고려하지 않은 곳 불가).

⑧ 최종 결인結咽[입수入首] ⇨ 뇌두腦頭, 순전脣氈, 혈장내穴場內 오진五眞 찾기. 뇌두腦頭[승금乘金] 선익사蟬翼砂[인목引木], 원운圓暈[난화煖火], 미곡微谷[상수相水], 혈토穴土.

⑨ 혈상穴相[와窩, 겸鉗, 유乳, 돌突]에 따른 혈증穴證 찾기.

● 와혈窩穴 : 우각사牛角砂, 와중유돌窩中乳突
● 겸혈鉗穴 : 일자대一字臺
● 유혈乳穴 : 뇌두腦頭, 선익사蟬翼砂, 순전脣氈
● 돌혈突穴 : 뇌두腦頭, 하수사蝦鬚砂(水)

⑩ 용상팔살龍上八殺, 쌍금살雙金殺 등 해당 유무 확인.

❸ 길사吉砂, 흉사凶砂 확인 ➡ 砂

⑪ 형체상形體上의 길흉사吉凶砂 확인.

● 형체상形體上[山의 모양]의 길사吉砂
● 형체상形體上의 흉사凶砂

⑫ 이법理法[砂法]상上의 길흉사吉凶砂 확인.

● 이법상理法上의 길사吉砂
● 이법상理法上의 흉사凶砂

❹ 수세水勢와 수구水口 확인 ➡ 水

⑬ 혈장내穴場內 배수排水 구조의 신비성 확인.

⑭ 수세水勢의 길흉吉凶 확인 ⇨ 구곡수九曲水.

⑮ 득得 파수破水의 길흉吉凶 확인.

**①** 88향수법向水法

**②** 향상포태수법向上胞胎水法

**③** 장생수법長生水法

**④** 팔요황천수八曜黃泉水(風) 팔로사로황천수八路四路黃泉水(風)

살인대황천파殺人大黃泉破 소황천파小黃泉破의 해당 유무 확인.

## ☯ 용세龍勢와 생기生氣의 흐름

풍수지리의 목적은 진혈眞穴을 찾기 위함이요, 진혈(眞穴·明堂)은 기氣가 뭉친 곳을 말한다[葬者 乘生氣也장자 승생기야]. 조산祖山에서 힘차게 내려오다 사방이 산수山水로 둘러싸여 상하좌우 전후 육합六合의 생기生氣가한곳에 결집함을 말한다. 따라서 전기全氣가 결집된 땅에 조상을 모시면 왕성한 생기를 받기 때문에 자손들에게 강한 감응을 일으켜 복을 받게 된다.

《금낭경錦囊經》〈인세편因勢篇〉을 보면 지중地中에 흐르는 생기는 눈으로는 보이지 않지만 용龍의 형세를 통해 생기의 흐름을 파악할 수 있기때문에 용맥龍脈의 흐름을 형기形氣와 이기상理氣上으로 정확히 파악하는것이 제일 중요하다고 했다.

양균송楊筠松 선사先師는 명당의 물은 자기 피를 아끼듯 소중히 여기고 풍風은 도적을 피하듯 조심해야 된다고 했다. 장풍藏風과 득수得水 득파得破가 중요함을 강조하는 말이다. 기氣는 풍즉산風則散이요 수즉지水則止라했으니 기氣의 취결聚結과 직결되는 문제이다.

최근에 기맥봉氣脈棒으로 생왕生旺 여부를 측정하는 사람들이 많아졌으나 이 역시 쉬운 일이 아니다. 경험이 적은 사람들이 가볍게 취급해서는 안 될 일이다. 자기 심령의 많은 연마가 필요할 것으로 느껴진다. 선사들처럼 용맥龍脈의 형세에 의한 측정 요령을 정확히 터득하는 것이 더욱 정확한 방법일 것 같다.

정확한 풍수이론의 파악이 너무도 어렵기 때문에 자기 부족을 감추기 위한 쉬운 방법으로 접신接神, 통령通靈, 기맥봉氣脈棒 등 여러 가지 방법을 동원한 사람도 있으나 오히려 자기 자신의 모순과 혼돈에 빠지는 사람도 있다. 앞에서도 말했지만 고서에 ① **脈者 太長則 氣弱**(맥자태장즉기약)이요 ② **過直則氣死**(과직즉기사)요 ③ **脈廣則氣衰**(맥광즉기쇠)요 ④ **脈粗則 氣惡**(맥조즉기악)이라 하였다.

필자의 경험을 살려 설명하자면,

● 맥脈(龍)이 너무 크고 길면 기氣가 점점 약해질 수밖에 없다. 千里來龍(천리내룡)에 到頭 一節(도두일절)이라 했지만 이는 태조산太祖山에서 시작하여 중조산中祖山 소조산小祖山을 거쳐 혈장穴場에 이르기까지 대복소기大伏小起하며 개장굴곡開帳屈曲을 거듭하며 내려오는 용龍을 강조하는 뜻이며 소조산少祖山에서 내려오는 본신룡本身龍이 너무 크고 길면 기氣가 점점 쇠약해질 수밖에 없다. 때문에 용장혈졸龍長穴拙이란 말이 있다. 용龍이 길수록 혈穴 바닥은 좁게 뭉친 곳이라야 된다는 뜻이다. 일맥상통하는 이치이다.

● 다음은 용龍이 지나치게 곧으면 기氣가 죽는다 했다. 즉, 용龍이 곡曲하면 생룡生龍이요 직直하면 사룡死龍으로 보면 된다. 그러나 곡曲하면서도 용법龍法(理氣)에 맞도록 곡曲해야 혈穴이 생길 수 있는 진룡眞龍인 것이다. 아무리 천변만화千變萬化의 내룡來龍일지라도 이법理法(龍法)에 맞지 않으면 생왕룡生旺龍으로 볼 수 없다. 더욱 곧으면서 급한 용龍은 기氣 역시 머물러 뭉칠 수 없다. 따라서 강한 순전脣氈이 있어 급한 기氣의 흐름을 멈추게 하거나 急卽(급즉) 緩(완)이라 했으니 급에서 완으로 박환하지 않으면 혈穴이 생길 수 없다.

●용龍이 너무 넓으면 양룡陽龍 기氣가 분산되어 쇠약해지기 마련이다. 건수乾水도 들기 쉽다. 물이 들면 水則止(수즉지)이니 기氣가 내려올 수 없다. 따라서 넓은 용龍은 좁게 결인結咽하거나(束氣) 기起하여 음룡陰龍(양래음수陽來陰受)으로 박환하지 않으면 혈이 생기지 못한다. 이와 같은 평강룡平岡龍 입수入首의 경우 여러 줄기의 기氣가 내려오면 기氣가 왕旺한 것으로 생각해서는 안 된다. 그 여러 줄기로 펼친 기氣가 뭉쳐(束氣) 가늘게 입수해야 길吉하며 입수의 한가운데 제일 도두룩한 곳이 기氣가 제일 왕旺하게 내려온 선線이니 그 줄에 천산 72룡을 맞추어야 된다(氣卽 旺則凸突也 기즉 왕즉철돌야).

●맥脈이 너무 조잡하면 기氣도 조악(殺氣)하다. 용맥龍脈에 첨암尖岩, 잡석雜石 등이 많거나 산이 허물어져 조잡하게 보인 용맥에는 혈이 생길 수 없다는 뜻이다. 많은 바위가 있으면 그 사이에 혈이 생기는 것으로 생각하는 지사地師들도 있으나 암석에는 길흉이 따로 있으니 그를 구별할 줄 알아야 된다.

●《장경葬經》에 이르기를 혈穴이 여자들 유방과 같이 돌突한 용맥龍脈에는 얕게 매장해야 된다고 했다. 이러한 돌출한 음혈陰穴에는 생기生氣가 위로 부상浮上하기 때문이다. 그리고 평지 모양의 낮은 용맥의 혈에서는 깊게 매장하는 것이 좋다고 했다. 생기가 아래로 하침下沈하기 때문이다.

※ 풍수지리의 핵은 진혈眞穴을 찾는 데 있고 진혈이란 생기生氣가 뭉친 곳을 말하며 생기의 흐름은 용맥龍脈의 형세를 통해 파악할 수 있으니 우리가 원하는 진혈의 구득求得을 위해서는 일왈一曰 용룡龍의 연구가 제일 중요하다. 용룡龍의 형세(形氣)와 용법龍法(理氣)에 대해서 깊이 연구를 거듭하여 풍수지리의 본래의 목적달성이 이루어지기를 비는 바이다.

# 제2장
## 음양오행론陰陽五行論

### 제①절 음양설陰陽說

음양오행陰陽五行은 우주본원의 기氣이며 천지조화의 이법이다. 따라서 풍수지리는 물론 동양철학은 음양오행에서 시작된다. 음양오행설은 우주를 하나의 태극太極으로 보고 거기서 일기—氣가 생생生生하고 동動하고 정靜하는 데 따라 음陰과 양陽으로 나뉘어졌다. 이른바 음양陰陽 양의兩儀이다.

양陽은 태극지기太極之氣이고 음陰은 태음지기太陰之氣이다. 따라서 음양설은 모든 우주 현상을 둘로 대립시켜 명암明暗·대소大小·동정動靜·득실得失·성쇠盛衰·생멸生滅·천지天地·일월日月·남녀男女·고저高低 등 모든 우주의 존재 및 그 활동을 대립적 관계(陰陽 관계)로 보는 것이다.

음陰과 양陽은 다시 변화하며 사상四象을 이루고 사상은 다시 팔괘八卦를 생생生生한다. 그 팔괘는 다시 64괘로 발전한다. 한편 이와 같은 음양의 변화 과정에서 金木水火土의 오기五氣가 자연 발생하게 되고 이 세상에 존재하는 만물의 생장生長과 소멸消滅은 이 음양오행의 상생相生과 상극相剋의 적용에 따라 이루어진다.

이와 같이 신비하고 심오한 음양오행의 발상 근원은 하도河圖와 낙서洛書이다. 한편 고대 성인들이 탐구 발전시켜 온 이 위대한 우주 진리는 오늘날 동양사의 철학과 과학의 바탕이 되어 우리 생활을 풍요롭게 해주고 있다. 따라서 우리는 풍수지리학의 입문入門에 앞서 음양오행을 충분히 익혀야 한다.

필자의 저서《실전풍수입문》과《한국풍수이론의 정립》등에서 하도와 낙서에 대해서 자세히 설명했기 때문에 여기서는 간략히 설명할까 한다.

### (1) 선천팔괘先天八卦

약 5,000년 전 중국의 황하에서 나온 용마龍馬의 등에 그림(무늬)이 그려졌는데 이를 하도河圖라 한다. 황하에서 발견된 그림이란 뜻이다. 성주聖主 복희씨는 하도를 보고 우주의 모든 이치가 함축되어 있음을 알고 이를 팔괘八卦로 만들고 우주의 원리와 순환의 이치를 설명하였다. 이를 선천팔괘라 한다.

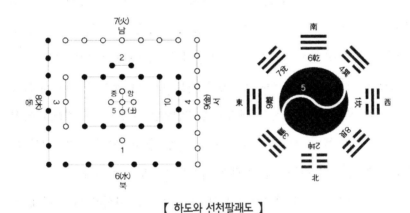

【 하도와 선천팔괘도 】

### (2) 후천팔괘後天八卦

낙서洛書는 약 4,000년 전 중국 전설상의 가장 오래된 왕조 하夏나라 우愚 임금 때 낙수洛水라는 강에서 신비스런 거북이 한 마리가 나왔는데 이 거북이 등에 그려진 그림을 낙서라고 한다. 이 낙서를 보고 약 3,100년 전 주周나라 문왕文王이 팔괘를 배치한 것이 문왕팔괘文王八卦이다. 이를 후천팔괘後天八卦라 한다.

후천팔괘의 배치 방위는 선천팔괘와는 다르다. 《주역》의 〈설괘전說卦傳〉에서는 후천팔괘에 대해 다음과 같이 설명하고 있다. 천지 자연의 작용은 진震에서 출발하고 손巽에서 가지런하게 되고 이離에서 서로 보게 되고 곤坤에서 힘써 일하고 태兌에서 즐겨하고 건乾에서 서로 싸우게 되고 감坎에서 노고勞苦하고 간艮에서 성취成就한다.

만물이 진震에서 출발하며 진震은 동방東方을 표현하는 괘卦이다. 동방은 봄을 상징한다. 만물은 손巽에서 가지런하게 정리한다. 손巽은 동남방東南方을 표현하는 괘卦다. 북두칠성의 자루가 동남방을 가리키는 시절이 되면 만물은 가지런하게 된다. 가지런하게 된다는 것은 만물이 깨끗이 정제整齊되는 것을 말한다. 이離는 불을 상징한다. 밝은 것이어서 만물이 서로 볼 수 있는 것이다. 이離는 남방南方을 표현하는 괘卦이다.

성인은 남쪽을 향하여 천하의 사정을 듣는다. 밝은 곳을 향하여 앉아 정치하는 일은 대개 이괘離卦에서 본받는 것이다. 곤坤은 땅이다. 만물을 모두 길러 주는 것이므로 힘써 일한다고 말한 것이다. 태兌는 바로 가을을 의미한다. 성숙한 가을은 만물이 즐겨하는 것이다. 건乾에서 싸운다는 것은 건乾은 서북西北을 표시하는 괘卦이다. 서북은 음陰의 땅이고 건乾은 순양純陽이다. 그러므로 음과 양이 서로 다닥쳐 싸우게 되는 것이다.

| ☴ 南東<br>(木)4 巽 | ☲ 南<br>(火)9 離 | ☷ 南西<br>(土)2 坤 |
|---|---|---|
| ☳ 東<br>(木)3 震 | 5<br>中 | ☱ 西<br>(金)7 兌 |
| ☶ 東北<br>(土)8 艮 | ☵ 北<br>(水)1 坎 | ☰ 西北<br>(金)6 乾 |

【 구궁도九宮圖 】

감坎은 물이다. 물은 밤낮을 가리지 않고 흘러간다. 그러므로 노고勞苦하는 것이다. 또 감坎은 정북방正北方을 표시하는 괘卦다. 정북방은 겨울을 의미한다. 겨울에는 만물이 폐색閉塞되고 수장收藏하여 노고하고 있는 것이다. 그러므로 노고하고 있는 괘卦이다. 간艮은 동북東北을 표시하는 괘卦이다. 동북은 인방과 축방의 사이에 있다. 축丑은 전년의 끝이요 인寅은 새해의 처음인 것이다. 음력에서 12월은 정월이고 정월은 인월寅月이다. 그러니 성취의 종결이요 또 성취의 출발인 것이다. 그러므로 간艮에서 성취한다고 말한 것이다. 팔괘를 구궁九宮에 배치했는데 횡橫(가로)으로 3궁씩 숫자를 더해 보자 巽의 4, 離의 9, 坤의 2를 더하면 15가 된다. 또 震 3과 中 5, 兌 7을 더하면 15가 되고 또 艮 8, 坎 1, 乾 6을 더하면 15가 된다. 이 것을 이용하여 15도수법度數法이라 해서 용龍의 생왕生旺 여부와 묘墓의 좌향坐向을 정하기도 한다.

후천팔괘는 방위별로 성격과 지구의 공전 경로 8방위별 절기를 정한 것으로 양택陽宅과 음택陰宅에서 좌향坐向을 정하는 데 널리 이용된다. 후천팔괘는 공간空間 오행五行 물질物質 형이하形而下의 세계를 암시하고 기선이후氣先理後에 입각하고 있다.

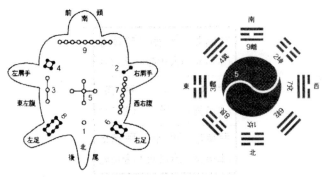

【 하도와 후천팔괘도 】

### (3) 팔괘의 혈육 관계 표시

《주역》의 〈설괘전說卦傳〉에서 팔괘의 혈육 관계를 다음과 같이 설명하고 있다. **건乾**은 하늘을 의미한다. 그러므로 한 집안에 비하면 아버지인 것이다. **곤坤**은 땅을 상징한다. 그러므로 어머니인 것이다.

그리고 괘卦에 하나만의 양효가 있을 때, 초효가 양효이면 장남長男, 중효가 양효이면 중남中男, 상효가 양효이면 소남少男으로 본다.

또한 괘卦에 하나만의 음효가 있을 때, 초효가 음효이면 장녀長女, 중효가 음효이면 중녀中女, 상효가 음효이면 소녀少女로 본다.

진괘震卦는 맨 아래 효가 양효이므로 장남을 상징하고,

손괘巽卦는 맨 아래 효가 음효이므로 장녀를 상징하고,

감괘坎卦는 두 번째 효가 양효이므로 중남을 상징하고,

이괘離卦는 두 번째 효가 음효이므로 중녀를 상징하고,

간괘艮卦는 세 번째 효가 양효이므로 소남을 상징하고,

태괘兌卦는 세 번째 효가 음효이므로 삼녀三女를 나타내는 혈육 관계를 잘 알고 있으면 널리 이용할 수 있다.

우선 아버지를 상징하는 서북쪽으로 건물이 들어가 있으면 아버지가 권위를 잃게 되고 아버지에게 해害가 돌아온다. 그리고 아버지의 방은 서북쪽에 있는 것이 좋다.

동쪽에 붓끝 형상의 필봉筆峰이 솟아 있으면 장남이 고등고시에 합격하거나 대학자가 된다.

남쪽에 노적봉이 솟아 있으면 중녀가 부자가 된다.

북동쪽에 좋은 산봉우리가 있으면 셋째 아들이 부귀를 얻게 된다는 것이다.

【 팔괘 혈육도 】

### (4) 팔괘의 음양 구분

#### ① 선천팔괘의 음양 구분

乾은 陽, 坤은 陰, 艮은 陽, 兌는 陰, 坎은 陽, 離는 陰, 震은 陽, 巽은 陰이다. 여기서 음양 구분은 선천팔괘에 의해서 효爻의 조각 개수로 결정하는 데 홀수면 陽이고 짝수면 陰으로 정하는 방법으로 선천팔괘의 陰陽을 결정했다.

예를 들어 震은 ☳ 5개로 陽이고, 巽은 ☴ 4개로 陰이다.

#### ② 후천팔괘의 음양 구분

팔괘의 괘 하나 하나를 음과 양으로 나누는 데 괘의 초효와 상효가 모두 양효이거나 음효이면 陽이고, 초효와 상효가 음양이 다르면 陰이다. 이것을 수학적으로 표시하면 초효와 상효를 가지고 陽(+)×陽(+)=陽(+), 陰(−)×陰(−)=陽(+), 陰(−)×陽(+)=陰(−)이 된다. 이렇게 해서 팔괘를 음과 양으로 구분하면 다음 그림과 같다.

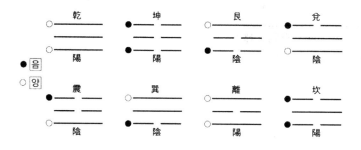

【 후천팔괘 】

### ③ 각기 다른 후천팔괘의 음양 해설

비교적 권위 있는 《주역》의 〈설괘전說卦傳〉에서 위와 같이 설명하고 있으나 필자의 생각은 좀 다르다. 왜냐하면 선천팔괘 음양 구분에 있어 효의 개수로 정한다는 것은 모순이란 것이다. 효 하나 하나가 음양을 나타내고 있기 때문이다. 더욱이 후천팔괘에 있어서는 수천 년 전에 수학적으로 곱셈을 통해 결정하지는 않았을 것으로 생각되기 때문이다.

그리고 초효와 상효만을 가지고 곱한 결과로 팔괘의 음양을 정했다는 점이 이해가 가지 않는다. 때문에 후천팔괘의 음양 관계가 다음의 표와 같이 책마다 각기 다르기 때문에 후학자들은 어느 설이 진眞인지 구별하기 어렵다.

풍수지리에서 가장 기본이 되는 후천팔괘에 대한 음양 관계마저 수천 년이 지난 오늘날까지 이렇게 각기 다른 주장을 하고 있으니 어느 설이 진眞인지 어느 설이 위僞인지 어떻게 결정을 내려야 할지 모르겠다.

## 【 도서별 후천팔괘의 음양 비교 】

| 팔괘<br>도서명 | 건 乾<br>☰ | 태 兌<br>☱ | 이 離<br>☲ | 진 震<br>☳ | 손 巽<br>☴ | 감 坎<br>☵ | 간 艮<br>☶ | 곤 坤<br>☷ |
|---|---|---|---|---|---|---|---|---|
| 中國 人子須知 | 陽 | 陽 | 陽 | 陽 | 陰 | 陰 | 陰 | 陰 |
| 中國地理天氣會元 | 陽 | 陰 | 陰 | 陽 | 陰 | 陽 | 陽 | 陰 |
| 확 트이는 風水 | 陽 | 陰 | 陽 | 陰 | 陰 | 陽 | 陰 | 陽 |
| 韓國風水理論의 定立 | 陽 | 陽 | 陽 | 陰 | 陽 | 陰 | 陰 | 陰 |
| 正統風水理論 | 陽 | 陰 | 陰 | 陽 | 陰 | 陽 | 陽 | 陰 |
| 玄空風水 | 陽 | 陰 | 陰 | 陰 | 陽 | 陰 | 陽 | 陽 |
| 필자의 결론 | 陽 | 陽 | 陽 | 陰 | 陽 | 陰 | 陰 | 陰 |
| 다른 서적에는 후천팔괘에 대한 음양 관계가 명확하게 기록된 서적이 별로 없다 ||||||||

　　선천팔괘에서는 효의 개수가 홀수면 양이며 짝수면 음으로 결정했으며, 후천팔괘에서는 괘의 초효와 상효가 모두 양이나 모두 음효이면 양이며, 초효와 상효가 음양이 서로 다르면 음이라 했다.

　　필자는 처음부터 좀 다른 방법으로 해석했다. 즉, 각 효가 각기 음양을 나타내기 때문에 삼효三爻 중 음효(－－)가 둘 이상이면 음이요, 양효(－)가 둘 이상이면 양으로 결정하여 팔괘에 대한 음양을 다음 표와 같이 결정했다.

　　내용을 분석해 보면 우선 乾과 坤은 상대적이다. 乾은 하늘이요 坤은 땅이니 乾이 양이라면 坤은 음이라야 하며, 離는 남방화南方火이니 양이라면 당연히 坎(북방)은 음이라야 이치에 맞으며, 震(동방)이 음이면 반대로 서방을 나타내는 兌는 양이라야 합당하며, 艮과 巽도 艮은 북동이고 巽은 남동이니 北에 가까운 艮은 음이요 巽은 양이라야 맞을 것 같다.

　　필자의 견해는 다른 변별 방법보다 더 과학적 해법이라고 사료된다. 그러나 저명한 선사들이 가장 기본적인 팔괘의 음양조차 확실히 결정지어 주지 못하고 후학자들을 이토록 혼란스럽게 만들었는지 원망스럽기도 하다.

| 後天八卦 | 乾 | 兌 | 離 | 震 | 巽 | 坎 | 艮 | 坤 |
|---|---|---|---|---|---|---|---|---|
| 卦에 따른 爻 | ☰ | ☱ | ☲ | ☳ | ☴ | ☵ | ☶ | ☷ |
| 陰陽 구분 | 陽 | 陽 | 陽 | 陰 | 陽 | 陰 | 陰 | 陰 |

## 제②절 실용오행實用五行의 개요

### (1) 실용오행의 개요

음택陰宅 풍수지리는 음양오행의 이법을 통해 살아 있는 사람과 죽은 체백體魄의 길흉화복을 제도하는 각종 이법을 말하기 때문에 음양오행을 떠나서 풍수지리를 논할 수 없다. 필자가 집필한 《실전풍수입문》에서는 각 부에서 음양오행과 관련된 이법을 비교적 자세히 설명했으나 독자들의 반응을 들어 보면 비슷비슷한 각종 오행을 어떤 때 어떻게 활용하는가를 자세히 기록해 주면 좋겠다는 요구가 많기에 여기서는 그 근본원리는 생략하고 실용오행만을 설명할까 한다.

### ① 계절과 기본오행

이른바 木·火·土·金·水 오행의 차례에 대해서는 학설이 구구하나 우주 순환의 질서와 오행 상생법에 따라 木(봄 ⇒ 春 ⇒ 東方) 火(여름 ⇒ 夏 ⇒ 南方) 土(사계절 ⇒ 중앙) 金(가을 ⇒ 秋 ⇒ 西方) 水(겨울 ⇒ 冬 ⇒ 北方)의 순서에 따라 木生火 ⇒ 火生土 ⇒ 土生金 ⇒ 金生水 ⇒ 水生木의 사계절의 순서에 따라 오행의 상생相生 관계를 확인할 수 있다.

## ② 정오행正五行

정오행은 모든 오행의 기본이다. 각종 오행은 이 정오행에 준하여 화생和生된 오행이다. 흉살 중에서도 특히 조심해야 하는 용상팔살龍上八殺을 확인하기 위한 과정에서 4층 입수入首(卦)의 오행에 대한 1층에 기록된 살殺은 정오행으로 본다

### 【 지반정침地盤正針 24방위 오행 】

| 五行 | 地盤正針 24방위 | |
|---|---|---|
| 木 | 甲·乙·寅·卯·巽 | 5方位 |
| 火 | 丙·丁·巳·午 | 4方位 |
| 金 | 庚·辛·申·酉·乾 | 5方位 |
| 水 | 壬·癸·子·亥 | 4方位 |
| 土 | 辰·戌·丑·未·艮·坤 | 6方位 |

이것을 正五行이라 한다

### 【 용상팔살표龍上八殺表 】

| | 入首 | 向과의 관계 | 卦 | 五行 | 黃泉殺 |
|---|---|---|---|---|---|
| 1 | 戌乾亥 | 火剋金 | 乾卦 | 陽金 | 午向(陽火) |
| 2 | 壬子癸 | 土剋水 | 坎卦 | 陽水 | 辰向(陽土) |
| 3 | 丑艮寅 | 木剋土 | 艮卦 | 陽土 | 寅向(陽木) |
| 4 | 甲卯乙 | 金剋木 | 震卦 | 陽木 | 申向(陽金) |
| 5 | 辰巽巳 | 金剋木 | 巽卦 | 陰木 | 酉向(陰金) |
| 6 | 丙午丁 | 水剋火 | 離卦 | 陰火 | 亥向(陰水) |
| 7 | 未坤申 | 木剋土 | 坤卦 | 陰土 | 卯向(陰木) |
| 8 | 庚酉辛 | 火剋金 | 兌卦 | 陰金 | 巳向(陰火) |

5층 천산 72룡에서 천간의 바로 밑에 빈칸은 정오행으로 다룬다. 예컨대 壬(天干)의 아래 빈칸은 정임룡正壬龍으로 간주, 정오행으로 水에 해

당되기 때문에 다음 투지선透地線이 병자순丙子旬이라면 같은 水이니 비견比肩에 해당된다.

### ③ 오행과 방위(팔괘와 오행)

다음은 방위별 오행이며, 괘별卦別 오행五行이라고도 한다.

- 正　北方 ─ 壬子癸(坎卦) = 水
- 正　南方 ─ 丙午丁(離卦) = 火
- 正　東方 ─ 甲卯乙(震卦) = 木
- 正　西方 ─ 庚酉辛(兌卦) = 金
- 東北間方 ─ 丑艮寅(艮卦) = 土
- 東南間方 ─ 辰巽巳(巽卦) = 木
- 西南間方 ─ 未坤申(坤卦) = 土
- 西北間方 ─ 戌乾亥(乾卦) = 金

### ④ 수구사국水口四局 오행(수구사국 포태법胞胎法)

- 辛戌 · 乾亥 · 壬子 = 火局
- 癸丑 · 艮寅 · 甲卯 = 金局
- 乙辰 · 巽巳 · 丙午 = 水局
- 丁未 · 坤申 · 庚酉 = 木局

※ 수구사국에서 入首의 生旺 여부를 확인하기 위해서는 역포태逆胞胎로 돌린다.

【 수구사국의 각 국별 기포점起胞点 】

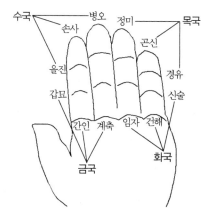

음양오행론陰陽五行論 제2장

### ⑤ 삼합오행三合五行 사국四局

※ 위의 三合五行 四局은 向과 水口와의 吉凶 관계를 확인할 때 사용한다. 즉 88향수법, 향상포태법, 장생수법 등으로 확인할 때 순선順旋 또는 역선逆旋으로 확인한다.

### ⑥ 성수오행星宿五行

묘墓의 좌坐에 대한 사砂의 방위

【 인반중침人盤中針 24방위 성수星宿 오행 】

| 五行 | 地盤正針 24방위 | |
|---|---|---|
| 木 | 乾·坤·艮·巽 | 4方位 |
| 火 | 子·午·卯·酉·甲·庚·丙·壬 | 8方位 |
| 土 | 乙·辛·丁·癸 | 4方位 |
| 金 | 辰·戌·丑·未 | 4方位 |
| 水 | 寅·申·巳·亥 | 4方位 |

### ⑦ 홍범오행洪範五行

묘좌墓坐가 연운年運의 극剋을 받는지 여부 확인, 즉 이장移葬 시 택일에 필요한 오행이다. 즉, 연운이 좌坐를 생히거나 비화比和하면 길하고 극剋하면 흉하며 연운은 납음오행을 쓴다.

●甲寅辰巽 = 水   ●戌子申辛 = 水   ●卯艮巳 = 木

●午壬丙乙 = 火   ●酉丁乾亥 = 金   ●癸丑坤庚未 = 土

## ⑧ 정음정양법淨陰淨陽法

● 淨陽 : 乾甲 坤乙 子癸申辰 午壬寅戌
● 淨陰 : 艮丙 巽辛 卯庚亥未 酉丁巳丑

■ 정음정양淨陰淨陽 수법水法은 양좌陽坐에는 양득陽得 양파陽破라야 길이요, 음좌陰坐면 음득陰得 음파陰破라야 길하다.

■ 입수入首와 향向과의 적법성 여부는 양룡입수陽龍入首는 양향陽向 이, 음룡입수陰龍入首는 음향陰向이 적법이다.

## ⑨ 통맥법通脈法

입수入首와 좌坐와의 적법성 여부 확인

● 右旋龍(陰龍) : 辛戌 · 壬子 · 艮寅 · 乙辰 · 丙午 · 坤申龍 入首면
　　　　　　　右旋坐가 적법

● 左旋龍(陽龍) : 乾亥 · 癸丑 · 甲卯 · 巽巳 · 丁未 · 庚酉龍 入首면
　　　　　　　左旋坐가 적법

※ 다음 표는 정음 정양법과 통맥법의 비교표이다. 정음 정양은 이법理法적 음양 구 분이요, 통맥법은 형상形相적 음양룡陰陽龍의 구분이다. 24개 入首에 대한 적법 向은 정음 정양법으로는 59개 向이 적법이다. 그중 36개 坐는 통맥법으로도 적법 인 坐이다.

다음 표에서 ●표는 통맥법으로도 적법인 坐이다. ●표가 없는 29개 향向은 정음정양법으로는 적법이지만 통맥법으로는 맞지 않음(다음 정음정 양법과 통맥법의 비교표를 참조할 것).

【 정음 정양법과 통맥법의 비교표 】

| 通脈法 | | 右旋龍 | | 左旋龍 | | 右旋龍 | | 左旋龍 | |
|---|---|---|---|---|---|---|---|---|---|
| 入首 | | 壬 | 子 | 癸 | 丑 | 艮 | 寅 | 甲 | 卯 |
| 淨陰淨陽法 | | 陽龍 | 陽 | 陽 | 陰 | 陰 | 陽 | 陽 | 陰 |
| 通脈法에 의한 吉坐 (●丑) | 淨陰 淨陽에 의한 吉向 | 坐向<br>●子→午<br>●艮→坤<br>●辛→乙 | 坐向<br>艮→坤 | 坐向<br>子→午<br>艮→坤<br>寅→申 | 坐向<br>壬→丙<br>●癸→丁 | 坐向<br>●壬→丙<br>癸→丁<br>乙→辛<br>甲→庚<br>乾→巽<br>卯→酉<br>丑→未<br>亥→巳 | 坐向<br>●艮→坤<br>寅→申 | 坐向<br>●巽→乾<br>艮→坤 | 坐向<br>●甲→庚<br>乙→辛<br>●癸→丁<br>巳→亥 |

| 通脈法 | | 右旋龍 | | 左旋龍 | | 右旋龍 | | 左旋龍 | |
|---|---|---|---|---|---|---|---|---|---|
| 入首 | | 乙 | 辰 | 巽 | 巳 | 丙 | 午 | 丁 | 未 |
| 淨陰淨陽法 | | 陽 | 陽 | 陰 | 陰 | 陰 | 陽 | 陰 | 陰 |
| 通脈法에 의한 吉坐 (●丑) | 淨陰 淨陽에 의한 吉向 | 坐向<br>●艮→坤 | 坐向<br>巽→乾<br>艮→坤 | 坐向<br>乙→辛<br>●巳→亥<br>艮→坤 | 坐向<br>巳→亥 | 坐向<br>●巳→亥<br>坤→艮<br>甲→庚<br>●乙→辛 | 坐向<br>●丙→壬<br>丁→癸 | 坐向<br>坤→艮<br>●巳→亥 | 坐向<br>坤→艮 |

| 通脈法 | | 右旋龍 | | 左旋龍 | | 右旋龍 | | 左旋龍 | |
|---|---|---|---|---|---|---|---|---|---|
| 入首 | | 坤 | 申 | 庚 | 酉 | 辛 | 戌 | 乾 | 亥 |
| 淨陰淨陽法 | | 陽 | 陽 | 陰 | 陰 | 陰 | 陽 | 陽 | 陰 |
| 通脈法에 의한 吉坐 (●丑) | 淨陰 淨陽에 의한 吉向 | 坐向<br>丁→癸 | 坐向<br>庚→甲<br>丁→癸 | 坐向<br>●酉→卯<br>坤→艮 | 坐向<br>坤→艮<br>●乾→巽<br>●亥→巳 | 坐向<br>坤→艮<br>酉→卯<br>乾→巽 | 坐向<br>●辛→乙 | 坐向<br>辛→乙<br>戌 ,辰 | 坐向<br>壬→丙<br>●乾→巽<br>●癸→丁<br>●丑→未<br>●酉→卯 |

## ⑩ 납음오행納音五行

아래 그림에서와 같이 입수入首는 기선氣線을 생해 주는 것이 원칙이다. 즉, 입수入首는 나경 5층 천산 72룡으로 재고, 기선氣線은 투지 60룡으로 측정해야 되기 때문에 천산穿山은 투지透地를 생해 주어야 한다. 그리고 투지透地는 혈좌穴坐를 생해 주고, 분금分金은 망명亡命을 생해 주어야 한다. 이때 상생과 상극 관계를 확인하기 위해 납음오행이 쓰인다. 납음오행을 육친법六親法 또는 육신법六神法이라고도 한다. 천산 72룡과 투지 60룡도 따지고 보면 입수入首 천산穿山부터 기선氣線(透地) 분금分金 등을 납음오행하여 그 생극生剋 관계를 확인하기 위함이다.

▶生我者-吉 ▶我生者-凶 ▶我剋者-吉 ▶剋我者-凶 ▶比和者-吉

보통 투지 60룡이 혈좌를 생해 주어야 합법이라 하지만 그렇게 되지 않는 경우도 많다. 그런 경우 혈좌란 기선을 중심으로 물의 좌우선수左右旋水에 따라 좌이승기左耳乘氣 또는 우이승기右耳乘氣로 반드시 기선을 중심으로 정혈定穴을 해야 되기 때문에 천산이 투지 60룡을 생해 준다는 것은 곧 혈좌를 생해 주는 결과가 된다. 따라서 따로 투지 60룡이 혈좌를 생해 주지 않아도 무방하다.

| 甲子<br>乙丑 | 해중금(海中金) | 丙寅<br>丁卯 | 노중화(爐中火) | 戊辰<br>己巳 | 대림목(大林木) |
|---|---|---|---|---|---|
| 庚午<br>辛未 | 노방토(路傍土) | 壬申<br>癸酉 | 검봉금(劍鋒金) | 甲戌<br>乙亥 | 산두화(山頭火) |
| 丙子<br>丁丑 | 간하수(澗下水) | 戊寅<br>己卯 | 성두토(城頭土) | 庚辰<br>辛巳 | 백납금(白蠟金) |
| 壬午<br>癸未 | 양류목(楊柳木) | 甲申<br>乙酉 | 천중수(泉中水) | 丙戌<br>丁亥 | 옥상토(屋上土) |
| 戊子<br>己丑 | 벽력화(霹靂火) | 庚寅<br>辛卯 | 송백목(松柏木) | 壬辰<br>癸巳 | 장류수(長流水) |
| 甲午<br>乙未 | 사중금(沙中金) | 丙申<br>丁酉 | 산하화(山下火) | 戊戌<br>己亥 | 평지목(平地木) |
| 庚子<br>辛丑 | 벽상토(壁上土) | 壬寅<br>癸卯 | 금박금(金箔金) | 甲辰<br>乙巳 | 복등화(覆燈火) |
| 丙午<br>丁未 | 천하수(天下水) | 戊申<br>己酉 | 대역토(大驛土) | 庚戌<br>辛亥 | 차천금(釵釧金) |
| 壬子<br>癸丑 | 상자목(桑柘木) | 甲寅<br>乙卯 | 대계수(大溪水) | 丙辰<br>丁巳 | 사중토(沙中土) |
| 戊午<br>己未 | 천상화(天上火) | 庚申<br>辛酉 | 석류목(石榴木) | 壬戌<br>癸亥 | 대해수(大海水) |

### 납음오행 계산법

| | | |
|---|---|---|
| ●甲子乙丑午未 | 1 | 木 |
| ●丙寅丁卯申酉 | 2 | 金 |
| ●戊辰己巳戌亥 | 3 | 水 |
| ●庚辛 | 4 | 火 |
| ●壬癸 | 5 | 土 |

60갑자 납음오행을 기억하기 어려우면 숫자로 계산하는 방법을 익혀두면 편리하다.

數가 1이면 木이요 2는 金, 3은 水, 4는 火, 5는 土이다. 다만 합한 수가 5를 넘으면 5를 빼고 남은 수로 본다.

위 납음오행은 활용범위가 넓다. 망자의 생년과 좌坐와의 관계, 하관시 투지透地 분금分金 등 두루 활용된다. 특히 투지 60룡에서 입수내룡入首來龍이 직래직좌直來直坐[壬入首에 壬坐]하는 것은 기충뇌산氣沖腦散의 대과大過를 저지르기 쉬우니 조심해야 된다(다만 分金으로 沖腦를 피할 수 있다).

## 【 납음오행 계산법의 수장도手掌圖 】

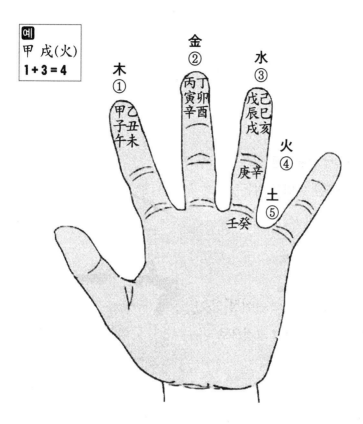

예
甲 戌(火)
1 + 3 = 4

木 ①
甲乙
子丑
午未

金 ②
丙丁
寅卯
辛酉

水 ③
戊己
辰巳
戌亥

火 ④
庚辛

土 ⑤
壬癸

예 亡命이 甲戌년이면 甲 (1) + 戌 (3) = 4

4는 火이기 때문에 甲戌년의 납음오행은

火에 해당된다.

# 제3장
## 나경총론 羅經總論

### 🌐 나경(羅經·佩鐵)총론

《나경투해》를 번역한 김동규金東奎 선생이 말하기를 "예나 지금이나 세상에 지리가들은 자칭 자기가 최고라고 허풍을 치지만 '형形과 이理' 양쪽으로 통달한 지사가 그 몇이나 될까? 그저 며칠로써 강의를 마치는 학원이 있는가 하면 지리의 한쪽 부분에도 못 미치는 몇 구절의 글을 인용하여 지관地官 행세를 하고 있는 실정"이라며 통탄하면서, "이기학理氣學을 모르고 형기形氣만을 좀 알고 그것으로 많은 사람들을 속이려 한다면 화禍만 당할 뿐 복을 기대할 수 없을 것이며 혈穴만 버리게 될 것"이라고 말했다.

다음 13층 나경을 직접 만드신 신평申坪 선생은 저서 《신나경 연구》에서 "고래古來로 풍수의 이치들을 나경에 모두 실어 놓았지만 옛 글들이 대체적으로 모두 흩어져 부분적으로 표현되어 있고 내용이 어려워 그 표현이 부족한 것도 사실이다. 그만치 나경을 이해하지 못하고는 풍수지리의 이기를 논할 수 없으며 부분적 형기만으로 풍수를 논할 수 없다. 특히 형기만으로 풍수지리의 전체인 양 착각한 사람들에게 나경을 충분이 이해하지 못하고는 풍수지리를 논할 수 없는 것이라고 충고해 두고 싶다"고 했다. 이처럼 중요한 나경의 내용에 대한 설명이 책마다 달라 자기 주장만 하고 있으니 풍수지리를 연구하려는 사람들에게 얼마나 큰 고통을 주고 있는지 모른다.

필자는 이런 현실을 감안하며 나경만을 단행본으로 다루고 있는 《나경투해》와 《신나경 연구》 등 전문책자를 중심으로 많은 풍수지리서를 서로 비교 연구하면서 나름대로의 객관적 정답을 도출해 볼까 한다.

## 제①절  제 1층 : 용상팔살龍上八殺과 팔요황천살八曜黃泉殺

필자는 《韓國風水理論의 定立》〈나경편羅經篇〉에서 여러 도서별 해석 차이를 비교 분석하면서 자세히 정답을 제시하였기 때문에 여기서는 그 핵심만 간략히 설명하기로 한다.

예를 들어 임壬·자子·계癸 감괘坎卦의 입수入首에 있어서는 진향辰向과 술향戌向을 놓으면 감괘는 水이고 辰과 戌은 정오행으로 土가 되니 토극수土剋水가 되어 상극이 되기 때문에 황천살黃泉殺이 된다. 그러나 보통 많이 쓰이는 9층 나경에서는 4층정침 壬·子·癸 감괘의 1층에는 辰만이 표시되고 있다. 戌은 기록되지 않았다. 신평 선생이 직접 만든 나경 3층에는 壬·子·癸 감괘 坎 입수에는 辰·戌向 불가不可라고 표시하고 있다.

이 정답은 실질적으로 壬·子·癸 입수에서 辰向은 가능하지만 辰坐 戌向은 있을 수 없다. 戌도 辰과 같이 土에 해당되기 때문에 土剋水가 되는 것은 틀림없지만 실질적으로는 감룡입수坎龍入首에서 辰坐 戌向으로 묘를 쓸 수 없기 때문에 신경을 쓸 필요가 없다.

### ☯ 용상팔살龍上八殺

입수에 대한 향向의 상극相剋 관계를 말한다. 입수나 혈의 좌향坐向은 4층정침을 이용한다. 이는 이룡배향以龍配向이니 내향內向을 말한다.

## (1) 입수入首에 대한 개념 정리

입수入首란 주산主山에서 좌우사左右砂를 개장開帳해 놓고 그 가운데서 힘차게 뻗어 내려오는 용龍을 입수룡入首龍이라고 칭하는 데는 별다른 차이점이 없다. 용龍의 절(節·마디)이란 용이 내려오는 과정 중 박환처에서 다음 박환처까지를 일절一節이라고 한다. 박환도 몇 가지 종류가 있다. ① 결인結咽 ② 용龍의 방향 전환 ③ 완급의 변화 ④ 석골의 변화 등 4가지로 나눌 수 있다. 따라서 혈후穴後 도두일절到頭一節이라 함은 혈에서 제일 가까운 뇌두에 이르는 일절一節을 말한다.

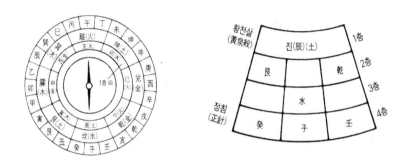

즉, 주산에서 혈까지를 합쳐서 입수룡이라고 칭하고 혈에서 제일 가까운 일절을 입수 또는 입수처라고 생각하면 틀림없다. 이처럼 입수룡과 입수(또는 입수처)를 따로 분리해서 해석하는 것이 이해가 쉬울 것이다. 그렇다 해서 주산에서 입수에 이르는 3~4節의 용이 중요하지 않다는 것은 아니다. 입수룡의 중요함은 다음 용세론龍勢論에서 자세히 설명하기로 한다.

다음 표는 입수에 대한 도서별 설명 내용을 비교하였으니 참고하기 바란다. 물론 다른 책에도 입수에 대한 설명이 있으나 특히 설명 내용이 다른 책들만 간추려 소개한 것이다.

## 【 入首에 대한 도서별 해설 내용 비교 】

| 도 서 별 | 入首에 대한 도서별 해설 내용 |
|---|---|
| 《인자수지》 | 입수는 혈후 2~3절에서 부터 소조산小祖山에 이르기 까지가 중요한 것이니 천리내룡千里來龍에 간도두看到頭란 뜻이며 龍을 찾는 요건은 入首에 있으니 穴에서 가까운 수절이 가장 긴요한 것이다. |
| 《전통풍수 지리원전》 | 龍의 입수는 조종산祖宗山으로부터 내려온 龍의 최종적으로 穴場과 접맥 통기通氣하는 穴場 뒷절의 용맥을 龍의 入首라 한다. 인체에 비유하면 동체와 두상을 연결하는 인후咽喉(목)와 같다. |
| 《음택요결》 | 入首라 함은 上으로 행룡行龍의 氣를 合하고 下로는 명당의 靜을 수함이다. |
| 《대명당보감》 | 入首란 穴 바로 뒤의 龍이다. 혈장 뒤 두세 마디가 입수이다. |
| 《명당전서》 | 龍의 입수란 용맥龍脈이 들어오는 머리로서 龍이 입수의 응결凝結된 것을 보는 고로, 입수란 혈장 뒤 2,3節 내지 4,5節 안으로 小祖山까지 긴요한 것이다. |
| 《기본완성 풍수지리》 | 入首龍이란 穴과 主山을 이어주는 것을 의미하며 이것이 뚜렷할수록 진귀珍貴한 것이다. |
| 《풍수지리 이기법》 | 入首는 到頭之 主星이다. 入首曰 龍이요 入首曰 脈이다. |
| 《청오경》 | 穴 뒤에 있는 것을 首라 하며 穴의 양팔 부위에 있는 것을 手라 하며 穴 앞으로 늘어진 것을 수垂라 한다. |
| 《지리요결》 | 穴 뒤에 脈을 入首라 한다. 龍의 入首에는 五格이 있다. |
| 《팔십팔향》 | 穴 뒤 穴星에서 穴까지 이어지는 脈으로 그림에만 표시되어 있다. |
| 《지리학전서》 | 入首란 龍이 穴場으로 들어오는 머리로서 현무정玄武頂(穴場 뒤 우뚝 솟은 봉오리)에서 혈의 바로 뒤까지를 말한다. |
| 《지리십결》 | 入首란 위로 행룡行龍의 뇌두의 氣와 合하고 아래로 명당의 정기精氣를 거두어 들이는 곳인데 입수와 천월덕天月德이 되면 吉하다 여기서는 특히 천산72룡과 투지 60룡을 강조하고 있다. |
| 《구성학》 | 구성법에서는 구성용법으로서 선천산법에 의한 입수의 길흉화복을 설명하고 있다. |
| 《풍수이론과 방법》 | 龍의 입수란 시신을 모실 수 있는 穴로 과협過峽이 들어가는 자리를 말한다. |

## (2) 용상팔살龍上八殺

용상팔살을 설명하기 위해 먼저 입수에 대한 자세한 설명을 마쳤으니 입수에 대한 용상팔살에 대해 다시 고찰해 보기로 한다. 다음 용상팔살표와 같이 용상팔살이란 8개 입수에 대한 상극이 되는 향向을 말한다.

- 壬·子·癸(坎卦) 입수라면 辰向이 용상팔살에 해당된다(坎은 水이고 1층 辰은 土(正五行)이니 土剋水가 되어 흉살이다).
- 丑·艮·寅(艮卦) 입수인 경우 寅向이 용상팔살이다(艮은 土이고 寅은 木이니 木剋土가 되기 때문에 殺星이다).
- 甲·卯·乙(震卦)로 입수하면 申向이 용상팔살이다(震은 木이고 申은 金이니 金剋木하여 殺星이 된다).
- 辰·巽·巳(巽卦)로 입수하면 酉向이 용상팔살이다(巽은 木이고 酉는 金이니 金剋木하여 殺이 된다).
- 丙·午·丁(離卦)로 내룡來龍 입수한 아래의 혈에서는 亥向을 하게 되면 殺星을 침범하게 된다(이는 火이고 亥는 水이니 水剋火가 되어 凶殺이다).
- 未·坤·申(坤卦)로 입수한 혈에서는 卯向을 하면 용상팔살이다(坤은 土이고 卯는 木이니 木剋土가 되어 龍上八殺에 해당된다).
- 庚·酉·辛(兌卦)로 입수한 아래의 혈에서는 巳向이 凶殺이다(兌卦는 金이고 巳는 火이니 火剋金이 되니 殺星이다).
- 戌·乾·亥(乾卦)로 입수한 혈에서는 午向을 해서는 안 된다(乾은 金이고 午는 火이니 火剋金이 되기 때문에 龍上八殺이 된다).

위와 같이 용상팔살을 범하게 되면 하루 아침에 망하게 될 정도로 살殺 중에서도 가장 나쁜 흉살이니 특히 조심해야 한다. 그리고 예를 들어 오룡

입수午龍入首란 丙·午·丁(離卦)을 말한 것이니 丙·午·丁 중 어느 글자로 입수하던 간에 용상팔살은 나경 1층에 기록된 해향亥向에 한한다. 건乾과 해亥가 천간과 지지 동궁同宮이라 해서 건향乾向도 용상팔살이라고 생각해서는 안 된다. 왜냐하면 1층에 기록된 용상팔살에 해당되는 각 향向은 정오행으로 천간과 지지가 같은 오행이 아니기 때문이다. 즉, 亥는 水에 해당되기 때문에 이괘離卦의 火에 대한 상극이 되지만, 건乾의 오행은 金이기 때문에 그와는 반대이다.

따라서 용상팔살에 해당되는 辰·寅·申·酉·亥·卯·巳·午向의 천간인 乙·艮·坤·乾·巽向은 동궁이라 할지라도 정오행이 틀리기 때문에 살殺에 해당되지 않는다. 따라서 천간과 지지가 같은 오행인 경우를 제외하고는《나경투해》및《신나경 연구》에서와 같이 1층에 기록된 지지향地支向에 한하여 용상팔살이 된다는 것으로 정답을 확정하고 싶다. 다만 壬子(水), 甲卯(木), 丙午(火), 庚酉(金)는 천간과 지지가 같은 오행임으로 천간과 지지가 다 같이 팔살八殺에 해당된다.

【 용상팔살표 】

|   | 入首 | 向과의 관계 | 卦 | 五行 | 黃泉殺 |
|---|---|---|---|---|---|
| 1 | 戌乾亥 | 火剋金 | 乾卦 | 陽金 | 午向(陽火) |
| 2 | 壬子癸 | 土剋水 | 坎卦 | 陽水 | 辰向(陽土) |
| 3 | 丑艮寅 | 木剋土 | 艮卦 | 陽土 | 寅向(陽木) |
| 4 | 甲卯乙 | 金剋木 | 震卦 | 陽木 | 申向(陽金) |
| 5 | 辰巽巳 | 金剋木 | 巽卦 | 陰木 | 酉向(陰金) |
| 6 | 丙午丁 | 水剋火 | 離卦 | 陰火 | 亥向(陰水) |
| 7 | 未坤申 | 木剋土 | 坤卦 | 陰土 | 卯向(陰木) |
| 8 | 庚酉辛 | 火剋金 | 兌卦 | 陰金 | 巳向(陰火) |

## (3) 정음정양법淨陰淨陽法에 의한 입수入首와 좌향坐向 관계

입수에 대한 용상팔살이 있듯이 입수와 좌坐·향向 관계를 확인하기 위한 방법에는 여러 가지가 있지만 먼저 정음정양법에 의한 방법부터 설명하기로 한다. 정음정양은 풍수지리의 근간을 이룰 만큼 그 용도가 다양하며 괘에 대한 근원적인 이치이기도 하다. 다음과 같은 정음정양에 의해 陽입수면 묘의 향向은 양향陽向이라야 적법이며, 陰입수면 음향陰向이라야 된다.

● 정양淨陽 : 乾甲·坤乙·子(坎)癸申辰·午(離)壬寅戌
● 정음淨陰 : 巽辛·艮丙·酉(兌)丁巳丑·卯(震)庚亥未

### 【 24入首에 대한 적법향(정음정양법) 】

| 巳 | 巽 | 辰 | 乙 | 卯 | 甲 | 寅 | 艮 | 丑 | 癸 | 子 | 壬 | 入首 |
|---|---|---|---|---|---|---|---|---|---|---|---|---|
| 亥辛 | 辛亥艮 | 乾坤戌 | 坤 | 庚辛丁酉亥 | 乾坤 | 坤申 | 丁丙庚辛酉巽巳未 | 丙未 | 午坤 | 坤午 | 午坤乙 | 吉向 |
| 亥 | 乾 | 戌 | 辛 | 酉 | 庚 | 申 | 坤 | 未 | 丁 | 午 | 丙 | 入首 |
| 丙巽巳丁未卯 | 乙辰 | 乙辰 | 艮卯巽 | 艮巽卯巳 | 卯艮 | 甲癸寅 | 癸 | 艮丑 | 艮亥 | 壬癸子 | 艮庚辛 | 吉向 |

### 예1 壬入首의 경우

壬은 陽에 해당되기 때문에 午向 坤向 乙向 등 陽에 해당되는 向이라야 합법이다. 그 주변의 巽向 巳向 丙向 丁向 未向은 陰向이기 때문에 입향이 불가하다. 이처럼 적법한 向 가운데 水口(破)와도 적법한 向을 골라 입향한다. 만약에 水口가 丁未破라면 坤向 또는 午向 중에서 골라야 된다 (다음 그림 참조).

【 정음정양법 】

※ 정음에 해당되는 壬入首에서는 乙向 午向 坤向 등 淨陽向이라야 합법이다. 辰向
도 같은 양향이기 때문에 立向이 가능하나 乙辛丁癸向 辰戌丑未向에 있어서는
물의 左右旋에 따라 天干坐 또는 地支坐가 결정된다. 즉, 위의 경우도 右旋水면
乙向이지만 左旋水라면 辰向이라야 합법이다(다음 장생 수법에서 자세히 설명).

**예2** 子入首의 경우

다음 혈장穴場편에서 자세히 설명이 있겠으나 子入首의 경우는 陽入首이
기 때문에 陽向이라야 적법이다. 子坐 午向으로 하면 入首와 坐向이 일직
선이 되어 충뇌沖腦가 되기 때문에 그 외는 제일 가까운 午에서 45도의
坤向뿐이다. 그러나 다른 여건이 갖추어 있으면 子坐 午向일지라도 분금
分金으로 충뇌沖腦를 피할 수도 있다.

그리고 《청오경》에서는 子午卯酉 四正入首에서는 직좌直坐를 권하고 있
다. 辰向을 택하려 한다면 정음정양법이 합법일지라도 용상팔살에 해당되
기 때문에 불가하다. 혹자는 直坐는 곧 직사直射沖腦가 되어 안 된다고
한다. 그러나 필자의 생각으로는 地支坐에서는 분금에 의하여 左·右旋水
에 맞추어 左耳乘氣 또는 右耳乘氣에 의해 直射를 피할 수 있으니 12地支
脈 入首는 直坐로 해도 분금으로 조절하면 합법이라고 믿는다. 地支坐에

서 위와 같은 요령으로 쓰면 통맥법通脈法으로도 합법이다. 그러나 天干坐에서는 우측 분금을 쓰면 수법水法을 보는 봉침縫針으로는 坐·向이 달라져 水法과 맞지 않게 되니 조심해야 된다.

【 정음정양법 】

### (4) 팔요황천살八曜黃泉殺

필자는 풍수이론 정립에서 팔요황천살에 대한 각 도서별 비교까지 포함해서 자세히 설명하였으니 요약해서 간략히 설명하자면 다음과 같다.

원래 물이란 포태법의 경우도 생生·대帶·임관臨官·왕旺 등 생왕방生旺方에서 득수得水가 되면 길하며, 반대로 생왕방이 수구水口가 되면 흉하며, 반대로 나쁜 방위에서 물을 얻으면(得水) 흉하며 나쁜 것을 버리면 반대로 길하다는 이치는 천리인 것이다. 마치 사람이 입으로 음식을 얻을 때는 싱싱하고 영양가 높은 좋은 음식을 얻어야 되며 항문에서 버릴 때는 쓸모 없는 나쁜 것을 버려야 정상임은 자연의 이치이다.

따라서 묘의 좌坐와 상극이 되는 팔요황천 방위에서 득수得水가 되면 극히 흉하며 수구水口가 되면 무방하다고 말할 수 있을 것이다. 물 대신 그 방위에서 사砂가 단절된 곳이 있어 바람이 묘를 향해 불어오면 팔요풍八曜風이라 하여 극히 해롭다.

다음은 팔요황천 방위를 표시한 그림이다(나경 1층에 기록된 내용과 같다).

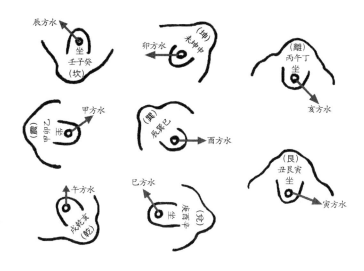

## 제②절 나경 2층 팔로사로八路四路 황천살黃泉殺

(1) 팔로八路·사로四路(나경 4층과 2층의 관계)

팔로란 팔천간八天干을 말하니, 양간陽干인 甲·庚·丙·壬과 음간陰干인 乙·辛·丁·癸의 8개 천간을 말한다. 팔로가 향向이 될 경우 사로방四路方(四維)에서 물이나 바람이 들어오면 황천살黃泉殺이 된다는 것이며, 반대로 사유四維(四路) 향向이 될 경우는 八干(八路)方이 황천방黃泉方이 된다(다음 도표 참조).

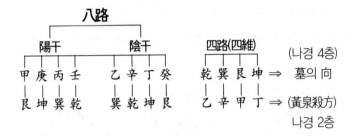

【 팔로사로 상극 관계 】

(2) 팔로·사로·황천살에 대한 종합 정리

●팔로 사로 황천살에 대한 비교 분석

많은 도서 내용을 비교 연구해 보면 뚜렷한 정답은 없고 다음과 같은 해석 차이만 간추릴 수 있다.

**첫째** : 향向에 대한 무슨 방위가 황천방黃泉方이란 설명에는 별 차이가 없다. 다만 정해진 황천 방위에서,

① 내수來水 = 득수得水가 黃泉水이다.

② 거수去水 = 수구水口가 되면 黃泉水이다.

③ 내거수來去水가 다 같이 황천수이다.

④ 일부는 내수來水가 黃泉水요 다른 일부는 거수去水가 黃泉水이다.

⑤ 내수來水는 구빈救貧 黃泉水요 거수去水는 대살인大殺人 黃泉水이다.

이처럼 차이 있게 설명하고 있다.

**둘째** : 팔로란 앞에서 설명한 것처럼 팔천간八天干인 甲庚丙壬 乙辛丁癸를 말하며, 사로란 사유四維에 해당되는 乾坤艮巽의 사천간四天干을 말한다. 그런데 어떤 책에서는 천간 방위만을 말하며 어떤 책에서는 천간과 지지가 동궁이라 해서 합친 두 방위를 지칭하고 있다. 예를 들면 庚向에 坤方水를, 어떤 책에는 庚向에 坤申方水로 설명하고 있다.

**셋째 :** 향向이냐, 좌坐냐도 각기 다르다. 어떤 책에서는 향向에 대한 무슨 방위는 黃泉方이라고 쓰여 있다. 또 다른 책에는 좌坐에 대한 무슨 方으로 설명해야 이기에 맞다고 좌坐 중심으로 설명하고 있다.

**넷째 :** 나경 4층 향向 또는 좌坐에 대한 나경 2층의 팔로 사로 황천살을 모든 흉살을 총망라해서 설명한 책도 있고, 팔로 사로 황천만이 팔로 향向에 대한 사로가 黃泉方이요, 사로 향向에 대한 팔로의 천간끼리의 상극 관계를 나타내는 독립된 흉살로 취급하고 있는 도서도 많다.

**다섯째 :** 12천간 향向에 대한 黃泉方을 설명하는데 동원되는 이법이 각기 다르다. 장생수법長生水法과 소현공오행을 동원해서 설명한 도서도 있고 88향수법으로 또는 향상向上으로 또는 좌상坐上으로 또는 구성수법九星水法 등 동원된 이법도 도서에 따라 구구하다.


### (3) 팔로 · 사로 황천살에 대한 결론

황천 방위는 12천간 향向의 좌측 또는 우측 바로 옆에 있다. 양간인 甲 · 庚 · 丙 · 壬 向은 좌선수左旋水가 합법이기 때문에 12운성運星(胞 · 胎 · 養 · 生)도 순선順旋하면 황천 방위는 향向의 좌측 바로 옆 천간이며, 음간인 乙 · 辛 · 丁 · 癸와 乾 · 坤 · 艮 · 巽은 우선수右旋水가 합법이니 역포태逆胞胎로 운용하면 황천 방위는 향向의 바로 우측 천간이다. 향상포태向上胞胎 사국四局이 중심이 아니고 바로 향向 위에서 기포하면 황천 방위는 곧 묘방墓方이 된다. 따라서 묘방에서 득수得水 또는 소류지小溜池 등이 있거나 황천방에서 묘墓를 향해 내수來水하면 대살인 황천수가 되며 그 방향에서 바람이 불어와도 그는 살풍殺風이 되는 것이다.

앞에서도 말했지만 위에서 설명한 이법은 제일 이해하기 쉽고 100퍼센트 적중되는 객관성 있는 것이지만 다른 도서에서 설명되지 않았던 이법이기에 좀 당돌한 느낌마저 든다. 그러나 실제로 나경으로 묘전墓前의 팔로 사로 황천수의 유무를 확인하기 위해서는 제일 손쉽게 이해하고 확인할 수 있는 방법임은 틀림이 없다.

※ 필자가 이 책의 원고를 집필하면서 제일 많이 시간을 소모했고 제일 많은 책을 읽으면서 비교 연구한 것이 나경 2층에 기록된 팔로 사로 황천살에 대한 내용이다. 책 八十八向 진결 및 신 나경연구를 보아도 先師들이 뚜렷한 이법을 밝혀 놓지 않았기 때문에 특히 四路에 해당되는 乾·坤·艮·巽向에 대한 黃泉方에 대해서는 그 근본적 이법이 선명하지 못하다. 따라서 필자가 그 어려운 정답을 얻어보려고 많은 수법水法이나 살법殺法을 적용해 보았지만 만족할 수 없었다. 따라서 최종적으로 위와 같은 해법을 내려 보았으나 여러 애독자 중 이보다 더 정확한 답이 있으면 후학자들을 위한 마음으로 서슴지 마시고 下敎 있으시기 바라면서 팔로 사로 황천살에 대한 설명을 끝낼까 한다.

12천간 향向을 사국四局으로 나누지 않고 향向 자체 궁위宮位를 각각 기포점起胞点으로 하여 甲·庚·丙·壬 向의 양간은 순포태順胞胎요, 乙·辛·丁·癸 向은 음간이기 때문에 역선逆旋하며 乾·坤·艮·巽은 순선順旋 또는 역선逆旋하면 黃泉方의 모두가 묘방墓方이 된다.

따라서 黃泉方에서 득수得水가 되거나 소류지小溜池 또는 황천방에서 혈을 향해 들어오는 물은 대살인 黃泉水가 되며 반대로 묘방墓方에서 파구破口(또는 去水)가 되면 길한 것이다. 좀더 쉽게 설명하자면 나경 2층에 기록된 黃泉方은 선사들이 이미 정해 놓은 획고부동한 이법이다. 후학자들은 이법의 근원까지 따지지 않아도 선사들이 정해 놓은 황천방인 흉방凶方에서 거수去水가 되면 길하며 득수得水가 되면 크게 흉함은 당연한 이치임을 가볍게 이해하면 될 것 같다.

묘墓 앞에서 가장 쉽게 팔로 사로 黃泉方을 찾는 방법은 甲·庚·丙·壬 향向의 경우는 향向의 바로 좌측 천간이요, 乙·辛·丁·癸 향向의 경우는 음간이기 때문에 바로 우측 천간이며, 乾·坤·艮·巽 向은 向의 左·右 천간이다 黃泉方이기 때문에 찾기가 쉽다. 그리고 천간과 지지가 동궁同宮이기 때문에 간방艮方이 黃泉方이라면 그 지지 인방寅方까지도 함께 黃泉方이라고 강조하는 사람이 많으나 팔로 사로는 천간끼리만 해당된다.

【 向에 대한 황천방위黃泉方位 】

| 向 | 陰·陽 | 順·逆 | 起胞点 | 黃泉方의 宮位 |
|---|---|---|---|---|
| 甲向 | 陽干 | 順旋 | 甲 | 황천방인 艮方의 墓位이다. |
| 庚向 | 陽干 | 順旋 | 庚 | 황천방인 坤方의 墓位이다. |
| 丙向 | 陽干 | 順旋 | 丙 | 황천방인 巽方의 墓位이다. |
| 壬向 | 陽干 | 順旋 | 壬 | 황천방인 乾方의 墓位이다. |
| 乙向 | 陰干 | 逆旋 | 乙 | 황천방인 巽方의 墓位이다. |
| 辛向 | 陰干 | 逆旋 | 辛 | 황천방인 乾方의 墓位이다. |
| 丁向 | 陰干 | 逆旋 | 丁 | 황천방인 坤方의 墓位이다. |
| 癸向 | 陰干 | 逆旋 | 癸 | 황천방인 艮方의 墓位이다. |
| 乾向 | 陰干 | 逆旋 | 乾 | 황천방인 辛壬方은 물의 左右旋에 따라서 서로 墓方이 된다. |
| 巽向 | 陰干 | 逆旋 | 巽 | 황천방인 乙丙方도 이와 같이 墓方이 된다. |
| 艮向 | 陰干 | 逆旋 | 艮 | 황천방인 甲癸方도 같은 이치로 서로 墓方이다. |
| 坤向 | 陰干 | 逆旋 | 坤 | 황천방인 丁庚方도 이와 같이 서로 墓方이다. |

## 제③절 나경 3층 쌍산雙山 삼합오행三合五行

### (1) 쌍산과 삼합오행

9층 나경 제 3층은 쌍산오행과 삼합오행을 배치하고 있다. 풍수지리학에서는 이 오행의 이법에 따라 혈의 진부眞否와 화복禍福이 결정된다. 나경 제 3층에는 오행 중에서 火·金·水·木 사행四行이 지반정침地盤正針 12쌍산에 고루 배열되어 있으며 오행 중에서 土는 중앙에 해당되기 때문에 방위를 나타내는 오행에는 들지 않는다.

【 쌍산오행雙山五行 】

壬子(水) 癸丑(金) 艮寅(火) 甲卯(木) 乙辰(水) 巽巳(金)

丙午(火) 丁未(木) 坤申(水) 庚酉(金) 辛戌(火) 乾亥(木)

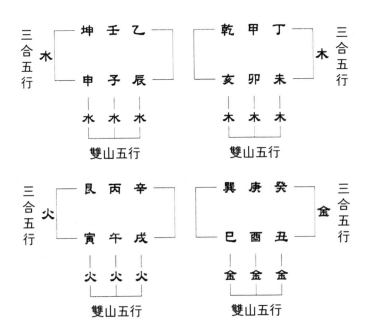

쌍산雙山이라 함은 위에서 보는 것처럼 천간 하나와 지지 하나로 두 개의 글자가 묶여 하나의 같은 궁위宮位를 이루는 것을 말한다.

쌍산과 삼합오행은 불가분의 관계이다. 쌍산은 두 개의 음양 집합체이고 삼합은 쌍산의 생生·왕旺·묘墓를 이루어내는 과정을 묶는 것이다. 따라서 쌍산과 삼합오행은 그 내용과 용도만 확실히 이해하고 기억하면 나경 3층에 기록된 것을 보지 않아도 된다. 지반정침 속에 포함되어 있기 때문이다.

예를 들면 정음정양도 별도로 기록한 나경이 있는가 하면 머릿속에 기억하며 운용하기도 하기 때문에 잘 이해하면 된다. 임자王子는 동궁同宮이므로 함께 水가 되지만 나경에서 水의 표시는 지지인 子에만 붙인다. 이는 처음 나경은 12지지로만 된 12방위인데 구빈救貧 양공楊公이 24방위로 만든 것이다 24방위를 오행별로 해보면 다음과 같다.

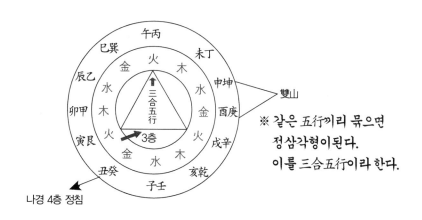

나경 4층 정침

- **木局**은 甲卯·丁未·乾亥 방위인데 乾·甲·丁을 이으면 정삼각형이 되며 이를 삼합三合이라고 한다. 亥·卯·未도 같다.
- **火局**은 艮寅·丙午·辛戌 방위인데 艮·丙·辛과 寅·午·戌도 각각 천간과 지지끼리 삼합三合을 이룬다.

●**金局**은 癸丑·巽巳·庚酉 방위인데 巽·庚·癸, 巳·酉·丑이 각각 삼합三合을 이루는 방위이다.

●**水局**은 壬子·乙辰·坤申 방위인데 坤·壬·乙, 申·子·辰이 각각 천간과 지지끼리 삼합三合을 이룬다.

●**土局**은 중앙을 의미하므로 방위에서 빠진 것이다. 좌坐와 득수得水 파구破口가 삼합三合을 이루면 대길하다고 했다. 또 좌左 우룡右龍(청룡과 백호)의 끝과 묘墓의 좌坐가 삼합三合을 이루어도 길하다.

위 각국局의 생生·왕旺·묘墓(이상 포태법으로) 위는 삼합쌍산三合雙山으로 배열되어 있으며 예컨대 壬子는 수국水局의 왕위旺位가 되고 **坤申**은 생위生位, 乙辰은 묘위墓位가 된다. 癸丑은 금국金局의 묘위墓位, 丙午는 火局의 왕위旺位, 乾亥는 목국木局의 생위生位이다.

이상 각국局의 기포점起胞点(포태법의 출발점)에서 순포태順胞胎(시계 방향)로 돌리면 위와 같은 결과를 확인할 수 있다. 이 오행의 풍수지리학적 용도 및 운용 방법은 다음과 같으니, 더 자세한 것은 다음 오행론 중 장생오행長生五行에 대한 내용을 참조하기 바란다.

### (2) 오행의 풍수지리학적 용도와 운용 방법

●**첫째**, 용의 기본적 성격과 여러 오행의 구분

●**둘째**, 발음 방법

●**셋째**, 발복받은 자손과 발음 연대의 추정

이 오행의 풍수지리학적 용법은 좌坐를 위주로 하여 쌍산 삼합오행법에 의해 화복禍福을 판정하며 이 밖에도 정오행正五行은 해임자계亥壬子癸는 북방수北方水, 인갑묘을손寅甲卯乙巽은 동방목東方木, 사병오정巳丙午丁은 남방화南方火, 신경유신건申庚酉辛乾은 서방금西方金, 진술축미곤간辰戌丑未坤艮은 중앙토中央土이다.

## 제4절 나경 4층 지반정침地盤正針

### (1) 지반정침

지반정침은 나경의 기본이 되는 층이며 子의 중심이 정북(O도)에 해당되며 午의 중심이 180도이다. 卯가 정동(90도)이며 酉가 정서에 해당되어 270도로 동서남북 360도를 정확하게 나누어 24位가 배열되어 있다. 따라서 각 위는 각각 15도씩이며 24방위는 12지지와 8천간(甲庚丙壬 乙辛丁癸)과 사유四維(乾坤艮巽)로 구분되어 있다. 그리고 지반정침은 천반봉침天盤縫針과 인반중침人盤中針뿐만 아니라 각 층의 기본이 되며 그 용도는 대략 다음과 같다.

### (2) 지반정침 용도에 대한 결론

필자의 저서 《韓國風水理論의 定立》에서 도서별로 각기 다르게 설명된 정침正針에 대한 역할을 자세하게 설명했기 때문에 여기서는 그 결론만 내릴까 한다.

풍수지리에서 좌향坐向을 바르게 정하는 일 이상 중요한 일이 없음에도 불구하고 정침正針이냐 봉침縫針이냐도 결정 못하고 지금까지 서로 다투고만 있으니 풍수지리를 연구하는 사람으로서는 답답하기만 하다. 봉침은 양공楊公이 제정하였는데 봉침이 제정되기 전에는 지반정침으로 좌향坐向을 주관하였을 것이니 수수작용收水作用에 쓸 목적으로 양공이 제정한 봉침이니 각종 수수작용에만 전용全用하는 것이 옳을 것 같다.

옛날 선사들은 어째서 확실한 내용을 명확하게 남기지 않았을까 원망스럽기만 하다. 필자는 여러 도서 내용을 비교 분석하면서 나름대로의 소신을 확정했다.

그러나 필자의 소신 역시 과학적 실험 결과가 아니기 때문에 시원한 정답이 못 되고 의문점이 남을지라도 지금까지 해결하지 못한 쟁점을 해결하기 위한 촉진제가 되었으면 한다.

※ 墓의 坐·向을 정확히 확인하고 그 타당성을 판단하기 위한 기준은 다음 몇 가지를 들 수 있을 것이다.

① 입수룡入首龍에 의한 입향立向(이용배향以龍配向)

㉠ 입수에 맞춰 입향하는 방법(入首와 向 관계를 정음정양법)에 의해 陽입수면 양향陽向, 陰입수면 음향陰向으로 쓰는 것이 보편적이다.

㉡ 입수처는 천산 72룡으로 재고, 기선氣線은 투지 60룡으로 재며, 천산은 투지 60룡을 생해 주어야 된다. 이를 이용배향以龍配向이라 한다.

② 水에 의한 입향立向(이수배향以水配向)

㉠ 좌선수左旋水(陽局)의 경우는 양향陽向인 甲·庚·丙·壬 向, 子·午·卯·酉 向, 辰·戌·丑·未向(陽衰向)이라야 합법이며, 우선수右旋水(陰局)의 경우는 음향陰向인 乾·坤·艮·巽 向, 寅·申·巳·亥 向(陰衰向)인 乙·辛·丁·癸向이라야 합법으로 본다.

㉡ 수구水口(破)에 따라 입향하는 수법水法도 향상포태법, 88향법, 장생수법, 구성수법, 보성수법 등 여러가지 수법이 있다. 이러한 수법들은 다음 수세론水勢論에서 자세히 설명하기로 하고

여기서는 88향수법과 향상포태법向上胞胎法, 장생수법長生水法
만 적용한다.

### 예1 亥入首에 壬坐 丙向의 경우
左旋水(陽局)에 丁未破라면!

- **첫째**, 병향丙向은 이용배향以龍配向(입수에 맞춰 향을 정하는 것)을 말
  하기 때문에 亥 입수에 임좌壬坐 병향丙向이면 음룡입수에 음향陰
  向이니 합법이다(정음정양법). 내향內向은 물론 정침正針으로본다.
  뇌두腦頭의 중앙에서 원운圓暈의 중심을 거쳐 순전脣氈의 중앙까지
  흐르는 기선氣線(생기가 흐르는 선)을 투지 60룡으로 보고 가급적 투
  지透地가 생해 주도록 혈좌를 정해야 한다.
  망명亡命을 생해 주는 분금分金 처리까지가 내향內向에 속한다.

- **둘째**, 외향外向은 이수배향以水配向(물에 의해 향을 정하는 것)을 말한다.
  ① 좌선수左旋水라면 양향陽向이어야 합법이다. 따라서 좌선수左旋
    水 양국陽局에 양향陽向인 병향丙向은 합법이다.
  ② 우선수右旋水 음국陰局이면 병향丙向 양향陽向은 맞지 않으며 음
    향陰向인 사향巳向이 합법이다.

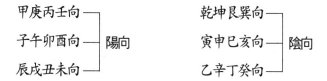

| 甲庚丙壬向 ┐ | | 乾坤艮巽向 ┐ | |
|---|---|---|---|
| 子午卯酉向 ─ | 陽向 | 寅申巳亥向 ─ | 陰向 |
| 辰戌丑未向 ┘ | | 乙辛丁癸向 ┘ | |

【 向과 破의 관계 】

③ 정미파丁未破에 대한 내향内向은 88향법으로는 자왕향自旺向이
요, 향상포태수법으로는 쇠파衰破(借庫消水)에 해당되며 장생수
법으로도 쇠파衰破에 해당되어 길향吉向 길파吉破가 된다.

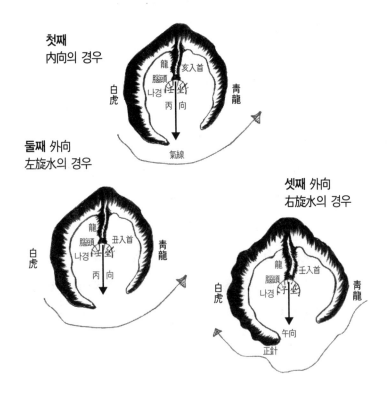

**첫째**
**内向의 경우**

**둘째 外向**
**左旋水의 경우**

**셋째 外向**
**右旋水의 경우**

**예2** 子入首에 壬坐 丙向 右旋水에 甲破의 경우

- ●**첫째**, 내향內向은 이용배향以龍配向(입수에 맞추어 향을 정한다)을 말하기 때문에 子 입수면 양룡입수이니 음향陰向인 병향丙向은 맞지 않을 뿐 아니라 우선수에 우선 혈좌가 되어 맞지 않으며 오향午向으로 하면 직룡直龍 직향直向이 되어 충뇌沖腦라 하여 꺼리는 사람도 있지만 지지좌地支坐의 경우는 직좌直坐로 하면 정음정양법, 통맥법으로도 합법이며 충뇌는 분금分金으로 피할 수 있다.
- ●**둘째**, 외향外向은 우선수右旋水 음국陰局이기 때문에 임좌壬坐 병향丙向(陽向)은 맞지 않으나 수구水口와 향向 관계는 88향수법으로는 목욕소수沐浴消水요, 향상포태수법으로는 욕파浴破인 문고소수文庫消水에 해당되어 길하다.

## 제⑤절 나경 5층 천산穿山 72룡

천산 72룡은 양공(救貧·양균송)이 정한 것을 구공邱空이 전포傳布한 것으로 전해지고 있으며 지기地紀라 하여 래룡정맥來龍正脈이 어느 오자순五子旬으로 정확하게 뚫고 들어오는가를 가리는 층이다. 즉, 주산主山 및 현무玄武에서 뻗어 내려온 주룡主龍이 결혈結穴에 앞서 24위位 중에서 어느 용맥龍脈(72룡 중)으로 입수하여 뇌두腦頭에 이르는지를 가름하는 층이다.

즉, 땅의 기운(地氣)은 땅 속으로 흐르게 되기 때문에(地中行) 이러한 땅의 기운을 측정하는 것이다. 그러므로 천산 72룡은 지기地紀이므로 나경 지지 아래에 배속한다.

### (1) 천산 72룡의 배분

천산 72룡은 12지지에 각각 5룡씩 60룡과 12천간의 빈칸 12룡을 합쳐 72룡이 된다. 72용맥 중에서 병자순丙子旬(2번선-旺氣脈)과 경자순庚子旬(4번선-生氣脈)은 무조건 취용하고, 갑자순甲子旬의 냉기맥冷氣脈과 임자순壬子旬의 퇴기맥退氣脈은 선별 취용하며, 무자순戊子旬의 패기맥敗氣脈은 취용할 수 없다. 그래서 하나의 용맥은 불과 5도이기 때문에 넓은 내룡來龍에서 이 5도의 길맥吉脈만을 취해야 되기 때문에 정밀함을 요한다. 따라서 어떤 분은 투지 60룡만 정확히 사용하면 천산 72룡은 쓰지 않아도 상관 없다는 분도 있다, 그러나 필자가 생각하기로는 특히 9층 나경 각 층에 기록된 내용만은 많은 이법중에서도 절대적으로 필요하기 때문에 취해진 것이어서 착실하게 이용되어야 된다고 사료된다.

천산穿山의 기운은 뇌두를 이루고 뇌두에 모인 생기生氣가 60룡의 혈장으로 들어오면 혈은 생기를 타게 되어 장승생기葬乘生氣하게 되며 그러한 후손은 길복吉福이 미치게 되는 것이다. 때문에 천산 72룡은 불과 5도의 입수맥을 정확히 측정하는 데 목적이 있지만 다음 투지 60룡 선과의 상생 관계를 밝히기 위해서 오행상의 중요성을 내포하고 있다.

### (2) 천산 72룡의 측정 방법

천산 72룡은 오직 입수만을 논하는 법칙으로 그 측정방법은 과협過峽 또는 결인結咽이 시작된 곳의 중심과 뇌두腦頭의 한 중심을 잇는 가는 줄을 수평으로 이은 다음 그림처럼 결인처結咽處의 중심 또는 뇌두의 한가운데에 나경을 놓고 나경 5층 천산 72룡으로 정확히 측정한다.

이때 천산 72룡은 다음 기선氣線을(투지 60룡) 생해 주어야 길하다(生我者 我剋者 比肩 포함).

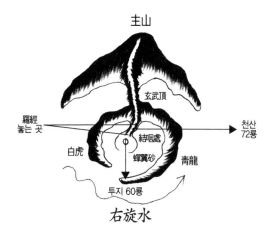

主山

玄武頂

羅經
놓는 곳

結咽處

白虎

蟬翼砂

靑龍

천산
72룡

투지 60룡

右旋水

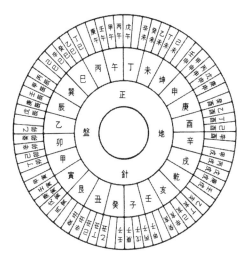

【 천산 72룡도 穿山 七十二龍圖 】

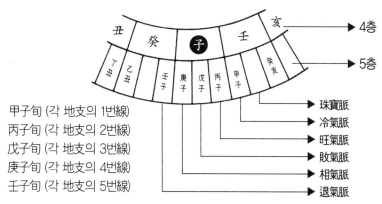

甲子旬 (각 地支의 1번線)
丙子旬 (각 地支의 2번線)
戊子旬 (각 地支의 3번線)
庚子旬 (각 地支의 4번線)
壬子旬 (각 地支의 5번線)

珠寶脈
冷氣脈
旺氣脈
敗氣脈
相氣脈
退氣脈

※문헌과 학자에 따라서 그 吉凶 명칭이 다르다.

### (3) 천산 72룡에 대한 의문점과 정답

천산 72룡은 투지 60룡과는 달리 지지 칸 아래에 병자순丙子旬 무자순戊子旬 경자순庚子旬이 배속되고 子의 양쪽 천간인 壬의 아래에 갑자순甲子旬이 있고 癸의 아래에 壬子가 배속되어 있으나 둘 다 쓸 수 없는 것이다.

그러니까 5개순 가운데 2번순과 4번순의 왕상맥旺相脈이 둘 다 지지 하에 배속되어 있다. 여기서 문제가 되는 것은 천간 아래에 있는 공망맥空亡脈(빈칸)이다. 많은 책들이 공망맥은 쓸 수 없는 것으로 설명하고 있다.

그렇다면 천간룡天干龍 입수에는 알맞은 길향吉向이 없다는 말이 된다. 정음정양법으로 따지면 오히려 천간 입수와 짝을 이루는 길향吉向이 훨씬 많다. 중국 나경 및 책자나 《경반도해經盤圖解》 책을 보면 나경 壬(천간) 아래 중앙이 빈칸이 아니라 정임수正壬水라 표시되어 있다. 천간 癸 아래 중앙에는 정계수正癸水라 기록되어 있다. 정임수正壬水란 정임룡正壬龍이니 정오행으로 水에 해당되며 정계수正癸水는 정계룡正癸龍이며 정오행으로 水에 해당된다는 뜻이니 마땅히 지지인 子에 배속된 병자순丙子旬(2번선) 경자순庚子旬(4번선)과 함께 주보맥珠寶脈에 해당된다. 《신나경 연구》에는 이와 반대로 천간 아래 빈칸은 공망맥이 되어 매우 흉하다고 했다. 우리나라 나경 권위자이신 두 분의 견해가 이처럼 틀리니 후학자들은 어느 이론이 정답인지 이해하기 어려운 일이다.

위에서 말했지만 천간 아래 빈칸은 주보맥으로서 지지 하에 있는 2번선 및 4번선과 함께 쓸 수 있는 길맥이며 정오행으로 다음 투지맥透地脈을 생해 주면 되는 것으로 확실히 결론을 내리는 바이다.

## 제6절 나경 6층 인반중침人盤中針

### (1) 인반중침의 용도

인반중침은 중국 송나라 뢰공賴公이 창안한 것으로 혈을 중심으로 주위의 사砂가 혈처穴處에 도움을 주는지 해를 주는 것인지를 보는 데에 사용한다. 사砂란 주위의 산을 뜻하며, 건물이나 비석도 여기에 속한다.

인반人盤은 4층의 지반정침과 7.5도의 역逆으로 차이가 있다. 사砂는 성수오행星宿五行으로 오행의 생극 관계를 살피는데 이때 좌坐가 위주가 된다.

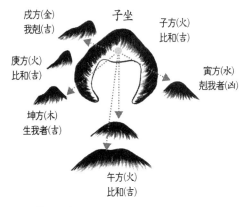

【 子坐(火)인 경우 성수오행 관계 실례 】

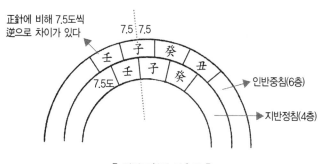

【 인반중침의 사용법 】

예를 들면 건좌乾坐는 木이기 때문에 巽·艮·坤방의 사砂는 같은 木이니 비견(比肩·兄弟砂)이 되어 인재의 득이 있고, 甲·庚·丙·壬, 子·午·卯·酉방의 사砂는 火이니 목생화木生火가 되어 재물의 손실이 있고, 乙·辛·丁·癸 방위 사砂는 土이므로 목극토木剋土가 되어 아극자我剋者가 되기 때문에 재성財星이 되어 길하며, 辰·戌·丑·未방의 사砂는 金이니 금극목金剋木이 되어 관살官殺로 인재의 피해를 입으며, 寅·申·巳·亥방의 사砂는 水이므로 수생목水生木이 되니 관인재官人財의 도움을 받는다. 사砂는 주로 人丁(인정·자손)을 관장함이 원칙이니 자손들의 번성을 기약할 수 있다.

**【 성수오행星宿五行(人盤中針) 】**

| 五行 | 人盤中針 24방위 | |
|---|---|---|
| 木 | 乾坤艮巽(四胎) | 4方位 |
| 火 | 子午卯酉(四正) 甲庚丙壬(四順) | 8方位 |
| 土 | 乙辛丁癸(四强) | 4方位 |
| 金 | 辰戌丑未(四藏) | 4方位 |
| 水 | 寅申巳亥(四胞) | 4方位 |

그렇다 해서 좌坐에 대한 흉방凶方에 있는 사砂(山)는 무조건 해롭다고 판단하면 안 된다. 좌坐의 전후좌우 사방이 빈틈없이 산山(砂)이 늘어서 있어야 장풍藏風이 잘 되어 길하기 때문이다. 따라서 길방吉方에 길사吉砂가 있으면 더욱 길하며, 흉방凶方에 흉사凶砂가 있으면 더욱 해롭다는 뜻으로 생각하면 된다. 따라서 나(坐)를 극剋하는 방위에 귀사貴砂가 있어도 사砂가 없이 요함凹陷하여 살풍殺風이 치는 것보다 훨씬 길한 것이다.

본층 인반중침은 이외에도 삼길三吉, 육수방六秀方, 귀인방貴人方, 장생방長生方, 녹방祿方, 역마방驛馬方, 규봉窺峰 또는 겁살방劫煞方에 있는 원근遠近

길흉 사격砂格을 측정하는 데 사용된다.

【 녹위祿位 】

| 向<br>祿 | 乙 | 辛 | 丁 | 癸 | 甲 | 庚 | 丙 | 壬 | 乾 | 坤 | 艮 | 巽 |
|---|---|---|---|---|---|---|---|---|---|---|---|---|
| 正祿 | 卯 | 酉 | 午 | 子 | 寅 | 申 | 巳 | 亥 | 壬 | 庚 | 甲 | 丙 |
| 借祿 | | | | | 艮 | 坤 | 巽 | 乾 | | | | |

**예** 巽巳方에 노적봉 같은 貴砂가 솟아 있으면 壬坐 丙向이 祿位砂가 된다

【 역마사驛馬砂 】

| 坐 | 方位 | 坐 | 方位 |
|---|---|---|---|
| 坤壬乙 · 申子辰 | 艮寅 | 乾甲丁 · 亥卯未 | 巽巳 |
| 艮丙申 · 寅午戌 | 坤申 | 巽庚癸 · 巳酉丑 | 乾亥 |
| 웅장한 天馬體의 砂가 驛馬位에서 照穴하면 速發富貴한다 | | | |
| 眞結된 子坐 午向의 穴地에 寅方 天馬砂가 氣勢雄飛하면 速發富貴한다 | | | |

## ① 인반중침의 길흉 판단법

길흉 판단은 다음 가결에 따른다.

生我印授 居兩榜 比和人財 發科場

我剋是財 爲儲奴 剋我七殺 最難當

泄我文章 文邊功名 好又强

- 생아生我는 도장을 받으니 문文·무관武官의 자손이 될 수 있게 도움을 주는 산山[砂]이다

- 비화比和는 인재이니 과거에 나아갈 수 있게 돕는 산山이다.

- 아극我剋은 재財이니 자손이 노비를 많이 거느리게 도움을 주는

산山이다.

● 극아剋我는 칠살七殺이니 자손을 궁지에 모는 산山(砂)이다.

● 아생我生은 문장文章이나 자손이 비록 가난해도 문장으로 공명을 떨칠 수 있게 하고 또한 의지가 강한 사람이 되게 도와주는 산山이다

### ② 삼길 육수三吉六秀

3길吉 — 震(卯)·庚·亥 방위에서 내룡지맥來龍至脈하거나 그 방위에서 수려秀麗한 귀사貴砂가 보이면 크게 발복하며 인정人丁이 흥왕興旺한다.

첨원尖圓 고용高聳한 귀사貴砂가 혈에 비추면 관官은 득권得權하고 득위得位하며 민民은 득재得財한다. 이와 같이 24성수오행법星宿五行法으로 길사吉砂와 흉사凶砂를 분별하는 방법외에도 다음 페이지에 있는 표와 같이 사태四胎·사포四胞·사순四順·사정四正·사강四强·사장四藏으로 나누어 좌坐의 방위에 상관없이 필봉筆鋒·삼태봉三台峰·선인봉仙人峰·아미사蛾眉砂·창고사倉庫砂=노적봉·사모사紗帽砂·옥대사玉帶砂·인사印砂·천마사天馬砂 등 길사吉砂가 많을수록 혈도 길지吉地가 되는 것이다.

그리고 길사吉砂라 할지라도 크기나 높이가 수려하고 장엄한 정도에 따라 그 품격이 차이가 생긴다. 그러나 명칭이나 발복에 너무 연연함과 허황된 욕심보다 오히려 흉살을 피하는 데 신경을 써야 된다. 그 외에도 포태법으로 장생방長生方이 높고 유정有情하면 장수하며 낮으면 질병이 많다. 청룡은 장남, 백호는 삼남三男, 안산案山은 차남으로 비유하여 살펴보며 형제뿐인 경우는 청룡과 백호만을 대상으로 한다. 즉, 청룡이 백호나 안산案山보다 특별히 발달되어 있고 유정하면 장남이 크게 발전한다고 보는 것이다.

그러나 일반적으로 청룡은 자손궁子孫宮을, 백호는 딸 또는 외손이나 재물을 보며, 안산案山은 노복奴僕 또는 후견인 뒤의 용龍은 조상 또는 상속·재산·관직을 의미한 것으로 보는 경향이 많다.

【 四胎·四胞·四順·四正·四强·四藏 】

| 四胎 | 乾坤艮巽 | 木 | 丞相將軍英雄聖賢出 |
|------|---------|----|------------------|
| 四胞 | 寅申巳亥 | 水 | 直巨王子 師傳出 |
| 四順 | 甲庚丙壬 | 火 | 公候가 代代不絶 |
| 四正 | 子午卯酉 | 火 | 名將不絶 |
| 四强 | 乙辛丁癸 | 土 | 守營方伯不絶 |
| 四藏 | 辰戌丑未 | 金 | 富貴將相國母多出 |

※ 위 오행은 성수오행星宿五行이다.

정확한 관찰력은 많은 자기 경험이 필요한 것이다.

## (2) 인반중침에 대한 참고사항

위에서 나경 6층 인반중침에 대해서 설명했으나 중침中針과 관련된 사砂에 대해서 몇 마디 말해 두고자 한다. 사砂에 대한 설명은 다음 사세론砂勢論에서 자세히 설명하겠지만 우리나라 풍수지리의 원조인 도선국사道詵國師는 말씀하시기를 "먼 것보다 가까운 것이 소중하고 가까운 것보다 더욱 가까운 것이 더욱 소중하다"고 하셨다. 물도 그렇고 용龍도 그렇고 사砂도 그렇다. 사砂 중에서도 먼저 제일 가까운 내사內砂를 자세히 살펴야 된다. 내사內砂는 음사陰砂라고 하며 가장 중요한 혈증穴證이기 때문이다. 하수사蝦鬚砂·우각사牛角砂·선익사蟬翼砂 등의 미사微砂들이 모두 내사에 해당된다. 즉, 혈장 내에 있는 미사微砂를 말한다.

다음 가까운 사砂가 청룡과 백호이다. 청룡과 백호를 시작·중간·끝부분으로 3등분하여 초기·중기(당대)·말기(후대)로 나누어 판별하고 장방長房과 지손支孫의 길흉을 살피기도 한다.

다음 가까운 사砂는 안산案山과 조신朝山이다. 안산은 청룡과 이어진 것 (本身靑龍)과 백호에 이어진 것이 있으며, 전혀 물 건너 타산他山으로 이루어진 안산으로 구분된다.

다음은 수세水勢와 안산案山과의 관계를 살핀다. 안산이 혈을 배반하면 물도 산山을 따라 반궁수反弓水로 돌아가게 되니 흉한 것이다. 반대로 안산이 혈을 다정하게 포응抱應해 주면 물도 다정하게 혈을 감싸준다. 안산과 물이 혈을 배반하고 달아나면 인정人丁과 재산에도 해를 준다.

다음 조신朝山이 나열되어 국세局勢가 짜임새 있고 수려한 길사吉砂가 많으면 발복의 대소大小와 연대年代를 측정한다. 또한 각종 사砂는 혈장을 보호하는 역할을 담당하고(생기가 흩어지지 않도록 지킨다는 뜻) 장풍藏風을 감당하며 득수得水의 근원이 된다. 따라서 이러한 사砂들을 고루 얻지 못하면 결국 고한(孤寒·외롭고 추운)을 면할 수 없게 되며 이런 곳에 장사葬事하면 자손이 화禍를 당하게 된다(다음 사세편砂勢篇 참조).

## 제7절  나경 7층 투지 60룡

### (1) 천산 72룡과 투지 60룡의 역할

천산穿山은 지맥地脈을 뚫고 들어오는 입수가 어느 자상字上으로 들어오는가를 알기 위한 것이라면 투지透地는 내룡來龍의 생기生氣가 혈 가운데로 들어옴에 있어서 어느 선상線上으로 들어오는가를 알기 위한 것으로서 천기天紀라고도 한다.

투지 60룡은 나경 4층(正針)의 24방위(360도)를 각각 2, 5분한 것으로 예컨대 정침 壬子를 5등분하여 甲子·丙子·戊子·庚子·壬子로 나누어진다. 즉, 24간지(干支·천간과 지지)를 60甲子로 등분한 것이 투지 60룡이다. 투지透地라 함은 통通한다는 뜻이며, 산山이라 하지 않고 지地라고 한 것은 산도 만물이 발생하는 지地에 포함되기 때문이다.

투지 60룡은 천산 72룡맥으로 입수 도두(到頭·뇌두에 도달한 것) 한 기맥氣脈이 기선(氣線·생기가 흐르는 선)을 타고 혈로 흐를 때 화갱살火坑殺 살요공망맥殺曜空亡脈을 피하고 주보왕상맥珠寶旺相脈을 택해서 올바르게 재혈裁穴할 수 있도록 하는 역할을 한다.

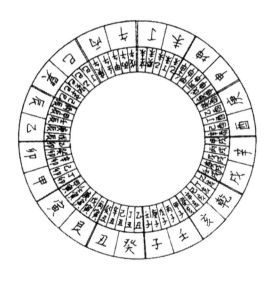

【 투지 60룡도透地六十龍圖 】

## (2) 투지 60룡의 용用·불용不用

나경을 자세히 살피면 60甲子 5자순 중에서 2번순 병자순丙子旬과 4번순 경자순庚子旬은 주보珠寶가 되고 갑자순甲子旬과 임자순壬子旬은 차착공망

差錯空亡이며 무자순戊子旬은 화갱살요火坑殺曜이다.

　이들 60甲子를 5자순별로 구분 정리한 내용은 앞쪽 그림과 같다. 결국 2번순과 4번순만이 쓸 수 있다는 말이다. 투지 60룡맥의 운용은 장사葬事 시에 가장 중요한 작업이다.

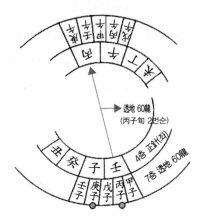

**【 투지 60룡의 용用·불용도不用圖 】**

　즉, 정확한 재혈천광裁穴穿壙은 풍수지리의 생명이며 지사들의 막중한 책무이다. 약간의 오차나 실수만 있어도 천신만고 끝에 얻은 진혈眞穴을 버리는 우愚를 범하게 된다. 때문에 용龍을 찾는 데는 3년이 걸리지만 혈을 찾는 데는 10년이 소요된다고 했다(尋龍 3년 裁穴 10년). 그만큼 투지 60룡의 역할이 중요함을 의미하는 것이다.

● 임자쌍산壬子雙山에는 투지 60룡이 5개가 있다. 임룡壬龍 칸의 가운데가 丙子(2번순) 투지룡이고 자룡子龍의 가운데가 庚子(4번순) 투지룡이다.

● 투지 5개룡 가운데 두 번째가 천간의 투지룡이고, 4번째가 지지의 투지룡이다.

●丙子(2번순) 12룡이 쌍산雙山 천간의 정투지룡正透地龍이고 庚子(4번순) 12룡이 쌍산雙山 지지의 정투지룡이며 이것을 24주보맥珠寶脈이라고 한다.

**【 지반정침 24룡이 되는 투지 60룡(例) 】**

| 壬 | | 子 | | | 癸 | | 丑 | | | 艮 | | 寅 | | | 甲 | | 卯 | | |
|---|---|---|---|---|---|---|---|---|---|---|---|---|---|---|---|---|---|---|---|
| 甲子 | 丙子 | 戊子 | 庚子 | 壬子 | 乙丑 | 丁丑 | 己丑 | 辛丑 | 癸丑 | 丙寅 | 戊寅 | 庚寅 | 壬寅 | 甲寅 | 丁卯 | 己卯 | 辛卯 | 癸卯 | 乙卯 |
| 1 | ② | 3 | ④ | 5 | 1 | ② | 3 | ④ | 5 | 1 | ② | 3 | ④ | 5 | 1 | ② | 3 | ④ | 5 |

## (3) 투지 60룡 측정 요령

혈이 임좌壬坐 및 자좌子坐라면 4층 壬子 아래 7층 5자순字旬 중에서 두 번째 병자순丙子旬과 네 번째 경자순庚子旬만 쓸 수 있는 맥脈이 되기 때문에 다른 좌坐에도 이러한 요령으로 2번과 4번순으로 가용可用하는 요령만 터득하면 쉽고 정확하게 운용할 수 있다.

다시 한 번 설명하면 83페이지의 〈투지 60룡 측정시 나경 위치〉 그림에서와 같이 뇌두 한가운데에 나경을 놓고 원운圓暈(태극운)의 중심과 혈 아래 순전脣氈의 중심을 통하는 선을 정확히 측정하여 2번선인 병자순丙子旬으로 생기生氣가 흐르는지 4번순의 경자순庚子旬으로 생기가 흐르는지를 정확히 확인한다. 좀더 자세히 설명하자면 투지 60룡을 정하는 데는 순서가 있다.

**첫째**, 나경을 과협(결인처)의 한 중심부에 놓고 지맥地脈을 뚫고 들어오는 내룡이 천산 72룡 중 어느 글자 위로 들어오는지를 알고 나서,

**둘째**, 뇌두 한가운데에 나경을 놓고 입수내룡의 기氣가 융결融結된 뇌

두에서 혈처穴處(원운의 중심)의 중심으로 무슨 글자 위로(투지60
룡) 들어오는가를 확인한다.

**예** 뇌두腦頭에서 원운圓暈(혈)의 중심처로 투지 60룡 辛亥旬(4번순)으로 들어
오면 납음오행으로는 金에 해당된다. 坐를 乾坐로 한다면 乾은 木에 해당
되기 때문에 金剋木이 되어 凶하며 乙亥脈(1번순)은 냉기맥冷氣脈에 해당되
기 때문에 아주 나쁘다. 이런 경우 2번순인 丁亥脈 土라야 木剋土(我剋者)
가 되어 吉하다는 이치이다.

앞에 그림에서 설명한 바와 같이 장사葬事할 때 가장 핵심적인 주인은
시신屍身 ➡ 망명亡命이다. 따라서 천산 72룡 ➡ 투지 60룡 ➡ 혈좌 ➡ 망명
➡ 분금에서 모두가 주인격인 망명을 생해 주어야 된다. 즉 천산 72룡은
투지 60룡을 생해 주고 60룡은 혈좌를 생해 주며 분금은 망명을 생해 주
어야 길하다 여기서 생해 준다는 뜻은 납음오행으로 생아자生我者, 아극자
我剋者, 비견比肩 중 한 가지에 해당됨을 말한다.

여기서 한 가지 언급해 두고 싶은 것은 필자의 많은 경험과 통계에 따
르면 투지가 혈좌를 생해 주지 못하는 경우가 많다. 그러나 엄격히 따져서
혈좌란 항상 투지선상透地線上에 놓이게 되기 때문에 투지와 혈좌는 일체一
體로 보는 것이 맞을 것 같다. 따라서 천산穿山이 투지만 생해 주면 된다.

그리고 다른 것은 전부 납음오행인데 혈좌만이 쌍산雙山 오행이기 때문
에 내용이 다른 잣대로 상호 비교 측정한다는 것 자체가 모순인 것이다.

## (4) 60甲子 납음오행納音五行

【 60甲子 납음오행 】

| 甲子乙丑 | 해중금(海中金) | 丙寅丁卯 | 노중화(爐中火) | 戊辰己巳 | 대림목(大林木) |
|---|---|---|---|---|---|
| 庚午辛未 | 노방토(路傍土) | 壬申癸酉 | 검봉금(劍鋒金) | 甲戌乙亥 | 산두화(山頭火) |
| 丙子丁丑 | 간하수(澗下水) | 戊寅己卯 | 성두토(城頭土) | 庚辰辛巳 | 백납금(白蠟金) |
| 壬午癸未 | 양류목(楊柳木) | 甲申乙酉 | 천중수(泉中水) | 丙戌丁亥 | 옥상토(屋上土) |
| 戊子己丑 | 벽력화(霹靂火) | 庚寅辛卯 | 송백목(松柏木) | 壬辰癸巳 | 장류수(長流水) |
| 甲午乙未 | 사중금(沙中金) | 丙申丁酉 | 산하화(山下火) | 戊戌己亥 | 평지목(平地木) |
| 庚子辛丑 | 벽상토(壁上土) | 壬寅癸卯 | 금박금(金箔金) | 甲辰乙巳 | 복등화(覆燈火) |
| 丙午丁未 | 천하수(天河水) | 戊申己酉 | 대역토(大驛土) | 庚戌辛亥 | 차천금(釵釧金) |
| 壬子癸丑 | 상자목(桑柘木) | 甲寅乙卯 | 대계수(大溪水) | 丙辰丁巳 | 사중토(沙中土) |
| 戊午己未 | 천상화(天上火) | 庚申辛酉 | 석류목(石榴木) | 壬戌癸亥 | 대해수(大海水) |

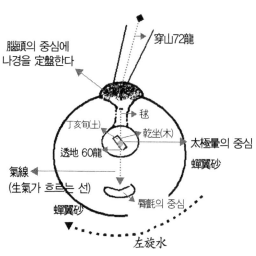

【 투지 60룡 측정시 나경 위치 】

## (5) 투지 60룡의 용법

풍수지리의 최종 목적이 진혈眞穴을 얻기 위함임을 부정하는 사람은 아무도 없을 것이다. 천리래용千里來龍에 도두일절到頭一節 또는 심룡尋龍 3년에 정혈定穴 10년이란 고어古語 등이 모두 정혈定穴과 재혈裁穴의 중요함을 강조하는 말이다. 백 권의 풍수지리 책을 외운다 해도 혈장의 원리와 재혈裁穴의 요령을 정확히 깨닫지 못하면 무엇하리오!

모든 풍수지리의 원리에 대한 형기形氣 이기理氣를 가릴 것 없이 생기生氣의 최종 융결처融結處를 찾는 것이 결국 진혈을 찾는 결과가 됨을 알아야 된다. 때문에 용龍의 생기가 흐르는 중심선(투지 60룡 또는 기선)을 정확히 찾아 내는 일은 물론이요, 투지룡透地龍의 중심선이 결정되면 그 생기를 받아들일 수 있는 혈좌를 납음오행에 의해 정확히 결정하는 일 이상으로 중요한 일은 없다.

앞에서도 자세히 설명을 되풀이했으나 필자가 여러 권위 있는 도서 내용을 일일이 비교 설명한 것도 투지 60룡이 혈을 정하는 데 제일 중요한 요소가 되기 때문이다. 필자는 이처럼 투지 60룡의 중요성을 인식했기 때문에 많은 도서를 통해 비교 연구도 했지만 한편 옛날부터 사용했던 다른 혈좌법과도 대질 확인도 하여 보았다.

예를 들면 음룡입수陰龍入首면 음향陰向이라야 되며 양룡입수陽龍入首면 양향陽向이라야 적법이라는 정음정양법과 투지 60룡과 납음오행에 의한 혈좌법을 비교해 보았다. 그 결과 투지 60룡이 혈좌를 생해 주어야 됨을 입증해 주었다.

즉, 혈좌를 주인으로 보는 것이 타당함을 알게 되었다. 어떤 분은 60룡이 주인의 입장이 되어 혈좌가 투지룡을 생해 주어야 한다고 주장하기도 하나 그 이유는 투지 60룡은 인위적으로 결정하는 것이 아니고 자연현상적으로 결정되어 있는 것이기 때문에 혈좌를 그에 맞추어야 됨으로 60룡을 주인의 입장으로 보았는지도 모른다. 그러나 《장경葬經》에도 '장자승생기야葬者乘生氣也'라 했으니 생기가 시신屍身을 생해 주는 것이 옳을 것 같다.

> ※ 陰龍入首면 陰向이라야 되며 陽龍入首면 陽向이 되어야 적법이 되는 정음정양법에 의해 작성된 일람표에 투지 60룡에 의한 납음오행을 적용한 결과, 거의 일치된 (혈좌가 주인이 됨) 내용이었다. 입수에 대한 坐向을 坐로 바꾸고 그 투지 60룡의 납음오행과 혈좌와의 관계를 확인한 결과 50개 穴坐 중 41개 혈좌는 투지 60룡이 혈좌를 생해 준다. 생해 준다는 뜻은 혈좌가 중심인 경우,
>
> > ① 생아자生我者(穴坐를 투지透地가 生해 준 것),
> > ② 아극자我剋者(穴坐가 투지를 剋한 것),
> > ③ 동오행同五行(比肩)의 세 가지를 말한다.
>
> 따라서 坐이라 표시한 좌는 투지 60룡이 생해 줌을 뜻하는 것이다. 반대로 凶이란 투지가 坐를 剋하거나 坐가 투지를 생해 줌을 말한다. 위 통계에 의하면 투지 60룡이 혈좌를 생해 주는 것이 옳다.

## (6) 투지 60룡의 길흉

천산 72룡의 양공楊公 오기론五氣論은 투지 60룡에서 똑같이 적용된다. 투지 60룡의 오자기五子氣 중 2번순, 4번순, 왕상맥에 대한 길흉 비결만을 《나경투해羅經透解》에서 인용해 보았다.

- 丙子氣는 정임룡正壬龍으로 대길 창성昌盛하며 식구가 늘고 재산이 늘어나며 반드시 부귀쌍전雙全해 모든 일이 더욱 길상吉祥해진다. 만약, 미곤수未坤水를 보면 관곽棺槨 내외內外에 작은 못이 된다. 申子辰, 巳酉丑년에 감응이 나타난다.

- 庚子氣는 장정壯丁이 왕성하고 의식이 풍족하며 부귀한다. 만약 午정수를 보면 관 내 5촌 깊이로 흙탕물이 넘치고 巳酉丑년에 그 감응

이 나타난다.

● 丁丑氣는 정계룡正癸龍이라서 태어난 사람마다 총명하고 영리하며 부귀가 유장하고 모든 일이 즐겁게 이루어진다. 만약, 미방수未方水를 보면 관 내에 못이 생긴다. 申子辰년에 그 감응이 나타난다.

● 辛丑氣는 정축룡正丑龍이라 삼십대에 부귀하고 크게 흥융興融한다. 사람이 왕성하며 모든 일이 길하고 충효와 우애가 깊다. 만약 인상寅上의 물을 보면 광중壙中에 물이 스며든다.

● 戊寅氣는 정간룡正艮龍으로 부귀영화를 대대로 누리고 申子辰년에 등과登科하며 모든 일이 길상吉祥하다. 그러나 묘방수卯方水가 관에 미치면 흉하다.

● 壬寅氣는 정인룡正寅龍으로 부귀하고 인물과 재물이 풍족하며 농토를 넓히고 복이 장구하다. 巳酉丑년에 감응이 오고 오방수午方水를 보면 관이 진창에 잠긴다.

● 己卯氣는 정갑룡正甲龍으로 사람과 재물이 다 왕성하고 매사에 길하다. 만약, 손방수巽方水를 보면 늙은 쥐가 천관穿棺한다. 申子辰년에 감응이 틀림없이 온다. 또한 자식이 어버이를 슬퍼하여 가슴앓이를 한다.

● 癸卯氣는 정묘룡正卯龍으로서 부귀쌍전하고 낳은 인물이 총명하여 농토가 불어나고 백사에 길하고 편안하다. 만약 사방수巳方水를 보면 나무뿌리가 틀림없이 천관穿棺한다. 巳酉丑년에 감응이 있게 된다.

● 庚辰氣는 정을룡正乙龍이라서 뛰어난 사람을 낳고 발복이 끊임 없으며 7대 부귀에 뛰어난 출세를 한다. 亥卯未년에 감응이 있으나 정수丁水를 보면 대흉하다.

● 甲辰氣는 정진룡正辰龍으로서 75년 부귀가 넉넉해진다 만약, 자계수

子癸水를 보면 우물에 흙탕물이 스며든다.

● **辛巳氣**는 정선룡正巽龍으로 부귀영화가 종중宗中에 머무른다. 巳酉丑 년에 그 복의 감응이 틀림없다. 오정수午丁水가 다가오는 것을 꺼린다.

● **乙巳氣**는 정사룡正巳龍으로 부귀영화와 강복康福이 크게 흥해진다. 壬 午戌년에 감응이 있고 계수癸水가 다가오면 관에 흙탕물이 봉해진다.

● **壬午氣**는 정병룡正丙龍으로 부귀쌍전하고 영웅이 나오며 37대에 걸 쳐서 사람이 왕성하고 상서로운 별과 경사스러운 구름과 같은 광영 光榮이 주어진다. 신방수申方水를 꺼리니 이를 보면 우물 안에 흙탕물 이 고여서 흉하다.

● **丙午氣**는 정오룡正午龍으로 가업이 평범하게 피어나고 출생한 사람 이 총명하며 꾀하는 일이 달성하고 모든 일에 길함이 있다. 申子辰 년에 감응이 있다. 만약, 축간수丑艮水를 보면 흙탕물이 관 안에 든다.

● **癸未氣**는 정정룡正丁龍으로 출생한 사람이 부귀하고 장수한다. 만약, 경방수庚方水를 보면 망인재액亡人災厄이라 하여 흉하며 亥卯未년에 감응이 온다.

● **丁未氣**는 정미룡正未龍으로 부귀를 장구하게 누리고 申子辰년에 그 감응이 틀림없이 있게 된다. 그러나 寅午戌년에는 흉하다. 만약, 축 간수丑艮水를 보면 관이 진창에 든다.

● **甲申氣**는 정곤룡正坤龍으로 출생한 사람이 준수하고 총명하며 부귀 쌍전한다. 申子辰년에 반드시 감응이 와서 대대로 즐거움을 누린다. 만약 간유수艮酉水를 보면 관 내에 빗물이 들어 흉하다.

● **戊申氣**는 정신룡正申龍으로 출생한 사람이 총명하고 장수하며 부귀 쌍전한다. 만약, 갑방수甲方水를 보면 관 내에 물이 괸다.

● **乙酉氣**는 부귀한 사람과 재물이 피어나고 장수하게 된다. 만약, 정

방수丁方水를 보면 관 내에 작은 못이 된다.

● 己酉氣는 정유룡正酉龍으로 문무文武 간에 삼공三公이거나 그에 가까운 벼슬이 있고 대대로 부귀가 풍성하다. 申子辰년에 감응이 있다. 만약, 묘방수卯方水를 보면 관의 널빤지가 온전치 못한다.

● 丙戌氣는 정신룡正辛龍으로서 사람이 왕성하게 발전하고 소년 등과가 나며 申子辰년에 감응이 있다. 만약, 갑묘수甲卯水를 보면 나무뿌리가 관을 뚫는다.

● 庚戌氣는 정술룡正戌龍으로 부귀영화와 먹을 것이 풍족하고 巳酉丑년에 즐거운 일이 많이 생겨난다. 36년간 총명한 인물이 난다. 만약, 오정수午丁水를 보면 관골棺骨이 진창에 잠긴다.

● 丁亥氣는 정건룡正乾龍으로 부귀가 크게 발전하고 의식이 풍족하며 申子辰년에 길한 경사가 많이 생겨난다. 다만, 두려운 것은 손수巽水가 관에 미치는 것이므로 이럴 경우 물이 고여 흉하다.

● 辛亥氣는 정해룡正亥龍으로 사람과 재물이 다 같이 왕성하여 발복이 서서히 내린다. 만약, 오정수午丁水를 보면 관 널빤지가 온전치 못하므로 흉하다.


### (7) 투지 60룡의 길흉에 대한 견해차

앞에서 투지룡透地龍의 중요성을 강조했으며 투지 60룡에 대한 길흉에 대해 자세히 설명했으나 중국의 《지리천기회원地理天機會元》 원문을 보면 다음과 같이 약간의 차이가 있다. 참고로 재혈裁穴할 때 참고하기 바란다.

| 甲子 大凶 | 乙丑 半吉 | 丙寅 次吉 | 丁卯 半吉 | 戊辰 半吉 | 己巳 大凶 | 庚午 大凶 | 辛未 大凶 | 壬申 大吉 | 癸酉 凶 | 甲戌 大吉 | 乙亥 凶 |
|---|---|---|---|---|---|---|---|---|---|---|---|
| 丙子 半吉 | 丁丑 大吉 | 戊寅 大吉 | 己卯 半吉 | 庚辰 大凶 | 辛巳 大吉 | 壬午 大吉 | 癸未 半吉 | 甲申 大吉 | 乙酉 半吉 | 丙戌 半吉 | 丁亥 大吉 |
| 戊子 大凶 | 己丑 大凶 | 庚寅 大吉 | 辛卯 次吉 | 壬辰 大凶 | 癸巳 大凶 | 甲午 大凶 | 乙未 大凶 | 丙申 大吉 | 丁酉 凶 | 戊戌 大凶 | 己亥 大凶 |
| 庚子 大吉 | 辛丑 半吉 | 壬寅 大凶 | 癸卯 半吉 | 甲辰 大吉 | 乙巳 半吉 | 丙午 大吉 | 丁未 大吉 | 戊申 大吉 | 己酉 大吉 | 庚戌 大吉 | 辛亥 大吉 |
| 壬子 次吉 | 癸丑 大凶 | 甲寅 大凶 | 乙卯 大吉 | 丙辰 大凶 | 丁巳 半吉 | 戊午 大凶 | 己未 大吉 | 庚申 大凶 | 辛酉 半吉 | 壬戌 大吉 | 癸亥 吉 |

　　국내에서 발간되는 풍수지리 관계 서적에서는 거의 2번순(丙子旬)과 4번순(庚子旬)만 왕상맥旺相脈으로 쓸 수 있으며 기타는 차차공망差次空亡(甲子旬과 壬子旬)과 화갱맥火坑脈(戊子旬-3번순)이 되어 쓸 수 없는 불용맥不用脈으로 소개되고 있다.

　　그러나 위에서 소개한 지리천기회원地理天機會元에서는 ① 갑자순甲子旬에서도 壬申 甲戌은 대길大吉이요 乙丑 丙寅 丁卯 戊辰은 반길半吉이라 했고, ② 병자순丙子旬에 있어서도 庚辰은 대흉大凶이라 했고, ③ 무자순戊子旬에서도 庚寅 맥脈은 대길大吉이요 辛卯 맥脈은 차길次吉이라 했다. ④ 경자순庚子旬 주보순珠寶旬에 있어서도 壬寅은 대흉大凶이라 했으며 ⑤ 임오순壬子旬(5번순)에 있어서도 乙卯 맥脈 壬戌 맥脈은 대길大吉이라고 했고, 壬子 丁巳 辛酉 맥脈은 반길半吉로 기록되어 있다.

　　다른 풍수지론에서도 그렇지만 재혈裁穴에 있어 가장 중요한 역할을 하는 투지 60룡의 길흉에 대한 견해가 이처럼 차이가 있으니 우리는 깊은 연구와 심중한 태도가 요망된다. 실제로 장사葬事 시에 용혈사수龍穴砂水가 다 적법인 경우 다만 투지룡과 혈좌 및 분금과의 관계가 흡족하지 못하다

해서 버릴 수 있겠는가? 이런 경우 2번순과 4번순 외에도 쓸 수 있는 투지순透地旬을 찾아보는 것이 좋을 것으로 믿어진다.

### 예1 분금 대신 60룡을 이용하는 경우!

위에서 설명한 바와 같이 분금이 망명亡命을 생해 주어야 된다고 했다(생한다는 것은 생아자生我者, 아극자我剋者, 비견比肩의 세 가지 포함). 그런데 실제로 재혈裁穴을 해보면 이도 저도 안 맞아 고심할 때가 많다.

예를 들면 손사파巽巳破 우선수右旋水에 계좌癸坐 정향丁向인 경우 망명이 기미생己未生[火]이라면 정침正針 계좌癸坐의 분금 丙子[水]는 수극화水剋火가 되어서 안 맞고, 庚子[土] 분금은 화생토火生土가 되어 아생자我生者가 되어 불합이다. 이런 경우 봉침분금縫針分金도 역시 庚子 丙子 분금이기 때문이다.

다음 순서로는 투지맥透地脈에다 맞추는 방법도 계좌癸坐의 투지는 2번선인 丁丑[水] 맥이 해당되지만 이 역시 수극화水剋火가 되어 불합이다. 투지 60룡은 2번선, 4번선만이 주보맥珠寶脈이기 때문에 쓸 수 있다고 책마다 설명하고 있다. 그러나 중국지리천기회원 내용을 자세히 보면 계좌癸坐의 투지 1번선인 乙丑[金] 맥은 반길半吉로 소개되고 있으니 차선책으로 이를 취용할 수밖에 없다.

그러나 이런 경우 1번선인 乙丑[金] 맥을 쓰게 되면 더 큰 문제가 생긴다. 투지 1번선인 乙丑[金] 맥을 쓰게 되면 봉침縫針으로는 자좌子坐가 되어 손사파巽巳破에 자좌子坐는 대황천파大黃泉破가 되어 분금이 망명을 극한 것보다 훨씬 큰 흉살이 된다. 그러면 이런 경우 어떻게 해야 되는지 옛 결지를 보면 재혈裁穴이 극난極難이라 했다. 참으로 조심해야 된다.

※ 이런 경우 癸坐의 투지 1번선인 乙丑(金) 맥에 맞추어 천광穿壙하여 모시되 (内向) 外向은 정침正針 庚子 분금에 맞도록 봉분을 만들면 된다. 그렇게 되면 内向도 정침으로 癸坐가 되고 봉침으로도 癸坐가 되어 水法과도 합법이며 분금 대신 60룡 1번선인 乙丑(金) 맥이 火剋金 我剋者가 되어 모두 합법이 된다. 이런 경우 약간만 틀려도 크게 화禍를 입게 되니 참으로 조심해야 된다. 그러나 이런 경우는 많지는 않으며 망명亡命이 다른 사람을 모시면 된다.

### 예2 丁未破 右旋水에 艮坐 坤向인데 亡命이 丁卯生(火)인 경우

간좌艮坐의 분금 丁丑(水) 辛丑(土) 중 두 분금 다 수극화水剋火(剋我者) 화생토火生土(我生者)가 되어 불합이다. 그리고 만약에 丁丑 분금을 쓰게 되면 봉침으로는 축좌丑坐가 되어 정미파丁未破와 수법상 맞지 않으며 우선수右旋水와 불합이다. 그렇다 해서 봉침 분금도 역시 辛丑, 丁丑 두 분금 다 불합이다.

다음 순서順序로 투지 60룡 2번선(艮坐는 天干坐이기 때문에 2번선이라야 된다) 戊寅(土) 맥도 화생토火生土가 되어 불합이다. 앞에서와 같이 중국에서 발간한 지리천기회원 내용을 보면 艮의 3번선인 庚寅(木) 맥이 대길大吉로 되어 있으니 정침正針 艮과 寅의 한계선에 맞추면 바로 그 선이 투지 60룡 3번선 庚寅(木) 맥에 해당되어 목생화木生火(生我者)가 되어 길하다 이처럼 투지가 3번이라 할지라도 간괘艮卦의 경우는 대길大吉이니 다행이다.

그리고 정침正針 봉침縫針 다 간좌艮坐가 되어 수법에도 합법이니 어렵게만 생각하지 말고 이렇게라도 이법에 맞도록 해야 된다.

(예 1의 경우는 계좌癸坐의 투지 3번선인 己丑(火) 맥이 대흉이어서 쓸 수

없는 경우이다.)

아래 표는 중국에서 발간한 지리천기회원에 나오는 투지 60룡의 괘별
卦別 길흉표이니 참고하기 바란다.

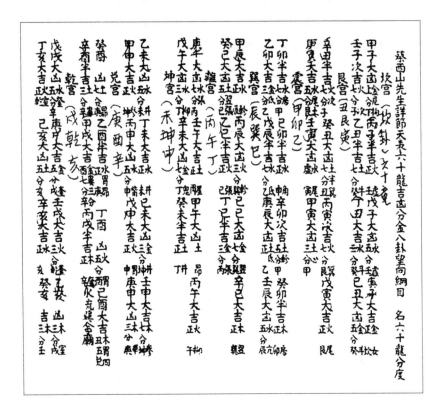

## 제⑧절 나경 8층 천반봉침天盤縫針

### (1) 천반봉침의 구조

천반봉침은 지반정침의 반 방위인 7.5도 앞에 있으며 정침 子의 7.5도
에서 봉침의 子가 시작된다. 봉침은 양공楊公이 제정하였으며 수수작용收

水作用에 쓰인다.

천반봉침은 양동陽動하는 물의 내거來去와 지호池湖와 좌左·우선수右旋水의 득得(득수)과 파破(수구)를 측정하는 데 사용되며 수법水法에 의한 혈의 길흉화복을 가늠한다.

한편 천반天盤은 천지운행의 이치에 따라 정침의 반위半位 앞에 있으므로 천반은 천기天紀를, 지반地盤은 지기地紀를 각각 주관하는 것이다. 그리하여 천기는 양동陽動하고 지기는 음정陰靜하는 바, 천반봉침은 주로 움직이는 수세水勢를 다루고, 지반정침은 주로 움직이지 않는 산룡山龍에 대해서 다룬다. 즉, 지반정침을 중심으로 6층 인반중침은 7.5도가 역행되었음은 음에 속하는 용사龍砂를 보기 때문이며 8층 천반봉침은 7.5 순행되었음은 양에 속하는 물을 보기 때문에 차이가 생긴 것이다. 즉 음은 역행하고 양은 순행하는 원리에 따른 것이다. 여기서 水라 함은 나경 1층 좌坐에 대한 황천수黃泉水 2층의 팔로 사로 황천수가 포함되며 내거수來去水 및 득수得水 파구破口의 모든 물은 8층 봉침으로 격정格定하는 것이 원칙이다.

### (2) 봉침의 용도에 대한 해석차

풍수지리에서 물의 중요성이란 용龍·혈穴과 더불어 양대兩大 기본의 하나이며, 물의 유무다소有無多少와 친소원근親疎遠近에 따라 용혈龍穴의 진가나 길흉이 가려진다. 그리고 물은 외견상의 형세도 중요하지만 수법水法 또한 못지 않게 중요하다. 그럼에도 불구하고 수법은 수십가지로 나누어져 서로 차길피흉(此吉彼凶·내가 주장하는 수법이 맞고 남이 주장하는 수법은 틀리다는 뜻) 각자 자기 수법만을 주장하기 때문에 배우는 사람들 입장에서는 크게 혼란이 생기기 마련이다.

앞에 지반정침에서 자세히 설명했기 때문에 되풀이할 필요는 없지만 항상 문제가 되는 것은 봉침으로 묘墓의 좌坐·향向을 보느냐, 정침으로 보느냐의 상반된 문제이다. 이 문제는 가장 중요한 문제이기 때문에 다시 한번 간략히 설명하기로 한다.

《신 나경연구》296쪽에는 다음과 같이 설명하고 있다.

즉, 정침 24산山으로는 격룡格龍을 한다. 봉침 24방위로는 납수納水와 향向을 정한다. 납수納水와 향向은 불가분의 관계로 물과 용을 견주어서 향向을 정한다고 밝혔다.

《경반도해經盤圖解》341쪽을 보면 천반天盤인 봉침縫針은 수수작용收水作用에 쓰인다고 했다. 그러나 31쪽에는 정침正針과 봉침縫針 중침中針 등 세 가지가 있어서 쓰임에 혼돈을 일으키고 있는 것이 사실이다. 뒤에 층별 해설에서 자세히 밝혀지겠지만 일단은 천반봉침으로 재혈裁穴함이 옳다는 것을 미리 말해둔다고 썼다. 앞뒤가 약간 애매모호한 감이 든다.

또한 《정통풍수正統風水의 이론理論과 방법》165쪽을 보면 천반봉침 24방위로 향向을 측정한다. 좌향坐向은 지반정침으로 정하나 향의 길흉은 지반정침보다도 7.5도 우선회된 천반봉침으로 보아야 한다고 써 있다.

하지만 이 역시 확연치 않다. 그리고 보면 누구나 다 정침과 봉침의 쓰임에 대한 확실한 판단이 어려운 것만은 사실인 것 같다.

지금까지도 정침의 용도와 봉침의 용도에 대한 구분을 확실하게 파악하지 못한 사람들이 많다. 이 역시 선사들이 정확한 이론을 제시하지 못했기 때문인 것 같다. 천반은 천기를, 지반은 지기를 주관하여 천기는 양동하고 지기는 음정하는 바, 천반봉침은 주로 양동하는 수세를 다루고 지반정침은 음정하는 용법龍法을 다룬다.

그러므로 용혈龍穴은 음陰에 속하는 지반정침으로 다루고 수세水勢는 천반에 의한 길흉을 재는 것이 원칙이다. 좀더 쉽게 설명하자면 용절龍節

의 확정 입수와 향向의 조정, 용상팔살龍上八殺의 해당 유무 확인 및 쌍금살雙金殺의 확인 등은 정침을 쓴다(以龍配向). 그리고 좌향坐向과 득파得破의 길흉 관계, 팔요황천수八曜黃泉水 살인대황천파殺人大黃泉破 소황천파小黃泉破 좌左·우선수右旋水에 의한 향向의 음陰·양향陽向 조정 등은 봉침으로 측정한다(以水配向).

다음은 망명亡命에 맞는 분금을 선택할 때, 천간좌天干坐의 경우 우측 분금이 망명에 맞다(生해 주는 것) 해서 쓰게 되면 봉침으로는 좌坐가 달라지게 되기 때문에 수법水法과 전혀 맞지 않게 되면 흉살에 걸려 피해를 보게 되니 조심해야 된다.

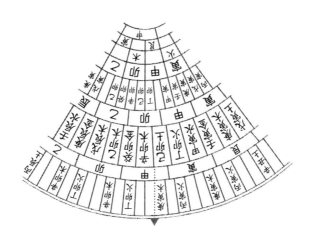

【 봉침병인분금縫針丙寅分金 】

**예** 卯入首 甲坐 庚向 左旋水의 경우

갑좌甲坐의 분금 丙寅(火)과 庚寅(木) 두 분금 중 망명亡命이 己卯 (土)생이라면 화생토火生土라 길하며, 庚寅 분금(木)은 목극토木剋 土가 되어 분금이 망명을 극剋하기 때문에 丙寅 분금을 써버리면 봉침은 인좌寅坐 신향申向이 되기 때문에 용상팔살龍上八殺이 되어 크게 흉한 것이다. 따라서 이런 경우는 봉침 분금 丙寅 분금(火)을 쓰면 된다. 봉침 분금이 기록되지 않은 나경으로는 앞 그림 ↓ 표와 같이 정침의 좌측 분금 庚寅 분금의 좌측 경계선에다 맞추면 바로 봉침 丙寅 분금의 한 중앙선이 된다.

그리고 만약 망명亡命이 辛卯생(木)이라면 갑좌甲坐의 좌측 분금 庚寅(木)을 쓰면 비견比肩이 되어 길하니 봉침 분금을 동원할 필요가 없다. 봉침 분금까지 동원해도 망명에 맞는 분금이 없으면 다음 차례는 투지 60룡을 골라 쓴다.

## 제⑨절 나경 9층 분금分金

### (1) 분금의 형성법

정침의 24위位에다 120분금(24위×5=120분금)을 적용한다. 분금에 대해서도 여러 가지 설이 있으며 모든 길흉화복이 분금에 의해 좌우되는 것으로 생각하는 사람도 있다. 그러나 필자가 생각하기로는 풍수지리란 어느 한 가지만으로 길흉을 전담할 수 있는 요건은 없다. 그러나 장사葬事 시 마지막 마무리 단계에서 망명을 생해 주어야 되는 분금의 역할을 잊어서는 안 된다. 그리고 분금을 잘못 쓰면 특히 천간좌天干坐에 있어서는 수법水法을 보는 봉침의 차이로 화禍를 입게 되니 조심해야 된다.

분금은 입수맥入首脈의 연장선이라 생각할 수도 있지만 엄밀히 말해서 입수맥入首脈은 인위적으로 조작하는 것이 아니라 천지자연의 조화에 따라 조성된 것을 세련된 안목으로 정확히 가려내야 하지만 분금은 인위적으로 이법에 따라 선택하는 것이기 때문에 오히려 소홀히 다루어서는 안 된다.

그렇다 해서 분금에 모든 화복禍福이 달려 있는 것도 아니기에 혈판穴坂에서 이미 결정된 길흉을 분금 때문에 다시 바꿀 수는 없지만 분금을 음양陰陽 이기법理氣法에 맞추어 혈좌 속에서 분금이 망명을 생해 주도록 하는 장사葬事의 끝 마무리 작업이라고 생각하면 될 것이다.

해위亥位에서 예를 들자면, 다음 그림에서와 같이 乙亥·丁亥·己亥·辛亥·癸亥가 있는데 9층 나경에는 정침 1궁위宮位 아래 2번선과 4번선인 丁亥와 辛亥 2칸만 취용하고 쓰지 못한 3칸을 빈칸으로 했다.

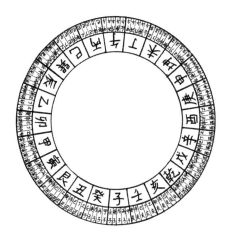

【 地盤正針 120分金 】

## 🌒 60갑자六十甲子와 분금分金의 배열

지반정침 24방위에 대한 투지 60룡 甲子 배열은 쌍산雙山(천간과 지지) 두 방위에 5개 용龍씩 좌로 선회旋回하면서 배열했다.

그러나 120분금의 60갑자 배열은 각 방위별(24개 방위)로 5개 분금을 좌로 선회하여 배열한다. 다만 9층 나경에 있어서는 취용할 수 있는 2개 분금만을 기록했다.

투지 60룡은 앞에서 설명한 바와 같이 60甲子에 의하여 배열하고 병자순丙子旬(2번순) 12룡과 경자순庚子旬(4번순) 12룡이 왕상맥旺相脈이 되어 취용할 수 있다. 120분금의 60갑자 배열은 천간 지지순으로 배열하되 9층 나경에는 丙·庚·丁·辛의 왕상맥으로 취용할 수 있는 두개의 분금만을 기록하여 사용하도록 하고 있다. 다른 쓸 수 없는 ①·③·⑤번순은 기록하지 않고 빈칸으로 되어 있다.

## ☯분금分金의 용법을 좀더 쉽게 정리하자면!

① 분금의 기본은 내반정침의 120분금(9층 나경에서는 48분금)에 있기 때문에 丙·庚·丁·辛의 왕상旺相 분금 중 망명을 생해 주는 분금을 취용해야 살殺을 피하고 발복을 기대할 수 있다 했다.

② 내반정침 분금으로 혈좌(분금)와 망명 또는 자손과의 생극제살生剋制殺을 조정한다. 이때에 분금이 망명을 생조生助 : 生我者, 극재剋財 : 我剋者, 비화比和 : 同五行는 취용하고 분금이 또 망명을 극剋하면 극아자剋我者가 되니 버려야 된다. 또 망명이 분금을 생해 주는 것도 버려야 된다(我生者).

예를 들면 甲子생을 경좌庚坐 갑향甲向으로 장사葬事할 때 정침 분금을 보면 丙申 좌坐(분금)에 丙寅 향向을 취할 경우 甲子생은 金에 해당되며 丙寅과 丙申은 火에 해당되기 때문에 화극금火剋金, 즉 분금은 망명을 극하므로 극히 흉하다. 이때 庚申 분금을 쓰면 庚申은 木이기 때문에 금극목金剋木 즉 망명이 분금을 극하므로 크게 길하다(亡命이란 亡者의 생년을 말한다).

③ 60룡과 분금과의 관계에 있어서는 60룡은 혈좌를 생해 주고 분금은 60룡을 생해 줌과 동시에 망명도 생해 주는 것이 원칙이다. 그런데 투지 60룡의 내용을 보면 2번순인 병자순丙子旬과 4번순

인 경자순庚子旬은 각각 천간과 지지 아래 중앙에 위치하는 정임룡正壬龍과 정자룡正子龍에 해당되는 용맥龍脈이다. 그렇다면 투지 60룡이 별도로 필요한 이유는 천산 72룡 투지 60룡 혈좌 망명亡命 분금 또는 택년擇年 택일擇日을 같은 납음오행으로 서로의 상생상극相生相剋 관계를 확인하기 위해 필요한 것이다.

④ 자좌子坐 오향午向으로 시신을 모시기 위해 천광穿壙을 한 다음 망명에 맞는 분금을 골라(丙子 庚子 중) 선정한다. 예를 들면 丙子 분금인 경우는 시신을 다음 그림처럼 좌로 선회하여 분금에 맞도록 틀고 庚子 분금인 경우에는 시신을 좌로 선회하여 분금에 맞도록 조절한다. 그러나 실제로는 미리 분금까지 맞도록 설계해서 천광하는 것이 더욱 편리하다.

## (2) 분금의 길흉

분금의 길흉은 망명亡命(亡人의 생년)과 분금을 납음오행으로 그 상생相生과 상극相剋 관계를 판단한다.

**예** 亡命이 金이면 火를 피하고(火克金)

火이면 水를 피하고(水剋火)

木이면 金을 피하고(金剋木)

水이면 土를 피하고(土剋水)

土이면 木을 피한다(木剋土)

위에서 분금이 망명을 생해 주어야 된다는 뜻은 망자의 입장에서 ① 생아자生我者 ② 아극자我剋者 ③ 비화比和(同 五行)를 다 합쳐서 말한다.

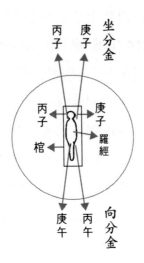

### (3) 24位 천산穿山 투지透地 분금分金의 조절 방법

중국 지리천기회원地理天機會元 32권을 보면 앞 120분금도와 같이 기록되어 있으나, 다른 갑자순甲子旬(1번순) 무자순戊子旬(3번순) 임자순壬子旬(5번순)은 9층 나경에는 기록하지 않았다.

중국 지리천기회원 내용을 보면 천산 72룡에서 예를 들면 천간 壬의 아래 중앙에 정임수正壬水로 기록되어 있다. 9층 나경에서는 빈칸으로 되어 있기 때문에 '쓴다', '못 쓴다' 로 견해가 서로 다르지만 여기서는 정임룡正壬龍에 납음오행 대신 정오행으로 壬은 水이기 때문에 정임수正壬水로 표시한 것이다. 따라서 12천간 아래 빈칸은 쓸 수 있는 주보맥珠寶脈으로 취급해야 된다.

# 제4장
## 용법론龍法論

### 제①절 용법龍法의 개요

용龍의 진가眞假 또는 생왕사절生旺死絶의 판단은 용의 형기形氣와 이기理氣에 의해 판단된 것이지만 여기서 용법龍法이란 용에 대한 음양오행에 바탕을 둔 여러 이기법理氣法을 말한다.

다시 말하자면 혈의 진결眞結은 형기(외관상의 형세)와 용법(이기법)의 합작으로 이루어진다. 그러니까 비록 용의 형기, 즉 용의 외적 형세가 아무리 왕성하여도 이기, 즉 용법이 맞지 않으면 그 용혈은 발복이 미약하고 오히려 재앙이 따르게 된다.

반대로 외적 형세가 다소 미약할지라도 용법이 합당하면 비록 발복은 약할지라도 제살除殺과 피화(避禍·화를 피하는 것)는 가능하다. 특히 이 시점에서 이기와 형기가 다 같이 갖추어진 결함이 없는 대지는 극히 드물다 할 것이니 어느 한쪽이 다소 미급未及하다 해도 버릴 수 없는 형편이다.

### (1) 주산主山의 개장開帳과 본신룡本身龍의 위치

조산祖山, 종산宗山을 거쳐 용이 내려오면서 양쪽으로 장막을 펼쳐 중심룡[本身龍]이 바람으로 부터 보호받는 가운데 굴곡屈曲과 기복起伏을 거듭하면서 기운차게 내려온다. 개장이란 봉鳳이나 학鶴이 날개를 펴는 것처럼 옆으로 멀리 벌리는 것을 말하며, 천심穿心이란 마치 나무의 수간樹幹 같은 역할을 하는 산 전체의 중심축을 말한다. 산이 개장하여 양쪽 날개가 주룡 主龍을 계속 보호하지 않으면 살풍殺風을 막을 수 없어 기氣가 흩어져(風則 散) 생기生氣가 무력하게 된다. 용의 중심을 뚫는 천심(결인結咽)이 확실하지 못하면 분수分水도 안 되고 역시 속기束氣도 안 되어 좌우로 흩어져 혈장까 지 생기가 흐르지 못하여 진혈眞穴을 맺지 못한다.

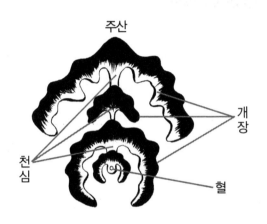

그러나 조종산祖宗山부터 차례로 개장 천심이 잘 갖추어진 산은 드물고 대개는 혈에 이르기 2~3절에서 부터 개장 천심이 이루어져도 격에 맞는 것으로 간주된다.

대개의 경우 주산에서 생룡生龍으로 내려오다 현무정玄武頂을 이루고 그 곳에서 개장하여 청룡과 백호를 이룬 다음 이어서 과협過峽(결인結咽)이나 박환剝換을 이룬 후 뇌두腦頭를 만들며 그 아래 혈장을 이루는 것이 보통 예 이다.

## (2) 이기理氣에 의한 생사룡生死龍 감별

앞에서는 용의 생왕사절生旺死絕의 판단을 형기상으로 설명하였으나 다음은 여러 이기법에 대해 설명하기로 한다. 혈의 진결은 형기와 용법(理氣)의 합작으로 이루어지기 때문이다. 즉 용의 외적 형세가 아무리 왕성하여도 용법(理氣)이 맞지 않으면 그 용혈은 발복이 미약하기 때문이다.

## 제②절 사국용법四局龍法

### (1) 수구水口 사국용법의 개요

사국용법은 모든 용법 중 가장 많이 쓰이는 용법이다. 본 용법은 운용방법도 비교적 쉬울 뿐만 아니라 화복禍福의 적중률이 다른 용법에 비해 높은 편이기 때문에 옛날부터 보편화된 용법으로 지사들의 70퍼센트 정도는 이 법을 응용한다.

본 용법의 운용은 입수入首와 도두到頭를 기준으로 12포태법을 적용하여 내룡입수來龍入首에 대한 이법상의 생왕사절生旺死絕을 판별하는 용법이다. 12포태법은 이미 오행론에서 세세히 설명한 바 있으니 복습하는 정신으로 다음 사국용법을 정확히 이해하여야 할 것이다.

### (2) 수구水口 사국용법의 운용법

수구(破)를 다음과 같이 화국火局, 금국金局, 수국水局, 목국木局의 사국四局으로 나누어 각 국에 따른 기포점에서 시작하여 절絕·태胎·양養·생生·욕浴·대帶·관官·왕旺·쇠衰·병病·사死·장葬의 순으로 역으로 돌려 용이나 입수의 길흉을 확인하는 용법이다(다음 표 참조).

| 四局 | 方位 | 起胞點(첫 出發點) |
|---|---|---|
| 火局 | 辛戌, 乾亥, 壬子破 | 庚酉에서 起胞하여 逆으로 돌린다 |
| 金局 | 癸丑, 艮寅, 甲卯破 | 壬子에서 起胞하여 逆으로 돌린다 |
| 水局 | 乙辰, 巽巳, 丙午破 | 甲卯에서 起胞하여 逆으로 돌린다 |
| 木局 | 丁未, 坤申, 庚酉破 | 丙午에서 起胞하여 逆으로 돌린다 |

예를 들어 수구(破)가 辛戌·乾亥·壬子방의 화국火局이라면 앞에서 설명한 요령과 같이 庚酉에서 기포起胞하여 거꾸로 포태胞胎를 돌리면 庚酉는 절(絶·胞)에 해당되며 다음 坤申은 태胎요, 丁未(養)·丙午(生)·巽巳(浴)·乙辰(帶)·甲卯(官)·艮寅(旺)·癸丑(衰)·壬子(病)·乾亥(死)·辛戌은 묘墓에 해당된다.

따라서 그중 병오룡丙午龍(生龍)과 을진룡乙辰龍(冠帶龍) 갑묘룡甲卯龍(臨官龍) 간인艮寅(旺龍)만이 길격 생왕룡生旺龍이며, 기타는 흉격인 사절룡死絶龍에 해당된다. 또 癸丑·艮寅·甲卯방의 금국金局이라면 임자위壬子位에서 출발하여 거꾸로 돌리면 壬子는 절絶, 乾亥(胎)·辛戌(養)·庚酉(生)·坤申(浴)·丁未(帶)·丙午(官)·巽巳(旺)·乙辰(衰)·甲卯(病)·艮寅(死)·癸丑(墓) 즉, 수구(破)가 금국인 경우는 경유룡庚酉龍 입수는 생룡生龍이요 손사룡巽巳龍은 왕룡旺龍이며 정미룡丁未龍은 관대룡冠帶龍이요 병오룡丙午龍은 임관룡臨官龍에 해당되기 때문에 길격 생왕룡이며, 기타는 흉격인 사절룡에 속한다. 기타 수국水局과 목국木局에 해당되는 수구의 경우도 이러한 요령으로 운용하면 쉽게 생왕룡과 사절룡을 확인할 수 있다(入首龍도 이와 같다).

### (3) 산매법山媒法과 15도수법度數法

산매山媒란 용의 배합이 잘 되도록 중매한다는 뜻이다. 즉, 음과 양을 짝짓고 도수度數를 맞추어 줌으로써 진룡眞龍 진혈眞穴을 찾는 방법이다.

### ① 사정룡四正龍의 15도수법

● **15도수법** : 산매山媒란 용龍의 배합이 잘 되도록 중매한다는 뜻이다. 즉, 음陰과 양陽을 짝짓고 도수度數를 맞추어 줌으로써 진룡眞龍을 찾는 방법이다.

● **坎, 乾, 艮**……감룡坎龍이 우선右旋(여기서 右旋이라 함은 壬子에서 乾脈까지를 말함)하면 임맥壬脈을 거쳐 건맥乾脈을 만나고 건맥乾脈에서 다시 간맥艮脈을 찾아 짝진다. 즉 乾은 양陽이요 艮은 음陰이니 乾과 艮이 짝이요, 坎이 중매가 되며 또 乾 6, 坎 1, 艮 8을 합하면 15도가 된다.

### ② 후천팔괘 음양오행과 숫자

四 正 龍

| 卦 | 坎 | 艮 | 震 | 巽 | 離 | 坤 | 兌 | 乾 |
|---|---|---|---|---|---|---|---|---|
| 陰陽 | 陰 | 陰 | 陰 | 陽 | 陽 | 陰 | 陽 | 陽 |
| 五行 | 水 | 土 | 木 | 木 | 火 | 土 | 金 | 金 |
| 숫자 | 1 | 8 | 3 | 4 | 9 | 2 | 7 | 6 |

四 胎 龍

| 巽 陽 4 | 離 陽 9 | 坤 陰 2 |
|---|---|---|
| 震 陰 3 | 中 5 | 兌 陽 7 |
| 艮 陰 8 | 坎 陰 1 | 乾 陽 6 |

### ③ 사정룡四正龍의 15도수법 및 천덕용법天德龍法의 예(㉠~㉥)

坎, 艮, 乾……감룡坎龍이 좌선左旋하면 계맥癸脈을 거쳐 간맥艮脈을 만나고 간맥艮脈에서 다시 건맥乾脈을 찾아 짝한다.

※ 坎正龍이 乾·艮脈으로 뻗어 오다가 巽角 (그림 참조)이 있으면 巽角에 穴을 정하기도 한다. 震, 離, 兌 正龍에서도 그림 내용과 같이 角이 생기면 穴證을 잘 살펴 定穴할 수 있다. 이를 天德龍法이라 하며 다음을 참조하기 바란다.

①과 ②

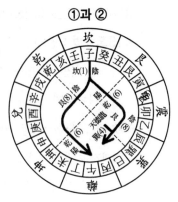

③과 ④

㉠ 震, 艮, 巽……진룡震龍이 우선右旋하면 갑맥甲脈이 생기고 이어서 간맥艮脈을 만나고 간맥艮脈에서 다시 손맥巽脈을 취하여 짝을 한다. 즉 艮은 陰陰이요 巽은 양陽이니 震(卯)이 艮과 巽 사이에서 음양陰陽을 맞춰 짝하도록 중매하니 震 3, 巽 4, 艮 8로 15도수에도 부합된다.

㉡ 震, 巽, 艮……진震(卯)룡龍이 좌선左旋하면 을맥乙脈이 생기고 이어서 손맥巽脈을 만나니 손맥巽脈에서 다시 간맥艮脈을 취하여 음양陰陽의 짝하고 겸하여 15도수를 맞춘다.

※ 위의 그림을 다음과 같이 角이 지게 나타내면 식별하기 용이하다.

㉢ 離. 巽, 坤……이룡離龍이 우선右旋하면 병맥丙脈이 생기고 손맥巽脈이 나오니 손맥巽脈에 이어 곤맥坤脈을 취하여 짝한다. 즉 巽은 陽이요 坤은 陰이니 離(午)가 손맥巽脈과 곤맥坤脈을 중매함이요 離 9, 巽 4, 坤 2로 15도수에 부합된다.

⑤와 ⑥

ⓔ 離, 坤, 巽……이離(午)용龍이 좌선左旋하면 정맥丁脈이 생기고 아래 곤맥坤脈으로 이어지니 곤맥坤脈에 이어 손맥巽脈을 취하여 음양陰陽을 짝하고 15도수를 맞춘다.

ⓜ 兌, 坤, 乾……태룡兌龍이 우선右旋하면 경맥庚脈이 생기고 다음 곤맥坤脈으로 이어지니 곤맥坤脈 아래서 건맥乾脈을 취하여 짝한다. 즉, 坤은 陰이요 乾은 陽이니 兌(酉)가 坤과 乾을 짝하도록 중매한다. 따라서 兌 7, 坤 2, 乾 6으로 15도수도 맞추어진다.

ⓗ 兌, 乾, 坤……태룡兌龍이 좌선左旋하면 신맥辛脈이 생기고 그 아래 건맥乾脈이 생기니 건맥乾脈 아래에서 곤맥坤脈을 취하여 乾과 坤으로 짝하고 15도수를 맞춘다.

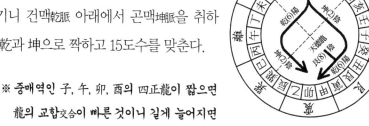

⑦과 ⑧

※ 중매역인 子, 午, 卯, 酉의 四正龍이 짧으면 龍의 교합交合이 빠른 것이니 길게 늘어지면 게으른 것이어서 중매하는 四正龍이 짧고 마디(節)가 속한 아래에는 眞穴이 맺지만 중매(四正龍)가 너무 길어 마디가 늘어진 龍 아래에는 眞穴이 맺기 어렵다.

### (4) 사태룡四胎龍의 산매법과 15도수법

사태룡도 사정룡四正龍처럼 15도수법이 적용된다. 다만 사태四胎(乾坤艮巽)에서 시작하여 90도 각으로 꺾이고 다음은 사정룡(45도)으로 꺾이면 15도수법이 적용되며 45도로 꺾이면 산매법에 해당된다. 산매山媒란 음과 양을 짝짓도록 중매한다는 뜻이다.

다음 그림에서와 같이 양룡陽龍인 손룡巽龍이 양룡陽龍인 오룡午龍과 陰인 묘룡卯龍을 중매하여 짝을 이루도록 한다는 뜻이다. 때문에 산매법을 교구법交媾法, 태교법胎交法, 용교법龍交法 등 여러 가지로 표현하나 그 뜻은 같다.

## ① 사태룡四胎龍과 사정룡四正龍의 교합交合

사정룡(子午卯酉)에서 시작되는 산매법의 끝은 사태(乾坤艮巽)로 끝이 고 사태룡으로 시작되면 사정룡(子午卯酉)으로 끝난다.

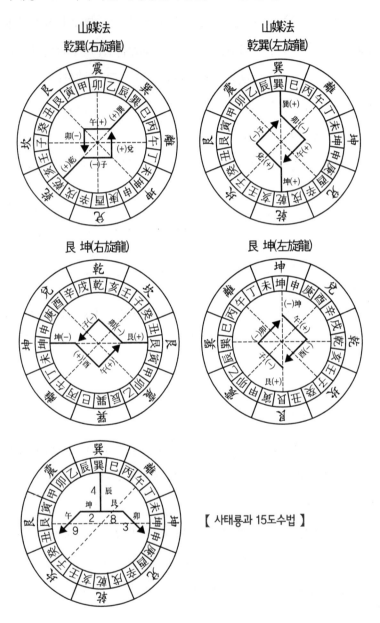

【 사태룡과 15도수법 】

### ② 사정룡四正龍과 반배법反背法

子·午·卯·酉 사정룡을 중심으로 중매하여 (乾·坎·艮), (艮·震·巽), (巽·離·坤), (坤·兌·乾)처럼 교합交合하고〔산매법〕15도수가 되지 않고도 용맥龍脈을 보아 진혈眞穴을 찾는 방법이 또 있다. 이를 반배법이라 한다.

예1에서처럼 坎〔子〕正龍이 壬을 끼고 우선右旋함에 乾으로 내려가다가 艮脈을 만나야만 교합(交合·산매)되고 또 15도수에도 부합되지만 만일 乾脈은 있으나 艮脈이 없으면 15도수가 성립되지 않으므로 불가하다. 그러나 乾脈 아래에 辛脈이 있으면 辛脈을 취하여 혈을 정할 수 있다. 艮丙辛 合이기 때문에 辛이 艮을 대신해 주기 때문이다.

예2에서처럼 坎〔子〕癸로 좌선左旋하는 龍이 艮脈만 있고 그 아래 乾脈이 없으면 역시 坎乾艮으로 15도수로 교합이 안 되기 때문에 그 艮脈 아래에 甲脈이 있으면 甲脈을 취하여 혈을 정한다. 乾甲丁〔木局〕合이기 때문에 甲이 乾을 대신해 주기 때문이다.

예3에서처럼 震〔卯〕甲으로 右旋하는 龍이 甲脈 아래 艮脈은 있으나 巽脈이 없으면 震艮巽의 15도수 교합이 이루어지지 못하므로 그 艮脈 아래에 癸脈이 있으면 癸脈을 취하여 혈을 정한다. 이는 巽庚癸〔金局〕合이기 때문에 癸脈이 巽을 대신해 주기 때문이다.

- 卯乙로 左旋하는 龍이 巽脈만 있고 艮脈이 없을 경우 대신 丙脈을 취한다.
- 離[午]丙으로 右旋하는 龍이 巽脈만 있고 坤脈이 없으면 대신 乙脈을 취한다.
- 離[午]丁으로 左旋하는 龍이 坤脈만 있고 巽脈이 없으면 대신 庚脈을 취용한다.
- 兌[酉]庚으로 右旋하는 龍이 坤脈만 있고 乾脈이 없으면 그 아래에 丁脈을 취한다.
- 兌[酉]辛으로 左旋하는 龍이 乾脈만 있고 坤脈이 없으면 그 아래서 壬脈을 취용한다. 坤·壬·乙이 합이기 때문이다.

※ 사정룡의 반배법에서는 右旋이면 乙·辛·丁·癸 入首요, 左旋이면 甲·庚·丙·壬으로 入首해야 합법이다.

### ③ 사태룡四胎龍과 반배법反背法

사정룡에서처럼 乾坤艮巽 사태룡을 중심으로 중매하여 산매법 또는 15도수법에 해당되지 않고도 진혈을 찾는 방법이 있다. 이도 역시 반배법이라 한다.

**예1** 에서처럼 乾龍이 右旋하여 酉[兌]龍으로 내려가다. 子[坎]龍을 만나야만 교합[산매]되지만 만일 子龍이 없으면 대신 申脈을 취히여 혈을 정할 수 있다. 申·子·辰 합이기 때문에 申이 子를 대신해 준다.

**예2** 에서처럼 乾龍이 左旋하여 子[坎]龍으로 내려가다 酉[兌]龍을 만나야 교합이 되지만 만일 兌龍이 없고 丑龍만 있으면 丑脈을 취하여 혈을 정할 수 있다. 巳酉丑 합이기 때문에 丑이 酉[兌]를 대신해 준다.

예3에서처럼 坤龍이 右旋하여 離(午)龍으로 내려가다 兌(西)龍을 만나야 교합이 되지만 兌龍이 없고 巳龍만 있으면 巳脈을 취하여 정혈할 수 있다. 巳酉丑 합이기 때문이다.

예4에서처럼 坤龍이 左旋하여 兌龍으로 내려가다 離(午)龍을 만나야 교합이 이루어지지만 午龍이 없고 戌龍이 있으면 戌脈을 취해 정혈할 수 있다. 寅午戌 合局이기 때문에 戌이 午를 대신하기 때문이다.

예5에서처럼 艮龍이 左旋하여 卯(震)龍으로 내려가다 子(坎)龍을 만나야 교합이 되지만 만일 坎龍이 없고 辰龍만 있으면 辰脈을 취하여 정혈할 수 있다. 申子辰 합이기때문에 辰이 坎을 대신해 준다.

例6 에서처럼 艮龍이 右旋하여 子(坎)龍으로 내려가다 卯(震)龍을 만나지 못하고 亥脈을 만나면 정혈할 수 있다. 亥卯未 合이기 때문에 亥가 卯를 대신해 주기 때문이다.

例7 에서처럼 巽龍이 右旋하여 震(卯)龍으로 내려가다 午龍을 못 만나고 대신 寅脈을 만나면 정혈할 수 있다. 寅午戌 合局이기 때문에 寅이 午를 대신해 주기 때문이다.

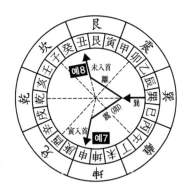

例8 에서처럼 巽龍이 左旋하여 午(離)龍으로 내려가다 卯龍을 못 만나고 대신 未脈을 만나면 未脈에 정혈할 수 있다. 亥卯未 合局이기 때문에 未가 卯를 대신해 주기 때문이다.

※ 乾坤艮巽 四胎龍의 반배법에 있어서도 종합적으로 말하자면 右旋이면 寅申巳亥 入首요, 左旋이면 辰戌丑未 入首라야 합법이다.


### (5) 천덕용법天德龍法(106~107쪽 사정룡 15도수법 그림 참조)

천덕天德이란 이기理氣의 조화로서 子午卯酉 사정四正이 乾坤艮巽 사태四胎와 15도수를 이루면서 내려오는 과정에 생기는 각에 정혈함을 말한다. 즉 坎(子)龍에 乾艮으로 내려오며 15도를 이루는 과정에서 艮脈에 巽角이 생길 때 巽角에다 정혈하는 것을 말한다.


**※ 천덕용天德龍은 다음과 같다.**

壬龍에 辰, 子龍에 巽, 癸龍에 申, 丑龍에 庚, 艮龍에 酉, 寅龍에 丁,
甲龍에 未, 卯龍에 坤, 乙龍에 亥, 辰龍에 壬, 巽龍에 子, 巳龍에 辛,
丙龍에 戌, 午龍에 乾, 丁龍에 寅, 未龍에 甲, 坤龍에 卯, 申龍에 癸,
庚龍에 丑, 酉龍에 艮, 辛龍에 巳, 戌龍에 丙, 乾龍에 午, 亥龍에 乙.


이 천덕용天德龍은 脈과 坐를 다 보는 것이다. 가령 子龍에 巽角이면 子龍에 巽脈 및 巽坐가 천덕天德이다. 이런 경우도 입수入首, 물의 득得·파破, 물의 좌우선左右旋 등 고루 참작하여 정혈한다.

**예** 子龍에 巽坐를 쓰는 것을 천덕룡天德龍 좌법坐法이라 한다.


천덕용법에 대해서는 도서에 따라 약간 차이가 있다. 어느 고서古書에 의하면 위와 같이 24龍(發祖)에 대한 천덕용을 밝히고 있다. 그러나 필자의 견해는 용은 괘卦로 측정하기 때문에 사정룡四正龍 및 사태룡四胎龍에 대한 천덕용만 기억해도 될 것 같다.

나경羅經을 통해 이해하기 쉬운 방법으로는 24龍 전체에 대한 천덕용을 분석해 보면 甲庚丙壬 子午卯酉 寅申巳亥로 발조發祖한 龍은 나경 左로 9번째가 천덕용에 해당되며, 乾坤艮巽 乙辛丁癸 辰戌丑未로 발조發祖하는 龍은 나경 右로 9번째 궁위宮位가 천덕용에 해당되기 때문에 산에 가서 龍을 재는 경우에도 그 요령을 잘 이해하면 쉽게 천덕용을 찾을 수 있다.

그리고 천덕용은 사정룡四正龍이나 사태룡四胎龍에 붙은 짧은 지각枝角을 말하기 때문에 용절龍節 약도略圖를 보고 이해하기 바란다.

【 사정룡 및 사태룡에 대한 천덕용 】

| | 발조 | 중간용절 | 끝용절 | 천덕용 | 나경을 통해 알기 쉬운 방법 |
|---|---|---|---|---|---|
| 四正龍 | 子 | 乾 | 艮 | 巽 | 左旋龍(나경 左로 9번째 궁위가 天德龍에 해당된다) |
| | 午 | 巽 | 坤 | 乾 | |
| | 卯 | 艮 | 巽 | 坤 | |
| | 酉 | 坤 | 乾 | 艮 | |
| 四胎龍 | 乾 | 子 | 酉 | 午 | 右旋龍(나경 右로 9번째 궁위가 天德龍에 해당된다) |
| | 坤 | 酉 | 午 | 卯 | |
| | 艮 | 卯 | 子 | 酉 | |
| | 巽 | 午 | 卯 | 子 | |

(6) 순수 혈좌법脣守 穴坐法

① 坎(子)龍이 右旋 壬亥乾戌로 내려오다가 癸丑艮寅 左旋으로 돌려 다시 子壬脈으로 나오면 그 아래에 子坐나 壬坐를 놓는다.

② 坎(子)龍이 癸丑艮寅으로 내려오다가 亥乾戌辛으로 龍身을 돌려 다시 子癸脈으로 내려오면 그 아래에 子坐나 癸坐를 놓는다.

③ 震(卯)龍이 甲寅艮丑으로 내려오다가 辰巽巳丙으로 돌고 다시 卯

甲脈이 되면 卯甲脈 아래에 혈을 정하여 卯坐나 甲坐를 놓는다.

④ 震(卯)龍이 乙辰巽巳로 내려오다가 甲寅艮丑으로 몸을 돌리고 다시 卯乙脈으로 나오면 卯乙脈에 혈을 정하여 卯坐나 乙坐를 쓴다.

⑤ 離(午)龍이 丙巳巽辰으로 나오다가 丁未坤申으로 돌아 다시 午丙脈이 되면 午丙脈에 혈을 정하여 午坐나 丙坐를 놓는다.

⑥ 午龍이 丁未坤申으로 내려오다가 몸을 돌려 丙巳巽辰으로 나오고 다시 午丁脈이 생기면 혈을 정하여 午坐나 丙坐를 놓는다.

⑦ 兌(酉)龍이 庚申坤未로 내려와 戌乾亥壬으로 돌려 내려오다가 다시 酉庚脈이 되면 酉庚脈에 혈을 정하여 酉坐나 庚坐를 쓴다.

⑧ 兌(酉)龍이 辛戌乾亥로 내려오다가 申坤 未丁으로 방향을 돌리고 다시 酉辛脈으로 틀면 酉辛脈에 혈을 정하고 酉坐나 辛坐를 놓는다.

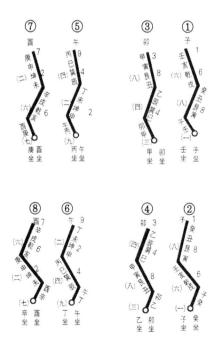

### (7) 사태룡의 생룡生龍과 사룡死龍(예 1~4)

사태룡이나 사정룡이 앞에서 설명한 15도수법 또는 산매법, 반배법에 해당되는 龍은 물론 생룡生龍에 해당되지만 그 외에 90도 각으로 박환剝換하는 다음과 같은 생룡도 있다.

**예1** 乾龍이 艮脈을 만나지 못하거나 艮脈 아래에 乾脈이 없으면 사룡死龍이다. 때문에 쓰지 못한다. 그러므로 乾龍이 左旋하여 艮脈을 만나 寅입수되거나 艮龍이 右旋하여 乾脈을 만나 戌입수되는 것을 생룡生龍이라 한다. 반배법에서는 乾龍으로 출발하면 左右旋하여 45도 각으로 꺾이는데 반해 여기서는 90도 각으로 꺾이는 점이 다르다.

**예1** 의 그림을 좀더 알기 쉽게 그리면 오른쪽 그림과 같으나 실제로는 이렇게 90도 각이 지게 박환剝換하는 경우는 드물다.

**예2** 艮龍이 左旋하여 巽脈을 만나지 못하거나 巽龍이 右旋하여 艮脈을 만나지 못하면 사룡死龍이다. 그러므로 巽龍이 右旋하여 艮脈을 만나 丑입수되거나 艮龍이 左旋하여 巽脈과 합하고 巳입수되면 생룡生龍이다.

**예3** 巽龍이 左旋하면서 坤脈이 없으면 사룡死龍이요, 坤龍이 右旋하여 巽脈을 만나지 못하면 사룡이니 坤龍이 右旋하여 巽脈과 합하고 辰입수 되거나 巽龍이 左旋하여 坤脈을 만나고 申입수되면 생룡生龍이라 한다.

　　　사태룡이 90도 각으로 박환剝換하여 생룡이 되기 위해서는 사태룡의 반배법과는 반대로 右旋이면 辰戌丑未 입수라야 되며 左旋龍이면 寅申巳亥 입수가 되어야 생룡이다.

**예4** 坤龍이 左旋하여 乾脈이 없으면 사룡死龍이요 乾龍이 右旋하여 坤脈을 만나지 못하면 사룡이다. 따라서 乾龍은 右旋하여 坤脈을 얻고 未입

수되면 생룡生龍이요 坤龍이 左旋하여 乾脈을 얻고 亥입수되면 생룡이다.


(8) 사정룡의 생룡生龍과 사룡死龍

① 사정룡의 생룡과 사룡

사태룡에서처럼 사정룡이 90도 각으로 박환剝換하는 龍 중에서도 다음과 같은 경우는 생룡에 해당된다.


**예1** 子龍(坎龍)이 右旋하여 酉(兌)脈을 얻고 庚입수되면 생룡이요, 左旋하여 卯(震)을 얻고 乙입수가 되면 생룡이다.

**예2** 午龍이 右旋하여 卯龍을 얻고 甲입수가 되면 생룡이요 左旋하여 酉(兌)脈을 얻고 辛입수가 되면 생룡이다.

**예3** 卯龍(震)이 右旋하여 90도 각으로 박환剝換하여 子脈을 얻고 壬입수가 되면 생룡이요, 卯龍이 左旋하여 午脈을 얻고 丁입수되면 생룡이다.

**예4** 酉龍이 右旋하여 午脈을 얻고 丙입수가 되면 생룡이요, 酉龍이 左旋하여 子脈을 얻고 癸입수가 되면 생룡이다.

※ 사정룡이 90도 각으로 박환하여 右旋이면 甲庚丙壬 입수라야 생룡이요 左旋이면 乙辛丁癸 입수가 되어야 생룡이 되어 定穴이 가능하다.

## ② 사태룡의 생룡과 사룡

**예5** 乾龍이 右旋하여 戌辛酉 庚申脈까지 이르다가 坤脈이 없을 경우 未脈이 있으면 申未가 능히 坤을 끼고 있는 상이 되어 坤脈과 같이 봐준다. 이런 경우 未脈을 찾아 혈을 정한다.

**예6** 坤龍이 右旋하여 未丁午丙巳脈까지 이르다가 巽脈이 없고 辰脈으로 행하면 巳와 辰이 巽을 안고 있는(抱) 상이 되어 길하다. 만일 辰이 없고 巽巳脈이 쌍행룡雙行龍으로 내려오고 辰脈이 생기면 쌍행雙行이 그친 곳에 혈을 정한다.

**예7** 巽龍이 右旋하여 辰乙卯甲寅 脈까지 이르고 艮脈이 없이 바로 丑脈이 나오면 寅과 丑사이에 艮을 안고 있는 형상이어서 길하다. 만일 丑脈도 없고 寅艮이 쌍행으로 내려오면 그 아래에서 쌍행이 그치고 丑脈이 생기면 바로 쌍행이 그치는 곳에 정혈을 한다.

**예8** 艮龍이 右旋하면 丑癸子壬亥 脈까지 행行하고도 乾이 없이 戌脈이 생기면 亥戌 사이에 乾을 안고 있는 형상이므로 길하다. 만일 戌脈이 없어 亥乾脈이 쌍행하다가 戌脈을 만나면 쌍행이 그치는 곳에 혈을 정한다.

**예9** 乾龍이 左旋하여 亥壬子癸丑까지 이르다가 艮脈이 없고 寅脈이 생기면 그 丑寅 사이에 艮脈을 안고 있는 형상이어서 길하다. 만일 寅이 없이 丑艮이 쌍행으로 내려오다가 寅脈이 생기면 쌍행이 그친 곳에 혈을 정한다.

**예10** 坤龍이 左旋하여 申庚酉辛戌까지 이르다가 乾脈이 없이 亥脈이 생기면 그 戌亥脈 사이에 乾을 끼고 있는 형상이어서 길하다. 만일 亥脈이 없고 戌乾脈이 쌍행으로 내려오다가 다시 亥脈이 생기면 쌍행이 그친 곳에 혈을 정한다.

**예11** 艮龍이 左旋하여 寅甲卯乙辰까지 이르러도 巽脈이 없이 바로 巳脈이 생기면 그 辰巳脈 사이에 巽脈을 안고 있는 형상이어서 길하다. 巳脈이 없고 辰巽脈이 쌍행으로 내려오다가 그치면 巳脈이 생길 것이니 그친 곳에 혈을 정한다.

**예12** 巽龍이 左旋하여 巳丙午丁未脈에 이르러 坤脈이 없이 申脈이 생기면 未申 사이에 坤을 끼고 있는 형상이므로 길하다. 만일 申脈이 없이 未坤脈이 쌍행으로 내려오다가 쌍행이 그치면 申脈이 생길 것이니 이곳에 혈을 정한다.

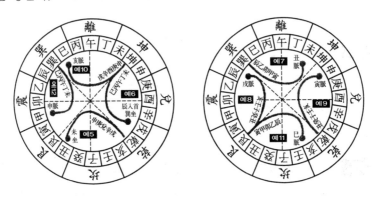

위 내용을 종합적으로 설명하면 사태룡인 乾·坤·艮·巽방에서 내려온 龍의 생·사룡을 구별하면 다음과 같이 요약할 수 있다.

● 乾龍이 左旋하여 艮脈을 만나 寅입수가 되어야 생룡이며 右旋하면 坤脈을 만나 未입수해야 생룡인 것이다.

● 巽龍이 左旋하여 坤脈을 만나 申입수가 되면 생룡이요 右旋하면 艮脈을 만나 丑입수가 되면 생룡이다.

● 艮龍이 左旋하여 巽脈을 만나 巳입수가 되면 생룡이요 右旋하여 乾脈을 만나 戌입수하면 생룡이다.

● 坤龍이 左旋하여 乾脈을 얻고 亥입수하면 생룡이요 右旋하면 巽脈

을 만나 辰입수하면 생룡인 것이다.

※ 좀더 모괄적으로 설명하자면 사태룡인 乾·坤·艮·巽이 右旋하면 辰戌丑未로 入首하고 左旋하면 寅申巳亥로 入首해야 生龍이란 뜻이다.

지금까지 여러 용법에 대해서 설명했으나 다음 조견표를 보면 더욱 이해하기 쉬울 것 같아 총괄적으로 정리하였으니 참고하기 바란다. 다음 용법들만 잘 이해하면 어느 산에 가든지 어느 용법에 해당되는지 구별할 수 있을 것으로 사료된다(용 절약도만 코팅 자료로 만들어 답산시 이용하면 더욱 편리하다).

【 여러 용법龍法 조견표 】

| 龍 | 左右旋龍 | 發祖(龍) | 중간龍節 | 끝龍(入首) | 龍 法 | 龍節 略圖 |
|---|---|---|---|---|---|---|
| 四正龍 | 左旋龍 | 子 | 乾 | 艮 | 15도수법 (15度數法) | 子1 1子 / 左旋龍 乾6 8艮 右旋龍 / 艮8 6乾 |
| | 右旋龍 | 子 | 艮 | 乾 | | |
| | 左旋龍 | 子 | 艮 | 甲脈 | 반배법 (反背法) | 辛脈 乾 艮 甲脈 / 左旋龍 子 右旋龍 |
| | 右旋龍 | 子 | 乾 | 辛脈 | | |
| | 左旋龍 | 子 | 震(卯) | 乙入首 | 생룡법 (生龍法) | 庚入首 兌 卯 乙入首 / 左旋龍 子 右旋龍 |
| | 右旋龍 | 子 | 兌(酉) | 庚入首 | | |
| | 左旋龍 | 子 | 艮 | 乾⇒子 | 순수용법 (脣守龍法) | 子 子 / 右旋龍 乾 艮 左旋龍 / 艮 乾 / 子 子 |
| | 右旋龍 | 子 | 乾 | 艮⇒子 | | |
| | 左旋龍 | 子 | 乾 | 艮⇒巽 | 천덕용법 (天德龍法) | 子 / 左旋龍 乾 / 巽 艮 |

| 龍 | 左右旋龍 | 發祖(龍) | 中간脈節 | 끝龍(入首) | 龍法 | 龍節 略圖 |
|---|---|---|---|---|---|---|
| 四正龍 | 左旋龍 | 午 | 巽 | 坤 | 15도수법 (15度數法) | 午 / 右旋龍 坤 巽 左旋龍 / 巽 坤 |
| | 右旋龍 | 午 | 坤 | 巽 | | |
| | 左旋龍 | 午 | 坤 | 庚脈 | 반배법 (反背法) | 左旋龍 午 右旋龍 / 坤 巽 / 庚 乙 |
| | 右旋龍 | 午 | 巽 | 乙脈 | | |
| | 左旋龍 | 午 | 兌(酉) | 辛入首 | 생룡법 (生龍法) | 左旋龍 午 右旋龍 / 辛脈 甲脈 / 酉 卯 |
| | 右旋龍 | 午 | 震(卯) | 甲入首 | | |
| | 左旋龍 | 午 | 坤 | 巽 午坐丁坐 | 순수용법 (脣守龍法) | 右旋龍 午 巽 坤 午 / 午 坤 巽 左旋龍 |
| | 右旋龍 | 午 | 巽 | 坤 午坐丙坐 | | |
| | 左旋龍 | 午 | 巽 | 坤⇒乾 | 천덕용법 (天德龍法) | 午 巽 / 左旋龍 乾 / 坤 |
| | 左旋龍 | 卯 | 艮 | 巽 | 15도수법 (15度數法) | 卯 / 右旋龍 艮 左旋龍 / 艮 90 45 巽 |
| | 右旋龍 | 卯 | 巽 | 艮 | | |
| | 左旋龍 | 卯 | 巽 | 丙脈 | 반배법 (反背法) | 癸脈 艮 巽 丙脈 / 右旋龍 卯 左旋龍 |
| | 右旋龍 | 卯 | 艮 | 癸脈 | | |
| | 左旋龍 | 卯 | 午 | 丁入首 | 생룡법 (生龍法) | 子 午 / 壬入首 丁入首 / 右旋龍 卯 左旋龍 |
| | 右旋龍 | 卯 | 子 | 壬入首 | | |
| | 左旋龍 | 卯 | 巽 | 艮⇒卯 | 순수용법 (脣守龍法) | 卯 卯 / 左旋龍 巽 艮 右旋龍 / 艮 巽 / 卯 卯 |
| | 右旋龍 | 卯 | 艮 | 巽⇒卯 | | |
| | 左旋龍 | 卯 | 艮 | 巽⇒坤 | 천덕용법 (天德龍法) | 卯 艮 / 左旋龍 坤 / 巽 |

| 龍 | 左右旋龍 | 發祖(龍) | 중간龍節 | 끝龍(入首) | 龍法 | 龍節 略圖 |
|---|---|---|---|---|---|---|
| 四正龍 | 左旋龍 | 酉 | 坤 | 乾 | 15도수법 (15度數法) | |
| | 右旋龍 | 酉 | 乾 | 坤 | | |
| | 左旋龍 | 酉 | 乾 | 壬脈 | 반배법 (反背法) | |
| | 右旋龍 | 酉 | 坤 | 丁脈 | | |
| | 左旋龍 | 酉 | 子 | 癸入首 | 생룡법 (生龍法) | |
| | 右旋龍 | 酉 | 午 | 丙入首 | | |
| | 左旋龍 | 酉 | 乾 | 坤⇒酉 | 순수용법 (脣守龍法) | |
| | 右旋龍 | 酉 | 坤 | 乾⇒酉 | | |
| | 左旋龍 | 酉 | 坤 | 乾⇒艮 | 천덕용법 (天德龍法) | |
| 四胎龍 | 左旋龍 | 乾 | 酉 | 子 | 산매법 (山媒法) | |
| | 右旋龍 | 乾 | 子 | 酉 | | |
| | 左旋龍 | 乾 | 子 | 丑入首 | 반배법 (反背法) | |
| | 右旋龍 | 乾 | 酉 | 申入首 | | |
| | 左旋龍 | 乾 | 艮 | 寅入首 | 생룡법 (生龍法) | |
| | 右旋龍 | 乾 | 坤 | 未入首 | | |
| | 左旋龍 | 乾 | 子 | 酉⇒乾 | 순수용법 (脣守龍法) | |
| | 右旋龍 | 乾 | 酉 | 子⇒乾 | | |
| | 右旋龍 | 乾 | 子 | 酉⇒午 | 천덕용법 (天德龍法) | |

123

| 龍 | 左右旋龍 | 發祖(龍) | 중간龍節 | 끝龍(入首) | 龍法 | 龍節 略圖 |
|---|---|---|---|---|---|---|
| 四胎龍 | 左旋龍 | 巽 | 卯 | 午 | 산매법 (山媒法) | (龍節 略圖) |
| | 右旋龍 | 巽 | 午 | 卯 | | |
| | 左旋龍 | 巽 | 午 | 未入首 | 반배법 (反背法) | |
| | 右旋龍 | 巽 | 卯 | 寅入首 | | |
| | 左旋龍 | 巽 | 坤 | 申入首 | 생룡법 (生龍法) | |
| | 右旋龍 | 巽 | 艮 | 丑入首 | | |
| | 左旋龍 | 巽 | 午 | 卯⇒巽 | 순수용법 (脣守龍法) | |
| | 右旋龍 | 巽 | 卯 | 午⇒巽 | | |
| | 右旋龍 | 巽 | 午 | 卯⇒子 | 천덕용법 (天德龍法) | |
| | 左旋龍 | 艮 | 子 | 卯 | 산매법 (山媒法) | |
| | 右旋龍 | 艮 | 卯 | 子 | | |
| | 左旋龍 | 艮 | 卯 | 辰入首 | 반배법 (反背法) | |
| | 右旋龍 | 艮 | 子 | 亥入首 | | |
| | 左旋龍 | 艮 | 巽 | 巳入首 | 생룡법 (生龍法) | |
| | 右旋龍 | 艮 | 乾 | 戌入首 | | |
| | 左旋龍 | 艮 | 卯 | 子⇒艮 | 순수용법 (脣守龍法) | |
| | 右旋龍 | 艮 | 子 | 卯⇒艮 | | |
| | 右旋龍 | 艮 | 卯 | 子⇒酉 | 천덕용법 (天德龍法) | |

| 龍 | 左右旋龍 | 發祖(龍) | 중간龍節 | 끝龍(入首) | 龍法 | 龍節 略圖 |
|---|---|---|---|---|---|---|
| 四胎龍 | 左旋龍 | 坤 | 午 | 酉 | 산매법<br>(山媒法) | |
| | 右旋龍 | 坤 | 酉 | 午 | | |
| | 左旋龍 | 坤 | 酉 | 戌入首 | 반배법<br>(反背法) | |
| | 右旋龍 | 坤 | 午 | 巳入首 | | |
| | 左旋龍 | 坤 | 乾 | 亥入首 | 생룡법<br>(生龍法) | |
| | 右旋龍 | 坤 | 巽 | 辰入首 | | |
| | 左旋龍 | 坤 | 酉 | 午⇒坤 | 순수용법<br>(脣守龍法) | |
| | 右旋龍 | 坤 | 午 | 酉⇒坤 | | |
| | 右旋龍 | 坤 | 酉 | 午⇒卯 | 천덕용법<br>(天德龍法) | |

## (9) 구성용법九星龍法

### ① 지상구성법地上九星法

이 지상구성은 각 궁위(24방위)의 위치가 고정되어 있어 용맥龍脈의
길흉 측정을 본 지상구성법으로 하며 그 요령은 다음과 같다.

**【 地上九星 】**

| 艮丙 | 巽辛 | 乾甲 | 午壬<br>寅戌 | 卯庚<br>亥未 | 兌丁<br>巳丑 | 子癸<br>申辰 | 坤乙 |
|---|---|---|---|---|---|---|---|
| 貪狼 | 巨門 | 祿存 | 文曲 | 廉貞 | 武曲 | 破軍 | 輔弼<br>(伏吟) |

위 지상구성의 길흉은 탐랑貪狼을 상길上吉로 하고 무곡武曲, 거문巨門을 차길次吉로 하며 보필輔弼은 그 다음의 차길次吉로 하며 녹존祿存, 문곡文曲, 염정廉貞, 파군破軍은 사흉四凶으로 하여 선천산법先天山法과는 약간 다르지만 큰 모순은 없기 때문에 전후 통일을 기하기 위해서 선천산법과 같이 한다.

### (10) 구성九星 변화에 따른 귀격용법貴格龍法

용맥龍脈이 다음과 같은 지산구성의 행진과정으로 변화되면 귀격룡貴格龍에 해당된다는 학설도 있다. 그 내용은 다음과 같다. 거문巨門(巽辛) 발조發祖한 龍이 태정무곡兌丁武曲으로 박환剝換하고 이어 간병탐랑艮丙貪狼으로 전환, 다시 거문巨門으로 입수하면 귀격貴格 용맥龍脈이다.

● 탐랑貪狼(艮丙)에서 발조發祖한 龍이 거문巨門으로 박환변작剝換變作하고 이어서 무곡武曲(兌丁)으로 전환, 다시 탐랑貪狼으로 입수하면 귀격貴格 용맥龍脈이다.

● 무곡武曲에서 발조發祖한 龍이 탐랑貪狼으로 박환剝換하고 이어 거문巨門으로 전환, 다시 무곡武曲으로 입수하면 귀격貴格 용맥龍脈이다.

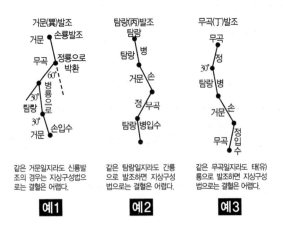

거문(巽)발조
거문 ● 손룡발조
무곡 정룡으로 박환
   60°
   병룡으로
   30°
탐랑
   30°
거문 ● 손입수

같은 거문일지라도 신룡발조의 경우는 지상구성법으로는 결혈은 어렵다.

**예1**

탐랑(丙)발조
탐랑
탐랑 병
거문 손
정 무곡
탐랑 병입수

같은 탐랑일지라도 간룡으로 발조하면 지상구성법으로는 결혈은 어렵다.

**예2**

무곡(丁)발조
무곡
   정
30°
탐랑 병
거문 손
무곡 정입수

같은 무곡일지라도 태(유)룡으로 발조하면 지상구성법으로는 결혈은 어렵다.

**예3**

즉, 삼길성三吉星인 탐랑貪狼 무곡武曲 거문巨門만으로 발조發祖 박환剝換 전환轉換 입수入首로 이어지면 귀격貴格에 해당되는 길룡吉龍인 것이다.

### (11) 용의 좌우선左右旋

앞에서 용의 중요성과 용법에 의한 생왕 여부를 판별하는 요령을 설명 했으나 일왈一曰 용이라 했으니, 이기와 형기상의 생왕 여부를 확인하는 것도 중요하지만 그에 앞서 용의 좌우선을 정확히 구별할 줄 알아야 된다.

일찍이 《88향 진결》을 쓴 김명제金明齊 선생의 저서 《무기해戊己解》의 제일 앞면에 용의 좌선左旋과 우선右旋에 대해 별지 내용과 같이 서술했다. 이는 일왈一曰 용이요, 용을 논하기 위해서는 무엇보다 먼저 용의 좌左·우선右旋에 대해서 확실히 인식해야 되기 때문이었을 것으로 사료된다.

필자 역시 여러 도서를 보면 가끔 좌左·우선右旋을 정반대로 기록했으며 좌선룡左旋龍이 양陽이요 우선룡右旋龍이 음陰인데도 정반대로 해설하였고 물에 대해서도 좌수도우즉左水到右卽 좌선수야左旋水也라 했는데 반대로 좌수左水가 우천右遷하였으니 곧 우선수右旋水라고 설명한 지사도 있다. 이처럼 좌左·우선右旋에 대한 해석이 구구하니 독자들은 어느 것이 정답인지 혼란스럽기만 하다.

필자는 이러한 현실을 한심스럽게 생각하면서 용龍이나 물의 좌左·우선右旋에 대한 정확한 확인이 얼마나 중요한가를 다시 한 번 강조해 두고 싶다. 즉, 용의 좌左·우선右旋은 곧 풍수지리의 최종 목적인 진혈眞穴을 얻기 위한 여러 가지 중요사항이 자동적으로 달라진다는 것이 자연의 진리이기 때문이다. 따라서 용의 좌左·우선右旋에 대한 정확한 판단은 풍수지리의 기본이며 무엇보다 먼저 알아야 할 중요한 사항이다. 때문에 다음 용법龍法 해설에서도 좌左·우선右旋 용을 분명히 확인하고 있음을 주의 깊게

**127**

고찰하기 바란다.

【 龍의 左·右旋에 따라 달라지는 사항들 】

| 사항 / 左右旋 | 左右旋水 | 靑龍白虎의 長短 | 左右旋穴場 | 左右蟬翼砂 長短 | 穴場地面의 高低 | 左右旋穴坐 | 左耳乘氣右耳乘氣 | 主山의 위치左右 | 기타 |
|---|---|---|---|---|---|---|---|---|---|
| 左旋龍 | 右旋水 | 靑龍장대 | 右旋穴場 | 白虎쪽蟬翼砂장대 | 左高右落 | 左旋穴坐 | 右耳乘氣 | 좌측 | 龍의 左右旋에 따라 기타 8가지는 자동 결정 |
| 右旋龍 | 左旋水 | 白虎장대 | 左旋穴場 | 靑龍쪽蟬翼砂장대 | 右高左落 | 右旋穴坐 | 左耳乘氣 | 우측 | |

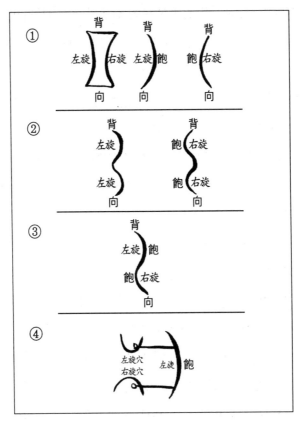

飽배부를포 먹기싫을포 抱안을포 背등배질배 胞태포

【 용의 좌선左旋과 우선右旋 】

## (12) 선천산법先天山法

옛 산서山書에 의하면 물의 득파得破로 용龍과 입수入首의 길흉화복을 가늠하는 이법이다. 그러나 득得은 여러 곳에서 득수得水가 이루어지기 때문에 다득多得 일파一破의 득파得破 원리에 의해 주로 파구破口만을 표준으로 하여 용과 입수의 길흉을 논한다. 즉, 파破에 따라 용과 입수가 탐랑貪狼·거문巨門·무곡武曲 등이 닿으면 길하고, 염정廉貞·파군破軍·녹존祿存·문곡文曲이 닿으면 흉하며, 복음伏吟은 무해무익한 용 입수이다. 그러나 이것도 먼저 산세山勢와 혈성(穴星·혈)을 보아 진룡眞龍과 진혈眞穴이 된 연후에 논할 문제이지 용으로서의 기본이 좋지 못하면 구성법九星法으로만 판단할 수 없는 것이다.

● **궁위宮位는 정음정양법을 사용한다.**

즉 乾甲, 坤乙, 坎(子)癸申辰, 離(午)壬寅戌. 여기까지가 정양이다. 兌(酉)丁巳丑, 震(卯)庚亥未, 艮丙, 巽辛이 각각 동궁으로 정음이다.

● **선천산법의 운용 방법**

① 본법 운용은 먼저 용이나 입수를 정침正針으로 무슨 용, 무슨 입수인가 알아둔다. 즉, 임룡壬龍인지 오룡午龍인지를 확인한다.

② 다음은 물이 오는 방위(得)와 나가는 방위(破)가 어느 괘卦에 속하는지 알아둔다. 가령 용龍(入首 포함)과 득得과 파破의 방위가 巳方이라면 兌丁巳丑이 동궁이기 때문에 태괘兌卦에 해당되며 용龍이나 득파得破가 辰方이라면 坎癸申辰이 동궁이기 때문에 감괘坎卦에 해당되며 기타도 이와 같은 요령으로 득파得破가 각각 무슨 괘卦이며 용龍과 입수入首가 무슨 괘卦인지 확인해 둔다.

③ 수지手指를 이용하여 표출하는 요령 설명은 생략하고 간편한 방법으로 다음 조견표를 이용하는 것을 권한다.

예를 들어 정룡丁龍[입수]에 신방수구辛方水口인 경우 용세龍勢의 길흉은 다음과 같다.

【 先天山法 조견표(龍法) 】

| 得·破 \ 龍·入首 | 乾甲 | 坎癸申辰 | 坤乙 | 離壬寅戌 | 艮丙 | 震庚亥未 | 巽辛 | 兌丁巳丑 |
|---|---|---|---|---|---|---|---|---|
| 乾甲 方 | 伏吟 | 貪狼 | 巨門 | 武曲 | 破軍 | 祿存 | 廉貞 | 文曲 |
| 坎癸申辰 方 | 貪狼 | 伏吟 | 武曲 | 巨門 | 祿存 | 破軍 | 文曲 | 廉貞 |
| 坤乙 方 | 巨門 | 武曲 | 伏吟 | 貪狼 | 文曲 | 廉貞 | 祿存 | 破軍 |
| 離壬寅戌 方 | 武曲 | 巨門 | 貪狼 | 伏吟 | 廉貞 | 文曲 | 破軍 | 祿存 |
| 艮丙 方 | 破軍 | 祿存 | 文曲 | 廉貞 | 伏吟 | 貪狼 | 武曲 | 巨門 |
| 震庚亥未 方 | 祿存 | 破軍 | 廉貞 | 文曲 | 貪狼 | 伏吟 | 巨門 | 武曲 |
| 巽辛 方 | 廉貞 | 文曲 | 祿存 | 破軍 | 武曲 | 巨門 | 伏吟 | 貪狼 |
| 兌丁巳丑 方 | 文曲 | 廉貞 | 破軍 | 祿存 | 巨門 | 武曲 | 貪狼 | 伏吟 |

● 탐랑貪狼, 무곡武曲, 거문巨門은 3길성吉星

● 파군破軍, 녹존祿存, 염정廉貞, 문곡文曲은 4흉성凶星

● 복음(伏吟·左輔와 右弼)은 중격성中格星 또는 3길성吉星 다음 가는 차길성次吉星으로 본다.

辛은 손궁巽宮에 속하는 바 조견표를 보면 정룡丁龍은 兌丁巳丑이 동궁이기에 부귀왕정의 탐랑貪狼 길룡吉龍에 해당된다. 또 갑룡甲龍에 丙방이 수구水口인 경우 丙은 艮과 동궁이기 때문에 乾甲 득파得破와 합치된 곳을 보면 파군성破軍星에 해당되기 때문에 상정손재(傷丁損財·자손이 상하고 재산이 손해본 것)의 흉룡凶龍에 해당된다.

지금까지 여러 용법龍法에 대해 설명하였으나 이 외에도 반배각反背角, 권지좌법權枝坐法, 교구용법交嬪龍法, 통맥법通脈法, 오행상생용법五行相生龍法, 음양용법陰陽龍法 등 여러 가지 용법들이 소개되고 있으나 필자의 많은 심룡尋龍 경험을 통한 판단으로는 이러한 여러 가지 용법들이 표현만 다를 뿐 거의 같은 이치이며 앞에서 설명한 각종 용법만 잘 이해하면 충분할 것 같으며 기타 용법은 별로 신빙성이 없다고 느껴진다.

### (13) 본신룡本身龍에 붙은 보사保砂 몇 가지

① 내룡來龍이 전무하면 보사保砂가 붙었다 해도 장손은 무후無後하다. 비록 입수와 보사가 왕성하여도 무효이다. 이런 경우 벙어리가 나올 수도 있다. 이유는 상하가 공허하고 혈맥이 보사 밖으로 쑥 내밀었으므로 반대로 혀가 짧은 벙어리가 생긴다.

出啞之圖

外孫奉祀之圖

② 이 산은 청룡이 단절되었고 보사가 없으므로 본손本孫이 무후하고 외손이 왕성하다. 이것은 백호가 완전하기 때문이다.

③ 청룡이 잘 갖추어져 혈국은 왕성하나 보사가 좌유左有하면 적자適子가 더 잘되고 우유右有하면 차손次孫이 더 잘된다.

適子圖

養子圖

④ 혈의 뒤가 요함凹陷하며 보사만 왕성하면 양자를 둔다.

⑤ 혈은 미약하나 혈 뒤에 보사가 좌에 있으면 장손이 독자이고 우유右有하면 지손支孫이 독자이다.

獨子圖

雙胎圖(一)

⑥ 쌍입수雙入首가 다 같이 왕성하면 쌍태아雙胎兒가 생긴다. 만약 좌왕左旺이면 선출남先出男하고 우왕右旺이면 후출남後出男이다. 쌍태봉雙胎峰은 태맥胎脈 방위에 있을 경우이다.

⑦ 혈판은 약하나 보사가 왕성하면 서자가 생기기 쉽다.

庶子圖

⑧ 태맥혈胎脈穴[乾亥, 坤申, 艮寅, 巽巳방]에다 불구不具방에 쌍태봉이 있으면 쌍태아가 생긴다. 또 태맥혈좌胎脈穴坐의 앞에 구溝나 골짝[谷]이 있으면 六손이 생기기도 하는데 좌측에 있으면 좌수족左手足이고 우측이면 우수족右手足이다. 이유는 혈후穴後에나 내룡來龍의 좌우 보사가 구비했

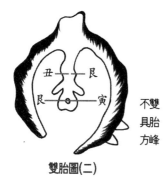

不雙
具胎
方峰

雙胎圖(二)

기 때문이다. 또 艮寅은 태맥胎脈이고 丑艮은 불구맥不具脈인 까닭이다.

### 제③절 청룡靑龍 · 백호白虎 · 안산案山 · 조산朝山의 방풍防風 역할

지기地氣란 풍즉산風則散이기 때문에 지기가 한 곳에 뭉쳐진 곳이란 첫째 장풍藏風이 잘된 곳을 말한다. 때문에 주산과 청룡, 백호, 안산, 조산 즉 전후좌우 사방이 함陷한 곳[낮은] 없이 혈을 잘 감싸주어야 살풍殺風을 막을 수 있어 혈장 내가 온후하고 바람이 없어 생기生氣가 뭉칠 수 있게 된다. 반대로 아무리 본신룡本身龍이 힘차게 내려왔다 해도 살풍이 몰아치면 지기가 뭉치지 못하니 혈을 맺을 수 없다. 뇌두腦頭를 중심으로 아미사蛾眉

133

砂를 만든 것도 혈장 내에 바람이 들어오지 못하게 하기 위함이다(※ 윤보선 前 대통령 묘지의 예).

어떤 지사들은 바람도 피하지 못한 높은 곳(天穴)에 재혈裁穴해 놓고 먼 산까지 내려다보이는 것이 아름답다 하며 명당이라고 떠드는 용사(庸師·어리석은 지사)들도 있으나 이는 고한孤寒을 면치 못하여 남의 가문을 망치게 한다.

그러나 높은 천혈天穴 중에도 사방 주위가 잘 감싸여 장풍藏風이 잘 된 곳은 귀혈貴穴이 되는 경우도 있으니 이를 분별할 줄 아는 지사가 되어야 한다. 길흉을 분별 못하면서 큰 피해를 주면서도 재욕財慾에만 정신 못 차린 용사庸師들은 천죄天罰 또한 피할 길이 없을 것이다. 때문에 옛부터 '용의지오庸醫之誤는 불과일인不過一人이지만 용사지오庸師之誤는 복인전가覆人全家'라 했다. 탐욕에 눈이 먼 어리석은 지사들에 대한 경고의 말일 것이다.

### (1) 잘못된 재혈裁穴과 사산砂山의 저함低陷에 따른 풍살風殺

풍살 중에서도 乾亥方, 艮寅方, 乙辰方, 坤申方이 저함低陷하면 그곳에서 불어온 살풍이 흉하며 그보다도 팔요황천방八曜黃泉方과 팔로사로 황천방八路四路 黃泉方이 낮아 살풍이 불어오면 더욱 흉한 것이다. 이러한 살풍은 패가망신을 초래하는 것이니 특히 조심해야 한다.

| 坐(入首)<br>(나경 4층) | 八曜 黃泉方<br>(나경 1층) | 坐(入首)<br>(나경 4층) | 八曜 黃泉方<br>(나경 1층) |
|---|---|---|---|
| 壬子癸 坐 | 辰 方 | 丙午丁 坐 | 亥 方 |
| 丑艮寅 坐 | 寅 方 | 未坤申 坐 | 卯 方 |
| 甲卯乙 坐 | 申 方 | 庚酉辛 坐 | 巳 方 |
| 辰巽巳 坐 | 酉 方 | 戌乾亥 坐 | 午 方 |

● 좌坐에 대한 팔요황천방八曜黃泉方에서 득수得水가 되면 살수殺水가 되며 팔요황천수八曜黃泉水라 한다.

● 팔요방八曜方의 사산砂山이 절단 또는 저함低陷하여 그 방위에서 불어오는 바람을 팔요황천풍八曜黃泉風이라 한다.

● 입수入首(坐 포함)에 대한 팔요황천방八曜黃泉方이 향向이 되면 용상팔살龍上八殺에 해당된다.

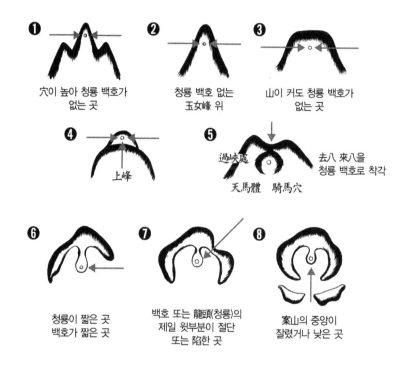

**❶** 穴이 높아 청룡 백호가 없는 곳

**❷** 청룡 백호 없는 玉女峰 위

**❸** 山이 커도 청룡 백호가 없는 곳

**❹** 上峰

**❺** 過峽處 天馬體 騎馬穴 / 去八 來八을 청룡 백호로 착각

**❻** 청룡이 짧은 곳 백호가 짧은 곳

**❼** 백호 또는 龍頭(청룡)의 제일 윗부분이 절단 또는 陷한 곳

**❽** 案山의 중앙이 잘렸거나 낮은 곳

## (2) 재혈裁穴의 위치(天·地·人)에 따른 풍살風殺

그리고 다음과 같은 위치에 있는 혈은 풍살을 받기 쉬운 곳이니 그런 곳은 재혈을 피해야 된다.

### ① 24방위의 풍살과 그 피해

용법론龍法論 제4장

●**壬子方**이 사砂가 저低하면 가장이 요사夭死하고 함陷하면 실인室人
이 망하고 공허하면 질병이 많다.

●**癸方**이 사砂가 저함低陷하면 여적女賊이 나고 저低하면 도적을 맞
는다. 도적은 노정奴丁 중(친구, 보험 등 손재).

●**丑方**이 사砂가 저低하면 남자가 실성, 함陷하면 여자 광병狂病.

●**艮方**이 사砂가 저함低陷하면 간질병 등 장병長病으로 고생한다(無後).

●**寅方**이 사砂가 저함低陷하면 호상虎傷으로 쇠하고 약수溺水, 중풍,
언청이가 난다.

●**甲方**이 사砂가 저함低陷하면 임신이 어려워 절손絶孫되기 쉽다.

●**卯方**이 사砂가 저함低陷하면 가우家憂가 심하므로 항상 불안하다.

●**乙方**이 사砂가 함陷하면 두 눈이 멀기도 하고 아랫사람, 친구들로
인해 피해를 본다.

●**辰方**이 사砂가 저함低陷하면 남자(차남)가 사망, 패가망신, 양지養子
해도 결국 무후無後.

●**巽方, 巳方**이 사砂가 저함低陷하면 장녀가 낙태, 복통, 각병脚病으
로 고생.

●**丙方, 午方**이 사砂가 함陷하면 객사하거나 실화失火가 있다.

●**丁方**의 사砂가 저함低陷하면 요사夭死 또는 상처喪妻.

●**未方**의 사砂가 저함低陷하면 장남의 가업이 패하고 재산을 보전하
기 어렵다.

●**坤方, 申方**의 사砂가 저함低陷하면 교통사고사 또는 타인 피해.

●**庚方**의 사砂가 저함低陷하면 장녀가 망하고 가산을 폐廢함이 4~9
년이다.

●**酉方**의 사砂가 저함低陷하면 언청이 아이를 낳거나 관재官災수가

있다.

● **辛方, 戌方**의 사砂가 저함低陷하면 아랫사람으로부터 피해를 보고 봉록逢祿이 어렵다.

● **乾方, 亥方**이 저함低陷하면 요사夭死하고 과부가 많이 난다. 절손絕孫하기 쉽다.

### ② 청룡靑龍·백호白虎·사砂의 길흉

용호龍虎가 아름답고 정답게 감싸주며 용호의 고저高低가 서로 알맞고 단절되거나 함陷한 곳이 없이 길사吉砂가 첨가되면 더욱 길격이다. 반대로 취약하고 짧고 첨사尖射 또는 파쇄破碎, 가파르고 곧으며 고압高壓하거나 너무 낮은 용호는 흉격이다.

청룡은 인정人丁에 관계하고 백호는 재산을 관장하며, 청룡은 장방長房을 백호는 차방次房을 관장한다. 따라서 청룡이 다정하고 기운 있고 길게 혈을 감아주면 장손이 번성하고, 백호가 좋으면 부자가 나고 지손支孫이 흥성興盛한다.

## ◎ 길격吉格 용호龍虎

### ❶ 연주형連珠形

청룡과 백호가 마치 구슬을 연결시켜 놓은 것처럼 생긴 것이다. 예를 들면 이순신 장군의 묘를 들 수 있다. 투구봉에서 내려오는 백호의 뭇 봉우리는 연주連珠를 연상케 하니 어찌 무장武將이 안 날 것인가? 라고 지창룡 선생이 감탄했다. 봉우리 하나에

한 사람씩 귀한 사람이 난다고 할 정도로 길한 것이다.

### ❷ 배아排衙

청룡과 백호에서 작은 지맥枝脈들이 뻗어내려 겹겹
으로 혈장을 감싸주는 것이다. 용호가 배아排衙인
혈에 조상을 모시면 자손들이 높은 벼슬에 오르고
훌륭한 학자가 탄생하고 부와 귀를 겸한다.

### ❸ 대인帶印

청룡, 백호 끝에 구슬처럼 둥글게 된 작은 봉우리가
붙어 있는 용호를 말한다. 이런 용호 속에 조상을
모시면 학문이 출중한 문장文章이 많이 나와 이름을
떨친다.

### ❹ 교회交會

청룡과 백호에서 잔가지(支龍)가 뻗어 서로 엇갈려
있는 것을 말한다. 마치 손가락끼리 깍지를 낀 모양
이다. 이런 곳에 조상을 모시면 자손들이 대대로 부
와 귀를 누린다. 그러나 만약에 양쪽에서 뻗은 지룡
의 끝이 충돌할 것처럼 마주치면 형제간에 불목不睦
하며 불길하다고 한다.

### ❺ 대검帶劍

청룡과 백호 끝에서 칼처럼 생긴 산
줄기가 뻗어 내린 것이다. 대아帶牙와
다른 점은 대아는 마치 상아처럼 휘
어진 것이며 대검은 칼처럼 곧게 생
긴 것이다. 여기에 조상을 모시면 장

帶劍          龍虎帶牙

군이 난다고 한다.

이 외에도 길격 청룡과 백호가 있겠지만 흔히 보기 쉬운 몇 가지만 소개했으나 그 외에도 청룡이나 백호 위에 인사印砂, 투구사, 귀인사 등 귀사가 붙어 있으면 모두 길한 것이다.

## ☯ 흉격凶格 용호龍虎

### ❶ 용호상투龍虎相鬪

청룡과 백호의 끝이 머리를 치켜세우고 정면으로 마주치는 것이다. 마치 우리 민속놀이에서 흔히 볼 수 있는 '용 싸움'에서 양쪽 용 머리가 서로 싸우는 장면을 연상할 수 있다. 이렇게 생긴 곳에 조상을 모시면 자손들이 서로 불화하며 형제간에도 잘 다툰다.

### ❷ 용호상사龍虎相射

청룡과 백호 끝이 날카롭고 서로 찌를 듯이 마주 달려드는 형상이다. 이런 곳에 조상을 모시면 자손들이 서로 불목하고 자손들끼리 살인하게 되는 경우도 있다. 또 전쟁터에서 전사하는 자손이 나온다.

### ❸ 용호절비龍虎折臂

청룡과 백호의 어느 한쪽이나 또는 청룡, 백호가 다 중간에 끊긴 것을 말한다. 마치 팔이 중간에 잘린 것과 같다. 이런 곳에 조상을 모시면 자손들이 중환자가 많이 생기고 교통사고 등으로 죽는 사람

이 많아 결국 자손이 끊긴다.

### ❹ 용호배반龍虎背反

청룡과 백호가 등을 돌려 거꾸로 등을 돌려 달아
난 형상을 말한다. 이런 곳에 조상을 모시면 가족
끼리 서로 불화하고 배반하는 일이 생긴다. 부자
간에 하극상하고 법적 투쟁이나 부부간에 이혼하
는 등 집안이 풍비박산한다.

### ❺ 용호비주龍虎飛走

청룡과 백호의 끝이 혈을 감싸주지 않고 반대쪽으
로 달아나는 모습을 말한다. 이런 곳에 조상을 모
시면 부자간, 형제, 부부가 흩어져 뿔뿔이 살게 되
며 가산이 탕진하고 고향을 떠나 이곳저곳 떠돌며
가난하게 산다.

### ❻ 용호단축龍虎短縮

청룡과 백호가 너무 짧은 것을 말한다. 즉, 용호
가 너무 짧아 혈장을 감싸주지 못한 것이다. 이런
곳에 묘를 쓰면 자손들이 단명하고, 과부, 홀아
비, 고아가 많이 나오고 집안이 외롭게 된다.

### ☯ 용호론龍虎論

- 청룡이 길하고 백호가 길어 안산案山이 되면 바로 패망한다.
- 청룡이 짧고 백호가 길어 안산案山까지 겸하면 지손支孫이 무후無
  後하고,
- 백호가 짧고 청룡이 장안長安하면 장손長孫이 무후無後하다.

- 백호가 안案이 되고 청룡이 넘어 보이면 지손支孫이 무후無後하다.
- 백호가 요절腰絕하고 넘어 보이면 변상이 끊이지 않고,
- 청룡이 너무 태고太高하고 외처外處가 불견不見이면 자손이 세업世業을 전傳하지 못하고,
- 용호가 저低하여 혈이 고로高露하면 자손이 귀하고 패재敗財한다.
- 백호가 높아 혈을 압壓하면 자손이 성장 못하고,
- 백호가 길어 근안近案이 되면 여다남소女多男少하다.

※ 위 내용도 100퍼센트 믿기보다는 참고로 하기 바람.

### 제4절 용절龍節과 배수排水

(1) 용절龍節의 기복起伏과 굴절屈折에 의한 삼분三分 삼합三合

여기서 논하는 물이란 형기상으로 어떤 요건이 갖추어져야 물이 천광穿壙 내內에 침입할 수 없느냐를 논하는 것이다. 기氣는 수즉지水則止이기 때문에 지기地氣가 혈 안에 뭉치기 위해서는 물이나 과도한 습기가 없어야 된다. 물이 천광 내에 들지 않게 하는 요건은 우선 본신룡이 내려오면서 기복起伏과 굴절屈折에 의한 결인結咽 또는 박환剝換으로 삼분三分 삼합三合이 이루어져 물을 잘 털어야 된다.

평강용(陽龍)으로 물을 털지 못한 채 내려오다 결인結咽도 없고 뇌두腦頭도 없이 평탄한 곳에 천광穿壙하면 거의 100퍼센트 물이 들기 마련이다. 양래음수陽來陰受 음래양수陰來陽受로 변화(박환, 剝換)가

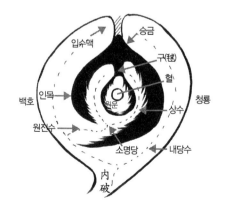

있어야 물을 털 수 있다.

## (2) 혈穴 직전의 결인結咽(入首)과 뇌두腦頭에 의한 배수

다음은 용이 내려오면서 기복과 굴곡이 거듭 이루어져도 마지막 결인 처(入首)와 뇌두의 유무를 확인해야 된다. 뇌두가 확실해야 결인이 분명해 지며 기가 결인처에서 속기束氣가 되고 뇌두에서 융결融結된다.

## (3) 혈장穴場 내內 배수의 구조(혈장사진穴場四眞)

뇌두에서 좌우로 선익사蟬翼砂가 생기고 그 안에 미곡微谷이 생겨 건수 乾水가 잘 흘러가게 되고 중심부에 생긴 원운圓暈을 감싸주게 된다. 다음 그 림에서와 같이 혈장(뇌두에서 순전까지) 내의 구조가 구毬, 원운圓暈, 미곡微 谷, 순전脣氈, 지면의 우고좌락右高左落 또는 좌고우락左高右落으로 배수가 잘 되도록 이루어져야 된다. 그리고 원운은 주위 지면보다 5~10센티미터 정 도 높아야 물을 피할 수 있게 된것이 원칙이다.

이처럼 배수가 잘 되어 지기地氣가 혈장 내 원운에 집결되도록 되어 있 는 혈장 구조를 혈장사진穴場四眞이라 한다. 즉, 용혈사수龍穴砂水가 풍수지 리의 핵심임은 누구나 다 아는 일이나 보통 용혈사수라 하면 ① 본신룡本 身龍 ② 혈穴 ③ 청룡·백호·안산·주산 등의 사산砂山 ④ 내당수內堂水 및 외 당수外堂水를 말한다. 그러나 여기서는 혈장 내 진룡眞龍·진사眞砂·진수眞 水·진토眞土의 사진四眞이 갖추어져야 진혈이 된다는 뜻이다. 여기서 혈장 사진을 논한 것은 무엇보다 혈장 내 배수가 잘 되도록 구조가 되어 있어야 됨을 강조하기 위해서이다.

●진룡眞龍이란 생기가 모아든 승금(乘金·腦頭)을 통해 구毬로 연결되어 혈에 이르게 되기 때문에 뇌두와 구가 분명해야 진룡이다.

●**진사眞砂**란 선익사를 말하며 혈장 중심부에 있는 태극운(太極暈·圓暈)을 감싸주고 원운 내에 집결한 지기地氣가 흩어지지 않도록 감추어주는 역할을 하기 때문에 모든 사砂 중 가장 미곡微細하면서도 혈에 가장 가깝고 중요한 역할을 한다. 이를 오행상으로는 인목印木이라 한다.

●**진수眞水**는 태극운(穴)을 감싸주고 있는 인목印木과 태극운 사이에 생기는 미곡미수(微谷微水·비올 때 乾水)를 말하며 이를 상수相水라 한다. 상수는 진룡과 진혈을 가장 가깝게 감싸주기 때문에 먼 곳의 대강수大江水보다 소중하며 상수가 없으면 원운(穴)에 뭉친 생기를 멈추게 하지 못하기 때문에 어느 물보다 귀중하기에 진수라 한다.

●**진토眞土**는 견고하면서도 광택이 있는 비석비토非石非土인 것이다. 이러한 혈토(穴土)는 생기를 보존하는데 알맞아야 되며 혈토의 길흉은 혈의 길흉과 직결된다. 혈토가 나쁘면 아무리 국세局勢가 좋고 수법水法

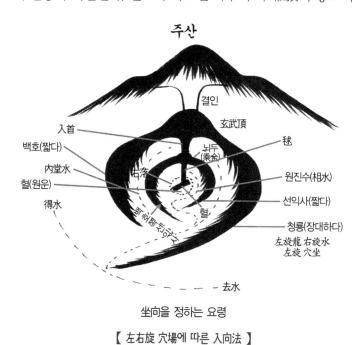

坐向을 정하는 요령

【 左右旋 穴場에 따른 入向法 】

이 맞고 길사吉砂들이 늘어서 있어도 진혈이 아니다.

이상 혈장사진穴場四眞 중 한 가지만 불길해도 진혈이 될 수 없으니 조상의 체백體魄을 길지吉地에 모시려고 한다면 첫째 혈장 내에 사진四眞이 갖춰졌는지 여부를 살피고 특히 혈토의 길흉을 미리 확인한 연후에 결정해야 된다.

### (4) 석물石物 설치시 침수 예방

혈장 내에 설치하는 각종 석물은 종류에 따라 여러 가지 목적이 있겠지만 특히 조심해야 되는 것은 석물에 의해서 혈장 내에 침수가 되지 않도록 신경을 써야 된다는 것이다.

① 뇌두 좌우로 선익사가 있다. 그 안쪽으로 보기 좋게 하기 위해서 돌로 치장한 묘지가 많다. 선익사 끝까지 돌로 치장하기도 하고 위로 절반 정도 반원을 이루는 곳도 있다. 그러나 묘의 밑으로 절반은 별로 피해를 주지 않지만 위가 문제인 것이다. 비가 오면 그 돌을 타고 물이 땅 속으로 스며 들어가 천광穿壙 내內까지 침

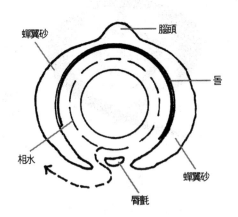

수하기 쉽다. 또 돌을 세우면 미곡微谷이 매워져 버린다. 때문에 선익사는 잔디로 덮고 돌 대신 그곳에 미곡을 확실히 만들어 선익사 위에서 내리는 빗물이 혈판 중심을 향해서 침범하지 않도록 해야 된다. 그래야 혈 안에 물이 들지 않아 지기가 뭉치고 난화媛火가 식지 않아 천광 내에 온기가 지속되고 유골 인자의 활성화를 기할 수 있음을 명심해야 된다.

② 다음은 묘의 봉분 둘레에 땅 속으로 꽂는 둘레석石은 오히려 건수乾水를 천광 내로 내려보내는 역할을 하기 때문에 절대로 불가하다.

둘레석은 쥐, 뱀, 멧돼지 등의 피해를 예방하기 위해 유익하지만 이러한 목적보다도 보기 좋게 장식한다는 목적이 앞서기 때문에 천광에 침수됨을 생각지 못한 우愚를 범해서 명당을 버리는 경우가 많다. 다음의 그림을 참고하여 특단의 연구가 필요하다. 왜냐하면 묘(穴)에는 침수가 제일 흉하기 때문이다.

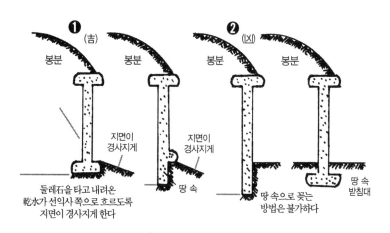

❶ (吉)

봉분    봉분

지면이
경사지게

둘레石을 타고 내려온
乾水가 선익사 쪽으로 흐르도록
지면이 경사지게 한다

지면이
경사지게

땅 속

❷ (凶)

봉분    봉분

땅 속으로 꽂는
방법은 불가하다

땅 속
받침대

【 둘레석石의 종류 】

③ 산신석山神石 등은 선익사 밖으로 설치하거나 그렇지 않으면 산
　신석이 흙 밑으로 들어가지 않도록 시멘트로 기초를 하고 그 위
　에 올려놓으면 침수를 예방할 수 있다. 비석碑石, 상석床石도 같은
　요령으로 설치를 해야 된다.

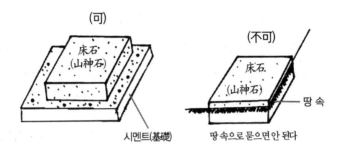

# 제5장
## 각종 사법론砂法論

### (1) 조朝·안사案砂의 길흉

안산案山은 원진수元辰水나 바람을 거두어 내당內堂을 주밀하게 하고 혈지穴地에 생기를 모으는 데 그 목적이 있다. 때문에 안산은 혈지와 바르게 상대하고 멀지도 높지도 않으며 배반하지 않고 유정하며 거칠지 않고 살기가 없어야 하며 특히 역수逆水를 거두는 역할을 해야 길격이다.

한편 안案·조산朝山은 횡금橫琴, 면궁眠弓, 아미蛾眉, 옥대玉帶, 관모官帽, 삼태三台, 천마天馬, 구사龜蛇, 옥인玉印, 조배사朝拜砂 등의 형상이 길격이라 한다.

그러나 안산이 너무 비탈지고 배주背走하거나 뾰족한 능선이나 곡살谷殺이 혈을 향해 직사直射하면 크게 흉하며 그 외에도 도로 개설, 개발 등으로 안산의 원형 파쇄, 무정반배하면 재화災禍를 면할 수 없다.

안산의 여러 모양을 다음과 같이 분별할 수 있다.

### ① 안산案山의 여러 모양

안산의 모양은 다양하다. 물형(物形·어떤 물건의 모양), 금형(禽形·새 종류의 모양), 수형(獸形·짐승의 모양), 인형(人形·사람의 형상), 어형(魚形·물고기의 모양) 등 여러 가지이다. 좀더 자세히 살피자면 다음과 같다.

ㄱ **물형物形 :** 옥궤(玉几·옥으로 만든 의자), 면궁(眠弓·시위를 당기지 않

은 활), 옥대(玉帶·옥으로 만든 허리띠), 횡금(橫琴·가로놓인 거문고), 고 축사誥軸砂, 안검(按劍·허리에 찬 칼), 관모사官帽砂, 아미사(蛾眉砂· 나비의 눈썹), 삼태三台, 기사旗砂, 서대(書台·책을 받치는 상), 금상(金 箱·금으로 된 상자), 옥인(玉印·옥으로 만든 도장), 옥녀봉玉女峰, 집홀 (執笏·손에 잡고 있는 홀), 필가(筆架·붓걸이), 일월사日月砂, 화개사華 蓋砂, 옥부사(玉釜·옥으로 만든 솥).

ⓒ **인형人形**: 옥녀玉女, 부처佛, 선인(仙人·신선), 동자童子.

ⓒ **생물형生物形**: 금어(金魚·물고기), 개구리, 나비, 새, 말, 소, 코끼 리, 개, 꽃 등.

안산의 형상과 주산의 형국形局과는 밀접한 관계가 있다. 주산의 형국 이 인형人形이면 안산은 그 사람과 관계가 깊은 것이 되어야 길하다. 예를 들면 다음과 같다.


### ② 주산과 안산의 여러 모양

| 주산(主山) | 안산(案山) |
|---|---|
| ●상제혈(上帝穴, 上帝奉朝, 君臣穴)<br>●선인형(仙人形, 神仙)<br>●옥녀형(玉女形)<br>●장군형(將軍形)<br>●스님형상(老僧禮佛 등)<br>●호랑이 형국(猛虎 出林 등)<br>●뱀 형국(蛇頭形 등)<br>●소형국(臥牛形)<br>●금계포란(金鷄抱卵形)<br>●학, 봉황형국(鶴鳳凰形)<br>●개구리 형국(蛙形) | ●배례봉(拜禮峰), 金冠, 옥대사(玉帶 砂) 등<br>●옥녀(玉女, 仙女), 옥녀탄금, 선인독 서(서상)<br>●옥녀 직금의 베틀, 거울, 거문고, 화 장대<br>●깃발, 칼, 말, 투구, 군졸<br>●부처님, 목탁<br>●개(호랑이의 밥), 사슴<br>●개구리(뱀의 밥)<br>●외양간, 목초원 |

| 주산(主山) | 안산(案山) |
|---|---|
| ●천마시풍형(天馬嘶風形) | ●알 형국(닭이 품은 알) |
| ●복구형(伏狗形) | ●학이나 봉황이 품은 알 |
| ●행주형(行舟形) | ●나비(개구리의 밥 종류) |
| ●복치형(伏雉形) | ●마굿간 |
| ●노서하전(老鼠下田) | ●개의 죽 그릇 |
| | ●돗대 → 탁봉(卓峯) |
| | ●매 |
| | ●노적봉 |

### ③ 조안사(案山과 朝山)의 길흉화복

안산은 원진수元辰水의 직거直去를 막고 혈전穴前에서 불어오는 바람을 막아 내당內堂을 따뜻하게 하여 결혈結穴에 중요한 역할을 하기 때문에 길흉화복에도 크게 한몫을 한다.

첫째, 안산은 주로 처자궁妻子宮과 재산을 주관한다. 때문에 생룡 진혈에 안산이 정면에서 다정하게 조응照應하면 현처賢妻·효자가 나오고 재복이 만정滿庭한다. 더욱이 귀인貴人·문필사文筆砂·천마天馬·고축誥軸·관모官帽·옥인玉印·화개華蓋·삼태三台 등 귀사貴砂가 있으면 자손이 등과登科하고 금상金箱고궤·복종伏鍾·은병銀瓶 등 부격사富格砂가 안산에 있으면 부자가 기약되며 특히 청수한 아미사蛾眉砂·옥녀사玉女砂가 있으면 궁비가 기약된다고 했다.

반대로 안산이 추악醜惡하거나 파쇄破碎나 참암巉岩 등 살殺이 있으면 인명 손상과 크고 작은 재앙이 생기며, 안산이 비탈지거나 뼈대만 앙상하게 흉하게 보이면 손재가 많고 가난하며 처자궁도 좋지 않다. 조산의 길흉화복도 안산에 준하되 그 심도가 깊지 않다.

## ④ 팔흉사八凶砂

팔흉사에 해당되는 사射·주走·단斷·압壓·탐探·충衝·반反·파破 등 여덟 가지 흉사를 간략히 설명하면 다음과 같다.

㉠ 射란 끝이 뾰족한 사砂를 말한다. 날카롭고 끝이 뾰족하여 혈의 앞이나 옆에서 충사沖射하면 자손이 상하게 된다.

㉡ 走란 청룡·백호 등이 용혈龍穴을 보호해 주지 않고 사방으로 도주하면 자손이 고향을 떠나 파산하게 된다.

㉢ 斷은 단절된 사砂를 말한다. 즉, 단절된 본신룡이나 청룡·백호 등을 말한다. 본신룡·청룡·백호가 단절되어 기가 없으면 진혈이 될 수 없으며 자손이 상하고 절손絶孫된다.

㉣ 壓은 높고 험한 사砂가 용혈龍穴의 전후좌우에서 혈을 누르고 능멸하는 사砂(山)이다. 높고 험상한 안산 또는 좌우 용호龍虎가 혈을 억누르고 능멸하면 진혈(明堂)이 아니며 자손에 손재가 많다.

㉤ 探이란 규산사窺山砂를 말한다. 안산 또는 청룡과 백호 뒤에서 객산(客山·다른 산)이 산봉우리를 살짝 내밀고 혈지穴地를 넘어 다보는 이른바 도적봉盜賊峰이다. 규산사가 乾方·坤方·艮方 이외의 다른 방위에 있으면 도둑질하는 자손이 나오거나 크게 실물, 손재한다.

㉥ 衝이란 뾰족하고 돌출한 외사外砂가 용혈龍穴을 앞이나 옆에서 찌르는 것으로 혈지穴地는 진혈이 못되며 자손들이 상하고 손재한다.

㉦ 反이란 반배사反背砂를 말한다. 조산이나 안산·청룡·백호가 혈을 호위하지 않고 반배하면 불목·손재한다.

◎ **破**란 용혈龍穴 또는 주위 여러 산이 파열破裂되어 살殺이 되는

흉악한 산이다. 이러한 사砂가 있으면 재산이 없어지고 자손

이 상하기 쉽다.

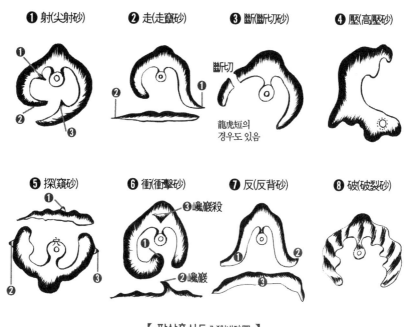

❶ 射(尖射砂)　❷ 走(走竄砂)　❸ 斷(斷斤切砂)　❹ 壓(高壓砂)

❺ 探(窺砂)　❻ 衝(衝擊砂)　❼ 反(反背砂)　❽ 破(破裂砂)

【 팔살흉사도八殺凶砂圖 】

## ⑤ 사격砂格의 길흉화복론

　　앞에서 여러 가지로 설명한 바와 같이 용이 생왕룡이냐 사절룡이냐

에 따라 혈의 진부를 결정한다. 사砂와 수水의 길흉이 화복을 좌우한다 해

도 과언이 아닐 정도로 중요한 역할을 한다. 따라서 길한 길사吉砂는 부귀

왕정하고 흉한 사격砂格은 재물을 잃고 자손이 끊기게 된다.

●길사吉砂
┌ 부사富砂 ··· 부사(창고사·倉庫砂)가 조응照應하거나 수구水口 또는 녹방祿方 등 길방吉方에 용립聳立하면 부자가 난다.
└ 귀사貴砂 ··· 문필文筆, 귀인사貴人砂가 조응照應하거나 각종 길방吉方에 길사吉砂가 있으면 귀인이 난다.

●흉사凶砂
┌ 재패사財敗砂 ··· 무기無氣 사절룡死絶龍에 각종 흉사凶砂가 조대朝對하거나 흉방凶方에 바로 보이면 가산이 패한다.
└ 인패사人敗砂 ··· 시체사屍體砂 등 인패사가 조대朝對 또는 흉방凶方에 바로 보이면 자손이 상하고 끊어진다.

그리고 화복의 대소大小 경중輕重과 나타나는 시기의 지속遲速은 길흉 사격砂格의 아름다움과 조잡한 정도와 근원은 물론 길흉사吉凶砂의 방위에 따라 정해지며 용혈의 진부 차에도 많은 영향을 받는다. 그러나 흉사凶砂도 혈에서 보이지 않거나 가까이서 충사沖射하지 않으면 상관없으며 비록 귀사貴砂라 할지라도 이법에 맞아야 효력이 더욱 빠르다.

보통 길사吉砂도 50여 가지로 분류하나 우리나라는 산수가 아름다워 길사가 흉사보다 많으며 그 종류도 30가지 정도는 각지 답산에서 볼 수 있어도 기타 20여 가지는 분류하기도 어려우니 다음 소개한 귀사貴砂와 흉사凶砂만 기억하면 될 것 같다.

### ⑥ 길사吉砂의 종류

[1]문필사文筆砂 [2]무성사武星砂 [3]귀인사貴人砂 [4]관모사官帽砂
[5]천마사天馬砂 [6]마상귀인사馬上貴人砂 [7]어산사御傘砂

【8】옥녀사玉女砂 【9】옥대사玉帶砂 【10】어병사御屏砂 【11】어서대御書台

【12】고축사誥軸砂 【13】필가사筆架砂 【14】화개사華蓋砂 【15】보개사寶蓋砂

【16】옥인사玉印砂 【17】방인사方印砂 【18】화개삼태사華蓋三台砂

【19】일자문성사一字文星砂 【20】장원필사壯元筆砂 【21】재상필사宰相筆砂

【22】매천필사罵天筆砂 【23】삼공필사三公筆砂 【24】문성귀인사文星貴人砂

【25】화개귀인사華蓋貴人砂 【26】장하귀인사帳下貴人砂 【27】삼태사三台砂

【28】일월사日月砂 【29】탁기사卓旗砂 【30】복종사伏鍾砂

【31】옥부사玉釜砂 【32】아미사蛾眉砂

## ⑦ 길사吉砂와 화복론

### 【1】문필사文筆砂

문필사에도 여러 형태의 사격이 있다. 단정하고 청수한 화성체火星體의 뾰족한 봉이 대표적 문필 귀사이며 정안(正案·혈 바로 앞의 안산)에 있거나 임관방위臨官方位에 우뚝 서 조응하면 신동이 많이 나온다.

### 【2】무성사武星砂

그 형形이 웅장하고 그 형체는 금성金星의 귀한 모습이다. 장엄한 무성사가 바로 혈 앞에서 대좌對坐하거나 주산, 현무나 이법상 길방吉方에 솟으면 구국명장救國名將이 기약된다.

문필사                     무성사

### 【3】귀인사貴人砂

귀인사에는 여러 형태의 사격이 있으며 이 중에서 단정하고 아름답게 높이 우뚝 솟은 목성체木星體의 산봉우리가 귀인사의 대표격이다. 이 귀인봉貴人峰이 정안正案에서 조대朝對 또는 관록위官祿位 등 길방吉方에 탁립卓立하면 주로 높은 벼슬이 기약된다. 목성체 일명 선인체仙人體 또는 옥녀봉玉女峰, 선인봉仙人峰이라고도 하며 구성법으로는 탐랑성貪狼星에 해당하며 최고의 길성吉星으로 취급된다.

### 【4】관모사官帽砂

산형山形이 마치 관모冠帽와 흡사한 귀사이다. 청수하고 단정한 관모사가 정안正案 혹은 임관臨官이나 관대 방위에 높이 솟으면 주로 소년등과少年登科가 기약된다.

### 【5】천마사天馬砂

산의 모양이 하늘을 나는 용마龍馬와 흡사하다 하여 천마天馬라 한다. 단정한 천마사가 정안正案에서 조대朝對하거나 귀인방貴人方 혹은 건방乾方과 오방午方에 솟았으면 속발대귀速發大貴한다.

### 【6】마상귀인사馬上貴人砂

천마사에 귀인사가 첨가된 귀사를 말한다. 단정한 마상馬上 귀인사가 정안正案 혹은 임관방臨官方 등 길방吉方에 우뚝 서 있으면 당대에 장상將相이 기약된다. 귀인사가 천마사 위에 있어야 상격이며 천마사 앞에 있으면 마부격에 해당되는 하격이다. 귀인이 말 위에 탁립卓立해야지 마산馬山의 앞에 인체사人體砂가 보이면 마부에 불과하다.

귀인사　　　　관모사　　　　천마사　　　　마상귀인사

### 【7】어산사御傘砂

귀인이 행차할 때 사용하는 일산日傘과 흡사하게 생긴 금성체金星體의 산형에 약한 수성水星이 가해진 모양이다. 단정한 어산사가 조안朝案이나 임관위臨官位에 탁립卓立하면 큰 귀인이 기대된다.

### 【8】옥녀봉사玉女峰砂

청아한 목성木星 산이 높이 솟아 산정山頂은 둥글고 산각山脚은 마치 산발녀散髮女가 좌우에 시종하는 산형이다. 단정하고 수려한 옥녀봉이 주산 또는 현무이거나 정안正案에 있으면 부귀와 강령, 장수하고 궁비宮妃와 같은 귀녀貴女가 기약된다.

### 【9】아미옥대사蛾眉玉帶砂

아미사와 옥대사를 나누어 따로 호칭하기도 한다. 아미사는 초승달 같기도 하며 눈썹 같기도 한 단정하고 청아한 산형이 아미사에 속하며, 아미옥대사가 정안正案 또는 귀인방貴人方에 있으면 주로 장원급제나 관비宮妃가 기약된다. 조악하지 않은 석골石骨 섞인 일자문성一字文星으로 비교적 낮게 군왕君王 혈이나 장군대좌將軍對坐 혈 가깝게 혈장의 주위를 감아주는 옥대환玉帶環도 귀사 중 귀사이다.

### 【10】어병사御屛砂

아름답고 장엄한 형체가 마치 병풍을 펴놓은 것 같이 존엄하고 후중厚重한 토성체土星體의 산이다. 청수하고 장엄한 어병사가 정안正案 또는 혈후병장穴後屛帳하면 주로 공후公侯나 궁비宮妃가 기약된다. 혈후穴後 병풍사屛風砂는 조악하지 않은 암벽이 마치 병풍처럼 서 있는 사砂이다

| 어산사 | 옥녀봉사 | 아미옥대사 | 어병사 |

### 【11】어서대御書台

어서대는 쉽게 말하면 낮은 토성土星이다. 산의 정상이 방정하고 면이 고르며 단정해야 되며 기울거나 파쇄破碎되었으면 안 된다. 상격이면 어전에서 경서를 강의하고 동궁東宮(세자)의 스승이 되고 왕의 하사품을 많이 받는다. 선인 독서형에서 선인체仙人體 앞 안산에 나타나는 사砂이다.

### 【12】고축사誥軸砂

일명 전고展誥라 한다. 토성체土星體의 일자문성—字文星 양쪽 끝에 화성체火星體의 뾰족한 첨각(尖角·소뿔처럼 뾰족한 뿔)이 붙은 귀이한 귀사이다. 이러한 고축사가 정안正案 또는 임관방위臨官方位에 우뚝 서면 재상이나 부마가 기약된다. 때문에 고축사를 통칭 정승사政丞砂라 한다.

그러나 이와 비슷한 시체사屍體砂와 혼돈해서는 안 된다. 그 구별 방법은 일자문성—字文星〔土體〕 양쪽 끝 뾰족한 봉우리의 크기가 같으면 고축사요, 한쪽은 약간 크고 한쪽은 약간 낮으면 시체사에 해당되니 구별할 줄 알아야 된다.

### 【13】필가사筆架砂

여러 자루의 붓을 세워 걸어 놓은 필가筆架와 같은 모양의 아담한 화성문필火星文筆이다. 한편 필가는 높이가 같거나 가운데 봉이 높고 양쪽 봉이 약간 낮은 것이 귀격이며, 중봉中峰이 낮고 양쪽 필봉筆峰이 더 높은 것은 천격이라 한다. 단정하고 수미한 필가사가 정조正朝 또는 임관방臨官方에 있으면 한 집안에 여러 명이 고시에 합격하여 이름을 널리 떨친다.

어서대

고축사

필가사

### 【14】화개사華蓋砂

화개사는 삼봉三峰 이상이 소형 금체金體들로 이루어져 아름답고 단정한 귀사이다. 약간 추하게 보이는 바위 등이 있어도 멀리 있어 살殺로 보이지 않으면 해가 없다.

### 【15】보개사寶蓋砂

토성체土星體 일자문성一字文星의 중앙에 금체金體로 생긴 작은 봉이 붙어 있는 귀사이다. 단정한 보개사가 정안正案 또는 수구水口 및 임관방위官祿方位에 용립聳立하면 도지사급 고관이 기약된다.

### 【16】옥인사玉印砂

옥인사는 둥글고 작은 산 언덕이거나 큰 바위로 이루어진 것이 많다. 둥글고 정면에 있는 것이라야 하며 혹 청룡 백호 좌우에 있는 것도 극히 길하다. 상격이면 장원급제 문무文武를 겸하며, 중격만 되어도 부귀를 겸한다. 어느 군신君臣 봉조혈에는 옥인玉印이 수중手中에 있는 곳도 있다.

### 【17】방인사方印砂

방인사 역시 산 언덕 또는 큰 암석으로 이루어지며 천마사 등과 함께 보이면 더욱 귀한 것이다.

화개사          보개사          옥인사          방인사

### 【18】화개삼태사華蓋三台砂

품자삼봉品字三峰이 단정하게 늘어선 귀격 산형이다. 이러한 삼태사가 바로 혈 앞의 안산에 서 있으면 삼형제가 연속 등과登科하여 높은 벼슬이 기약되는 귀사이다. 삼태三台는 품자형品字形으로 된 사砂와 본신룡이 종縱으로 삼봉三峰이 이어지는 것과 횡橫으로 일자一字로 삼봉三峰이 단정하게 늘어선 삼태三台가 있으나 어느 것이든 길사이다.

### 【19】일자문성사一字文星砂

토성산土星山의 정상이 일자형一字形으로 풍비豊肥하게 이루어진 귀사이다. 이 귀사가 주산, 현무 또는 정안正案이 되면 부귀 쌍전이 기약된다.

### 【20】장원필사壯元筆砂

토성체土星體의 방정한 일자문성一字文星 중앙에 문필봉文筆峰이 우뚝 솟은 사砂이다. 장원필사가 정안正案 또는 임관위臨官位에 단정하게 탁립卓立하면 등과登科하여 이름을 널리 떨친다.

### 【21】재상필사宰相筆砂

토성체土星體의 일자문성一字文星의 좌우 어느 쪽이든 한쪽 뒤에 화성체火星體의 문필봉文筆峰이 단정하게 높이 서 있는 산형을 말한다. 이 재상필사가 정안正案 또는 임관방臨官方에 있으면 높은 재상이 기약된다.

화개삼태사    일자문성사    장원필사    재상필사

## 【22】매천필사罵天筆砂

문필봉文筆峰 끝이 둘로 나누어진 예리한 쌍봉雙峰이다 매천필사의 정안正案 조대朝對는 비록 수재가 탄생해도 등과登科가 어렵다.

## 【23】삼공필사三公筆砂

토성土星 일자문성一字文星 위에 문필삼봉文筆三峰이 늘어서 있는 사砂를 말한다. 삼봉필사가 높고 수려하면 삼상三相이 기약된다.

## 【24】문성귀인사文星貴人砂

높이 솟은 목성木星 귀인 앞에 아미蛾眉, 반월사半月砂가 유연하게 놓인 산형을 말한다. 문성귀인사가 정안正案에 있으면 주로 문무현인文武賢人 또는 관비宮妃가 기약된다.

## 【25】화개귀인사華蓋貴人砂

삼태화개산하三台華蓋山下에 목성木星 귀인이 단정하게 탁립卓立한 산형이다. 개하귀인사蓋下貴人砂라고도 한다. 수려한 화개귀인이 정안正案에 있거나 주산, 현무가 되면 등과登科나 장상將相 수인數人이 난다.

## 【26】장하귀인사帳下貴人砂

수성체水星體로 된 장막을 배경으로 삼고 그 아래에 단정하게 서 있는 목성木星의 귀인사이다. 장하귀인사가 정안正案에 있으면 높은 벼슬이 기약된다.

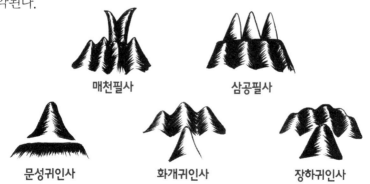

매천필사    삼공필사

문성귀인사    화개귀인사    장하귀인사

### 【27】삼태사三台砂

앞에서 설명한 화개삼태사는 가운데 봉이 약간 높아 품品자 모양을 이루며 여기서 말한 삼태사란 삼봉三峰이 나란히 서 있는 것을 말한다. 혈전穴前에도 삼태사가 있고 청룡에도 삼태성三台星이 있으면 영의정 자리를 얻는다 했으며, 자손이 번창하고 벼슬이 많이 나오는 극귀사極貴砂이다.

### 【28】일월사日月砂

건간방乾艮方의 사砂가 혈을 향해 절하는 듯하며 간방수艮方水가 맑고 일월사가 조혈照穴하면 자손마다 효자 효손孝孫이 난다 했다.

### 【29】탁기사卓旗砂

군기軍旗가 펄럭이듯 목성木星 산의 산봉山峰이 상하로 배열한 목성 산형이다. 힘찬 탁기사가 정안正案이나 길방吉方에 탁립卓立하면 입상入相하는 명장이 기약된다.

### 【30】복종사伏鐘砂

복종사는 이름 그대로 마치 종鐘을 엎어 놓은 것과 같이 중후한 금성체金星體의 귀한 산형山形 체體이다. 복종사가 정안正案 또는 현무봉玄武峰이 되면 큰 부자나 귀貴를 기약할 수 있다.

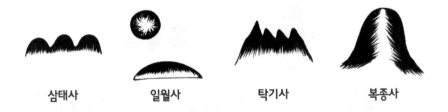

삼태사        일월사        탁기사        복종사

## 【31】옥부사玉釜砂

금성체金星體의 산이 높으면 금종사金鐘砂라 하며, 낮고 작으면 옥부사라 한다. 두 가지 다 양택이나 음택에서 귀사貴砂로 취급한다. 상격이면 문과급제는 물론이요 거부巨富가 나고 중격이면 소부少富 소귀少貴가 난다.

## 【32】아미사蛾眉砂

아미사는 모양이 반달이나 예쁜 눈썹과 같은 모양으로 양각兩角이 고르고 단정하며 청수해야 된다. 상격이면 궁비宮妃가 난다 하였으나 이는 용혈龍穴이 상격이어야 한다. 중격이면 미녀가 나고, 하격이면 미인박명美人薄命에 해당된다.

옥부사                           아미사

## (2) 성수오행星宿五行

요공寥公은 길흉사격吉凶砂格을 부富·귀貴·천賤 크게 세 가지로 나누었다. 즉, 비만방정肥滿方正은 부富요, 청기수려淸奇秀麗는 귀貴요, 산사파쇄散斜破碎는 천賤이라 하였다.

그러나 사격砂格의 길흉 판별은 간단한 것이 아니어서 위에서는 산의 형상적 명칭(물형·物形)으로 길흉을 판단했지만 묘墓(좌·坐)에서는 방위에 따라 그 길흉을 논하기도 한다.

사砂의 길흉화복을 판단하는데 쓰이는 나경 인반중침으로 보는 성수오행은 다음과 같다. 주산은 물론 청룡·백호·안산·조산에 해당되는 전후

좌우 사砂의 길흉을 논할 때 그 형체에 따라 정하기도 하지만 각종 방위에 따라 길흉이 결정되기도 한다.

묘의 좌坐에 대한 사방 사砂의 길흉을 논할 때 다음과 같은 요령으로 한다.

●생아자生我者는 문무관文武官의 자손이 될 수 있게 도움을 주는 사砂이다.

●비화比和는 과거科擧에 나아갈 수 있게 돕는 길방吉方의 사砂이다.

●아극자我剋者는 자손이 부자가 많이 나는 사砂이다.

●극아자剋我者는 자손을 궁지에 모는 흉사凶砂이다.

●아생자我生者는 설기〔식상·傷食〕로 손재損財하는 사砂이다.

### 宿度五行과 砂의 방위

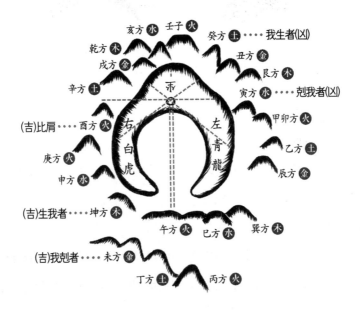

【 子坐(火)인 경우의 성수오행[인반중침] 】

| 오 행 | 인반중침 | 24방위 |
|---|---|---|
| 木 | 乾, 坤, 艮, 巽 | 4 방위 |
| 火 | 子, 午, 卯, 酉<br>甲, 庚, 丙, 壬 | 8 방위 |
| 土 | 乙, 辛, 丁, 癸 | 4 방위 |
| 金 | 辰, 戌, 丑, 未 | 4 방위 |
| 水 | 寅, 申, 巳, 亥 | 4 방위 |

## ① 녹위사祿位砂와 역마사驛馬砂

### ● 녹위사祿位砂

녹위방祿位方과 역마방驛馬方의 나경을 통해 찾는 요령은 다음과 같다. 즉, 녹위방은 甲庚丙壬, 乙辛丁癸 향向은 나경 바로 좌측 옆의 궁위宮位가 녹방祿方(임관방·臨官方)이며, 乾坤艮巽 향向에 있어서는 바로 우측 옆 궁위가 녹방이다(165페이지 여러 砂의 요점 정리 표 참조).

녹방에 방정方正하고 비원肥圓한(土星과 金星) 귀사貴砂가 있으면 자손이 왕성하고 부귀가 많이 난다. 특히 녹방에 단정한 금성사金星砂(倉庫砂=露積峰)가 있으며 가까우면 가까울수록 속발速發하여 부자가 난다.

그리고 녹위祿位에는 정녹사正祿砂와 차록사借祿砂가 있다. 甲庚丙壬의 경우 정녹正祿은 나경 바로 좌측인 지지 궁위이며 차록借祿은 그 옆 천간 궁위가 되는 것이니 甲庚丙壬 향向의 경우 그 좌측 천간 지지가 정녹과 차록에 해당된다.

예1 따라서 갑향甲向의 경우 간인방艮寅方을 함께 녹방祿方으로 보면 된다. 庚, 丙, 壬 향向에 있어서도 같다.

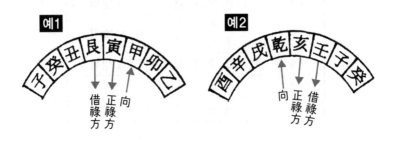

예1

예2

● 역마사驛馬砂

천마체天馬體의 사산砂山이 웅장하게 역마驛馬 방위에서 혈지穴地를 조혈照穴하면 최관마催官馬라 하여 부자가 난다. 이 역마법驛馬法에는 사국마법四局馬法과 차마법借馬法이 있으며 사국四局, 차마借馬 다 같이 좌坐를 위주로 한다.

■ **사국마四局馬** … 그림에서와 같이 申子辰 좌坐〔水局〕에서는 역마 방위는 寅이요, 亥卯未 좌坐〔木局〕에서는 巳方〔水局〕, 寅午戌 좌坐〔火局〕에서는 申方〔木局〕이요, 巳酉丑 좌坐〔金局〕에서는 亥〔火局〕이다. 이해하기 쉽게 설명하자면, 좌坐 위주로 해당 국局에서 바로 앞〔直前〕에 국局의 궁위가 역마驛馬방이 되기 때문에 요령만 터득하면 찾기 쉽다.

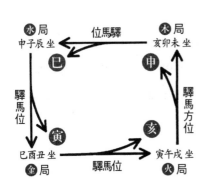

■ **차마借馬** ··· 갑좌甲坐의 마거馬居는 艮이요, 경좌庚坐의 마거는 坤이요, 경좌丙坐의 마거는 巽이요, 임좌壬坐의 마거는 乾이다. 이를 암기하기 쉽게 설명하자면, 甲庚丙壬 좌坐에 있어 각기 나경 바로 우측인 천간에 해당되는 궁위가 차마借馬 방위이다.

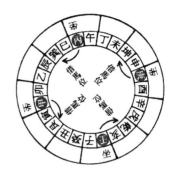

이상 사국마四局馬에서는 지지地支 좌坐요, 차마借馬는 천간天干 좌坐임을 알아야 된다. 따라서 자좌子坐 오향午向이라면 子坐는 申子辰 수국水局이기 때문에 역마驛馬는 인방寅方〔金局〕이지만 子坐는 지지地支 좌坐이기 때문에 차마借馬는 없다.

## ② 여러 사砂의 요점 정리

| | | | |
|---|---|---|---|
| | 甲向⇨寅方　向<br>庚向⇨申方　順<br>丙向⇨巳方　旋<br>壬向⇨亥方　官 | 乙向⇨卯方　坐<br>辛向⇨酉方　逆<br>丁向⇨午方　旋<br>癸向⇨子方　官 | 乾向⇨壬方　向<br>坤向⇨庚方　逆<br>艮向⇨甲方　旋<br>巽向⇨丙方　官 |
| 祿位 | ※ 甲庚丙壬 乙辛丁癸 向은 나경 바로 좌측 옆궁위가 祿方(臨官方),<br>　　乾坤艮巽 向은 우측 바로 옆궁위가 祿方이다.<br>※ 乾坤艮巽 向의 경우 祿方水가 상당(過堂)하면 극히 吉格,<br>　　辰戌丑未인 경우 祿水가 乾坤艮巽을 범하면 極凶하며<br>　　또 충파녹위沖破祿位(祿位가 破)가 되면 大凶하다. | | |
| 驛馬<br>砂 | 坤壬乙<br>申子辰 〉坐(水局)⇨艮寅 方<br><br>艮丙辛<br>寅午戌 〉坐(火局)⇨坤申 方 | 乾甲丁<br>亥卯未 〉坐(木局)⇨巽巳 方<br><br>巽庚癸<br>巳酉丑 〉坐(金局)⇨乾亥 方 | |

각종 사법론砂法論 제5장

| 正馬砂 | 乾亥坐 ⇨甲卯方 | | 坤申坐 ⇨乙辰方 | | 艮寅坐 ⇨丙午方 | | 巽巳坐 ⇨辛戌方 |
|---|---|---|---|---|---|---|---|
| 天乙貴人方 | 坐 | 貴人方 | 坐 | 貴人方 | 坐 | 貴人方 | |
| | 甲 | 丑未方 | 乙 | 子申方 | 乾 | 丑未卯巳方 | |
| | 庚 | 寅午方 | 辛 | 寅午方 | 坤 | 申子卯巳方 | |
| | 丙 | 酉亥方 | 丁 | 酉亥方 | 艮 | 酉亥方 | |
| | 壬 | 卯巳方 | 癸 | 卯巳方 | 巽 | 寅午方 | |

| 三吉六秀方 | 三吉方⇨亥卯庚 | 六秀方⇨艮丙辛巽丁兌 |
|---|---|---|
| | ※ 艮峰은 丙峰을 천(薦)하면 巽峰은 辛峰을 천(薦)하며<br>兌峰은 丁峰을 천(薦)하니 兩峰이 응조應照하면 귀인성貴人星이라 하여<br>관다득官多得 권거부출權巨富出 부귀겸전富貴兼全<br>마산馬山이 상응相應하면 속발速發 최상이다. | |

| 桃花殺水 | ●亥卯 向(木局) ⇨ 浴方 壬子(陽水) 方<br>水가 來하면 도화살수桃花殺水<br>●巳酉 向(金局) ⇨ 浴方 午水(陽)가<br>來하면 도화살수桃花殺水<br>※亥卯未巳酉丑 向은 子午 陽水가<br>도화살桃花殺 | ●申子 向(水局) ⇨ 浴方 酉(陰水)에서<br>來하면 도화살수桃花殺水<br>●寅午 向(火局) ⇨ 浴方 卯(陰) 水가<br>來하면 도화살桃花殺<br>※申子辰, 寅午戌 向은 卯酉 陰水가<br>도화살桃花殺이다 |
|---|---|---|

| 星宿五行 | ●甲庚丙壬(火), 子午卯酉(火), 辰戌丑未(金) ⇨ 陽<br>●乾坤艮巽(木), 寅申巳亥(水), 乙辛丁癸(土) ⇨ 陰<br>※ 砂의 생극生剋 관계 확인 |
|---|---|

| 乾砂 | ●乾峰이 수출秀出하거나 낮아도 수려하고 방정方正하면 과갑科甲한다.<br>혈전穴前에 乾峰이 난립亂立하면 소부하며, 乾峰이 낭떠러지처럼 급사急斜하면<br>삼군參軍장학, 小峰만이 단정端正하면 부귀가 난다. 요凹하면 소년사少年死 한다. |
|---|---|
| 亥砂 | ●亥巳 山이 높이 솟으면 고관高官이 나며 卯艮 兌龍에 결혈結穴을 하고 亥砂가 수<br>려하면 백만장자가 난다. 離龍에 결혈結穴하고 亥砂나 亥水가 있으면 大惡殺이<br>기에 경가패산傾家敗産한다. 窺砂면 부귀난다. |
| 壬砂 | ●壬砂가 첩첩이 보이면 陽向이 맞으며 자손이 대대 영흥永興한다.<br>壬午砂가 수고秀高하면 급제위관及第爲官이 명확하고 卯向에 壬砂無水하면 등<br>과등과登科하고 有水無砂하면 부귀한다. |
| 坎砂 | ●子峰이 충천沖天하듯 수고秀高하고 乾峰이 좋고 艮峰이 여필如筆하고 丙午丁 三<br>방에 三台 정렬하면 진혈眞穴 유다有多하다. |

| | |
|---|---|
| 癸砂 | ●훈군무수훈군舞裙舞袖의 陰砂가 浴方에 있거나 子癸丑方이 발발점 하면 수태隨胎. |
| 丑砂 | ●丑未峰이 단정하면 부흥하고 오양牛羊이 번성하며, 丑未方에 유곡有谷하면 가재불성家財不盛,巳丑峰이 상대相對하면 군왕의 건기建基가 있다 한다.<br>子丑方에 규산窺山이 있으면 자손이 도적질하거나 도적이 든다. |
| 艮砂 | ●艮峰이 三台로 필렬筆列하면 고관高官뿐 아니라 천록天祿을 食한다.<br>艮方이 허虛하면 요절夭折하고, 圓峰이 艮方에 있으면 고관이 나고, 坤艮峰이 상응相應하면 남녀 부부가 공투共鬪한다. 一峰이 독출獨出하면 부자가 나고 小峰이면 적금한다. |
| 寅砂 | ●寅甲峰이 높고 웅대하거나 첨수비원尖秀肥圓하면 삼공三公이 출出하며, 저장방원低張方圓하면 이름이 높고, 艮寅方에 입석立石하거나 유곡有谷하면 맹인이 난다. 壬方에 窺山이면 옥중에서 사망한다. |
| 甲砂 | ●甲峰 甲龍은 부귀가 난다. 寅甲方 거인居印하고 좌사座師가 난다. |
| 卯砂 | ●震庚 二峰이 입운入雲하면 영웅 장상將相의 삼군參軍을 장악한다. 窺山 有하면 장부녀長婦女 사망 중상. |
| 乙砂 | ●乙辛方에 장곡長谷이 있으면 구설을 듣고, 坤乙 水가 당충堂沖하면 수렴水廉이 든다. |

| | |
|---|---|
| 辰砂 | ●丁峰이 고탁高卓하고 癸山이 수수秀秀하면 벼슬이 금금錦錦, 乙辰이 대조對照하면 충렴일대손蟲廉一代孫 멸한다. |
| 巽砂 | ●一峰이 수출秀出하면 二人이 등과登科하고 雙峰이면 형제가 같이 등과하고 낭떠러지 같이 갑자기 급경사지면 三軍을 논의한다. 小峰만이 방정方正하고 수려하면 富한다. 遠峰이 죽순처럼 솟으면 박학재사博學才士가 이름을 천하에 떨친다. 巽方의 아미사蛾眉砂는 미녀가 나고 남자는 부마駙馬되고 왕비王妃, 巽辛峰이 결수決秀하면 문장文章이 나고 巽辛峰이 요절하면 흉사凶死한다. 巽方이 함陷하면 문성저文星低라 하여 귀貴를 얻어도 단명한다. |
| 巳砂 | ●巳峰이 여필如筆하면 영현英賢을 난다. 辰峰이 함께 높이 솟으면 위관爲官이 극품極品이라 조정朝廷진동한다. |
| 丙砂 | ●巽丙丁 삼사三砂가 공탁供託하면 조정朝廷에 식록食祿이 있고, 丙午峰이 고수高秀하면 등과하고 입석立石하면 소년이 낙치落齒한다. 艮方과 함께 탁고卓高하면 수재秀才가 급제及第하고 장원壯元한다. |
| 離砂 | ●午峰이 독출獨出하여도 마마라고 한다. 丙丁 二峰이 쌍기雙起하면 그 가치가 금과 같다. 丙午 二砂가 용립聳立하면 꼭 乾壬 二山이 탁발卓拔하여서 제지制之하는 것이니 吉하다. 窺山 有하면 현인이 나온다. |
| 丁砂 | ●丁砂가 수고秀高 단정하면 장수한다. 丁酉 砂가 원정圓正하면 대귀大貴가 난다. |
| 未砂 | ●辰戌丑未 四峰이 고수高秀하면 한림진사翰林進士의 장원壯元이 난다.<br>午未 方 窺山이면 현인이 탄생한다. |

각종 사법론砂法論 제5장

| | |
|---|---|
| 坤砂 | ●坤峰이 단정하게 있으면 장원급제한다. |
| | 탁발卓拔한 것이 (기모-交龍旗) 같으면 장군이 나며 난봉저소亂峰低小하면 군위 郡衛가 난다. |
| | 창고사倉庫砂 있으면 대대로 부자난다. |
| 申砂 | ●申峰이 고탁高卓하여서 구름 속에 드는 듯하면 장원급제로 명성이 향기로운 것 이다. |
| 庚砂 | ●庚兌方에 투구사砂나 검사劍砂가 있으면 장군의 위용이 널리 퍼진다. |
| 兌砂 | ●酉峰이 巽峰과 공치拱峙하면 왕께서 논공論功한다. |
| | 巽은 거문巨門이요 酉는 무곡武曲이라, 거문은 부富하고 다른 峰보다 우뚝 높으 면 외손까지 귀하게 된다. |
| | 酉方에 窺山이면 항상 집안이 소란하다. |
| 辛砂 | ●巽辛 二峰이 문필사文筆砂 같고 기세가 등등하면 장원한다. |
| | 산형이 아무리 아름다워도 凶方이면 기忌한다. |
| | 巽峰이 낮고 辛砂가 높으면 그 총명이 특출하다. |
| | 坤이나 子 입수入首하고 결혈結穴할 때 巽辛峰이 화성火星처럼 첨수한 것을 문필 文筆이라 하여 吉하다. |
| | 坤申 입수入首에 巽辛 二砂나 巽辛 二水는 吉하다. |
| | 또 巽辛 입수入首에 坤申 득수得水가 생왕방生旺方이 되는 때는 부귀한다. |
| | 辛水가 조당朝堂하면 금보수金寶水라 하며 吉水이다. |
| | 巽辛 二砂가 고조高朝하면 세세世世에 장원지귀壯元之貴가 난다. |
| | 辛方이 함陷하면 수재秀才가 단명한다. |
| | 窺山이 있으면 도적이 난다. |
| 戌砂 | ●辰戌 砂가 높이 쌍조雙朝하면 부귀양전富貴兩全한다. |
| | 辰戌方이 너무 높으면 귀성웅魁星雄이라 하여 주로 전사자가 난다. |
| | 辰戌方에 기사旗砂가 있으면 큰 도적이나 반역자가 난다. |
| | 寅午戌方이 결함하면 회록回祿이라 하여 화재火災가 계속된다. |
| | 戌乾方이 공함共陷하면 중풍 환자가 생기고 백호가 조그만 산을 안으면 간부 를 두기쉽다. |
| | 청룡이 小山을 안으면 양자를 둔다. |

## (3) 사砂에 의한 구체적 화복의 예

### ① 공경사(公卿砂 ⇨ 벼슬사)

벼슬이 높은 귀인들이 많이 나오는 길사吉砂는 물론 어느 사격砂格이든 용진혈적龍眞穴的이 전제가 되기는 하지만 서기瑞氣찬 주산과 고축사誥軸砂, 문성사文星砂가 조산朝山·안산案山이 되어 혈 앞에서 상응相應하고 청룡 위에 귀봉貴峰이 특립特立하면 큰 벼슬이 기약된다.

### ② 거부사巨富砂

용진혈적龍眞穴的은 항상 전제 요건이 되나 현무봉에서 좌우로 개장開帳한 용이 마치 혈의 뒤를 병풍처럼 감싸주고 조안朝案은 둥근 금체金體의 사砂(일명 노적봉·露積峰)로 혈을 에워싸 주며 창고사倉庫砂는 주룡主龍을 보호하며 고궤사庫櫃砂나 북진北辰이 수구水口를 지키면 재벌과 거부가 기약된다.

### ③ 왕비사王妃砂

어병사(御屛砂＝일명 병풍사·屛風砂)가 혈 뒤를 감싸주고 아미사蛾眉砂가 안案이 되어 손방巽方이나 곤방坤方에 화관암(花冠岩·왕비가 쓰는 관)이 존귀하게 보이면 왕비 또는 귀부인이 기약된다.

### ④ 부마사駙馬砂

백호가 청수淸秀 단정하고 손방巽方이 옥녀봉玉女峰과 신방의 맑은 강수江水는 부마駙馬나 고관 또는 거부의 사위가 기약된다.

### ⑤ 대과사大科砂

문필봉文筆峰이 안案이 되어 탁립卓立하고 청룡이 유정하고 귀인방貴人方의 길사吉砂가 조혈照穴하면 문장재사文章才士가 나와 대과大科에 급제한다.

### ⑥ 효자사孝子砂

높고 존귀한 건방봉乾方峰을 향해 그보다 낮은 간방소봉艮方小峰이 배응하고 子方·艮方·卯方 山水가 수려하고 맑으면 충신·효자가 난다.

### ⑦ 장군사將軍砂

후고전응(後靠前應·뒤에서는 주산이 받쳐주고, 앞에서는 안산 조산이 조응해 줌)하고 혈의 좌측에 기사旗砂가 있고 우측에 고사鼓砂가 있고 酉方에는 투구봉과 午方에는 천마사天馬砂가 있으면 병권을 쥐는 장군이 기약된다. 방위에 상관없이 위의 길사吉砂 외에도 옥대사玉帶砂, 천을태을天乙太乙, 좌시우시左侍右侍 등이 있으면 장군대좌혈將軍大座穴이라 하여 장군이 난다.

### ⑧ 절손사絶孫砂

본신룡의 중간이 단절되고 청룡이 요절하거나 卯方이 낮고 함陷하면 절손絶孫이 우려된다.

### ⑨ 빈궁사貧窮砂

청룡과 백호가 혈을 감싸주지 않고 오히려 반대하고 달아나며 여러 사산砂山이 서로 흩어지고 재물을 관장하는 백호사白虎砂가 무기력하거나 혈 앞의 명당이 기울어지고 수구水口가 닫히지 못하면 가난이 우려된다.

### ⑩ 전망사戰亡砂

내룡來龍이 무기룡無氣龍하고 청룡이 낮게 끊기고 酉方의 검사(劍砂·칼바위)가 혈을 뾰족한 칼로 찌른 듯하면 자손의 전사나 사고가 우려된다.

### ⑪ 익사사溺死砂

子·午方의 山이 서로 낮아 질풍疾風이 직사直射하고 수구水口에 유시사(流屍砂·시체가 누워 있는 것처럼 보이는 砂)가 있으면 익사자가 우려된다.

### ⑫ 맹인사盲人砂

午方의 사砂가 혈을 억누르고 토석土石으로 된 퇴사(堆砂·언덕)가 혈에서 바로 보이면 맹인이 난다.

### ⑬ 건각사蹇脚砂

건각이란 절름발이를 말한다. 乙辰方에 보기 흉한 암석이 있고 酉方에 흉사凶砂가 사혈射穴하며 酉方에서 오는 물이 청룡의 끝을 충사沖射하면 불구가 우려된다.

### ⑭ 음탕사淫蕩砂

혈장穴場이 음습하고 안산에 경대처럼 생긴 바위가 있고 백호나 안산에 홀로 뻗어내린 곧고 긴 사(간부사·奸婦砂)가 있으면 음탕한 계집이 생기거나 재산이 패하기 쉽다.

### ⑮ 화재사火災砂

寅午戌方이 모두 결함缺陷하면 화재가 연달아 일어난다.

# 제6장
## 혈장총론穴場總論

## 제1절 혈장 개요

《장경葬經》에 장자승생기야葬者乘生氣也라 했으니, 원래 장사葬事란 생기가 뭉친 곳에 조상을 모시는 일이라 했다. 따라서 풍수지리의 마지막 목적은 진혈眞穴을 얻기 위함이요, 진혈이란 山의 생기가 뭉쳐 있는 곳을 말하는 것이니 이처럼 생기가 뭉친 진혈을 감싸고 있는 묘역墓域을 혈장穴場이라 한다. 때문에 혈장을 설명한 여러 가지 혈장요건은 형기론形氣論의 핵심이다.

또한 형기론의 성립이 혈장을 중심으로 출발하는 것이기 때문에 혈장론은 형기形氣에 대한 기초가 되기도 한다. 따라서 혈장론은 풍수지리의 핵심임과 동시에 기초이므로 형기론의 근본이 되는 것이다. 그러므로 지리가는 혈장에 대한 정확한 이론과 명석한 안목을 길러 다양하게 나타나는 혈성穴星과 용의 형체形體에 현혹됨이 없어야 할 것이다.

만일 혈장에 대한 이론과 안목이 불분명하다면 많은 지리서를 암송한들 공염불에 불과할 것이다. 반대로 혈장의 원리를 깨달으면 백 권의 형기설이 취기聚氣와 생기의 취결聚結에 대한 원리에 불과하다는 것을 깨닫게 될 것이다. 그리고 선영先塋을 편히 모시고자 원하는 자손도 혈장에 대해 어느 정도 정확한 이론과 안목을 얻는다면 세속적 지사들에게 현혹되지 않을 것으로 생각되어진다.

## (1) 혈穴의 의의

옛날부터 혈지穴地의 중요성에 대해 용혈龍穴이 위주이고 사수砂水는 다음이다. 혹은 천리래룡千里來龍에 일석지지一席之地라는 글로 혈장의 지리학적 중요성을 강조하였다. 무릇 혈장은 밝고 수려한 국세局勢에 용의 기세氣勢가 생동적이고 용맥이 멈추어 그곳 지중地中에 생기가 모인 곳이다. 그런즉 우리는 이와 같이 참다운 혈지를 찾아 얻어야 한다.

옛사람이 말하기를 '삼년심룡三年尋龍에 십년점혈十年點穴'이라 했다. 심룡尋龍은 쉬우나 혈을 정한다는 것은 어렵다는 말이다. 한편 '진혈대지眞穴大地는 천장지비 천리래룡 일석지지天藏地秘 千里來龍 一席之地, 하늘이 감춰놓았기 때문에 천리나 긴 용에서 진혈은 한 자리뿐이다'라고 했다. 그만큼 진혈은 얻기가 어렵다는 말이다.

그러나 우리나라는 전 국토의 70퍼센트가 산이다. 때문에 남아 있는 진혈대지眞穴大地는 효심이 지극한 적선자積善者를 기다리고 있을 것이다. 진실되게 구하는 자는 참다운 풍수를 만나 진혈을 얻는 것이 하늘의 이치이니 착한 마음 지극한 정성으로 구하면 반드시 얻을 것이다. 그와 반대로 허욕을 내는 사람은 가짜 풍수를 만나 나쁜 혈을 얻게 된다는 것이 천도天道이다.

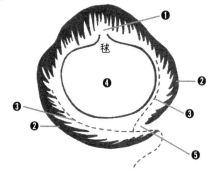

❶ 승금뇌두(乘金腦頭)
❷ 인목(印木)
❸ 상수(相水)
❹ 태극운(太極暈)
❺ 소명당(小明堂)

【 혈장도穴場圖 】

## (2) 혈장의 요건

혈장은 다음과 같은 요건을 갖추고 있어야 된다.

① 기세氣勢가 생왕生旺한 용이 멈춰 머물고 기가 뭉친 곳이라야 된다.

② 밝고 양기陽氣 바르고 수려한 귀봉길사貴峰吉砂와 맑은 물이 감고
　도는 곳이라야 된다.

③ 혈장은 음양오행과 이법이 맞아야 진혈이다. 오행이법이 맞지
　않거나 혹은 충살沖殺이 있으면 안 된다. 옛글에도 혈재산룡穴在
　山龍이나 화복禍福은 재리법在理法이라 하여 음양이법의 중요성을
　강조하였다. 그러나 용혈이 진眞이면 사수砂水와 이법은 자연히
　이에 부응副應하는 것이라고 했다.

　옛글에도 '용진혈적龍眞穴的 기구즉사수자연부응旣具則砂水自然副應 용호
명당龍虎明堂 나성수구羅城水口 자연처처합격상응自然處處合格相應'이라 했다.
즉 용과 혈이 적실的實하면 사砂와 물은 자연히 이에 부응하게 되어 있다.
즉 청룡 백호 나성수구들이 여러 가지로 상응하게 된다 하였으니 진혈대
지眞穴大地는 대자연의 오묘한 조화와 산물이라는 것을 알 수 있다.

　그러나 생룡진혈生龍眞穴 여부를 정확히 감별할 수 있는 개안開眼된 지
사가 아니면 그 정확성을 기하기 어렵기 때문에 아무리 기세氣勢가 생왕生
旺한 용혈龍穴이라도 사수砂水 역시 합법인가를 살핌과 동시에 살殺의 유무
를 면밀히 확인해야 된다. 즉, 음양오행에 의한 이기도 정확히 따져야 된
다. 망인의 안위는 형기에 의함이요, 자손의 화복은 이기에 의함이라 했기
때문이다.

### (3) 혈의 신비성

혈장 및 혈의 생성 원리와 그 내외 구조는 참으로 신비럽기 그지없다. 한덩어리의 흙에 불과한 이 혈은 만물의 영장이었던 조상체백祖上體魄의 안위安危와 자손의 부귀빈천이라는 생령(生靈·자손)과 사령(死靈·조상)의 성쇠盛衰와 안위를 관장하고 있으니 참으로 신비스럽다 아니할 수 없다.

또한 주룡을 살펴보면 외적으로는 입수入首하여 뇌두腦頭를 이루고 안으로는 생기가 모여 오형체五形體의 혈성穴星을 이루며 또 용혈龍穴의 음양 이법에 의한 기본 혈성체(혈장)와 와겸유돌窩鉗乳突의 사상혈형四象穴形을 자연의 조건에 따라 질서 정연하게 이루어 놓았으니 혈의 융결이란 우주 대자연의 신비라 아니할 수 없다.

그러나 혈장 이론도 지구가 생길 때 이루어진 대자연 현상 속에서 선사들이 자연의 진리에 맞도록 이법을 찾아낸 것이지 풍수이법에 맞추어 지구의 대자연이 생긴 것은 아니다. 따라서 자연의 신비 속에서 선사들이 마련한 이법에 맞는 진혈장眞穴場을 찾아낼 수 있는 요령을 배우는 것이 풍수지리의 공부인 것이다.


### (4) 혈판론穴坂論

넓은 가운데(넓은 穴坂 또는 넓은 平岡龍)에 승금乘金이 없어도 혈판(혈장)에 도도록한 돌突이 있으면 혈판에 돌이 있고, 乾坤艮巽의 사태석四胎石이 있으면 그 돌 사이에에 토혈土穴이요, 혈판에 상하로 삼태석三台石이 있으면 말석하末石下에 생혈生穴이요, 횡으로 삼태석이면 중앙 돌 아래에 생혈이며, 혈판에 팔자석八字石(중앙 뇌두를 중심으로 양쪽으로 팔자형으로 된 돌)이면 그 일자대一字臺에 생혈이니 급한 곳에 생혈이 있는 것이다(일자대 밑에 급한 곳에 혈이 생긴다는 것).

그리고 일자대 밑에 子午卯酉 사정석四正石 또 사각四角이 있으면 혈이
생긴다.

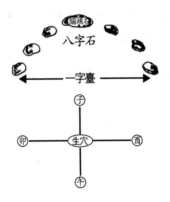

※ 혈판(혈장)에 돌은 둥근 주석이라야 吉하며 돌尖하거나
여러 모가 거칠게 보이면 흉석凶石이다

● 입수入首에 삼주석三珠石이면 큰 부귀가 부절不絕이다.

● 와겸유돌窩鉗乳突 사상四象 중에도 사주석四珠石이면 춘하추동 사시가
응應이니 장군이나 재상이 연이어 나온다.

● 혈판(혈장)에 오주석五珠石이면 천지음양天地陰陽이 배합된 혈판이어서
지기온혈地氣溫穴이니 만승천자지지萬乘天子之地이다.

● 겸鉗 바닥에 돌突이 있고 돌突 가운데 주석이 있으면 더욱 吉하다.

● 乾坤艮巽 사태석四胎石은 더욱 吉한 것이다.

● 혈판이 겸鉗 바닥이고 좌측이 낮으면 우측에 혈이 있고, 우측이 낮으
면 그와 반대로 좌측에 혈이 생긴다.

● 입수入首가 높으면 혈은 급한데다 취하고 겸鉗 바닥에는 일자대一字臺
가 없으면 허화虛花이다. 와窩·겸鉗 바닥에는 돌혈突穴이나 유혈乳穴
이 吉하다.

● 돌혈突穴 중에 십자석도 吉하니 십자석 중에 생혈이요 돌전突前에 정

자석丁字石이면 정자丁字 끝획에 생혈이고 돌혈突穴에 무석無石이면 허화虛花이다.

● 와혈窩穴은 혈전穴前에 우각사牛角砂가 있어야 吉하며 혈이 생기며 와窩 바닥에서 우측이 높으면 좌측에 혈이 생긴다.

## 제②절 혈장론에 대한 견해 차이

용과 혈은 천지 자연의 이치에서 벗어날 수 없다. 아니, 풍수지리 자체가 우주 자연의 과학적 이치에 맞아야 된다. 용이 진眞이면 혈도 진이요, 용이 진이 아니면 혈도 진이 아니다. 그러므로 생왕生旺한 용에는 반드시 진혈이 있다. 진혈이 이미 융결된 곳에는 용호龍虎·명당·수성水城·안산案山·나성羅城·수구水口 등이 자연 길국吉局을 형성하게 마련이다. 그럼에도 불구하고 가는 곳마다 명당이라고 꾸며대는 것은 탐욕이 많은 사람들의 눈에 헛보이는 가혈假穴인 것이다.

산형山形의 기본체인 음양사상체陰陽四象體로 분류하면 다음과 같다.

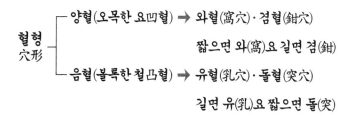

혈형穴形
- 양혈(오목한 요凹혈) → 와혈(窩穴)·겸혈(鉗穴)
  짧으면 와(窩)요 길면 겸(鉗)
- 음혈(볼록한 철凸혈) → 유혈(乳穴)·돌혈(突穴)
  길면 유(乳)요 짧으면 돌(突)

무릇 상식적으로 생각하면 음은 오목하고 양은 볼록한 것이 만물 형상의 원칙인 것 같지만 풍수지리학에서는 반대이다. 즉 양혈은 앙장(仰掌·손바닥을 위로하는 것)이요 음혈은 복장覆掌이다. 이는 양기음생陽氣陰生하고 음

기양생氣陽生하며 양 중에 음이 있고 음 중에 양이 있다는 음양상생陰陽相生의 원리에 의함이다. 그러나 와窩·겸鉗·유乳·돌突 현상의 모양은 비록 각기 다르지만 그 생성의 기본과 방법은 동일하며 어느 혈상穴象도 입수入首·뇌두腦頭·선익蟬翼·혈토穴土·순전脣氈·상수相水 등 기본요건을 갖추어야 된다는 것은 필수적 요건이다.

위에서 설명한 양혈과 음혈의 구분은 일반적으로 와겸혈窩鉗穴은 양혈이요, 유돌혈乳突穴은 음혈에 속하는 것으로 설명하고 있으나 정반대로 해석하는 사람도 있다. 그 예를 비교하면 다음 표와 같다.

【 穴象에 대한 해석 비교 】

| 도서명 | 쪽 | 내 용 |
| --- | --- | --- |
| 대명당보감 | 74 | 산의 음양론에서 혈은 복장(覆掌 = 손바닥을 엎어놓은 모양), 혈의 유乳와 돌突은 음을 삼고, 고준高峻하고 기起하고 등성이 배背를 이룬 산이나 와혈과 겸혈은 양으로 삼고…… |
| 명당요결 | 146 | 와상窩象과 겸상鉗象은 음혈에 속하고, 유상乳象과 돌상突象은 양혈에 속한다. |
| 풍수지리원정 2권 | 457 | 혈의 모양이 오목한 것은 양혈이요, 볼록한 것은 음혈이다. 양혈상에는 와혈窩穴과 겸혈鉗穴이 있고, 음혈상에는 유혈乳穴과 돌혈突穴이 있다. |
| 지리학전서 | 88 | 사대혈성론에서 와겸유돌窩鉗乳突의 사격이 있는데 반드시 음맥이 오는 아래에 와겸窩鉗의 양혈이 있고, 양맥이 오는 아래에 유돌乳突의 음맥이 있다. |
| 전통풍수지리 | 121 | 혈장에 요凹형과 철凸형의 두 개를 선정하여 음양을 산의 형태로 나타낸 凹형이 양이고 凸형이 음인 까닭에 이 혈장의 요철凹凸을 음양으로 간주하고…… |
| 길한 터 흉한 터 | 173 | 혈형의 사격에서 와혈窩穴은 음혈(一)로서 겉모양은 소쿠리와 같으며 중앙의 혈심에 오목한 凹가 있다. ……겸혈鉗穴은 음혈로……, 유혈乳穴은 양혈로서……, 놀혈突穴은 양혈로서……, |
| 지리요결 | 95 | 혈형사격에서 양공楊公의 혈형론은 와겸유돌窩鉗乳突의 사격으로 나누고 결혈처가 凸한 곳 즉, 도도록하여 복장형과 같은 것을 음이라 하고, 결혈처가 凹한 곳 즉, 오목하여 양장형과 같은 것을 양이라 한다. |

위와 같은 견해차는 와겸窩鉗을 양으로, 유돌乳突을 음으로 설명한 것은

혈장 전체의 형상을 말한 것이며 이와 반대로 와겸을 음혈, 유돌을 양혈로 표현한 것은 와겸 바닥에는 반드시 볼록한 유乳나 돌突이 있어 그곳이 혈심이 되어야 진혈이 되기 때문에 그 볼록한 혈심을 음으로 표현한 차이에서 서로 상반된 설명이 된 것 같다(유돌乳突 혈의 경우도 마찬가지이다). 그러나 풍수지리학에서는 양은 오목하고 음은 볼록하여 양중유음陽中有陰하고 음중유양陰中有陽이라는 음양상생의 원리에는 이론異論이 있을 수 없다.

## (1) 와혈窩穴

와혈은 혈의 모양이 오목하므로 양혈에 속하며 마치 닭의 둥우리나 손바닥을 젖혀놓은 것 같이 앞면만 트이고 좌우와 뒤는 도도록한 모양의 혈이다. 다만 오목한 가운데 볼록한 유돌乳突이 있어야 진격眞格이다. 이 와혈에는 현능弦綾의 상교相交하는 모양과 와窩 속의 오목한 정도에 따라 장구와藏口窩·심와深窩·천와淺窩·활와闊窩·협와狹窩 등으로 나눈다.

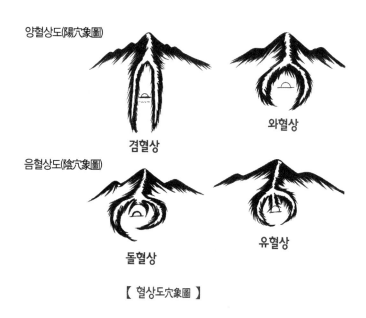

양혈상도(陽穴象圖)

겸혈상

와혈상

음혈상도(陰穴象圖)

돌혈상

유혈상

【 혈상도穴象圖 】

장藏구와는 입을 오므린 모양이며 장張구와는 입을 벌린 것을 말하며, 심와는 와중窩中이 깊고 천와는 얕고 활와는 와중이 넓고 협와는 좁다. 그리고 와혈窩穴은 후룡後龍이 생왕生旺하며 입수가 분명하고 좌우가 균등하며 와중이 원정圓淨한 가운데 유乳나 돌突의 볼록한 바닥이 있어야 진眞이다. 만일 와혈이 한쪽으로 지나치게 기울거나 비탈지면 가혈假穴이며 기타 혈증穴證을 잘 살펴야 된다.

와혈에는 이 외에도 木·火·土·金·水 오성을 띤 것이 있는데 목성와혈·화성와혈·토성와혈·금성와혈·수성와혈이다.

이들은 위에서 설명한 것과 별도의 것이 아니라 장구와葬口窩의 뒤가 화체火體 또는 금체金體, 수체水體 등으로 됨을 말한다. 정격正格의 금성와金星窩는 전금轉金, 목성와木星窩는 전목轉木, 수성와水星窩는 전수轉水, 화성와火星窩는 전화轉火, 토성와土星窩는 전토轉土라고도 한다.

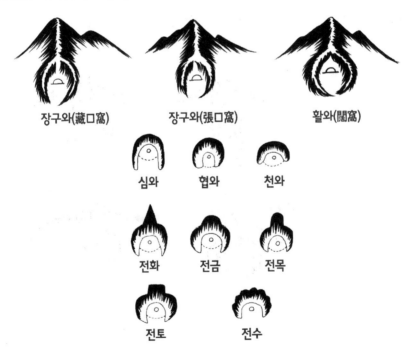

| | | |
|---|---|---|
| 장구와(藏口窩) | 장구와(張口窩) | 활와(闊窩) |

심와    협와    천와

전화    전금    전목

전토    전수

## (2) 겸혈鉗穴

겸혈은 일명 사람이 두 다리를 벌리고 뻗는 형상과 같다 하여 개각혈開脚穴이라 한다. 그 혈상에 따라 직겸直鉗·곡겸曲鉗·장겸長鉗·단겸短鉗 등으로 나누어진다. 이들은 정격正格이요 변직變直·변곡變曲·변장變長·변단變短의 변격變格 겸혈鉗穴도 있으며 정변양격正變兩格을 다 쓸 수 있다. 그리고 겸鉗 중에는 미돌微突이 있어야 진격眞格이다.

- **직겸**은 양쪽 다리를 곧게 뻗은 것으로 너무 길거나 딱딱하면 좋지 않고 부드럽고 짧은 것이 아름답다
- **곡겸**은 겸을 이루는 양쪽다리가 구부러져 내당內堂을 안아주는 것을 말한다. 두 다리가 소뿔 모양으로 되어 혈장을 감싸주되 좌우가 서로 다정해야 된다.
- **장겸**은 양쪽 벌린 다리가 긴 겸혈鉗穴인데 곧고 단단하고 너무 길면 좋지 않다.
- **단겸**은 겸鉗을 이룬 양쪽 다리가 모두 짧은 것이다. 너무 길어도 나쁘지만 너무 짧으면 혈을 보호하지 못하므로 역시 나쁘다. 짧더라도 밖의 산들이 잘 보호해 주면 무방하다. 이것도 혈 뒤의 산이 둥글거나 다정해야 吉하다.

| 직겸 | 곡겸 | 장겸 | 단겸 |

## (3) 유혈乳穴

유혈이란 그 모양이 풍만한 여인의 유방처럼 생겼다 해서 붙여진 이름이며 음혈에 속한다. 유혈에는 두 가지 체體가 있는데 그 하나는 혈의 양쪽으로 두 팔을 벌려 혈을 껴안은 것처럼 궁포유회弓抱紐會한 것과 두 팔을 좌우로 벌렸으나 다정하게 혈을 껴안지 못한 것 불유회不紐會가 있다. 유혈은 두 팔(兩肩)이 다정하게 혈을 감싸주며 계수界水와 합수合水가 분명해야 된다.

한편 유혈의 형상에는 장유長乳·단유短乳·대유大乳·소유小乳의 정격유혈正格乳穴이 있고, 쌍수유雙垂乳와 삼수유三垂乳의 변격變格이 있다. 정변양격正變兩格이 다 같이 유회(紐會·껴안음)한 것과 유회하지 못한 2체二體가 있으나 유체乳體의 결함이 없으면 양격兩格을 다 쓸 수 있다. 유혈乳穴 역시 후룡後龍이 참하며 기가 왕성하고 유두가 단정해야 길격이다.

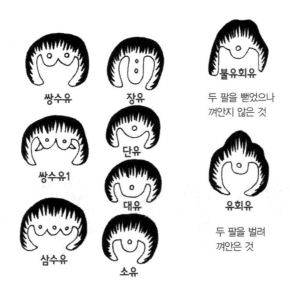

쌍수유

장유

불유회유

두 팔을 뻗었으나
껴안지 않은 것

쌍수유1

단유

대유

삼수유

소유

유회유

두 팔을 벌려
껴안은 것

【유혈상도乳穴象圖】

## (4) 돌혈突穴

돌혈이란 혈을 맺는 곳이 주위보다 훨씬 높은 것을 말하는데 '돌혈자突穴者 형여복부形如覆釜'라 하였으니 마치 가마솥을 엎어놓은 것 같다 하였다.

이는 음혈에 속하며 주로 평지에 결지結地하나 간혹 고산돌高山突도 있다. 때문에 '고산高山에 불귀돌혈不貴突穴이요 평지平地에 불귀와혈不貴窩穴'이라 하였으니 고산돌형高山突形이나 평지와혈平地窩穴이 다 귀하지 못하다는 뜻이다. 돌혈에는 산곡돌山谷突·평양돌平洋突·대돌大突·소돌小突·쌍돌雙突 등이 있다.

고산돌혈高山突穴은 좌우 환포環抱에 양비兩臂로 혈을 감싸 바람을 가두고 기를 보호해야 되며 만약 혈이 외롭게 노출되어 바람을 받으면 생기가 분산하여 흉격이다. 한편 평지돌平地突은 계수界水가 분명하며 수세水勢가 잘 감싸주어야 한다.

와겸유돌窩鉗乳突을 쉽게 구분하는 요령은 오목한 양혈이 짧으면 와窩요 길면 겸鉗에 해당되며, 볼록한 음혈 중 길면 유乳요 짧으면 돌突이라 생각하면 된다.

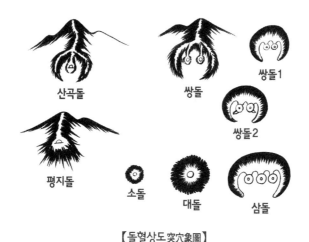

【돌혈상도突穴象圖】

## 제3절 입수入首에 대한 각기 다른 주장

주산主山과 입수룡入首龍은 앞에서도 자세히 설명했기에 생략하기로 하되 주산에서 좌우사左右砂를 개장開帳해 놓고 가운데에서 힘차게 뻗어내려오는 용을 입수룡이라 칭하는 데는 별다른 의의가 없겠지만 입수에 대한 표현이 책마다 다르기 때문에 초보자들이 혼돈하기 쉽다. 여기서는 입수에 대한 설명 내용을 비교하여 그에 대한 통일된 해석을 내려 초보자들의 이해에 도움이 되었으면 하는 생각이다.

### (1) 입수룡入首龍과 입수入首의 구분

소조산(小祖山·主山)으로 부터 시작하여 혈장까지 내려온 용을 입수룡이라고 칭하고 입수란 혈후穴後에서 가장 가까운 도두일절(到頭一節·뇌두에 이르는 일절)을 말한다. 이처럼 입수룡과 입수를 분리해서 해석하는 것이 이해하기 쉬울 것 같다. 왜냐하면 각 책마다 거의 일치된 입수오격入首五格에 대한 풀이나 천산 72룡 또는 투지 60룡의 운용법 등을 고려했을때 이렇게 결론을 내릴 수밖에 없다.

입수라 함은 사람의 동체와 두상을 연결하는 목에 해당된다 했으니 행진하는 용체龍體를 생각했을때 주산에서 혈장에 이르기까지 용의 몸통 전체(머리부터 꼬리까지)를 입수룡이라 한다면, 입수란 용의 머리와 몸통을 이어주는 목만을 칭하는 것으로 입수룡과 입수를 분리해서 해석하면 이해가 빠를 것으로 생각한다.

그러나 어떤 사람은 입수를 두 가지로 분류해서 외입수外入首와 내입수內入首(뇌두 밑으로 뻗는 기선 즉 생기가 흐르는 선)로 표시하기도 하며 중국책 또는 풍수지리 이기법에서는 내입수만을 투지룡透地龍으로 나타내는 설명도 있으니 여러 가지로 비교 연구해야 될 것으로 생각된다.

입수에 대한 도서별 해설 내용 비교는 51쪽에 자세히 설명해 놓았으니 참고하기 바란다.


### (2) 입수육격入首六格


#### ① 직룡입수直龍入首

주산에서 현무봉을 거쳐 출맥出脈한 용이 위이逶迤와 굴곡屈曲 등 변화하면서 내려오다가 입수할 때에는 입수도두入首到頭 한가운데로 직선으로 들어오는 형태다. 용의 기세가 강성하고 웅대하여 발복이 크고 빠르다.

#### ② 횡룡입수橫龍入首

주산을 출발한 주룡主龍이 비교적 크게 행룡行龍해 가는데 그 능선에서 입수맥入首脈이 나온다. 이때 주룡에서는 돌기突起한 곳에 기가 취결하여 옆으로 내려와야 되기 때문에 입수맥은 탈살이 거의 다 된 상태로 큰 변화를 하지 않는다. 서너절 굴곡屈曲이나 위이逶迤로 변화한 다음 혈을 맺는 것이 일반적이다. 우리나라 산지에서는 횡룡입수가 비교적 많은 편이며 이 횡룡입수에서는 뒤에 귀성鬼星과 낙산樂山이 필수조건이다.

횡룡입수하는 맥은 뒤가 허虛하므로 혈장 반대편 주룡 측면에 귀성이 받쳐주고 있어야 길격이다. 그 뒤로는 낙산이 있어서 허함을 막아 주어야 한다. 귀성과 낙산은 횡룡입수혈의 필수조건이다. 다른 혈과 마찬가지로 혈장에는 입수도두入首到頭 · 선익蟬翼 · 순전脣氈 · 혈토穴土 등 사진四眞이 분명해야 진혈이라 할 수 있다.

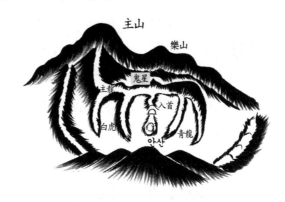

### ③ 비룡입수飛龍入首

볼록하게 솟은 봉오리의 정상 부분에서 혈을 맺기 때문에 입수룡入首龍의 형태가 마치 용이 날아오르는 모습과 같다 하여 붙여진 이름이다. 대개 입수룡은 산 위에서 아래로 내려오는 것이 일반적이다. 그러나 비룡입수는 아래에서 위로 올라가 혈을 맺는다. 비룡이 승천하는 듯한 형세이다. 비룡입수는 높은 곳에 혈을 맺기 때문에 부혈富穴보다 귀혈貴穴이 많다.

비룡입수에서 조심해야 할 일은 주변의 산들도 같이 높아서 사방에서 불어오는 바람을 막아줄 수 있어야 한다. 비록 높은 곳이기는 하지만 혈에 오르면 전혀 높다는 느낌이 들지 않아야 길격이다. 그렇지 못하면 고한孤寒하다 하여 외롭고 춥다는 뜻이어서 흉한 것이다. 또한 혈장은 넓어서 안정감이 있어야 한다. 산 아래에 있는 물은 혈장을 잘 감싸주어야 하며 수구水口는 잘 닫혀 관쇄關鎖되어야 진혈이라 할 수 있다. 비룡입수한 혈의 발복은 귀貴는 크다. 그러나 부를 관장하는 명당이 멀고 좁은 것이 특징이다. 따라서 부혈富穴보다는 귀혈貴穴이 많다.

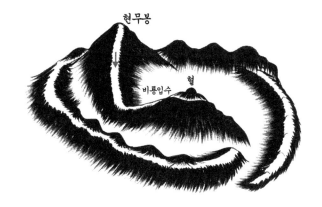

### ④ 회룡입수回龍入首

주산에서 출발한 용맥이 한 바퀴 회전하여 자기가 출발한 태조산太祖山이나 중조산中祖山, 소조산小祖山 등을 바라보고 입수하는 형태이다. 즉, 조종산祖宗山이 안산案山이 된다. 용이 한 바퀴 회전한다는 것은 그만큼 기세가 있다는 뜻이다. 변화가 활발하지 못한 용맥에서는 회룡입수혈을 맺기 힘들다. 일반적인 혈은 안산이 낮고 순順해야 한다.

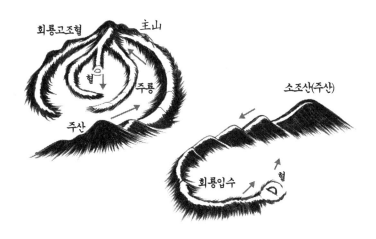

혈장총론穴場總論 제6장

그렇지만 회룡입수에서는 안산이 크고 생기가 왕성해야 된다. 안산이 혈 자신을 있도록 한 조종산이기 때문이다. 마치 손자가 할아버지를 바라보고 있는 형상이다. 아무리 엄한 할아버지라도 친손자에게만은 자상한 법이다. 이와 같이 회룡입수하여 혈을 맺는 것을 회룡고조혈回龍顧祖穴이라 한다. 발복이 크고 오래 지속되는 것이 특징이다. 혈지穴地가 앞으로 숙이고 낮으면 회룡은산回龍隱山이라 한다.

### ⑤ 잠룡입수潛龍入首

주산에서 출맥한 용이 급하게 평지로 내려와 땅 속으로 숨어 은맥隱脈으로 행룡行龍한 다음 혈을 맺는 형태를 말한다. 용맥이 논밭을 뚫고 지난다 하여 천전과협穿田過峽이라는 표현을 쓰기도 한다. 얕은 물 밑을 뚫고 지난 용도 있다.

땅 밑으로 맥이 지나기 때문에 육안으로 확인할 수 없다 그러나 용맥이 지나는 흔적으로 보아 짐작할 수 있다. 땅 속으로 맥이 흐르면 그 맥이 흘러가는 곳에 도두룩하게 보이기도 한다. 풍수지리에서 말하는 기가 왕하면 철돌凸突이란 이치이다.

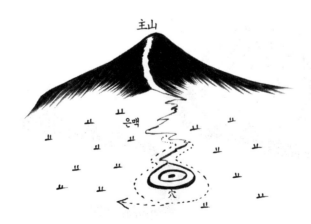

### ⑥ 섬룡입수閃龍入首

행룡行龍하던 용이 중간에 혈을 맺는 것을 말한다. 보통의 혈은 용맥의 마지막 부분인 용진처龍盡處에 맺는다. 섬룡입수는 행룡하던 용맥이 중간에 잠시 머뭇거리다 언뜻 주저앉듯이 혈을 맺는다. 그리고 용맥은 다시 진행 방향으로 행룡해 나간다. 이런 곳은 용으로서는 중간이라 할지라도 용진처인 것이다. 용진처가 아니라 해서 과룡過龍이라 하고 꺼릴 필요는 없다. 본래 용진처란 혈장 4요건인 뇌두腦頭·선익蟬翼·순전脣氈·혈토穴土가 뚜렷하면 그곳에서 생기가 취결된 곳이기 때문에 용으로서도 그곳에서 끝인 것이나 다름이 없는 것이다.

주산(현무봉)

### ⑦ 천산 72룡으로 입수를 확인한다

천산은 지맥地脈을 뚫고 들어오는 입수가 어느 자상字上으로 들어오는가를 알기 위한 선線이다. 그러나 처음부터 천산룡을 고르지 말고 첫 단계에서는 선견수구先見水口하라 하였으니 파구破口를 정확히 확정하고 그에 맞는 좌향坐向을 정하고 다음에 입수와 좌향을 쌍산雙山으로 조정한 다음에 천간 입수면 가운데 빈칸이 입수맥이며 지지 입수면 2번선(丙子旬)과

4번선(庚子旬)의 주보맥珠寶脈을 택해야 된다.

그 요령은 결인처 중심점에서 뇌두 중심점을 연결하는 선을 5층 천산 72룡으로 보고 어느 자상字上인지 확인하면 된다.

### ⑧ 천산 72룡과 투지 60룡의 관계

투지 60룡은 천산 72룡 맥으로 입수도두入首到頭한 기맥이 기선氣線을 타고 혈(원운·圓暈)로 흐를 때 공망맥空亡脈을 피하고 주보왕상맥珠寶旺相脈을 택해서 올바르게 재혈裁穴할 수 있도록 하는 역할을 한다. 즉, 2번선(丙子旬) 과 4번선(庚子旬)은 주보왕상맥이요 기타 맥은 공망맥이니 쓸 수 없다.

투지 60룡의 측정 요령을 간략히 말하자면 혈이 壬坐나 子坐라면 4층 정침正針 壬과 子의 아래에 있는 7층 투지 60룡 5개 기맥 중 2번선이면 壬 坐(天干坐)라야 되며 4번선이라면 子坐(地支坐)가 되어야 되며 투지 60룡 (기선·氣線)은 천산이 생해 주어야 된다(비화比和, 아극자我剋者 포함).

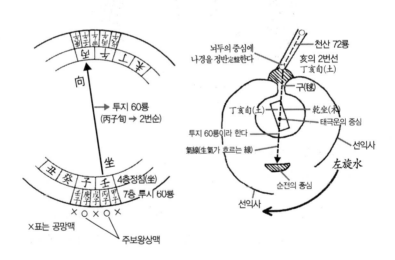

【 투지 60룡의 用·不用圖 】        【 천산 72룡과 투지 60룡의 관계도】

## ⑨ 입수入首와 좌향坐向의 조정

● 정음정양법淨陰淨陽法의 경우

정음정양법에 의해 양룡입수陽龍入首면 양향陽向, 음룡입수陰龍入首면
음향陰向이라야 합법이다.

정양淨陽 ➡ 乾甲, 坤乙, 坎(子)癸申辰, 離(午)壬寅戌

정음淨陰 ➡ 艮丙, 巽辛, 震(卯)庚亥未, 兌(酉)丁巳丑

**예1** 壬入首의 경우

壬은 양이니 午向, 坤向, 乙向 등 양향이라야 합법이다. 그 주변의
巽向, 巳向, 丙向, 丁向, 未向은 음향이기 때문에 입향立向이 불가
하다. 이처럼 적법한 향 가운데 수구(破)와도 적법한 향을 골라 입
향한다(다음 표 참조). 만약에 수구가 丁未라면 坤向 또는 午向 중에
서 골라야 된다.

【 24 입수에 대한 적법향(정음정양법) 】

| 巳 | 巽 | 辰 | 乙 | 卯 | 甲 | 寅 | 艮 | 丑 | 癸 | 子 | 壬 | 入首 |
|---|---|---|---|---|---|---|---|---|---|---|---|---|
| 亥辛 | 辛亥艮 | 乾坤戌 | 坤 | 庚辛丁亥酉 | 乾坤 | 坤申 | 丁丙庚辛酉巽巳未 | 丙未 | 午坤 | 坤午 | 午坤乙 | 吉向 |
| 亥 | 乾 | 戌 | 辛 | 酉 | 庚 | 申 | 坤 | 未 | 丁 | 午 | 丙 | 入首 |
| 卯丙巽丁未 | 乙辰 | 乙辰 | 艮卯巽 | 艮巽卯 | 卯艮 | 甲癸寅 | 癸 | 艮丑 | 艮亥 | 壬癸子 | 亥艮庚辛 | 吉向 |

**예2** 子入首의 경우

양룡입수이기 때문에 양향이라야 적법이다. 그러나 子坐 午向으로 하면 입수와 좌향이 일직선이 되어 충뇌沖腦가 되기 때문에 불가하다고 주장한 책도 있으나 분금으로 충뇌를 피할 수도 있다. 그리고 《청오경靑烏經》에서는 子午卯酉와 辰戌丑未 입수에서는 직좌直坐를 권하고 있다. 寅申巳亥까지 포함하는 12지지 입수에서는 직좌를 해도 정음정양법 및 통맥법 다 합법이다. 다만 좌우선수左右旋水에 맞추어 분금에 의하여 좌이승기左耳乘氣 또는 우이승기右耳乘氣로 직사충뇌直射沖腦를 막을 수 있다. 그러나 천간좌天干坐에 있어서는 우측 분금을 쓰면 봉침縫針으로는 좌향이 달라지기 때문에 관중법串中法에 해당되지 않을 경우 극히 조심해야 된다.

⑩ **통맥법通脈法에 의한 입수入首의 경우**

右旋龍(陰龍) ➡ 辛戌 壬子 艮寅 乙辰 丙午 坤申

左旋龍(陽龍) ➡ 乾亥 癸丑 甲卯 巽巳 丁未 庚酉

통맥법에서는 위 좌우선룡에 의해 좌선룡 입수이면 좌선좌를, 우선룡 입수이면 우선좌가 합법이다.

**예1** 정음정양법에서는 壬 입수면 子坐 午向·辛坐 乙向·艮坐 坤向이 합법이지만 통맥법에서는 子坐·艮坐·辛坐가 합법이어서 거의 일치된다.

**예2** 艮 입수의 경우 정음법으로는 吉向이 丙向·丁向·未向·辛向·庚

向·酉向·巽向·巳向이며 그중 30도 내에서도 丁向·未向·庚向 세 가지 吉向이 있다. 그러나 통맥법으로는 寅坐 申向〔정음법에는 불합〕만 합법이고 30도 내에는 吉向이 없다. 따라서 실제 입향立向의 경우 입수에서 30도가 벗어나는 경우는 돌혈突穴 외에는 별로 없기 때문에 천간좌天干坐 입수에서는 통맥법이 좀 불편한 편이다.

**예3** 통맥법에서 또 착각하기 쉬운 점이 있다. 용의 좌우선을 혼돈하기 쉽다. 壬坎 용에서 艮寅 좌라면 용의 향세向勢로 보면 좌선이 맞다. 그러나 여기서 壬坎 용은 우선이며, 艮寅 좌 역시 우선좌이기 때문에 합법이란 설명이지만 여기서 좌·우선이란 아무런 뜻이 없는 것이다.

### ⑪ 좌우선左右旋 용좌법龍坐法의 검증(어느 통맥법에 관한 고서 내용)

● **우선전길**右旋全吉

　壬坎龍艮寅 坐　艮寅龍乙辰 坐　乙辰龍丙午 坐
　丙午龍坤申 坐　坤申龍辛戌 坐　辛戌龍壬坎 坐
　壬坎龍辛戌 坐　辛戌龍坤申 坐　坤申龍丙午 坐
　丙午龍乙辰 坐　乙辰龍艮寅 坐　艮寅龍壬坎 坐

● **좌선전길**左旋全吉

　甲卯龍巽巳 坐　巽巳龍丁未 坐　丁未龍庚兌 坐
　庚兌龍乾亥 坐　乾亥龍癸丑 坐　癸丑龍甲卯 坐
　甲卯龍癸丑 坐　癸丑坐乾亥 龍　乾亥龍庚兌 坐
　庚兌龍丁未 坐　丁未龍巽巳 坐　巽巳龍甲卯 坐

⑫ 우선룡右旋龍 우선좌右旋坐 좌선룡左旋龍 좌선좌左旋坐

**풀이** 용 입수가 우선룡이면 우선좌, 좌선룡이면 좌선좌로 용사用事하라.

● **좌선룡左旋龍** … 乾亥, 癸丑, 甲卯, 巽巳, 丁未, 庚兌也.

**풀이** 건해룡乾亥龍에서 갑묘룡甲卯龍을 거쳐 다시 건해룡乾亥龍으로 뻗어 갑묘룡甲卯龍에 다다라 계축좌癸丑坐로 성혈成穴된다는 뜻이다.

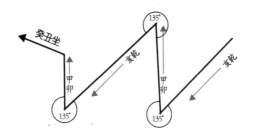

● **우선룡右旋龍** … 坤申, 辛戌, 壬坎, 艮寅, 乙辰, 丙午也.

**풀이** 곤신룡坤申龍에서 임감룡壬坎龍을 거쳐 다시 곤신룡坤申龍으로 뻗어 임감룡壬坎龍에 다다라 신술좌辛戌坐로 성혈成穴된다는 뜻이다.

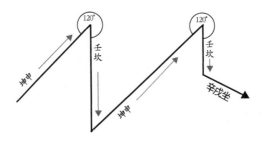

※ 위 그림에서 통맥법으로는 좌선룡 우선룡의 분별은 합법이다. 그러나 ① 우선전길右旋全吉 ② 좌선전길左旋全吉에서 壬坎 용에서 艮寅坐, 艮寅 룡에서 乙辰坐라면 우선룡이 아니라 좌선룡이라야 맞다. 다만

壬坎 용은 앞에서 설명한 통맥법 음양룡의 구분에 따라 음룡이기 때문에 艮寅坐 역시 음좌陰坐가 되어 합법이란 뜻이며, 艮寅 용에서 乙辰坐 역시 음룡입수에 음좌陰坐가 되어 합법이란 뜻이지 형기形氣 상 좌우선룡과는 다르다.

정음정양법처럼 24궁위를 음양으로만 나누어 양룡입수면 양좌陽坐, 음룡입수면 음좌陰坐로 정했다면 혼돈이 없을 것을 좌우선룡과 음양룡을 합쳐 놓았기 때문에 실질적 행룡行龍의 좌우선과 혼돈이 된다. 때문에 통맥법에서 辛戌·壬子·艮寅 용을 우선룡이라 규정함은 아무 의미가 없는 것이다. 원래 통맥법의 창시자는 24궁위를 음양으로만 나누었을 뿐 용의 좌우선과 결부시키지 않았을 것이다. 후학자들의 잘못 전수로 인하여 혼돈이 생겼을 것이다. 통맥법만 이수한 사람들은 이 점 착오가 없도록 유의해야 될 것이다.


### ⑬ 무후좌無後坐(멸문좌·滅門坐)

《대명당보감大明堂寶鑑(한중수 著)》 426쪽에 불길한 좌坐 중 첫 번째 무후좌를 다음과 같이 설명하고 있다. 아래에 해당하는 좌坐를 정하면 자손을 두지 못하거나 두더라도 요사夭死하여 대가 끊긴다고 설명하고 있다. 만일 설명대로라면 엄청난 흉살이 아닐 수 없어 멸문좌와 같다. 적중 여부는 일일이 검증할 수 없으나 우선 입수와 좌향과의 관계는 이법상 중요한 일이기에 일반적으로 제일 많이 쓰고 있는 정음정양법과 통맥법 두 가지를 비교해 본다.


**예**

① 甲龍에 乙入首 乙坐.　　② 坤龍에 未入首 丙午丁坐.

③ 艮龍에 艮入首 丑坐.　　④ 癸龍에 午丁入首 丙丁坐.

⑤ 艮龍에 艮入首 艮坐.　　⑥ 丑龍에 丑入首 癸坐.

⑦ 艮龍에 寅入首 寅坐.　　⑧ 坎龍에 丑入首 丑坐.

⑨ 午龍에 丙入首 丙坐.　　⑩ 寅龍에 丑入首 壬乾坐.

⑪ 亥龍에 癸入首 癸坐.　　⑫ 壬龍에 丑入首 丑坐.

⑬ 坤龍에 艮入首 子坐.　　⑭ 午丁脈(入首)에 坤坐.

⑮ 卯入首에 艮坐.


● 정음정양법에 의한 검증

　정음淨陰 ➡ 卯庚亥未 · 巽辛 · 酉丁巳丑 · 艮丙.

　정양淨陽 ➡ 乾甲 · 子癸申辰 · 坤乙 · 午壬寅戌.


　위 정음정양법에서는 음룡입수는 음향, 양룡입수는 양향이면 합법으로 보고 입수에 맞는 길향으로 취급하고 있다. 그렇게 비교해 보면 정음정양법으로 보아서 위 무후좌 중에서 그와 반대로 입수와 좌향이 적법인 것은 다음 세 가지뿐이다.

　① 艮 입수에 丑坐 未向 ② 丑 입수에 壬坐 丙向 ③ 丁 입수에 坤坐 艮向

　그도 艮 입수에 丑坐 未向과 丑 입수에 壬坐 丙向은 좌선수라야 합법이고, 丁 입수 坤坐 艮向은 우선수라야 합법이 되기 때문에 그렇지 못하면 입향할 수 없게 된다. 따라서 정음정양법에 의해 입수와 좌향을 정하게 되면 무후좌로 좌향을 정하는 일은 거의 없게 된다. 따라서 대명당보감大明堂寶鑑에서 지적한 무후좌(멸문좌)와 정음정양법에 의한 입入 · 향向 사이에 큰 모순이 없음을 알 수 있다.

●통맥법에 의한 검증(비교)

**통맥법**通脈法

左旋龍 ➡ 乾亥, 癸丑, 甲卯, 巽巳, 丁未, 庚酉.

右旋龍 ➡ 辛戌, 壬子, 艮寅, 乙辰, 丙午, 坤申.


위 통맥법에서는 좌선룡 입수면 좌선좌라야 합법이며, 우선룡 입수면 우선좌라야 합법으로 설명되고 있다. 이 통맥법대로 위 무후좌 15개항에 대해 적용해 보면, 그중 10개항이 통맥법으로는 적법한 입수에 맞는 길좌가 되니 이런 모순이 어디 있겠는가. 앞에서 소개한 무후좌가 근거 있는 적실한 내용이라면 통맥법만 믿고 재혈裁穴하는 일은 참으로 위험 천만한 일이 아니겠는가. 따라서 우리는 한 가지 이법만을 금과옥조로 생각하고 경박한 행동을 하게 되면 참으로 위험한 일이라 아니할 수 없다.


### (3) 혈장穴場이란?

주산에서 좌우사左右砂를 개장開帳해 놓고 그 중심에서 힘차게 뻗어 내려오는 용을 입수룡入首龍이라 부른다면 그 용이 한두 번 가늘게 결인結咽하고 은미하게 솟아오르는 하나의 원돌圓突을 뇌두腦頭 또는 두뇌화생뇌頭腦化生腦, 도두到頭, 승금乘金 등 여러 가지로 표현하지만 도두란 말은 뇌두에 이르는 용절(도두일절·到頭一節) 등을 뜻할 때 쓰는 표현이며, 승금은 오행상으로 표현하는 명칭이며, 두뇌는 사람의 머리에 비유하는 말로 다 같은 뜻이다. 그러니까 혈장이라 함은 뇌두부터 시작하여 선익사蟬翼砂·혈穴(원운·圓暈)·구毬·첨簷·순唇·전氈 등 모두를 포함한 혈을 둘러싸고 있는 전체를 말한다.

산의 생기는 오행이 서로 상생융합相生融合하여 화생化生한 정기精氣이므로 혈장도 오행이 순화상생純化相生하는 곳이어야 함은 당연한 논리이다. 따라서 다음에 설명할 승금乘金·상수相水·인목印木·난화煖火·혈토穴土의 상생相生 원리를 이해해야 될 것이다.

### ① 혈장의 4요건

혈장이란 뇌두腦頭·선익사蟬翼砂·원운圓暈·순전脣氈을 망라한 전체를 말한다. 혈장의 결혈을 위해서 없어서는 안 되는 네 가지 요건이 있다. 혈장은 단순한 흙덩이가 아니라 다섯 가지 요건(오행)의 복합적 구조물이다. 그런 즉 이들은 혈을 맺기 위한 필수적 요건으로 이 중에 하나만 빠져도 진혈이라 할 수 없다. 다시 말하면 혈장은 위에서는 뇌두 좌우에서는 선익蟬翼 및 상수相水, 원진수(또는 미망수) 아래에서는 순전脣氈, 중심에서는 혈토穴土가 진眞이라야 이들의 복합상생으로 좋은 혈을 맺게 된다. 혈장 4요건과 다음에 설명할 승금乘金·상수相水·인목印木·혈토穴土는 그 내용이 대동소이하다. 다만 오행상의 개념적 해석일 뿐이다.

### ② 뇌두(腦頭＝乘金)

혈의 맺음은 입수룡의 생기가 혈을 맺기 위해 뇌두에 뭉쳐져야 된다. 그러므로 뇌두는 산천정기山川精氣의 취결지처聚結之處이다. 인체에서도 뇌두가 모든 기관을 조정하듯 혈에서도 뇌두의 소임 또한 막중하다. 만약 뇌두가 무기산만無氣散漫하거나 부스럼이 난 것처럼 조잡하면 결혈이 안 된다.

뇌두가 돌로 된 곳도 많이 있으나 이런 경우 부석浮石이 아니라 땅속으로 묻혀 있는 주석(珠石·둥근돌)이라야 된다. 1미터 이상 높은 바위 특히 거칠게 생긴 바위는 오히려 살기(殺氣·참암살)가 있어 흉석인 것이다. 뇌두에 삼주석三珠石이면 부자가 난다 했다. 그렇다 해서 무조건 바위를 선호하는 지사들이 많으나 묘로부터의 위치(상하좌우) 크기, 거칠기, 강도 등에 따라 길흉이 다르니 조심해야 되며 길흉을 구별할 줄 알아야 된다. 따라서 입수기장入首氣牀하고 뇌두가 뚜렷하면 뇌두를 중심으로 그 위 아래에서 계수포혈界水抱穴하여 혈장의 기가 중심혈로 모이게 한다. 이에 관한 화복론은 길격 뇌두는 자손이 성하고 부자가 되며, 흉격 뇌두는 자손이 희소稀少하고 가난하다. 특히 이 뇌두는 진룡, 진혈의 증거이므로 둥근 기상이 뚜렷하게 보여야 길격인 것이다.

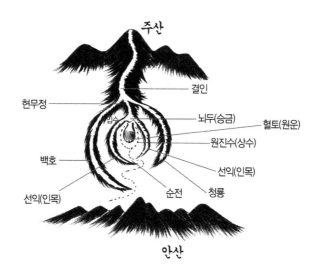

【 혈장도 】

### ③ 선익蟬翼

뇌두에서 벌린 좌우의 미사微砂를 선익사蟬翼砂라 하며, 오행상의 명칭은 인목印木이라 하고 진혈을 보호하는 역할을 한다. 즉, 혈 속의 진기眞氣를 이 선익사 안에 수장收藏하는 것이니 원운(圓暈·태극운)을 원포(圓抱·둥글게 감싸줌)하게 된다. 둥글게 감아준 인목 안에 땅 속의 생기가 동動한 증거로 둥글게 기상이 떠오르니 이것이 태극운이다. 따라서 혈장의 참모습은 둥근 것이다.

이 태극운은 인목 내의 중앙에 위치하고 진혈과 혈토를 감추고 있기 때문에 오행으로는 土에 속한다. 그리고 매미 날개가 속날개와 겉날개가 있는 것처럼 내선익과 외선익이 뚜렷이 나타나는 경우 내선익을 연익軟翼, 외선익을 경익硬翼이라고 칭할 수 있다 그리고 뇌두 양쪽에서 좌우로 뻗어내린 미사를 선익사라고 하고, 그 밖으로 좀더 강하게 뻗어내린 미사를 연익사燕翼砂라 한다. 연익사가 좀 강하다 해도 뇌두에서 뻗은 사砂는 모두 선익사에 속한다. 현무정 또는 그 위에 주산에서 개장한 사砂를 청룡과 백호라 한다.

그러나 현무정에서 개장하지 않고 소조산小祖山에서 뻗어내린 사砂가 청룡과 백호의 구실을 하는 경우도 있고 외청룡 외백호의 역할을 하는 경우도 있으나 선익·연익·내청룡·내백호·외청룡·외백호가 거듭거듭 감싸줄수록 길하다. 그리고 용호보다 연익사가 길하며 그보다 선익사가 경익보다 연익사, 즉 혈장본신穴場本身에 붙은 가까운 부신사扶身砂가 가까울수록 더욱 소중함을 알아야 된다.

지구가 생길 때 작은 분화구에 경석硬石으로 뭉쳐 있는 곳은 풍화작용이 되지 않아 지금까지도 강한 경석이며 원운 내 천광 바닥이 경석으로 이루어진 곳은 지금 쓸 수 없는 자리이다. 바닥이 경석인 경우라도 진혈로서 모든 여건이 갖추어져 있는 경우에는 천광 바닥에 혈토를 10센티미터 정도 깔고 그 위에 체백體魄을 모시는 경우도 있다. 이런 경우 깊이 수맥이 있고 혈아래에는 영천靈泉이 있어 광내壙內 수분을 조절해 주는 경우도 있다.

### ④ 혈토穴土

혈토란 혈의 뇌두(승금)와 선익(인목), 순전脣氈이 감싸고 있는 혈 가운데 흙을 말한다. 진혈에는 필유진토必有眞土라야 한다. 그 진토란 토색土色에는 구애받지 않으나 제일 많은 것이 홍황색이고 흑·적·황·백 등 삼색토 또는 오색토도 있다. 따라서 혈토란 토색에 상관없이 견고 유연하며 비석비토非石非土로 광택이 나는 것을 말한다. 이와 같은 혈토는 생기를 보전하고 습도가 알맞고 과학적으로 설명하자면 약알카리 또는 중성에 가깝고 뼈에 해로운 광물질이 없는 혈토를 말한다. 이러한 혈토의 길흉은 혈장의 사활과 직결된다. 그러므로 혈토가 퇴적잡토堆積雜土 또는 버슬버슬한 무기허토無氣虛土, 습기가 많은 점토粘土, 석맥흉토石脈凶土, 사력토(砂礫土·밤자갈 같은 땅)는 용혈의 생왕함과 국세局勢 여하에 관계없이 진혈이 될 수 없다.

생석회를 쓰는 사람이 많아졌는데 생석회를 쓰면 확실히 체백體魄에는 유리하다. 그러나 앞에서 설명한 것처럼 혈토가 진토가 아니면 진혈이 아니며 진혈이 아니면 생기가 모이지 않기 때문에 그런 곳에 생석회를 쓴다고 해도 진혈에서와 같은 효과를 나타낼 수가 없다. 진혈이라 할지라도 관棺의 사방 옆에 생석회를 쓰면 더욱 탁월한 효과가 있기 때문에 권하는 바이다.

**【 혈토의 종류 】**

| 다음 토색土色은 청오경靑烏經에 나오는 내용과 같다. | |
|---|---|
| 乾 脈 | 乾脈이 戌로 들어오면 황색이요 亥로 들어가면 가는 白沙이다. |
| 坤 脈 | 坤脈이 未로 들어오면 청색이고 申으로 들어오면 金沙이다. |
| 巽 脈 | 巽脈이 辰으로 들어오면 黃土요 巳로 들어오면 赤色土에 무늬가 섞인다. |
| 艮脈(이상 四胎脈) | 艮脈이 丑으로 들어오면 흑색이고 寅脈으로 들어오면 청색이다. |
| 辰戌丑未(四藏脈) | 土色이 더욱 묘하고 辰戌丑未 사장맥四藏脈은 土色이 누렇다. |
| 兌坎脈(酉子脈) | 흰 빛 석비례(白石非石)이고 호석虎石이 많고 甲庚丙壬(四順)脈은 土色이 백색이다. |
| 乙辛丁癸(四强脈) | 乙辛丁癸(四强)脈은 虎石이 많고 甲庚丙壬(四順)脈은 土色이 백색이다. |
| 寅申巳亥(四胞脈) | 사포四胞가 운量을 안으면 아래에 五色土가 있어 굳고 윤택하다. |
| 子午卯酉(四正脈) | 백색이 위주이니 먼저 양룡으로 내려와 음맥을 만나면 외부는 돌이고 내부는 흙이며 먼저 음룡으로 내려오다가 양맥을 만나면 외부는 돌이니 돌 위에 흙을 채워 써야 한다. 가령 艮寅脈 등(背) 위에 乾巽으로 교합하면 외부는 돌이고 내부는 흙이 있으며 乾亥脈의 등 위에 坤艮으로 교합하면 외부는 흙이고 내부는 돌이다. 양은 돌(石)이 되고 음은 흙(土)이 되는 것이니 기타도 이와 같다. |

**※ 위 내용은 100퍼센트 일치된 것은 아니므로 참고 바람**

201

## ⑤ 순전脣氈

순전은 진혈의 여기(餘氣·남은 기운)가 나타난 곳으로 사람의 얼굴에 비유하면 턱에 해당하는 곳이다. 입수를 거쳐 통맥通脈한 생기가 뇌두와 구毬를 거쳐 혈심에서 뭉쳐지고 그 남은 기가 혈장 아래에 뭉친 곳을 말하며 짧으면 순脣, 길면 전氈이라 한다.

아무리 위에서 승금이나 구의 존재가 확실하고 선익이나 우각사가 뚜렷하여 상분(上分·물이 위에서 나누어지는 것)이 확실하고 기맥이 이어져도 순전이 부실하면 진기가 아래로 흘러버리게 되어 혈이 맺기 어렵다.

옛 산서山書에서도 '전순자혈하여기지발로야 대자왈전소자왈순야(氈脣者穴下餘氣之發露也 大者曰氈小者曰脣也)'라 했다. 즉, 전氈과 순脣은 혈 밑에 남은 기의 발로이다. 큰 것은 전氈이요 작은 것은 순脣이라 한다. 순전의 소임은 좌우 선익사 안에서 흐르는 미망수(微芒水·상수 또는 해안수, 인두수, 원진수라고도 함)를 혈 아래로 합치게 하여 진기가 혈 아래로 흘러버리지 못하게 하는 데 있다. 때문에 순전은 진혈의 증거이다. 그러므로 순전은 견고무결堅固無缺하고 두툼해야 한다. 만약 순전이 기울고 가파르며 파상요함(破傷凹陷·오목하게 꺼짐)하면 진결이 안 되며 정재(丁財·자손과 재물)가 손상한다.


## ⑥ 인목印木에 대한 서로 다른 해석

뇌두·미망수·선익사·난화·혈토의 오행상 명칭은 승금·상수·인목·난화·혈토라 한다. 이 중에서 특히 인목에 대한 해석은 각기 다르기 때문에 좀더 깊이 음미해 볼 필요가 있을 것 같다. 즉 어떤 서적에는 선익사를 인목으로 해석하는 사람이 있는가 하면 어떤 책자에는 순전을 인목으로 주장하는 사람도 있다. 각 도서별 인목에 대한 내용을 소개하면 다음과 같다.

다음 내용에서 나타난 바와 같이 인목에 대한 해석은 각기 다르나 크게 두 가지로 분류해 보면, 첫째 혹자는 목木 즉 직(直·곧은 것)이니 혈전에 나타나는 순전 또는 첨簷의 일자형 모습을 인목이라고 주장하며, 둘째 다른 한편에서는 혈의 주위를 감싸주는 선익사 또는 우각사牛角砂가 인목이라고 강조한다.

【 인목에 대한 설명 내용의 비교 】

| 도서명 | 설명 내용 |
|---|---|
| 인자수지 | 인목은 혈전에 순전이 있어 첨원尖圓을 토출한 중인 것이다. |
| 금탄자 상권 | 인목자 좌우교고 전후주차야(印木者 左右交固 前後周遮也). |
| 지리직학 | 인목이라 하는 것은 좌우사각과 장포하는 것이다. |
| 대명당보감 | 인목은 혈 아래에 순전이 있어 뾰족하고 둥근 증거를 구하는 것이다 |
| 명당전서 | 인목이란 혈 아래 순전이 뾰족하고 둥근 증거 있음을 구하는 것이다. |
| 도선국사 풍수문답 | 인목은 좌우의 선익을 말하며 그 사이에 새우 수염 같은 하수사蝦鬚砂가 있어 양쪽 물을 갈라 합하게 하여 혈관의 경계가 드러나느니라. |
| 지리정학 | 혈중의 최관이 인목이요 인목의 최관이 역포야(逆抱也). |
| 지리전서 | 승금(뇌두)이 벌린 좌우의 미사를 인목이라 명하며 인목은 진혈을 보호하는 역할을 담당한다. |
| 풍수지리학 원전 | 옛 산서에 인목자 요혈전 유전유순토출첨원지중야라 하였다. 인목은 혈장 하반에 포전한 전순이다. 즉 혈의 턱이다. |

이렇게 해설이 구구하니 어느 것이 정답인지 의심스럽기만 하지만 이러한 내용들은 육안으로 간별할 수 있는 형기론形氣論에 속하는 내용인 즉 자연의 이치에 맞도록 과학적으로 접근하는 것이 가장 타당할 것 같다.

다시 말해서 혈장 내에는 산 위에서 내려오는 정기精氣가 모아져야 하며 그러기 위해서는 약간의 물도 혈 내로 침범하지 않도록 분수分水가 잘 이루어져야 되기 때문에 첫째, 뇌두(승금) 뒤에서 일응 과협결인過峽結咽

이 있어 분수가 잘 이루어져 혈장 밖으로 물을 털고 둘째로는, 승금(뇌두)과 혈 사이를 이어주는 구毬로 인해서 생기가 혈로 이어짐과 동시에 선익사 안쪽 미곡을 따라 건수乾水가 흐르게 되니 곧 그것이 상수인 것이다.

다음은 선익사가 혈장을 다정하게 감싸주지 않으면 긴 세월 동안 빗물에 씻겨 혈장 내에 원운圓暈이 이루어지지 못하며 혈 앞에 순전이나 첨簷이 생길 수 없다. 그리고 선익사가 혈 앞에까지 정답게 감싸주지 못하면 상수가 혈 앞을 지날 수 없으며 상수가 혈 앞을 지나지 못하면 진기가 혈장 내에 머물지 못하고 옆이나 아래로 흘러버리기 때문에 진혈로서 구실을 못하게 된다.

앞에서 제시한 인목에 대한 설명 내용을 보면 '인목자 요혈전 유전유순 토출첨원지증야印木者 要穴前 有氈有脣 吐出尖圓之證也'의 해석에 따라 견해차가 생긴 것 같다.

즉 이 뜻은 '인목은 혈전에 뾰족하고 둥근 전氈과 순脣을 토출케 하는 증거(원인)가 되는 것'이라고 해석해야 될 것 같다. 여기서 첨簷이란 위로 뾰족함이 아니고 순전의 중심부가 약간 돌출함을 말한다. 즉 혈을 감싸주는 선익사가 있어야 앞에서 설명한 것처럼 순전이 이루어질 수 있으며, 혈전까지도 감싸주는 선익사가 없으면 마치 혈 밑이 긴 세월 동안 비바람에 씻겨 사방으로 흩어지게 되어 멈추게 하지도 못한다. 따라서 선익사와 순전을 합쳐서 인목이라 생각하면 틀림이 없다. 여기서 인印이란 도장을 뜻함이 아니요 '나타낸다 또는 증거'란 뜻이다.

그렇다면 여기서 나타나는 金·水·木·火·土 오행은 형체적 개념이라기보다는 오히려 혈장 내의 상생순환의 진리를 나타내는데 비중이 크다고 생각해야 될 것 같다.

### ⑦ 혈장의 형기론形氣論과 음양오행의 이치

혈장론은 풍수지리의 핵심임과 동시에 기초이므로 형기론의 근본이 된다. 그러므로 풍수지리를 연구하는 사람은 혈장에 대한 정확한 이론과 명철한 안목을 길러 다양하게 변모하는 혈성穴星과 진룡眞龍, 진혈眞穴의 조화에 현혹됨이 없어야 할 것이다. 만일 지리가가 혈장에 대한 이론과 형기形氣에 대한 안목이 없다면 백 권의 지리서를 암송하였을지라도 공염불에 불과하다. 많은 사람이 풍수지리에 열중해도 옳은 깨달음을 얻지 못한 이유도 이 때문인 것이다. 반대로 혈장의 원리를 완전히 깨달으면 백 권의 형기설이 결국은 취기(聚氣·기가 뭉치는 것)와 생기生氣의 상생순화相生醇化의 이치에 불과함을 깨닫게 될 것이다.

많은 형기설이 있으나 한결같이 혈장의 원리에서 출발하여 뇌두·선익사·하수사蝦鬚砂·우각사로 발전하고 나아가 구첨毬簷과 순전의 이치를 깨닫게 되고 청룡과 백호에서 나성羅城에 이르기까지 진룡·진혈을 맺는 모든 원리가 결국 취기하는 법이라는 것을 깨닫게 될 것이다. 이러한 이치들이 음양오행 원리의 범주를 벗어날 수 없다는 풍수지리의 근본사상을 이해하게 됨과 동시에 형기론은 어디까지나 과학적 탐구적 태도로 접근해야 이해가 빠르다는 것도 깨닫게 될 것이다. 그리고 선영先塋을 길지吉地에 안장하고자 원하는 구산인求山人들도 혈장에 대한 기초적이면서도 정확한 이론과 안목을 얻으면 세속에 난무하는 지사들에게 현혹되지 않을 것이다.

앞에서 혈장의 4요건에 대해 설명하였고, 그에 대한 간별 요령을 본항에서 간략히 설명하였지만 혈장에 대한 이론은 이것으로 끝나지 않는다. 다음에 계속해서 설명키로 한다.

**※ 하수사, 우각사도 선익사와 비슷하나 와혈과 겸혈에서는 우각사요 돌혈에서는 하수사라 한다.**

## ⑧ 양혈陽穴과 음혈陰穴

진혈이 있는 혈장도 음양의 원리에 따르는 이치는 예외일 수 없다. 오목한 와窩나 겸鉗 같은 혈은 양혈이요, 볼록한 유乳나 돌혈突穴은 음혈에 속한다. 양혈과 음혈 사이에는 다음과 같은 관계가 형성된다.

● 양혈 ➡ 와窩나 겸혈鉗穴 ➡ 혈장이 오목하고 깊으면 굴屈이라 하고 ➡ 굴屈 가운데 생기는 미돌微突을 식息이라 한다.

● 음혈 ➡ 유乳나 돌혈突穴 ➡ 혈장이 볼록하면 돌突이라 하고 돌突 가운데 생기는 미와微窩를 맥脈이라 한다. 때문에 굴屈과 맥脈은 양이니 이를 나문羅紋이라 명하고, 돌突과 식息은 음이니 이를 토축土縮이라 한다.

용도 양룡(평탄하고 넓게 내려오는 용, 예로 평강룡)으로 내려오다 음룡(볼록하고 가는 용)으로 바뀌는 것을 양래음수陽來陰受라고 하며 반대의 경우를 음래양수陰來陽受라 하는데 이는 음양이 서로 상교相交함을 말한다. 혈장 안에서도 와窩 가운데 생기는 유돌乳突이나 유돌 가운데 생기는 와겸窩鉗은 이 음양의 이치를 말하는 것이다. 다시 말해서 혈장 내에 토축(陰)과 나문(陽)이 서로 배합하면 음양이 성교成交하며 태극운太極暈이 은거하고 반대로 토축과 나문이 겸비하지 못하면 음양이 불교不交하니 어찌 진혈을 생산할 수 있겠는가?

## ⑨ 혈장의 사진四眞

용龍·혈穴·사砂·수水가 풍수지리의 핵심임은 누구나 다 아는 일이다. 혈장은 반드시 진룡·진사·진수·진토가 있어야 진혈이 되기 때문에 4진眞을 갖추어야 진혈이라 할 수 있다.

- **진룡眞龍**이란 생기가 모이는 승금(뇌두)을 통해 구毬로 연결되어 혈에 이르게 되니 뇌두와 구가 있어야 진룡이다.

- **진사眞砂**는 태극운太極暈을 감싸주고 진룡과 진혈의 생기를 모아서 감추고 순화醇化하는 역할을 하기 때문에 모든 사砂 중에서 가장 미세한 사砂이면서도 가장 혈에 가깝고 중요한 사砂이다. 때문에 인목印木을 진사라 하며 가장 미사微砂에 속하는 인목도 음양이 있어 왼편 선익사가 드러나면 오른편 선익사는 은복隱伏하고 반대로 우사右砂가 드러나면 좌사左砂가 은복하는 것이 참모습이다.

- **진수眞水**는 태극운(혈)을 인목(선익사)이 다정하게 감싸줌으로 인목과 태극운 사이에 생기는 미곡미수(微谷微水·비올 때 乾水)이니 즉 상수相水를 칭하는 말이다. 상수는 진혈을 가장 가깝게 감싸주기 때문에 먼 곳의 대강수大江水보다 소중하며 상수가 없으면 진룡과 생기를 멈추게 하지 못한다. 때문에 상수는 어느 물보다 귀중한 물이기에 진수라 한다.

- **진토眞土**는 홍紅·황黃·자紫·백白·흑黑 등 오색토도 있으며 황색 단색單色도 있으나 견고하면서도 유연하고 습기가 알맞고 광택이 있는 비석비토(非石非土·돌보다는 연하고 흙보다는 강한 것)라야 진토인 것이다. 이러한 혈토는 생기를 보전하는 데 알맞아야 되며 혈토의 길흉은 혈의 사활과 길흉과도 직결된다. 그러므로 혈심 혈토가 검정색의 퇴적성 잡토이거나 무기허토, 습기찬 점토, 버석버석한 석맥흉토(石脈凶土·돌 부스러기), 사력토砂礫土 등은 아무리 국세局勢가 좋고 수법水法이 맞고 길사吉砂들이 늘어나 있어도 진혈이라 할 수 없는 것이다. 어떤 지사들은 자기가 정한 곳의 혈토가 흉하면 다른 곳에서 마사토 등을 가져다 혈 바닥에 깔고 혈토의 길

흉에 상관없이 명당이라고 주장하는 사람이 많으나 그는 크게 죄될 일이다. 장사하기 전에 반드시 시굴(試土)을 통해 혈토의 길흉을 확인한 연후에 혈장사진도 확인하고 결정을 내려야 될 것이다.

혈장사진을 종합해서 결론을 말하자면 진혈이란 혈장사진 중 어느 한 가지만 불길해도 진혈이 될 수 없으니 진룡(뇌두와 입수 구)·진사(선익사)·진수·진토(단단하고 광택나는 혈토)가 갖춰져야 태극운 속에서도 다스운 기운(난화)이 올라오게 되며 그 속의 혈은 위에는 뇌두(승금)와 옆에는 선익(인목=진사)과 혈 아래는 첨簷과 순전이 감싸주고 인목과 혈 사이는 미곡(상수=원진수)이 생겨 생기를 뭉치게 하며 그 속에 있는 혈심의 흙이 진토가 되어야 사진을 갖춘 진혈이라 할 수 있으니 조상의 체백을 길지에 모시려고 한다면 아무리 풍수지리를 모른다 할지라도 혈장 내에 사진을 갖춰졌는지 여부를 살피고 특히 혈토의 길흉을 확인한 연후에 장사를 결정해야 될 것이다.

### ⑩ 태교혈법胎交穴法 = 통맥법通脈法

통맥법만 금과옥조로 알고 통맥법만이 최고의 이법으로 주장하는 지사들이 있는데 풍수지리는 종교와는 달리 한 가지 이법만을 고집하면 오류를 범하기 쉽다. 풍수지리서《天下明堂 여기에 있다》의 83쪽에 용교법龍交法에서 다음과 같이 설명하고 있다. '차법此法 부지자不知者는 용맥龍脈의 생사生死, 진가眞假를 부지不知' 라 했다.

**※그러나 이 용법은 다음 15도수법 또는 산매법과도 같은 이치이다.**

┌ 巽巳龍 丙午轉 坤申坐
└ 巽巳龍 甲卯轉 艮寅坐

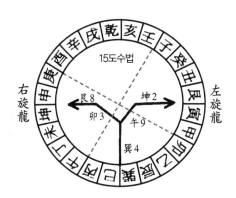

┌ 巽辰龍 午丁轉 坤未坐
└ 巽辰龍 卯乙轉 艮丑坐

┌ 坤未龍 酉辛轉 乾戌坐
└ 坤未龍 午丁轉 巽辰坐

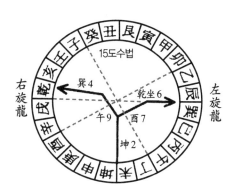

┌ 坤申龍 庚兌轉 乾亥坐
└ 坤申龍 丙午轉 巽巳坐

※ 위에 巽辰龍 및 坤未龍과 다음 乾戌龍 艮丑龍은 不配合龍으로 凶龍으로 취급하
  기도 한다.

┌ 乾亥龍 壬子轉 艮寅坐
└ 乾亥龍 庚兌轉 坤申坐

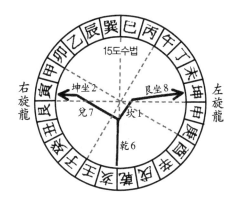

┌ 乾戌龍 子癸轉 艮丑坐
└ 乾戌龍 酉辛轉 坤未坐

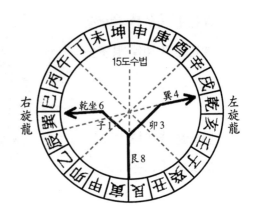

┌ 艮丑龍 卯乙轉 巽辰坐
└ 艮丑龍 子癸轉 乾戌坐


┌ 艮寅龍 甲卯轉 巽巳坐
└ 艮寅龍 壬子轉 乾亥坐

필자가 통맥법만 주장하는 어느 책자 속에 소개된 그림 내용을 분석해 보면, 부모산父母山에서 개장開帳하고 본신룡은 초락결인初落結咽한 후 다시 기봉起峰하여 艮龍(丑艮寅. 艮卦)으로 내려오다 기복박환起伏剝換하여 乾龍으로 전신轉身한 다음에 子坐로 작혈作穴하면 앞에서 이미 설명한 15도수법 또는 산매법과도 같은 이치이다. 특히 아래 태교룡胎交龍에서 강조한 乾角과 艮角은 위 그림과는 달리 乾과 艮의 양각 사이는 90도 간격이 된다. 여기서는 본신룡이 어떻게 기복, 굴절하였느냐가 중요하며 이기상으로 용법에 맞느냐 안 맞느냐가 개장한 청룡 백호보다 더욱 중요한 것이다.

좀더 자세히 말하자면, 본신룡이 이법에 맞게 기복, 굴절을 거쳐 생왕룡으로 내려오면 청룡인 乾角과 백호인 艮角이 약간의 차이가 있어도 상관

註
艮寅龍에 乾亥轉身하여 子坐坂이면 名堂이다. 그러나 子坐坂에 乾角과 艮角이 없으면 穴坂胃昧한 假局虛穴이다.

【 龍交穴交之圖 】

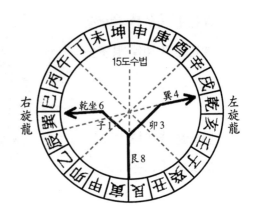
(right side of chart) 左旋龍
(left side of chart) 右旋龍
15도수법
乾坐6
巽4
子1
卯3
艮8

없다는 이론이다. 좀더 자세히 설명하지면 乾龍은 戌乾亥, 艮龍은 丑艮寅 사이가 다 해당되기 때문에 이런 경우 청룡인 乾角과 백호인 艮角에 대해서는 자연히 부합되도록 되어 있는 것이다. 다음은 본신룡의 좌우선을 정확히 확정해야 되는데 반대로 표시된 것 같다. 즉 '간우건이성교艮遇乾而成交는 우선지리右旋之理' 라 했는데 앞에 산도山圖나 나경도羅經圖를 보아도 좌선이 분명하다.

다음 태교혈胎交穴(용교법)에 대해서 필자의 견해를 말한다면, 한마디로 표현만 다르지 앞에서 설명한 용법과 같은 내용이라고 말할 수 있다. 그러나 통맥법을 전공하는 사람들은 본신룡의 좌우선에 대해서 흔히 혼동하기 쉽다(아래와 같은 경우가 그 예이다).

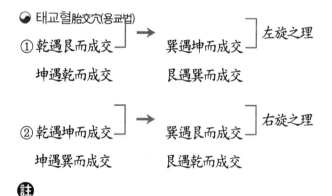

● 태교혈胎交穴(용교법)
① 乾遇艮而成交 ┐ ➔ 巽遇坤而成交 ┐ 左旋之理
　　坤遇乾而成交　　　　艮遇巽而成交

② 乾遇坤而成交 ┐ ➔ 巽遇艮而成交 ┐ 右旋之理
　　坤遇巽而成交　　　　艮遇乾而成交

註

乾龍(戌乾亥) 艮龍(丑艮寅) 전신轉身하면 坎坐(壬子癸)가 난다. 그러면 성교혈成交穴로서 대지대발大地大發하고 소지소발小地小發한다. 소위 明堂이다. 만고불역지정법萬古不易之正法이다. 차법此法 부지자不知者는 정혈定穴을 알 수 없다.

【 1 乾遇艮而成交圖 】

巽遇坤而成交

【 2 乾遇坤而成交圖 】

巽遇艮而成交

　　태교혈의 내용을 필자가 나경도에 옮겨 알기 쉽게 그린 것이다. 그러나 여기서 분명히 하고 싶은 것은 좌선과 우선이 반대로 기록된 것 같다. 용의 끝이 좌선이냐 우선이냐로 좌우선을 판단하면 된다. 그 책에 소개된 그림(山圖)과 태교혈의 내용을 비교해 보면 바로 알 수 있다.

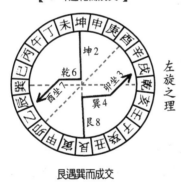

【 3 坤遇乾而成交 】

艮遇巽而成交

【 4 坤遇巽而成交 】

艮遇乾而成交

　　艮龍이 박환剝換하여 乾龍을 이루고 또 다시 좌선하여 子坐로 작혈했다면 당연 좌선룡이라야 맞으며 뿐만 아니라 210쪽 그림 용교혈교지도龍交穴交之圖를 보더라도 乾角인 청룡이 훨씬 백호보다 길고 보면 이 역시 좌선룡이라야 합법이다. 이런 경우 물은 우선수라야 합법인데 이를 불합이라고 오판한다면 재혈에 큰 오류를 범하게 된다. 뿐만 아니라 子坐로 표시되어 있는데 그렇다면 壬 입수에 子坐 午向이라야 우선수에 우선혈좌左旋穴坐가 되어 합법이다.

그러나 이렇게 해도 다음과 같은 문제가 생긴다. 수구水口가 만약 丙午파破라면 子坐의 태향태류胎向胎流가 되어 불리하며 子坐 午向은 양향陽向이기 때문에 우선수 음국陰局에 맞지 않으며 또 巽巳파破가 된다면 癸坐를 써야 모든 이법이 맞게 되는 것이니 참으로 조심해야 된다.

이렇게 되면 각종 수법水法에도 맞지 않은 엉뚱한 재혈을 하게 되어 큰 피해를 입게 되니 심중에 심중을 기해야 된다.


### (4) 취기론聚氣論

여기서 취기론을 따로 논하는 것은 풍수지리의 목적은 명당을 얻기 위함이요, 명당이란 기氣가 뭉친 곳을 말하기 때문에 기氣가 뭉치기 위해서는 어떠한 조건이 필요하며, 형기상形氣上으로 어떻게 생겨야 기氣가 뭉친다는 것을 충분히 깨달으면 백 권의 책을 읽는 것보다 빨리 풍수지리의 핵심을 파악하게 되기 때문이다.


### ① 명당明堂이란?

세계 과학자들이 수맥水脈에 대해서는 여러 가지 탐지기를 만들어 수량, 수맥의 흐름, 누수漏水 등을 탐지한다. 그러나 땅 속의 기氣를 정확히 측정할 수 있는 기구는 아직도 나오지 않은 것 같다. 그런데도 일부 지사地師들이 기맥봉氣脈棒, 수맥봉水脈棒 즉 엘로드L-ROD로 수맥, 기맥을 정확히 잴 수 있다고 장담하며 또는 사찰寺刹에서 발행한 부적 복사본 또는 소형 도자기를 묘 밑에 묻으면 수맥 및 지전류地電流를 차단할 뿐만 아니라 기氣를 취합聚合할 수 있다고 속여 고가에 팔고 있다는 것이다.

　　아무리 최첨단 과학기술의 결정체인 전자엘로드로 기맥, 수맥을 측정한다고 하지만 기계가 자동계측은 불가능하며 각자 심령心靈의 영향을 받기 때문에 과학적인 방법이 아니다. 따라서 우리 풍수지리 학계가 얼마나 혼탁하고 비과학적이고 비양심적인가를 나타내는 사례로써 한심스럽기만 하다.

　　21세기 초과학시대에서 옛날의 풍수지리보다 훨씬 비과학적인 방법을 동원하여 효심을 멍들게 해서 되겠는가? 효심을 품고 부모·조상을 길지吉地에 모실 수 있는 방법을 배우려고 찾아다니는 제자들을 향하여 그토록 비과학적, 비양심적인 내용을 가르쳐야 되겠는가? 참으로 개탄스러운 일이다. 앞에서 말했지만 풍수지리의 목적은 陰·陽宅간의 명당을 찾는 방법을 배우는 것이 유일한 목적인 것이다.

　　명당이란 기氣가 뭉친 곳을 말하지만 기氣란 보이지도 않고 우리 오감을 통해 감지가 불가능하기 때문에 장사葬事 후 피해를 입은 사람도 많지만 그 피해를 과학적으로 증명할 수도 없고 결과가 빠르게 나타나지도 않아 효심만 멍들어 가고 있다.

　　필자가 이러한 내용을 강조한 것은 선의의 피해자가 너무도 많기 때문에 풍수지리학계의 정화를 위해 일조가 되기 위해서이다. 그러기 위해서는 부모님과 조상님을 좋은 길지吉地에다 모시려는 사람들부터 어느 정도의 기초지식에 대한 이해가 있어야 감언이설에 속지 않을 것으로 생각되어 **'명당이란 기氣가 뭉친 곳이다'라는 진리를 과학적으로 풀기 위해서 기본적이면서 알기 쉬운 취기론에 대해 논할까 한다.**

## ② 취기론에 대한 선사先師들의 해설

선사들의 지기地氣에 대한 설명은 거의 공통적이다. 누구나 다음과 같이 설명하고 있다.

㉠《청오경靑烏經》은 연대미상의 청오자가 쓴 가장 오래된 풍수고 전이며《금낭경金囊經》은 곽박(郭璞 276~324)이 청오경에 주석을 달고 가필加 筆한 풍수고전이다. 금낭경이란 이름은 한漢나라 임금이 비단주머니에 싸 서 비밀히 보관하였다 하여 붙여진 이름이다.

〈기감편氣感篇〉에 '장자승생기야葬者乘生氣也 오기행호지중五氣行 乎地中 인수체어부모 본해득기 유체수음人受體於父母 本骸得氣 遺體受蔭'이라 하 여 땅 속에 묻힌 유골이 땅 속의 생기를 받으면 그 영향이 유골인자로부터 인자가 같은 후손에게 전달되어 음덕蔭德을 받을 수 있다고 기술하고 있다.

㉡ 기氣는 바람을 만나면 흩어진다(산풍·散風). 때문에 명당明堂은 청룡靑龍, 백호白虎, 안·조산案·朝山, 주산主山이 다정하게 잘 감싸주어야 장 풍藏風이 잘 되어 기氣가 뭉치게 된다.

㉢ 기氣는 물을 만나면 멈춘다. 지止라 했으니 주룡(本身龍)이 결 인結咽과 기복굴곡起伏屈曲이 잘 이루어져 물을 잘 털어야 혈장穴場 내內에 기氣가 뭉치게 된다.

㉣ 혈장사진穴場四眞, 즉 뇌두腦頭·선익사蟬翼砂·순전脣氈·원운圓 暈·미곡(微谷·相水)·진토眞土가 잘 갖추어져야 기氣가 원운(穴) 안에 뭉치게 된다.

ⓜ 《청오경靑烏經》에 좌하坐下가 저연低軟하면 기맥氣脈이 없어 사맥死脈이 되는 것이니 혈을 취하지 말라 했다. 쉽게 풀이한다면 혈穴의 밑이 낮아 단단하지 않고 푸석푸석하면 기氣가 뭉치지 못하니 묘墓를 쓰지 말라는 것이다. 때문에 바위 등 순전脣氈이 야무지게 기氣가 흘러가지 못하게 막아주어야 순전脣氈 위의 원운 안에 기氣가 뭉쳐 있게 된다. 그럼에도 불구하고 용龍의 옆구리에 인작人作으로 혈장穴場을 만들어 명당인 양 호언하는 지관地官이 많아 한심스럽다.

ⓗ 용(本身龍)이 너무 넓으면 기氣는 쇠약해진다 했다. 본신룡이 너무 넓게 평강룡平岡龍으로 내려오면 건수乾水가 들기 마련이기 때문에 역시 기氣가 뭉치지 못한다. 넓은 용龍은 박환剝換으로 유乳나 돌突 바닥으로 변하지 않으면 혈穴이 생기지 않는다.

ⓢ 용이 너무 경사가 심하면 과직기즉사過直氣則死라 했다. 경사가 심할수록 큰바위 등의 순전이 직사直斜를 막아주는 곳이 있어야지 그렇지 않으면 기氣가 멈추지 못하기 때문에 혈穴이 생기지 않는다. 이런 곳은 석축石築으로 경사를 완화시켜 주는 방법은 자연적인 순전만 못하지만 비보裨補의 방법으로써 효과가 있다.

ⓞ 용이 너무 길면(太長) 기氣가 쇠衰한 것이다. 주산主山에서 내려온 용이 너무 길면 기氣가 흐르면서 점차 약해진다. 그렇기 때문에 용장혈졸龍長穴拙이란 표현은 용이 길면 기氣가 약하기 때문에 혈장穴場은 자연히 협소狹小하게 이루어진다는 뜻이다.

ⓩ 기氣는 왕旺하면 볼록(철돌凸突)하고 기氣가 쇠하면 오목(요함凹陷)한 것이 원칙이다. 따라서 용이 내려올 때도 가운데 볼록한 곳이 기氣가 제일 왕旺한 곳이다. 때문에 용절龍節을 잴 때도 용의 제일 도두룩한 곳을 중심으로 측정해야 된다. 혈장내에서도 뇌두腦頭, 원운圓暈은 기氣가 뭉친 곳이기 때문에 반월半月처럼 도두룩해야 되며 혈장내 원운도 10센티미터 이상 도두룩해야 기氣가 뭉친 증거가 된다.

### ⓩ 용법龍法과 입수룡의 생기

　　입수룡에 대한 개념도 각자 다르지만 필자는 초보자들이 이해하기 쉽게 주산主山에서부터 혈이 붙은 혈장까지를 입수룡이라 하고, 뇌두 바로 뒤 1절을 입수라고 이미 밝혔다.

　　용법龍法을 잴 경우에는 도두일절到頭一節을 입수일절入首一節이라 하며 차례로 2절, 3절, 4절이라 한다. 용법상으로는 보통 혈 뒤부터 시작하여 많으면 4절까지 확인하여 어느 용법에 해당되는지를 확정한다. 혈을 맺는 본신룡은 주산에서부터 시작하여 위이逶迤, 기복起伏, 굴곡屈曲을 거듭하면서 기운차게 내려와야 기氣가 생왕生旺하며 혈을 맺는다. 얼마나 생왕룡生旺龍이냐를 측정하는 요령은 지금까지 설명한 선사先師들이 정해 놓은 형기形氣에 의한 기氣의 측정 요령이 기준이 된다.

　　따라서 용법에 맞는 생왕룡이 혈장穴場내 각 혈증이 분명하면 그곳이 바로 기氣가 뭉친 곳이며 그곳이 바로 명당明堂인 것이다. 특히 입수일절入首一節(도두일절到頭一節)에 대한 확인이 중요하다. 천리내룡千里來龍에 도두일절이라 함은, 즉 입수일절入首一節이 제일 중요하다는 뜻이다.

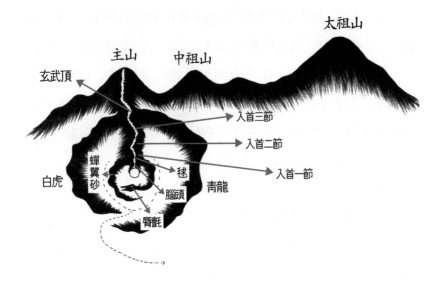

　●입수일절入首一節(到頭一節)이 넓은 양룡陽龍으로 되었으면 그 끝이
결인 또는 박환剝換으로 기氣를 합쳐 음혈(陰穴=유혈·돌혈)로 변해야 물을 털
고 기氣를 뭉치게 하여 혈을 만든다. 그렇지 못하면 진혈이 아니다. 즉, 건
수乾水를 털지 못하여 기氣가 뭉치지 못하기 때문이다.

　●반대로 입수일절入首一節이 결인結咽 또는 박환剝換으로 가늘게 음
룡陰龍으로 들어오면 배수도 잘 되고 속기束氣가 잘 이루어져 뇌두에 기氣
가 뭉치게 되면 그 아래는 음혈陽穴인 와窩, 겸鉗으로 이루어지되 와窩나 겸
혈鉗穴에는 가운데 음陰에 해당되는 볼록한 유乳나 돌突이 있어야 그 속에
혈이 생긴다. 이는 음과 양의 조화뿐만 아니라 그보다는 와窩 속에 도두룩
한 유乳나 돌突이 없으면 배수가 안 되어 기氣가 뭉쳐지지 않기 때문에 진
혈이라 할 수 없다.

　●입수일절은 괘卦로도 재지만 단궁單宮 임자壬子가 아니라 壬이나
子로 재서 일자직룡一字直龍으로 입수하면 혈의 기氣가 왕旺하기 때문에 속

발速發한다고 했다. 반대로 불배합용(⑩ 壬과 亥)으로 입수하면 아주 해로운 것이다(이는 이기理氣에 속하는 예이다).

●조상을 잘 모셔야 자손이 번성한다. 즉, 입수룡이 1절, 2절, 3절 중 1부 또는 전체에 이상이 있으면 장자長子 직장손直長孫이 절손絕孫될 확률이 높다 했으니 형기상으로 이상유무를 잘 확인해야 될 것이다. 그러나 이 책에는 이상유무에 대한 구체적 예시가 없다. 필자의 판단으로는 주산에서 시작한 입수룡을 통해 혈로 들어오는 기氣의 생왕生旺 여부를 여러 용법龍法 중 어느 용법에 해당되는지 확인해야 되며 뿐만 아니라 이기理氣로는 입수룡의 배합과 불배합, 입수에 대한 용상팔살龍上八殺 향向, 수구水口에 대한 생왕生旺 여부, 쌍금살雙金殺 입수와 향向 관계, 정음정양법 등을 잘 살펴야 되며, 형기상으로는 양룡입수면 음혈(陰穴=乳와 突), 음룡입수면 양혈(陽穴=와혈과 겸혈), 입수룡의 위이逶迤, 기복起伏, 굴곡屈曲, 입수일절에 석골石骨 유무 등이 모두 기氣의 생왕生旺 여부와 관련되니 그 이상유무를 세밀히 살펴야 된다.

㉠ 곽경순郭景純의 장서葬書에는 지기地氣가 없는 바위산(童山), 기氣가 끊겨진 단산斷山, 건수乾水가 들기 쉬운 기氣가 흐르지 못한 석산石山에는 장사葬事하지 말라 했으며, 과산過山에도 장사하지 말라 했는데 이 말에 대해서는 해석을 잘못한 지사地師들이 많다. 용진수요처龍盡水繞處에 필유진혈必有眞穴이라 했기 때문에 용의 끝이라야만 진혈을 맺을 수 있는 것이며, 그 중간에는 혈을 맺을 수 없는 과룡過龍으로 해석하기 쉬우나 그렇게 생각하는 것은 틀린 것이다. 왜냐하면 용진龍盡이란 곧 기진氣盡이란 뜻이다. 용龍이 흐르고 있는데 기氣가 끊긴 곳이란 뜻이며 용龍의 중간이라 할지라도 혈장사진인 뇌두·선익사·원운·순전 등의 혈증穴證이 완전히 갖추

어졌으면 그곳에서 기기氣가 끊기고 밑으로는 약간의 여기餘氣에 불과한 것이다. 따라서 혈증穴證을 갖춘 곳이 곧 기기氣가 뭉친 곳이기 때문에 진혈眞穴 명당明堂인 것이며 과룡過龍 또는 과산過山이라 할 수 없는 것이다.

　　　　다음에 독산獨山에도 장사葬事하지 말라 했다. 독산이란 홀로 외롭게 노출된 산을 말하는 것이니 바람 때문에 장풍藏風이 안 되어 기기氣가 멈추지 못하니 혈을 맺을 수 없다는 것이다. 위에서 열거한 내용들은 선사先師들이 다 설명한 형기상의 기기氣에 대한 과학적인 공식인 것이다. 앞에서 설명한 혈장사진에서도 강조한 바 있으나 기기氣가 뭉친 곳 취기처聚氣處를 찾아 혈장사진을 확인하는 방법은 우리의 눈으로 확인할 수 있는 형기에 의함이니 가장 과확적인 것이다.

　　　　옛 선사들이 위에서 예시한 형기에 의한 과학적인 방법으로 심룡재혈尋龍裁穴한 명묘名墓들을 확인해 보면 거의 100퍼센트 기기氣가 뭉쳐 혈증穴證이 분명한 곳이다. 이는 우리의 육안으로 확인할 수 있는 형기에 의한 방법이기 때문에 쉽고도 과학적이기 때문에 정확한 명당을 찾는 유일한 방법이다. 옛날 태고시대에 살던 선사들은 이처럼 육안으로 확인할 수 있는 과학적인 방법으로 음양택 간에 정확히 명당을 찾아 정확히 발복되어 지금까지 전해오는데 초과학시대에 사는 현시대 지사地師들은 어찌 자꾸만 엉뚱한 미신적이고 비과학적인 부적, 도자기, 파오링을 사용 세인들의 불신을 자초하는지 이해를 할 수가 없다. 이 모두가 돈에 대한 탐욕이 아닌가 한다.

　　　　앞에서 설명한 혈장론穴場論과 취기론聚氣論은 풍수지리의 핵심인 동시에 형기론의 근본이 된다. 따라서 혈장론과 취기론에 대한 형기상의 감정 요령만 터득하면 명 지관이 될 수 있다. 반대로 이 두 가지의 이치를 터득하지 못하면 백 권의 책을 읽어도 공염불에 불과한 것이다. 그러기 때문에 형기파에 속한 도선국사께서는 선사들께서 산천山川을 두루 살피면서 기氣가 뭉친 곳이란 형기상으로 어떤 조건을 갖추고 있는 곳인지를 밝혀 놓았으니 선사들이 정해 놓은 그 공식에 따라 찾는 요령을 배우는 것이 풍수지리라고 하셨다. 따라서 형기상으로 여러 가지 조건이 구비되어 있다면 이기理氣는 자연히 맞도록 되어 있는 것이라 하셨다. 그렇다 해서 이기가 필요 없다는 말은 아니다.

우리 풍수를 배우려는 사람들은 잡다한 비과학적인 방법에 의한 돈벌이에 급급하지 말고 과학적이며 이해하기 쉬운 취기론과 형기론을 빨리 체득하기 바라는 마음 간절할 뿐이다.

# 제7장
## 수법론水法論

### 제①절 수세水勢보는 방법

풍수지리적으로 득수得水 및 수구水口와 물 전체의 수세를 보는 방법과 그 길흉 기준은 다양하지만 중요한 몇 가지만 소개한다.

- 물의 발원지는 멀어야 좋고 거수처去水處(수구)는 혈처穴處에서 가까워야 길하며 속발速發한다.
- 물은 여러 곳에서 득수得水하여 한군데로 흘러 가야 길하다. 합수合水하지 않고 여러 갈래로 나뉘어서 거去하는 것은 흉격이다.
- 내거수來去水 및 종횡수縱橫水는 다 같이 지자之字나 현자玄字 모양의 구곡수九曲水로 흘러야 길격이며, 직수(直水·한 줄로 곧게 흐르는 물)는 흉격이다.
- 수심 및 천川의 규모나 수량은 산의 규모와 조화를 이루어야 길하다.
- 맑은 청명수淸明水는 길격이요, 탁하고 악취가 나는 오폐수는 흉하다.
- 물은 완만하게 유유히 흘러야 길격이요, 소리를 내며 급류로 흘러감은 흉격이다.
- 혈을 감싸고 도는 회류구回流水는 길격이요, 혈을 등지고 배반背反하면 흉격이다.
- 정답게 혈을 포용함은 길격이요, 혈을 향해 화살처럼 직사直射 직거

直去하면 흉격이다.

● 물이 합쳐서 한군데로 거수去水해야 길격이요, 여러 방향으로 나누어져 할각수割脚水가 되어 흩어져 흐르면 흉격이다.

● 혈전穴前 평전(平田·논)에 고여 있는 물은 평전수平田水 또는 창판수倉板水라 하여 길격이다.

## (1) 수세水勢와 정혈定穴

수세에 따른 점혈點穴은 참으로 다양하다. 앞에서도 설명했지만 《장경葬經》에는 '혈穴은 물이 길함을 얻어야 한다'고 했고 양공은 '산山을 보기 전에 물을 보라', '무릇 진룡眞龍과 정혈正穴은 중수(여러 곳의 물)가 모인 곳에 있다'고 했다. 그러므로 물을 알지 못하면 혈을 논할 수 없다.

그러나 여기서 말하는 수세水勢란 육안으로 분별할 수 있는 물의 형세를 말한 것이지 이법적인 수법과는 다르다. 중요한 몇 개 항목만 간추려 설명하겠다.

● 산은 음이요 물은 양이기 때문에 음양(산수)이 정답게 사귄 곳에서 혈을 찾아야 한다.

● 풍수지리에서는 득수得水가 첫째요 장풍藏風(24방위 산이 허한 곳이 없이 혈을 다정하게 감싸주면 장풍이 된다)이 그 다음이다.

● 부귀왕정(富貴旺丁·부귀와 자손의 번창)의 혈을 얻고자 하면 힘써 물을 다스려야 한다.

● 한 산(砂)의 흉함은 많은 자손에게 재앙이 미치지만 천산(千山·砂)이 길함은 하나의 수살水殺을 막을 수 없다. 즉 산의 흉한 살보다 수살이 더욱 두렵고 무섭기 때문에 혈을 구하려 할 때 우선 수살을 피해야 된다.

- 구곡길수九曲吉水가 명당으로 유입하면 재상宰相이 난다 했으니, 아홉 번이나 굽이굽이 감고 돌면서 명당을 감싸주는 곳을 찾아 정혈해야 된다.

- 육곡구수六谷九水가 모여서 합금취회合襟聚會면 큰 부자가 난다 했다. 즉, 부를 얻으려면 우선 여러 골짜기 물이 명당 앞에 모여 합하고 한 군데로 합쳐 흘러나가는 곳을 찾아야 된다.

- 혈장론에서 역수逆水와 순수順水에 대해 자세히 설명했지만 역수일작 逆水一勺이면 가히 부자를 기약할 수 있다고 했으니 치부致富를 바란다면 중중역수처(역수와 순수론 참조)에서 혈지를 찾아야 된다.

- '발복장구發福長久에는 수전현무水纏玄武'라 했으니 장구한 부귀를 원한다면 길수吉水가 현무의 뒤를 감고 도는 곳을 찾아야 된다는 뜻이다(다음 수세도 참조).

다음은 이법적 영역이긴 하나 참고로 소개한다.

- 옛 글에 '卯酉 청정淸淨은 여귀女貴하고 子午 활대活大는 무장武將'이라 했다. 卯・酉방에서 청정한 물을 얻으면 여자가 귀하고 子・午방에서 기세가 활발한 물을 얻으면 병권을 쥔 장군이 난다는 뜻이다.

- '생방득수生方得水는 백자천손지원百子千孫之源'이라 했다. 즉, 많은 자손을 얻으려면 장생방長生方에서 청정 길수吉水를 얻어야 한다.

## (2) 물의 삼세三勢(득파수得破水와 취수聚水)

용혈과 수세, 즉 산과 물은 풍수지리의 2대 기본요건이며 서로 불가분의 관계에 있다. 따라서 생왕룡에 길수가 배합해야 혈이 융결하고 부귀왕정富貴旺丁함은 풍수지리의 기본이다. 풍수지리에서는 물의 기본적 형세를 득수得水와 취수聚水와 거수去水의 세 가지로 나눈다. 용혈이 물을 얻는 것을 득이요, 얻은 물을 머물게 하는 것이 취수요, 그 물을 내보내는 것이 거수다.

이 세 가지 물의 작용과 방법이 원만해야 진혈에 부귀왕정을 기할 수 있다. 그러나 여기서 논하는 득수와 거수(破)는 다음에 나오는 오행수법에 의한 득파수론得破水論과는 그 내용이 전혀 다르다. 여기서 말하는 물의 삼세(득수·취수·거수)는 이법적 입장과는 상관없이 내외명당內外明堂에 모여든 물의 외관적 형세를 관찰하여 결혈結穴 여부와 화복길흉을 짐작하는 물의 형세론에 불과하다.

### ① 득수得水

아무리 생왕룡이라 할지라도 이에 알맞은 물의 조화가 없으면 그 용혈은 결코 진혈을 맺을 수 없는 것이 산수의 기본적 음양이치다. 한편 득수의 원천과 득수하는 방법은 다음과 같다.

**첫째**, 본신룡(혈장이 붙은 용)과 청룡 및 백호와의 사이에서 흐르는 물을 내당수內堂水라 하며

**둘째**, 청룡 백호 밖의 여러 골짜기에서 흘러오는 물을 외당수外堂水라 한다. 이 두 물이 혈전 내외명당에서 취합聚合한 물을 명당수明堂水라 한다.

즉, 내당조수內堂朝水란 혈전명당穴前明堂에 모여든 물로 길수이다. 특히 역수逆水가 혈전명당에 모여든 물(朝水)은 혈을 위해 더욱 아름답다 하였다. 따라서 이 조수朝水는 결혈과 화복에 결정적 역할을 하므로 특히 역수가 중요하다는 것이다. 용이 물을 얻지 못하면 승천하지 못하는 것처럼 용혈도 물을 얻지 못하면 제 구실을 못하는 가짜 용에 불과하다.

그리고 이와 같은 내당득수는 구곡수九曲水로 깊고 천천히 흐르는

맑은 물이라야 길하며 반대로 소리 내며 급하게 흐르거나 악취가 심한 물의 득수는 흉수다. 작은 혈전 조수는 겨우 가난을 면할 수 있으며, 넓고 큰 조수는 큰 부자나 큰 귀인이 나는 길지吉地가 될 수 있다.

### ② 취수聚水

취수란 혈전(명당)에 모여든 길수를 말한다. 이 물은 재물을 얻어 치부하는 좋은 길수이다. 옛 글에도 '용혈 앞에 지호수池湖水 등이 있어 맑은 물이 항상 모여 있으면 귀한 격'이라 했다. 취수의 원천은 내외득수(내당수와 외당수)가 합하여 취합하기도 하고 지하천이 솟아나기도 하나 중요한 점은 득파得破가 고르고 물이 썩지 않고 맑은 물이 일년 내내 마르지 않고 가득 차 있으면 치부로 집이 흥한다 했다. 혈전에 모인 물이 사계절 마르지 않고 깊고 맑으면 집안에 큰 부자나 큰 귀인이 필연적으로 나온다. 따라서 천년 동안 마르지 않는 물은 천년 동안 마르지 않는 재물이 되는 것이다.

### ③ 거수去水

거수 중에서도 혈 앞으로 직거直去하는 물은 패절敗絶하는 흉수다. 즉, 내당한 조수가 혈전에서 합하지 않고 직거해버리는 물을 말한다. 앞에서 설명한 바와 같이 혈전지수는 취합하여 돌고 돌아 흘러가야 진혈이며 치부가 기약되는 바 이에 반해 조당수朝堂水가 혈전에서 직거하면 진혈이 맺지 못하여 정재(丁財·자손과 재산)가 망하기 쉽다.

그러나 거수 한 가지만으로 흉이라고 단정하기 어려운 경우도 있다. 용진혈적龍眞穴的하고 사격砂格도 길하며 소수小水는 비록 나가도 대수大水가 역관逆關하면 옛 명사들도 점혈點穴한 경우가 있다. 만약 소수도 거하고 대수도 순거順去하면 융결이 어려울 것이며 패절할 것이다.

## 제2절 길수吉水와 흉수凶水

### (1) 길수吉水

#### ① 조회수朝懷水

혈전으로 흘러 들어오는 물을 말한다. 그림처럼 구곡수로 입회함이 길하며 이 물은 발복이 빠르며 아침 때 가난이 저녁 때 부자로 바뀐다는 것이다. 양공이 말하기를 '대수大水가 양양히 혈을 향해 흘러 들어오면 부자가 난다'고 했고 《청오경靑鳥經》에서는 '큰 물이 서서히 혈 앞으로 흘러오면 무상지귀無上之貴라' 하였음을 감안할 때 조회수는 부자뿐만 아니라 귀貴도 이룰 수 있는 길수이다.

#### ② 위신수衛身水

용혈이 기이하게도 홀연히 강호수江湖水 위에 돌기突起하여 맺은 수중혈의 주위를 만수호위滿水護衛하는 길수이다. 그 형국은 마치 고월심강형孤月沈江形이나 연화부수형蓮花浮水形과 같다. 위신수 역시 물이 탁하지 않고 맑으며 마르지 않고 넘치지 않아야 길하다고 했고 이렇게 되면 대부귀현大富貴顯이 난다. 강호수江湖水가 소리 내며 급류하면 흉격이다.

【 조회수 】

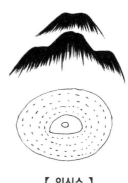

【 위신수 】

수법론水法論 제7장

### ③ 공배수拱背水

일명 수전현무水纏玄武라 한다. 혈전 명당수가 혈의 뒤 현무를 감고 도는 길수이다. 수전현무하는 공배수 역시 맑고 완만해야 함은 당연한 수세의 원칙이지만 그림처럼 감고 도는 물이 급류인 경우는 거의 없다. 그리고 물은 용의 기를 모으는 것이니 수전이 산전山纏보다 길하며 부귀가 병발竝發하여 그 발복이 오래 간다 했다.

### ④ 입구수入口水

혈 앞으로 들어온 물이 용호의 어느 한쪽에 역사(逆砂·下手砂)가 있어 역관逆關하여 흘러가는 길수이다. 대개 수세가 아름답다 해도 당(堂·혈의 정면)에 이르지 못한다거나 당에 이른다 해도 역사가 없어 역관이 이루어지지 못하면 아름답다 할 수 없다. 진혈에서 입구수가 분명하면 주로 발복이 빠르며 부귀와 자손의 번창이 기약된다.

### ⑤ 구곡수九曲水

다음 그림처럼 현玄자 모양으로 구불구불 감고 도는 물을 말하며 길수이다. 즉 명당에 내거來去하는 물이 구불구불 감고 돌면 극히 좋은 물로 큰 부자나 귀인이 기약된다. 옛 글에 '수류지현水流之玄이면 막문방莫問方하라'는 말이 있다. 즉 지之·현玄자 모양으로 감고 도는 구곡수는 수법상의 길흉방을 불문하고 무조건 길수라는 뜻이다. 또 구곡지현수九曲之玄水의 내조입당來朝入堂은 당조재상(장관 벼슬)이라 하였다.

【 공배수 】

【 입구수 】

【 구곡수 】

### ⑥ 탕취수盪聚水

물이 혈전에 모이는 것을 말한다. 그 수세가 취면수聚面水와 비슷하나 마치 혈 앞의 주머니 속에 모이는 것처럼 모여든 물이기 때문에 부자가 물건을 모으는 형상이므로 크게 치부한다. 주머니 모양인 탕이 좌에 있으면 장방(長房·장손)이 부하고 우로 탕하면 차방次房이 부한다 했다.

### ⑦ 암공수暗拱水

혈장이 주밀하여 안산 밖에서 보이지 않게 흐르는 물이다. 이 역시 혈의 진결을 보장하는 사산砂山 밖에서 흐르는 길수이다. 한편 유정하게 흐르는 암공수는 '명조불여암공明朝不如暗拱'이라 하여 비록 보이지 않은 조수朝水라 할지라도 잘 보이는 조수보다 오히려 길하다는 것이어서 부귀 발복에도 아무런 지장이 없다.

### ⑧ 요대수腰帶水

글자 그대로 감고 도는 물의 형세가 마치 허리띠를 두른 것 같다는 뜻이다. 금성수金城水에 해당되니 최고로 길한 것이다. 용이 약하고 고한孤寒한 경우는 이두수(裏頭水 – 흉수)와 착각하기 쉬우니 세심히 관찰해야 된다.

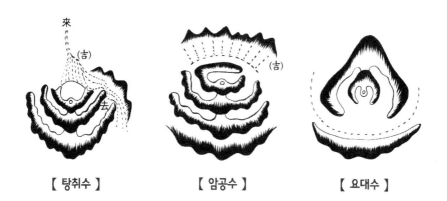

【 탕취수 】　　　　【 암공수 】　　　　【 요대수 】

### ⑨ 융저수融瀦水

용호 사이에 깊은 물이 모여 흘러버리지 않고 잠겨 있는 물로 거부귀현巨富貴顯이 유구하다는 길수이다. 고서에 '전안前案이 난잡하면 적수積水의 기슭함을 찾아라' 하였으니 비록 혈 앞의 안산에 흉살이 있다 해도 이 융저수가 있으면 제압할 수 있기 때문에 무해하다. 그러나 이 역시 상호 정도에 따라 차이가 있을 것이니 비교하면서 잘 살펴야 할 것이다.

### ⑩ 창판수倉板水

전원수田原水의 내조來朝를 말한다. 지면이 평탄하므로 일명 평전수平田水라고도 한다. 평평하고 충사冲射하지 않기 때문에 귀하며 부는 고을에서 으뜸일 정도이기에 최대로 귀한 물이다. 고서에 '불충불할 무천사不衝不割 無穿射하고 전조田朝가 되면 해조수海潮水보다 길하다' 하였다.

【 융저수 】

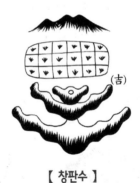

【 창판수 】

(2) 흉수凶水

### ① 사협수射脇水

물이 혈의 좌우 옆구리를 쏘는 흉수이다. 직直은 사射요 횡橫은 천(穿·뚫을 천)이니 모두 흉한 것이다. 그 화복은 주로 횡사橫死가 두려우며 좌측에서 사협射脇하면 장방長房이 피해를 입고 우측에서 사협하면 차방次房이 피해를 당하게 된다. 따라서 '물의 귀한 것은 만환(彎環·혈을 둥글게 감아준 것)이요 두려운 것은 충심(衝心·혈 앞의 중심을 찌르는 것)과 사협'이라 하였다.

### ② 충심수衝心水

급류가 곧게 혈심을 찌르고 들어오는 것을 말한다. 이는 물이 혈심을 부수니 직사直射가 되기 때문에 직사수直射水라고도 하며 흉수인 것이다. 그와 반대는 직거수直去水이다. 충심수가 되면 자손이 빈한貧寒하다 하였으니 물이란 반드시 굴곡유완屈曲流緩하여야 길하며 급류 직사는 흉한 것이다.

### ③ 반신수反身水

일명 반조수反挑水라 하며 혈전에 이르렀다가 반대로 나가는 것을 말한다. 가산이 기울어지고 불효손不孝孫이 나고 패가걸식敗家乞食하는 극히 흉한 물이다.

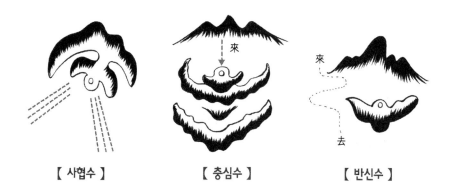

【 사협수 】 　　　【 충심수 】 　　　【 반신수 】

④ 반궁수反弓水

조입수朝入水가 그림처럼 반궁反弓하는 지극히 흉한 물이다. 옛 글에서 '수근과혈이반궁 일문불치시야水僅過穴而反弓 一文不値是也'라 하여 반궁수로 혈을 지나는 물은 한푼의 가치도 없는 물이라 하여 가패家敗 빈한貧寒한 극히 흉한 물이다.

⑤ 교검수交劍水

혈전에서 두 갈래의 물이 서로 만나는 것을 말한다. 즉, 혈의 좌우에서 서로 곧게 급래急來한 외수가 혈전에서 서로 상교하는 흉수이다. 경經에 '이수二水가 상교하는 혈은 수풍受風이라' 함이 이것이다. 두 물이 마주보고 오는 것도 흉수이다. 그 재화災禍는 전상자戰傷者가 나고 관재가 빈발한다. 한편 용혈의 양쪽에서 교합하여 명당을 유거流去하는 길수와는 그 화복과 내용이 전혀 다르다.

⑥ 월견수越見水

혈지를 에워싸고 있는 청룡 또는 백호가 낮았을 때 외당수가 용호 위로 넘어다 보이면 자손이 상하고 가패家敗와 혼란이 있게 된다. 한편 겁살방劫煞方에서의 월견수는 더욱 재화災禍가 크며 길격보국吉格保局에 진룡진혈이면 월견수도 그 피해는 반감된다.

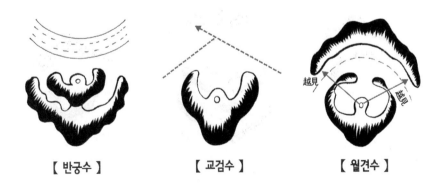

【 반궁수 】　　　【 교검수 】　　　【 월견수 】

⑦ 재견수再見水

한 줄기의 강하수江河水가 여러 사산砂山에 가려 안 보이다가 낮은 곳에서 두 번 세 번 다시 보이는 물을 재견수 또는 재견파再見破라 한다. 이는 규봉窺峰에 비유되는 흉수이다. 즉, 패가관재와 음란망신이 우려된다. 무릇 보혈保穴해 주는 길수라 할지라도 두 번 세 번 넘겨다 보이면 흉살이 되어 패가敗家하는 화를 입게 된다. 한편 재견수 및 월견수의 살을 피하는 방비책으로 낮은 곳을 인공으로 돋우거나 수목으로 월견수를 가려주면 피해가 반감되며 요혈이 진眞이면 이 또한 피해가 반감된다.

【 재견수 】

## 제③절  각종 수법水法

(1) 수구사국水口四局 포태법에 관한 이법異法의 근원

수구란 모든 수법의 근원이며 또한 기본이다. 수구는 水 · 木 · 火 · 金 4국局으로 나눈다.

● 수구사국

　辛戌, 乾亥, 壬子 水口 · · · 火局

　癸丑, 艮寅, 甲卯 水口 · · · 金局

　乙辰, 巽巳, 丙午 水口 · · · 水局

　丁未, 坤申, 庚酉 水口 · · · 木局

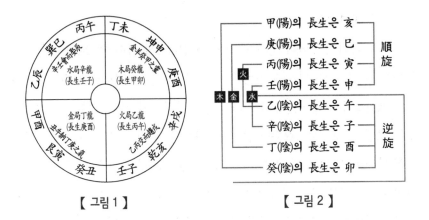

**【그림 1】**

**【그림 2】**

위의 水·木·火·金 4국은 辰·戌·丑·未 사고장四庫藏에서 나온 것이다. 즉 화국火局의 예를 들면 辛戌·乾亥·壬子 중 사고장에 해당되는 辛戌이 艮丙辛, 寅午戌의 화국에 해당되기 때문에 수구사국에 있어서도 화국으로 취급한다.

예를 들어 乙辰·巽巳·丙午 수국을 분석해 보면 乙辰은 사고장이요 巽巳는 음룡이요 丙午는 양룡이다. 이처럼 각 국마다 사고장·음룡·양룡으로 구성되어 있다. 즉 乙·辛·丁·癸 사고장과 乾·坤·艮·巽 음룡과 甲·庚·丙·壬 양룡의 순으로 구성되어 사국을 이루고 있다.

다음 수국신룡水局辛龍이라 기록됨은 〈그림 2〉에서와 같이 수국의 음룡은 신룡辛龍이요 신룡辛龍의 장생長生은 임자壬子란 뜻이다. 다시 말하자면 乙辰·巽巳·丙午 파破인 수국에서는 음룡인 신룡辛龍의 장생룡長生龍은 임자룡壬子龍이란 뜻이다(다른 局도 같다).

천하의 산천은 인위적인 것이 아니라 자연 상태로 형성된 것이기 때문에 24방위 어느 곳이든 물은 빠져 나가게 되어 있지만 파구破口(수구)는 어디가 되었든 4대 수구의 범주 내에 들어 있게 되어 있으므로 火·金·水·木 사대국四大局 중 어느 한 국局에 해당되게 되어 있는 것이다.

용과 수水의 배합 관계는 다음과 같이 네 종류로 나누어진다.

### ◉ 乙丙交而趨戌 을병교이추술

을음룡乙陰龍과 병양룡丙陽龍은 짝이 되고 戌에서 파구破口가 된다는 뜻(추趨는 달아날 추이다. 물이 戌方으로 달아난다는 것은 戌方이 수구가 된다는 뜻이다).

### ◉ 丑牛納丁庚之氣 축우납정경지기

정음룡丁陰龍과 경양룡庚陽龍은 짝이 되어 丑이 파구破口가 된다.

### ◉ 辛壬會而娶辰 신임회이취진

신음룡辛陰龍은 임양룡壬陽龍과 만나 짝이 되고 乙辰이 파구破口가 된다.

### ◉ 金羊癸甲之靈 금양계갑지영

계음룡癸陰龍과 갑양룡甲陽龍은 짝이 되고 丁未가 파구破口가 된다.


※ 위에서 음룡과 양룡의 구분은 甲·庚·丙·壬은 양이요 乙·辛·丁·癸는 음룡이다. 다음 乙 음룡과 丙 양룡의 짝이 된다는 뜻은 乙과 丙은 같은 火요, 辛 음룡과 壬 양룡은 水요, 丁 음룡과 庚 양룡은 같은 金이며, 癸 음룡과 甲 양룡은 같은 木이기 때문에 같은 오행끼리 음양으로 짝이 되는 것이다.

위에서 말하는 오행은 향向을 대상으로 물의 득得과 파破의 길흉을 확인할 때 사용되는 소현공오행小玄空五行이다. 소현공오행은 다음과 같다.

火……丙乙  水……辛壬  金……乾巽丁庚坤  木……甲癸艮

즉 乙丙合, 丁庚合, 辛壬合, 癸甲合의 취합하는 이유는 같은 오행끼리 음과 양이 짝을 이루는 것이다.

## ☯ 양간陽干의 경우는 순선順旋한다.

- 갑목甲木의 장생방長生方은 건해乾亥이며,
- 병화丙火는 장생방長生方이 간인艮寅이고,
- 경금庚金의 장생방長生方은 손사巽巳이며,
- 임수壬水의 장생방長生方은 곤신坤申이다.

## ☯ 음간陰干의 경우는 역선逆旋한다.

- 화국火局 을룡乙龍의 장생방長生方은 병오丙午이며,
- 금국金局 정룡丁龍의 장생방長生方은 경유庚酉이고,
- 수국水局 신룡辛龍의 장생방長生方은 임자壬子이며,
- 목국木局 계룡癸龍의 장생방長生方은 갑묘甲卯이다.

### (2) 삼합오행三合五行 수법水法

삼합오행 수법은 각종 포태수법胞胎水法의 핵심이라 할 수 있다. 그만큼 여러 가지로 적용이 된다. 예를 들면, 乾甲丁 삼합이라면 乾坐의 묘에서 청룡과 백호 끝이 甲方과 丁方이 되는 삼합도 있고, 청룡 백호 양쪽에 길사貴砂가 있어 坐와 삼합을 이루어도 길한 것이다. 그러나 여기서는 수법을 논하는 것이니 삼합오행에 관련된 수법만 설명하려고 한다.

도선국사道詵國師의 《유산록》에 나오는 명혈名穴들을 분석해 보면 50개 혈 중 16개 혈이 삼합에 해당되며 그 가운데 15개 소所는 좌坐 중심의 삼합 혈이며, 1개 소所만 향向 중심의 삼합혈이다. 삼합오행 수법을 간추려 보면 다음과 같다.

- 같은 삼합국이지만 건갑정乾甲丁 삼합과 갑건정甲乾丁과는 다르다. 즉 건좌乾坐에 갑득甲得 정파丁破와 갑좌甲坐에 건득乾得 정파丁破는 다르다. 갑좌경향甲坐庚向은 양왕향陽旺向이기 때문이다. 다시 말해서 좌선수와 우선수의 차이로 순선順旋과 역선逆旋으로 달라진다. 갑향甲向에 건득乾得 정파丁破의 경우도 있다. 왕향旺向에 생득生得 묘파墓破가 되는 것은 같다. 갑좌甲坐 건득乾得 정파丁破의 경우도 생득生得 묘파墓破가 되는 이치는 같다.

여기까지 포태법에 대해서 대략적인 설명은 했지만 이중에서도 가장 중요한 점은 순선과 역선일 것으로 생각된다.

다음과 같은 경우에 역포태逆胞胎로 돌린다.

- 수구사국을 알고 용이나 입수에 대한 길흉을 포태법으로 확인하려 할 때 산이나 용은 음이기 때문에 역선한다.
- 묘墓의 향向이 음왕향陰旺向(乾坤艮巽·寅申巳亥向)이거나 음쇠향陰衰向(乙辛丁癸向)의 경우 묘향과 득파得破와의 관계를 확인할 때 역선한다.
- 순선順旋은 묘의 향이 양왕향陽旺向(甲庚丙壬·子午卯酉向) 또는 양쇠향陽衰向(辰戌丑未)의 경우 묘향과 득파간의 길흉을 확인할 때 순포태(순선·順旋)로 돌린다.

결론적으로 좌坐를 중심으로 삼합국을 이룰 수도 있고(예 乾坐·甲得·丁破) 향向을 중심으로 삼합국을 이룰 수도 있다(예 巽向·庚得·癸破). 그리고 삼합국에서 사고장(乙辛丁癸·辰戌丑未)은 좌향坐向이나 득得이 될 수는 없고 언제나 묘파墓破가 되어야 한다.

같은 삼합국일지라도 목국木局인 건갑정乾甲丁 삼합국에 있어서 갑좌甲坐의 경우는 양간陽干이기 때문에 곤신坤申에서 기포起胞하여 순선(順旋·시계바늘 방향으로 포태를 돌리는 것)하며 건좌乾坐의 경우는 음간陰干이기 때문에 역선逆旋해야 왕좌旺坐에 생득生得 묘파墓破가 됨을 확인할 수 있다.

이처럼 삼합혈은 모두가 왕좌旺坐에 생득生得 묘파墓破됨이 원칙이다. 그리고 물의 좌우선에 있어서도 묘墓의 좌坐에서 좌우선이 결정된다. 다음 삼합도에서 나타난 바와 같이 갑좌甲坐, 건득乾得, 정파丁破의 경우는 갑좌甲坐가 양간陽干이기 때문에 물은 우선수가 된다.

그러나 좌坐 중심의 삼합국이 아니고 향向 중심의 삼합국인 경우는 그와 반대로 우선수가 되어야 적법이다. 즉 갑향甲向에 건득乾得, 정파丁破가 되어 삼합국이 된다면 좌선수가 되어야 적법임을 다음 그림에서 확인할 수 있다. 88향수법, 향상포태수법, 장생수법 등에 있어서는 향向 위주의 수법이기 때문에 후자에 속한다. 즉 갑향甲向의 경우는 좌선수가 적법인 것이다.

※ 삼합혈에서 좌坐 중심이 아니고 향向 중심의 삼합혈인 경우는 좌우선수左右旋水는 위와 반대가 된다.

### ◉ 여러 가지 삼합혈三合穴의 예

- 갑좌甲坐도 목국木局이지만 양왕좌陽旺坐이기에 곤신坤申에서 기포起胞하여 순선順旋한다(시계바늘 방향).
- 건좌乾坐는 목국木局이지만 음왕좌陰旺坐이기에 병오丙午에서 기포起胞하여 역선逆旋한다(시계바늘 반대 방향).

※ 삼합혈에서는 원칙적으로 왕좌旺坐 또는 왕향旺向에 생득生得 묘파墓破가 되어야 정상이다. 그러나 건갑정乾甲丁 삼합인 경우 乾과 甲은 서로 좌坐나 득得이 될 수

는 있으나 파(수구)가 되어서는 안 되며 丁은 사고장이니 묘파墓破가 되어야지 득得이나 좌坐가 될 수는 없다는 것을 이해해야 된다.

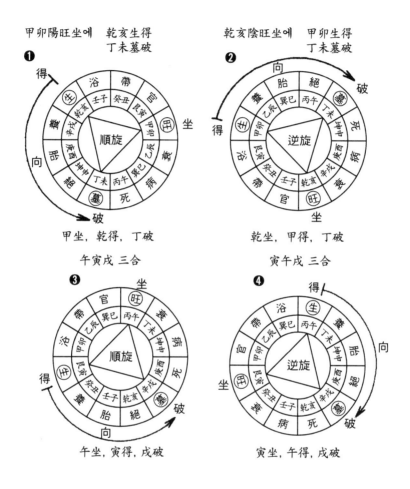

위에서와 같이 삼합혈은 왕좌旺坐에 생득生得 묘파墓破가 되어야 정상이다. 그러기 때문에 삼합국의 제일 끝이 사고장인 乙辛丁癸 辰戌丑未로 되어 있는 것이다. 예를 들어 건갑정乾甲丁 목국木局이면 사고장인 丁이 붙어 있다.

※ 巽, 庚, 癸 ┐
　 巳, 酉, 丑 ┘ 三合穴

앞쪽 ❶번부터 ❽번까지의 삼합혈은 좌坐 중심의 삼합혈이다.

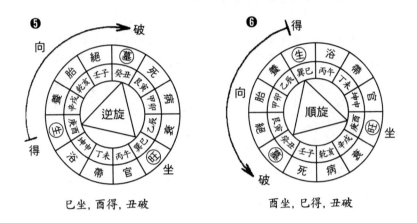

巳坐, 酉得, 丑破                          酉坐, 巳得, 丑破

손사좌巽巳坐는 음왕향陰旺向이기 때문에 역선逆旋한다. 물은 좌선수가 합법이다. 모든 삼합혈은 왕좌旺坐에 생득生得 묘파墓破가 된다.

앞 ❺에서는 사좌유득巳坐酉得이었으나 ❻에서는 좌坐와 득得이 바뀌어 경유좌庚酉坐(旺) 손사득巽巳得(生得)으로 변해도 삼합혈이 된다. 그리고 물은 우선수가 합법이다.

- 곤신좌坤申坐는 음왕향陰旺向이기 때문에 역선逆旋한다. 곤신坤申은 수국水局이기 때문에 수국의 역선 기포점起胞點인 갑묘甲卯에서 기포起胞하면 생득生得 묘파墓破가 된다.
- 임자좌壬子坐는 양왕좌陽旺坐이기 때문에 순선順旋한다. 따리서 임자왕좌壬子旺坐에 곤신坤申 생득生得, 을진乙辰 묘파墓破가 된다.

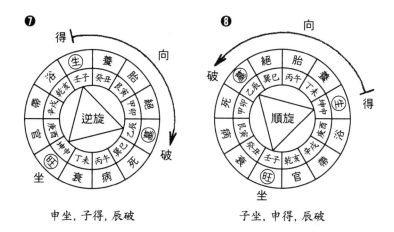

申坐, 子得, 辰破          子坐, 申得, 辰破

    다음 삼합도에서는 같은 건갑정乾甲丁, 해묘미亥卯未 삼합혈에 있어서도 갑묘좌甲卯坐 위주의 삼합이 아니라 갑묘향甲卯向 위주의 삼합혈이다. 앞에서와 같이 갑묘향甲卯向의 경우는 양간陽干이지만 건해향乾亥向의 경우는 음간陰干이 되기 때문에 그림과 같이 순선順旋과 역선逆旋으로 구분된다. 다만 사고장四庫藏인 정미丁未는 변함없이 묘파墓破가 된다. 삼합국에서 乙辛丁癸 辰戌丑未는 항상 묘파墓破가 될 뿐 좌坐·향向이나 득得이 될 수는 없으며 삼합혈은 좌坐나 향向은 왕위旺位가 되고 생득生得 묘파墓破가 되는 것이 원칙이다.

    그리고 88향법, 향상포태수법, 장생수법 등 우리가 가장 많이 사용하고 있는 수법은 모두 향向 중심이기 때문에 甲庚丙壬向, 子午卯酉向, 辰戌丑未向 등 양향陽向에 있어서는 좌선수가 되어야 적법이며 乾巽艮坤, 寅申巳亥, 乙辛丁癸向 등 음향陰向에는 우선수가 되어야 합법이다(앞의 좌坐 중심의 경우는 반대였었다).

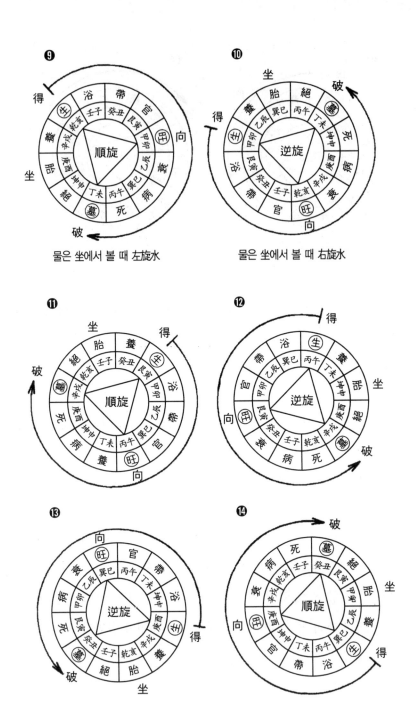

물은 坐에서 볼 때 左旋水

물은 坐에서 볼 때 右旋水

다음은 앞쪽 ❼번과 ❽번과 같이 坤壬乙, 申子辰 삼합국이다. 다만 앞쪽에서는 좌坐 중심의 삼합혈이었으나 여기서는 아래 그림처럼 향向 중심의 삼합혈이다. 앞에서도 설명했지만 왕향旺向에 생득生得 묘파墓破에는 틀림이 없다. 다만 좌우선수는 좌상坐上인 때와는 반대가 된다.

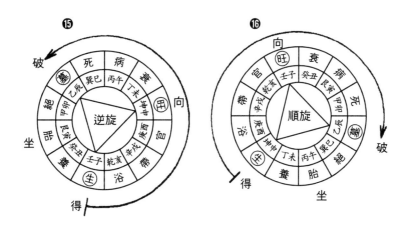

### (3) 향상사국向上四局 포태법

약칭 향상포태법이라고도 하는데 이 역시 12쌍산위雙山位를 화국·금국·수국·목국의 4국으로 나누고 기포점(起胞点·포태의 출발점) 또한 금국은 艮寅, 수국은 巽巳에서, 목국은 坤申에서, 화국은 乾亥에서 기포하는 것은 앞의 수구사국법의 경우와 같다. 다만 작국作局에서 수구의 기준이 아니라 향向을 위주로 한 것이 틀리다. 그러므로 향상작국법向上作局法 또는 향상포태법이라 한다. 향상 작국 방법은 우선 24위를 삼합오행으로 목국·화국·금국·수국의 4국으로 분류하면 된다. 본국인 乾甲丁·亥卯未란 곧 乾亥·甲卯·丁未向이 본국이란 것이다. 기포점도 수구사국에서와 똑같은 요령으로 운용한다.

예시하면 壬坐 丙向은 화국으로 乾亥에서 기포(출발)하고, 卯坐 酉向은

酉向이니까 금국으로 艮寅에서 기포하며, 癸坐 丁向은 목국으로 坤申에서 기포하고, 寅坐 申向은 수국인 바 巽巳에서 기포 순행하여 길흉화복을 도출하는 방법에서는 수구 기준 사국법과 별로 다를 바 없다.

### 🔵 향상포태 4국의 운용 방법

- 건갑정乾甲丁 해묘미亥卯未 향向은 목국木局이다.
- 간병신艮丙辛 인오술寅午戌 향向은 화국火局이다.
- 손경계巽庚癸 사유축巳酉丑 향向은 금국金局이다.
- 곤임을坤壬乙 신자진申子辰 향向은 수국水局이다.

향상포태법은 우리나라 지사들이 진혈을 재혈할 때나 구묘舊墓의 길흉을 확인하기 위해 제일 많이 운용하고 있는 수법이다. 이는 혈의 향을 중심으로 물의 파구와 득수의 길흉을 확인하는 수법이다. 우리가 산에 올라가 용龍·혈穴·사砂·수水에 대해서 두루 살피고 여러가지 혈증을 찾아 진혈이 될 만한 자리를 발견했을 때 최종적으로 제일 어렵고 제일 중요한 것은 재혈인데 제일 중요한 것이 수구와 좌향과의 조절이다. 선견수구先見水口하라는 말도 그렇기 때문인 것이다. 물론 재혈에 있어 입수와 좌향 조절, 좌향과 망인의 생년, 사격砂格과의 관계 등 두루 세밀히 살펴야 되지만 그 중에서도 수법이 가장 중요함을 강조하는 말이다.

수구는 인위적으로 조정할 수 없으므로 혈의 좌향을 수구에 알맞도록 조절하되 수구에 맞는 좌향이 없으면 진혈이 아니라는 뜻이다. 88향법에서는 향상포태법의 운용 방법을 다음과 같이 설명하고 있다. 다음 설명 내용과 같은 파破일지라도 향에 따라 정고소수正庫消水, 차고소수借庫消水, 문고소수文庫消水, 녹마귀인파祿馬貴人破, 구빈황천救貧黃泉 등으로 길흉을 조절

배분하고 있음은 다른 수법과의 조절 관계 때문이 아닌가 생각된다.

양파養破·욕파浴破·쇠파衰破·병파病破·장파葬破는 길파吉破에 해당되며 기타 파파는 흉파凶破이다. 다만,

- **양파養破**의 경우 艮寅·坤申·乾亥·巽巳 向에 한해서 차고소수가 되어 길하며 기타 향에서는 흉파이다.

- **욕파浴破**의 경우도 艮寅·坤申·乾亥·巽巳·甲卯·庚酉·丙午·壬子 向에 한해서 문고소수에 해당되는 길파이며 기타 향에서는 흉파이다.

- **쇠파衰破**의 경우 甲卯·丙午·壬子·庚酉 向에 한해서 차고소수가 되어 길파에 해당된다.

- **관파官破**의 경우는 甲卯·庚酉·丙午·壬子 向에서는 특히 대황천파大黃泉破가 되어 대흉파이다. 다른 향에서도 흉파이다.

- **태파胎破**는 乙辰·辛戌·丁未·癸丑 向에 한해서 길흉이 반반되는 특이한 향이다. 그러나 새로 혈을 정할 때는 다른 길향을 택한 것이 가능할 것이다.

- **사파死破**는 乙辰·辛戌·丁未·癸丑 向에 한해서 소황천파小黃泉破가 되어 흉파이다.

- **절파絕破**의 경우 乙辰·辛戌·丁未·癸丑 向에 한해서 구빈황천파救貧黃泉破가 되어 길파이다.

- **병파病破**의 경우 乙辰·辛戌·丁未·癸丑 向에 한해서 병파가 되면 녹마귀인파祿馬貴人破가 되어 길격이다.

- **묘파墓破**의 경우 乾亥·坤申·艮寅·巽巳·甲卯·庚酉·丙午·壬子 向에 한해서 정고소수인 길파가 된다(乙辛丁癸, 辰戌丑未 向만 제외).

예를 들어 혈의 좌향이 艮坐 坤向일 경우 수구가 丁破라면 丁破가 坤

向의 혈에 대해서 길파인가 흉파인가를 확인하려 할 때 우선 **坤向**은 수국에 해당된다. 따라서 **巽巳**에서 기포하여 순행으로 돌리면 **丁破**는 양파이며 차고소수에 해당되기 때문에 길파인 것이다.

여기까지의 포태법 중 가장 중요한 핵심을 요약하면,

❶ 수구사국을 알고 용, 입수, 좌의 길흉을 알기 위해서는 역포태로 역행(산이나 용은 음이기 때문에 역으로).

❷ 향상포태 사국을 알고 득과 파구의 길흉 관계를 알기 위해서는 물은 양이기 때문에 순행(양포태)하여 득수는 길성이라야 길하며 파구는 흉성이어야 길하다는 원칙만은 충분히 이해하고 다음 다른 수법에 대해서 연구해야 할 것이다.


### (4) 좌상사국坐上四局 포태법

약칭으로 좌상포태법坐上胞胎法이라 한다. 혹자는 득파수得破水 포태법胞胎法이라고도 한다. 좌상포태법의 운용 방법은 앞에서 설명한 향상포태법의 운용 방법과 같다.

예를 들면 乾甲丁·亥卯未 向 대신 乾甲丁·亥卯未 坐를 목국으로 작국하는 것만 다르다. 여러 지사들과 출판된 도서 내용을 보면 포태법 중에서도 向을 위주로 보는 향상포태와 坐를 중심으로 하는 좌상포태법으로 나누어진 데다 득파구得破口 다 같이 길성이면 길하고 흉성이면 흉한 것으로 보는 사람과 반대로 득수는 길성이라야 좋고 파는 흉성이라야 길파로 보는 상반된 수법으로 초심자들을 혼란스럽게 하고 있다.

필자는 앞에서도 설명한 바와 같이 자연의 섭리에 따라 득得은 좋은 것을 얻어야 길하며 파破는 나쁜 것을 버려야 됨을 강조하기 때문에 좌상포태법에 있어서도 득得과 파破를 동일하게 보는 것은 이법에 어긋나는 것으로 생각된다.

## ◑ 어느 저서에 나오는 설명 내용

득파수得破水 포태법胞胎法의 경우 가령 건갑정乾甲丁 해묘미亥卯未 목국 좌坐에 득得이 신방申方이면 포胞, 즉 흉성凶星이 되어 불길하고 파破가 축방丑方이 되면 대帶,즉 길성吉星이 되어 길하다.
사대국四大局 포태법胞胎法의 경우도 가령 을진乙辰, 손사巽巳, 병오방丙午方에 파구破口가 된 혈에 있어서 혈좌가 신좌申坐이면 생성生星으로 길하고 용맥이 오방午方이면 태성胎星이 되어 불길하며 득得이 해방亥方에 있으면 관성이니 길하다고 본다.

예를 들어 乾甲丁 亥卯未 坐의 목국 坐에 坤申 方이면 포胞(絕)에 해당된 즉, 흉성이 되어 불길하다는 이론은 동일하지만 破가 丑方인 경우 대帶(관대) 파破에 해당된 즉 길성이 파破가 되어도 길하다는 이론은 필자의 생각과는 다르다.

乙辰, 巽巳, 丙午 破인 경우 수구사대국 포태법의 수국에 해당되기 때문에 혈좌가 申坐의 경우는 坤壬乙 申子辰이 수국이기 때문에 巽巳에서 기포하여 순행하면 坤申 坐는 '생生(長生)'에 해당되어 길하며, 丙午 용맥이라면 태성胎星이 되어 불길하며 득수得水가 亥方에 있으면 관성官星이니 길하다고 설명하고 있으나, 향상수법에서는 수구사국을 알고 용이나 입수를 알기 위해서는 역으로 포태를 돌려 위의 수국인 경우는 甲卯에서 시작하여 역선하면 坤申 坐는 왕룡旺龍에 해당되어 길하며, 丙午 용의 경우도

**247**

수법론水法論 제7장

병룡病龍이 되어 불길하다는 주장이니 앞 표의 내용과는 큰 차이가 있다. 필자의 소신으로는 여러 가지 검증 결과 좌상포태법이 제일 확률이 낮은 편이며 특히 좌상포태법 중 순포태법順胞胎法은 전혀 고려 가치가 없다고 생각된다.

### (5) 장생수법長生水法

모든 묘의 향(88向)을 분석하면 왕향旺向과 묘향墓向으로 크게 두 가지로 구분되며, 왕향은 다시 양왕향陽旺向과 음왕향陰旺向으로 나누게 되며, 묘향도 음양으로 구분된다. 묘의 향이 甲庚丙壬향 子午卯酉향은 양왕향에 해당되니 순선順旋이어야 되며 乾坤艮巽향이나 그 지지地支향인 寅申巳亥향은 음왕향이니 역선逆旋해야 된다.

【 양왕향과 음왕향 】

| 陽旺向 順旋 (陽局) | 甲庚丙壬 向, 卯酉午子局 |
|---|---|
| 陰旺向 逆旋 (陰局) | 乾坤艮巽 向, 亥申寅巳 向 |
| 陽衰向 順旋 (陽局) | 辰戌丑未 向 |
| 陰衰向 逆旋 (陰局) | 乙辛丁癸 向 |

사고장四庫葬인 辰戌丑未 지지향은 양쇠陽衰향이요, 乙辛丁癸 천간향은 음쇠陰衰향이라 기록되어 있으나 실은 한 단계가 빠진 설명이다. 왜냐 하면 사실대로라면 乙辛丁癸향이나 辰戌丑未향이 다 묘향에 해당된다. 그러나 묘향을 그대로 적용하면 전국全局이 흉살로 가득 차게 되기 때문에 쇠향이 되도록 국국을 차국借局해야 된다. 위의 내용을 알기 쉽게 설명한다면 다음과 같다.

**㉮** 양왕향의 대표로 壬坐 丙向, 子坐 午向의 경우를 설명하면 丙午향은 艮丙辛 寅午戌 화국에 해당된다. 양국이기 때문에 화국의 기포점 乾亥에서 출발하여 순선하면 丙午향은 왕향에 해당됨을 확인할 수 있다. 다른 양왕향도 이와 같은 요령으로 확인해 보면 예외없이 왕향에 해당된다.

**㉯** 음왕향의 대표로 乾坐 巽向, 亥坐 巳向의 경우를 설명하면 巽巳향은 巽庚癸 巳酉丑 금국에 해당된다. 음국이기 때문에 금국의 역逆 기포점 壬子에서 출발하여 역선하면 巽巳향은 역시 음왕향에 해당됨을 확인할 수 있다. 다른 음왕향도 모두 이와 같은 요령으로 확인해 보면 예외없이 음왕향에 해당된다.

❶陽旺向 … 左旋水가 적법

❷陰旺向 … 右旋水가 적법

❸陽衰向 … 左旋水가 적법

❹陰衰向 … 右旋水가 적법

수법론水法論 제7장

**⊕** 앞의 그림에서와 같이 쇠향衰向에 대해서는 설명하기가 좀 복잡하다. 왜냐하면 사실대로라면 쇠향이 아니라 묘향에 해당되나 묘향은 불가함으로 차국借局해야 되기 때문이다. 그러면 어떤 요령으로 차국하느냐가 문제가 된다. 여러 가지로 이론을 전개할 수도 있으나 제일 알기 쉽게 설명하자면 양쇠향陽衰向에 있어서는 순선順旋하는 방향으로 가장 가까운 국局을 차국한다. 차국한 금국에서 기포하여 순선하면 戌향은 쇠향이 됨을 확인할 수 있다.

다른 양쇠향도 이와 같은 요령으로 확인해 보면 예외없이 양쇠향이 된다. 따라서 戌향은 차국한 금국에서 기포 순선하며 향과 수구와의 길흉 관계를 확인한다.

**⊕** 음쇠향陰衰向의 경우는 대표로 乙坐 辛向의 경우에 대해서 설명하자면, 辛향은 화국이지만 화국에서 역포태로 돌리면 묘향에 해당되나 앞에서 설명한 바와 같이 묘향은 불가하기 때문에 차국을 해야 된다(局이 달라지면 자연히 向도 달라진다). 차국하는 요령은 辛향이 음국이기 때문에 역선하는 방향에서 가장 가까운 목국을 차국한다. 차국한 목국의 역기포점 丙午에서 기포하여 역선하면 辛향은 묘향이 아니라 쇠향이 됨을 확인할 수 있다.

다른 음쇠향인 乙향·丁향·癸향도 이와 같은 요령으로 확인해 보면 예외없이 음쇠향이 된다(앞 그림 참조). 위에서 설명한 것처럼 원래의 국과 향이 불가하기 때문에 국과 향을 빌리는 것을 차국차향借局借向이라 한다.

이상 설명한 바와 같이 장생수법에서는 양왕향과 음왕향 그리고 양쇠향과 음쇠향으로 나누어 포태법을 적용하고 음양에 따라 순선順旋과 역선逆旋하는 방법 및 사고장(乙辛丁癸·辰戌丑未)에 대해서는 차국 차향하는 방법이 좀 복잡한 것 같지만 앞에서 설명한 운용 요령만 충분히 이해하면 다른 수법에 비해 제일 정확하기 때문에 필자는 이 장생수법을 적극 권장한다.

　　그러나 필자는 가급적 88향수법 및 향상포태 사국수법과 장생수법세 가지 수법이 다 적중되는 수법을 적용하려고 노력한다. 왜냐하면 88향이나 향상법은 맞아도 장생수법으로 봐서는 흉하다면 어느 것이 진眞인지 과학적으로 검증하기 어렵기 때문이다.


### (6) 88향수법向水法(입향 방법)

　　입향立向이란 혈의 좌향, 즉 음택(墓)과 양택의 좌향을 정하는 일이다. 옛날부터 '선견수구先見水口하라' 했듯이 수구의 방위에 따라 입향하는 것이 원칙이므로 우선 수구사국을 알고 상당수上堂水의 최종 거수처去水處(내파)를 나경 외반봉침外盤縫針으로 정확히 정하고 입향해야 한다.

　　수구별 입향 요령은 다음과 같다.

**【 88향 수법과 입향 방법 】**

| 局向 | 水 口 | 向位 및 포태법과의 관계 |
|---|---|---|
| 正局向·48向 | ❶乙辛丁癸 水口가 右旋水인 경우 | ❶당국堂局의 형세가 입향에 합당하면 乾亥·坤申·艮寅·巽巳 등의 장생방長生方으로 입향한다(正生向). |
| | ❷乙辛丁癸 水口가 右旋水인 경우 | ❷당국堂局의 형세가 적합하지 않거나 용상팔살龍上八殺 흉사凶砂 등이 있으면 乾亥·坤申·艮寅·巽巳 등의 절위방絶位方으로 입향한다(自生向). |
| | ❸乙辛丁癸 水口가 左旋水인 경우 | ❸甲卯·庚酉·壬子·丙午 등 왕향旺向으로 입향한다(正旺向). |
| | ❹乙辛丁癸 水口가 左旋水인 경우 | ❹甲卯·庚酉·壬子·丙午 등 사위방死位方으로 입향한다(自旺向). |
| | ❺乾坤艮巽 水口가 左旋水인 경우 | ❺乙辰·辛戌·丁未·癸丑 중 고장방庫藏方을 향해 입향한다(正墓向). |
| | ❻乾坤艮巽 水口가 右旋水인 경우 | ❻乙辰·辛戌·丁未·癸丑 중 양위養位를 향해 입향한다(正養向). |

| 局向 | 水口 | 向位 및 포태법과의 관계 |
|---|---|---|
| 變局向·40向 | ❼向上浴方인 甲庚丙壬方으로 右旋水라면 | ❼甲卯·庚酉·丙午·壬子 등을 입향하여 목욕소수沐浴消水한다(목욕소수법沐浴消水法). |
| | ❽左旋水가 역시 甲庚丙壬 등 浴方으로 出水하면 | ❽乾亥·坤申·艮寅·巽巳向 중 장생위長生位를 택해 입향한다(문고소수법文庫消水法). |
| | ❾左旋水가 甲庚丙壬方으로 流去하면 | ❾乙辰·辛戌·丁未·癸丑向 등 쇠향태류衰向胎流하는 제왕위帝旺位를 택해 입향한다(쇠향태류법衰向胎流法). |
| | ❿右旋水가 甲庚丙壬方으로 去하면 | ❿甲卯·庚酉·丙午·壬子 등 태향胎向을 택해서 입향한다(태향태류胎向胎流 당면출살법當面出煞法). |
| | ⓫水口가 乾坤艮巽이면서 右旋水가 된다면 | ⓫절향절류絕向絕流가 되는 乾亥·坤申·艮寅·巽巳向으로 입향한다(절향절류絕向絕流 당면출살법當面出煞法). |

## (7) 정국향正局向과 변국향變局向

### ◉ 정국향

- 물이 乙·辛·丁·癸 사고장위四庫藏位로 유거流去하고 甲卯·庚酉·丙午·壬子 방위와 乾亥·坤申·艮寅·巽巳 방위로 입향하는 정생향正生向·정왕향正旺向·자생향自生向·자왕향自旺向의 32향과,

- 물이 乾·坤·艮·巽 位로 유거流去하고 乙辰·辛戌·丁未·癸丑 방위로 향해 입향하는 정양향正養向과 정묘향正墓向의 16향이 있어 합하면 48향이며 이를 정국향正局向이라 한다.

### ◉ 변국향

- 물이 甲·庚·丙·壬 방위로 유거流去(내파)하고 甲卯·庚酉·丙午·壬子 位로 입향하는 목욕소수법沐浴消水法과,

■乾亥·坤申·艮寅·巽巳 位로 입향하는 문고소수법文庫消水法이
있다.

■甲·庚·丙·壬 방위의 당문파堂門破로 흐르고 역시 乙辰·辛戌·
丁未·癸丑 位로 입향하는 쇠향태류법衰向胎流法이 있으며 甲卯·
庚酉·丙午·壬子 位로 입향하는 태향태류법胎向胎流法도 있다.

■乾·坤·艮·巽 位로 출수出水하고 역시 乾亥·坤申·艮寅·巽巳 방
위로 입향하는 절향절류絶向絶流의 당면출살법當面出煞法이 있다.

■끝으로 乙·辛·丁·癸 位로 입향하고 물이 甲·庚·丙·壬 位로
출수出水(破)하는 쇠향태류법衰向胎流法도 있다.

이를 모두 합하면 40향인데 이를 변국향變局向이라 한다.

※ 정국향 48향과 변국향 40향을 합하여 88향이라 한다.

## ☯ 입향立向과 불입향不立向

향법向法에는 乙辰·辛戌·丁未·癸丑 정고正庫와 차고借庫로 출수出水
하고 입향할 수 있는 정생향正生向·정왕향正旺向·정양향正養向·정묘향正墓
向과 자생향自生向·자왕향自旺向 등 입향이 가능한 6향과 입향할 수 없는
태향胎向·목욕향沐浴向·관대향冠帶向·임관향臨官向·쇠향衰向·병향病向 등
6향이 있다. 이를 육불입향六不立向이라 한다. 그러나 변국입향變局立向인
쇠향태류나 절향절류 등은 불입향론不立向論에 구애받지 않는다.

만약 입향할 수 없는 육궁위六宮位를 향해 입향하면 집안이 망하고
자손이 상한다. 용진혈적龍眞穴的일지라도 입향이 알맞지 않으면 간혹 그
에 상응하는 재앙을 면할 수가 없다.

# 【 88향 설명도 】

《 ❶ 正局向 48향 》

●아래 向 표시는 88향수법 길향에 대한 향상포태수법 길향임

| 向 | 龍 | 水 | 水口 | (火局) 吉向位 | 水口 | (火局) 吉向位 |
|---|---|---|---|---|---|---|
| 正生向 | 左旋龍 | 右旋水 | 88向 向上法 | ●乾亥向(絶) 自生向<br>●向(養破 → 借庫消水)<br>●艮寅向(生) 正生向<br>●向(葬破 → 正庫消水)<br>●丙午向(旺) 正旺向<br>●向(葬破 → 正庫消水)<br>●庚酉向(死) 自旺向<br>●向(衰破 → 借庫消水) | | ●艮寅向(絶) 自生向<br>●向(養破 → 借庫消水)<br>●巽巳向(生) 正生向<br>●向(葬破 → 正庫消水)<br>●庚酉向(旺) 正旺向<br>●向(葬破 → 正庫消水)<br>●壬子向(死) 自旺向<br>●向(衰破 → 借庫消水) |
| 自生向 | 左旋龍 | 右旋水 | ●辛戌(火) | | ●癸丑(金) | |
| 正旺向 | 右旋龍 | 左旋水 | | | | |
| 自旺向 | 右旋龍 | 左旋水 | | | | |
| 正養向 | 左旋龍 | 右旋水 | ●乾亥(火) | ●癸丑向(養) 正養向<br>●向(病破 → 祿馬貴人)<br>●辛戌向(墓) 正墓向<br>●向(絶破 → 救貧黃泉) | ●艮寅(金) | ●乙辰向(養) 正養向<br>●向(病破 → 祿馬貴人)<br>●癸丑向(墓) 正墓向<br>●向(絶破 → 救貧黃泉) |
| 正墓向 | 右旋龍 | 左旋水 | | | | |

| | 水口 | (水局) 吉向位 | 水口 | (木局) 吉向位 |
|---|---|---|---|---|
| ※向表示는 向上胞胎法을 말함 例) 辛戌破에 乾亥向은 88向法으로는 絶位自生向에 해당되지만 向上胞胎法으로는 養破借庫消水에 해당 吉向吉破가 된다. | ●乙辰(水) | ●巽巳向(絶) 自生向<br>●向(養破 → 借庫消水)<br>●坤申向(生) 正生向<br>●向(葬破 → 正庫消水)<br>●壬子向(旺) 正旺向<br>●向(葬破 → 正庫消水)<br>●甲卯向(死) 自旺向<br>●向(衰破 → 借庫消水) | ●丁未(木) | ●坤申向(絶) 自生向<br>●向(養破 → 借庫消水)<br>●乾亥向(生) 正生向<br>●向(葬破 → 正庫消水)<br>●甲卯向(旺) 正旺向<br>●向(葬破 → 正庫消水)<br>●丙午向(死) 自旺向<br>●向(衰破 → 借庫消水) |
| | ●巽巳(水) | ●丁未向(養) 正養向<br>●向(病破 → 祿馬貴人)<br>●乙辰向(墓) 正墓向<br>●向(絶破 → 救貧黃泉) | ●坤申(木) | ●辛戌向(養) 正養向<br>●向(病破 → 祿馬貴人)<br>●丁未向(墓) 正墓向<br>●向(絶破 → 救貧黃泉) |

《 ❷ 變局向 40향 》

| ※ 변국향變局向인 甲庚丙壬 水口는 제일 입향이 어려운 水口이다.<br>변국향變局向 40개향 중에서 다음 욕파浴破에 해당되는 문고소수文庫消水 16개향 외에는 안심하고 쓸 향이 못된다. | 向上 浴破(文庫消水)<br><br>左旋水<br>水口(破)　　　向位 | 向上 浴破(文庫消水)<br>右旋水(지지자地支字를 범하면 흉하다)<br>水口(破)　　　向位 |
|---|---|---|
| | 甲卯　　●乾亥<br>庚酉　　●坤申<br>丙午　　●艮寅<br>壬子　　●巽巳<br><br>●향상向上으로는 욕파浴破<br>　(文庫消水) | 甲卯　　●甲卯<br>庚酉　　●庚酉<br>丙午　　●丙午<br>壬子　　●壬子<br><br>●향상向上으로는 욕파浴破<br>　(沐浴消水) |
| 태향태류胎向胎流 右旋水 (당문파) 지지자地支字를 범하면 흉하다.<br>水口(破)　　　向位 | 절향절류絶向絶流 右旋水 (당문파) (지지자地支字를 범하면 흉하다)<br>水口(破)　　　向位 | 쇠향태류衰向胎流 左旋水 (지지자地支字를 범하면 흉하다)<br>水口(破)　　　向位 |
| 甲卯●　　●甲卯<br>庚酉●　　●庚酉<br>丙午●　　●丙午<br>壬子●　　●壬子<br><br>●향상수법向上水法으로는<br>　왕파旺破 (凶). | 乾●　　●乾亥<br>坤●　　●坤申<br>艮●　　●艮寅<br>巽●　　●巽巳<br><br>●향상向上으로는 생파生破<br>　로서 凶. | 甲卯●　　●乙辰<br>庚酉●　　●辛戌<br>丙午●　　●丁未<br>壬子●　　●癸丑<br><br>●향상向上 욕파浴破이나<br>　乙辛丁癸 辰戌丑未향<br>　에서는 흉파凶破에 해당<br>　된다.<br>●산지입향山地立向 불가이<br>　기에 조심. |

## (8) 88향 수구水口별 길흉화복론

| 水口 | 坐向 | 吉凶 | (合法)左旋龍 右旋龍水 | 破 | 正變局向 | 吉凶論 |
|---|---|---|---|---|---|---|
| 辛戌破 | 壬坐 丙向<br>子坐 午向 | ◎ | 右旋龍<br>左旋水 | 墓 | 正旺向 | 丙午향에 辛戌파는 吉向 吉水. 富貴 旺丁에 자손마다 고루 發福한다. |
| | 癸坐 丁向<br>丑坐 未向 | △ | | 衰 | 不立衰向 | 재물과 자손이 별로 성하지 않으나 大凶은 없다. |
| | 艮坐 坤向<br>寅坐 申向 | × | | 冠帶 | 不立病向 | 向上으로는 冠帶破로서 丁財 兩敗가 우려되고 특히 영특한 어린 자녀가 傷한다. |
| | 甲坐 庚向<br>卯坐 酉向 | ◎ | 右旋龍<br>左旋水 | 衰 | 自旺向 | 남자는 총명하고 여자는 수려하며 富 · 貴가 함께 發福하나 右旋水가 되면 大凶한다. |
| | 乙坐 辛向<br>辰坐 戌向 | △ | 右旋龍<br>左旋水 | 堂門 | | 戌坐를 범하지 않고 辛字上으로 流去하면 큰 부자나 귀인이 나지만 右旋水의 경우는 자손이 傷하고 재산을 잃음. |
| | 巽坐 乾向<br>巳坐 亥向 | ◎ | 左旋龍<br>右旋水 | 絶處逢生 | 自生向 | 龍과 穴이 참하면 부귀 장수에 자손이 크게 번성하고 發福이 오래 지속된다. |
| | 丙坐 壬向<br>午坐 子向 | × | | 冠帶 | 不立胎向 | 장생수법에서도 大黃泉殺로 龍穴이 부실하면 가업이 망하고 자손이 끊긴다. |
| | 丁坐 癸向<br>未坐 丑向 | △ | | 衰 | | 자손이나 재물이 부진하나 大凶하지 않고 평안 장수 무해지지無害之地이다. |
| | 坤坐 艮向<br>申坐 寅向 | ◎ | 左旋龍<br>右旋水 | 墓 | 正生向 | 부귀가 쌍전雙全하며 자손이 크게 성하고 오복이 가득하며 백세영화가 기약된다. |
| | 庚坐 甲向<br>酉坐 卯向 | × | | 養 | 不立浴向 | 龍穴마저 부실하면 어렵고 음탕한 자손 때문에 敗家絶孫한다. |
| | 辛坐 乙向<br>戌坐 辰向 | × | | 冠帶 | 不立冠帶 | 龍穴마저 부실하면 秀才가 일찍 죽는다. |
| | 乾坐 巽向<br>亥坐 巳向 | × | | 衰 | 不立臨官 | 龍穴까지 부실하면 人丁이나 재물이 함께 不旺하고 관로 패망한다. |

| 水口 | 坐向 | 吉凶 | (合法)左旋龍水<br>右旋龍水 | 破 | 正變局向 | 吉凶論 |
|---|---|---|---|---|---|---|
| 乾<br>亥<br>破 | 壬坐 丙向<br>子坐 午向 | △ | | 絶 | 過宮<br>水 | 乙辛丁癸 辰戌丑未에 한해서 絶破가 救貧黃泉破<br>(吉破)이고 기타 향에는 絶破면 凶함. 龍穴이 眞이<br>면 늦게 高壽萬貴가 기약되기도 한다. |
| | 癸坐 丁向<br>丑坐 未向 | × | | 生 | | 날로 丁財가 쇠퇴하여 심하면 絶孫까지 우려되니<br>이런 향은 취하지 않는 것이 좋다. |
| | 艮坐 坤向<br>寅坐 申向 | × | | 臨官 | | 凶破. 학업을 마친 成才之子가 傷하고 단명하며<br>재산이 줄고 가난해진다. |
| | 甲坐 庚向<br>卯坐 酉向 | × | | 病 | | 乙辛丁癸향이 아니므로 凶破. 가정에 질병이 많<br>아 단명하고 과부가 5~6명 난다. |
| | 乙坐 辛向<br>辰坐 戌向 | ◎ | 右旋龍<br>左旋水 | 救貧<br>黃泉 | 正墓<br>向 | 吉向 吉水. 부귀가 쌍전雙全하며 人丁이 크게 성하<br>고 壽福이 함께 한다. |
| | 巽坐 乾向<br>巳坐 亥向 | ◎ | 左旋龍<br>右旋水 | 堂門 | 絶向<br>絶流 | 不犯 亥方이면 絶向絶流 대부대귀한다. 亥字를<br>범하면 凶하다. 조심해야 된다. |
| | 丙坐 壬向<br>午坐 子向 | × | | 臨官 | 大黃<br>泉破 | 殺人, 大黃泉破이므로 가정에 병이 많아 敗絶하<br>고 家財가 궁하고 관재구설에 백사가 혼란하며<br>二房이 先敗한다. |
| | 丁坐 癸向<br>未坐 丑向 | ◎ | 左旋龍<br>右旋水 | 病 | 正養<br>向 | 向上 祿馬 貴人破로 丁財가 왕성하고 공명이 높<br>고 남녀 壽高에 發福이 영원하며 특히 三房에 垃<br>發女秀라 한다. |
| | 坤坐 艮向<br>申坐 寅向 | × | | 絶 | 過宮<br>水 | 초년에는 壽高하나 오래되면 빈곤하고 공명이 불<br>리하다. |
| | 庚坐 甲向<br>酉坐 卯向 | × | | 生 | 旺去<br>沖生 | 凶破. 재산은 있어도 자손이 없고 큰 집이 먼저 실<br>패한다. |
| | 辛坐 乙向<br>戌坐 辰向 | × | | 臨官 | | 凶破. 어린 아이를 기르기 어렵고 남녀가 단명 요<br>망하고 家財가 퇴패에 絶孫마저 염려된다. 큰 집<br>이 먼저 실패한다. |
| | 乾坐 巽向<br>亥坐 巳向 | × | | 病 | 交如<br>不及 | 龍穴이 부실하면 병이 많아 단명하며 가난하다.<br>그러나 실질적으로 乾亥破에 乾亥坐는 산지 穴에<br>서는 있을 수 없는 凶破이다. |

| 水口 | 坐向 | 吉凶 | (合法)左右旋龍水 | 破 | 正變局向 | 吉凶論 |
|---|---|---|---|---|---|---|
| 壬子破 | 壬坐 丙向<br>子坐 午向 | × | | 胎 | 過宮水 | 龍穴부실이면 낙태상인落胎傷人에 무자無子가 우려된다. |
| | 癸坐 丁向<br>丑坐 未向 | ◎ | 右旋龍<br>左旋水 | 浴 | 衰向<br>胎流 | 平野地는 가능하나 山地에서는 입향이 불능하다. |
| | 艮坐 坤向<br>寅坐 申向 | × | | 旺 | 生來<br>破旺 | 凶破. 초년에는 자손들이 약간 번창하나 오래가면 재산도 없어지고 絶孫한다. |
| | 甲坐 庚向<br>卯坐 酉向 | × | | 死 | | 凶破인 短命水이다. 龍穴 부실하면 재산도 없어지고 단명에 과부가 많음이 우려된다. |
| | 乙坐 辛向<br>辰坐 戌向 | × | | 胎 | 過宮水 | 人丁 부귀가 간혹 나기도 하고 불발하기도 한다. 길흉이 반반하나 단명하기도 하고 絶孫하니 삼가야 한다. |
| | 巽坐 乾向<br>巳坐 亥向 | ◎ | 右旋龍<br>左旋水 | 浴 | 文庫<br>消水 | 龍穴이 확실하면 부귀가 나고 壽福을 고루 갖춘다. |
| | 丙坐 壬向<br>午坐 子向 | ◎ | 左旋龍<br>右旋水 | 堂門 | 胎向<br>胎流 | 龍眞穴的이면 대부대귀에 人丁이 흥왕한다. 不犯地支字해야 한다. |
| | 丁坐 癸向<br>未坐 丑向 | × | | 死 | 小黃泉破 | 小黃泉破 龍穴不實하고 小黃泉破가 되면 재산이 없어 가난하고 질병이 많아 단명하고 房房乏嗣(絶孫)한다. |
| | 坤坐 艮向<br>申坐 寅向 | × | | 胎 | | 凶破. 초년에는 간혹 자손이 흥하고 재산도 많고 장수하기도 하나 오래되면 落胎에 사람이 傷하고 敗産貧困이 우려된다. |
| | 庚坐 甲向<br>酉坐 卯向 | ◎ | 左旋龍<br>右旋水 | 浴 | 沐浴<br>消水 | 龍眞穴的이면 부귀가 쌍전하고 자손이 흥한다. 그러나 地支字方을 범하면 재앙이 적지 않다. 입향에 조심하라. |
| | 辛坐 乙向<br>戌坐 辰向 | × | | 旺 | | 凶破. 龍穴이 불실하면 자손은 있어도 집이 빈곤하고 패가망신한다. |
| | 乾坐 巽向<br>亥坐 巳向 | × | | 死 | | 龍穴이 부실하면 단명하고 敗産한다. |

| 水口 | 坐向 | 吉凶 | (合法)左右旋龍水 | 破 | 正變局向 | 吉凶論 |
|---|---|---|---|---|---|---|
| 癸丑破 | 壬坐 丙向<br>子坐 午向 | × | | 養 | 不立浴向 | 주로 敗家 絶孫이 우려된다. |
| | 癸坐 丁向<br>丑坐 未向 | × | | 冠帶 | 不立冠帶 | 龍穴이 부실하면 夭亡 敗絶( 젊어서 빨리 죽어 절손패망)에 집이 가난하다. |
| | 艮坐 坤向<br>寅坐 申向 | × | | 衰 | 不立臨官 | 자손과 재물이 없어지고 크게 실패하지 않으면 孫이 끊어진다. |
| | 甲坐 庚向<br>卯坐 酉向 | ◎ | 右旋龍<br>左旋水 | 墓 | 正旺向 | 墓破의 吉向吉水 龍穴이 적실하면 거부 귀인이 나며 忠孝賢良하고 남녀가 다 같이 장수하며 房房이 균일하게 發福한다. |
| | 乙坐 辛向<br>辰坐 戌向 | △ | | 養 | 不立衰向 | 비록 자손과 재물은 성하지 않으나 큰 피해는 없다. 장생법으로는 戌向으로 하면 吉하다. |
| | 巽坐 乾向<br>巳坐 亥向 | × | | 冠帶 | 不立病向 | 凶破. 龍穴이 부실하면 丁財가 다 敗하고 총명한 수재가 早死한다. |
| | 丙坐 壬向<br>午坐 子向 | ◎ | 右旋龍<br>左旋水 | 衰 | 自旺向 | 化死爲旺인 自旺向(死가 旺으로 변한다는 뜻) 차고 소수파. 부자나 귀인이 나며 자손이 크게 번창한다. |
| | 丁坐 癸向<br>未坐 丑向 | △ | | 堂門 | 墓向墓流 | 左旋水가 丑方을 범하지 않고 癸方上으로 流去하면 대부대귀한다. 그러나 龍穴에 약간의 차만 있어도 速敗한다. |
| | 坤坐 艮向<br>申坐 寅向 | ◎ | 左旋龍<br>右旋水 | 養 | 自生向 | 絶處逢生向(絶位立向) 借庫消水로 吉向吉水 주로 부귀 장수에 자손이 성하고 發福이 오래간다. 長孫先 發福. |
| | 庚坐 甲向<br>酉坐 卯向 | × | | 冠帶 | 不立胎向 | 龍穴이 부실하면 아들이 일찍 죽고 가산이 크게 敗하며 결국 絶孫한다. |
| | 辛坐 乙向<br>戌坐 辰向 | △ | | 衰 | 向上衰破 | 자손은 있으나 부귀는 없으며 오래가면 사람도 재산도 부진하여 길흉이 반반이다. 장생법으로 乙向은 吉破로 좋다. |
| | 乾坐 巽向<br>亥坐 巳向 | ◎ | 左旋龍<br>右旋水 | 墓 | 自生向 | 正庫消水破로 吉向吉水다. 효자에 오복이 臨門하며 賢妻와 효자가 나고 부귀가 집집마다 고루 발복한다. |

259

| 水口 | 坐向 | 吉凶 | (合法左右旋龍水 | 破 | 正變局向 | 吉凶論 |
|---|---|---|---|---|---|---|
| 艮寅破 | 壬坐 丙向<br>子坐 午向 | × | | 生 | 不立浴向 | 어린 아이를 기르기 어렵고 재산은 있되 마침내 絕孫된다. 장손부터 피해를 보고 차례로 다른 자손까지 미친다. |
| | 癸坐 丁向<br>丑坐 未向 | × | | 臨官 | 不立冠帶 | 沖波臨官破로 凶破이며 어린 아이를 기르기 어렵고 남녀가 빨리 죽고 재산을 탕진한다. 先長孫 後次孫 失敗. |
| | 艮坐 坤向<br>寅坐 申向 | × | | 病 | 交如不及 | 龍穴마저 부실하면 丁財 不發에 병이 많아 敗絕한다. |
| | 甲坐 庚向<br>卯坐 酉向 | △ | | 絕 | 過宮水 | 四庫藏에서만 救貧黃泉破 별로 발전이 없고 자손은 있어도 재물이 없어 길흉이 반반이다. |
| | 乙坐 辛向<br>辰坐 戌向 | × | | 生 | | 자손과 재산이 쇠퇴하고 絕孫 염려도 있다. |
| | 巽坐 乾向<br>巳坐 亥向 | × | | 臨官 | | 龍穴이 부실하면 젊은 아들이 죽고 絕孫이 될 수도 있다. |
| | 丙坐 壬向<br>午坐 子向 | × | | 病 | | 病破 凶水. 龍穴이 부실하면 남녀가 단명하고 과부가 많이 생기고 재산이 없어지고 차손부터 먼저 망한다. |
| | 丁坐 癸向<br>未坐 丑向 | ◎ | 右旋龍左旋水 | 絕 | 正墓向 | 救貧黃泉破로 吉向 吉水다. 丑向을 쓰면 총명한 수재가 과거에 급제하고 문장 명필이 繼續해서 連出한다. |
| | 坤坐 艮向<br>申坐 寅向 | ◎ | 左旋龍右旋水 | 堂門 | 絕向絕流 | 絕向絕流 當面出殺로 吉向 吉水다. 寅方을 범하지 않으면 큰 부귀가 기약된다. 左旋水가 되면 大凶殺이 된다. |
| | 庚坐 甲向<br>酉坐 卯向 | × | | 臨官 | 大黃泉破 | 臨官破는 大黃泉殺. 成才된 아들이 죽고 家患이 끊이지 않으며 絕孫된다. |
| | 辛坐 乙向<br>戌坐 辰向 | ◎ | 左旋龍右旋水 | 病 | 正養向 | 正養向은 貴人祿馬向으로 자손과 재산이 크게 성하고 공명이 높고 자손들이 다 같이 발복하고 오래 지속된다. 乙向이 좋다. |
| | 乾坐 巽向<br>亥坐 巳向 | △ | | 絕 | 過宮水 | 부귀는 나지 않아도 의식주의 지장은 없다. 오래 갈수록 불리하다. |

| 水口 | 坐向 | 吉凶 | (合法)左右旋龍水 | 破 | 正變局向 | 吉凶論 |
|---|---|---|---|---|---|---|
| 甲卯破 | 壬坐 丙向<br>子坐 午向 | ◎ | 左旋龍<br>右旋水 | 浴 | 沐浴消水 | 沐浴消水로 부자가 나고 자손의 번창이 기약된다. 그러나 卯를 범하지 않아야 한다. |
| | 癸坐 丁向<br>丑坐 未向 | × | | 旺 | 沖波旺位 | 凶破. 초년에는 간혹 자손이 성하나 가난하며 오래가면 絶孫하고 재산도 없어진다. |
| | 艮坐 坤向<br>寅坐 申向 | × | | 死 | 交如不及 | 龍穴이 부실하면 자손과 재산이 성하지 못하며 단명과 敗絶이 우려된다. |
| | 甲坐 庚向<br>卯坐 酉向 | × | | 胎 | | 龍穴마저 부실하면 落胎로 사람이 상하고 초년에는 자손이 성한 듯하나 오래 되면 敗家한다. |
| | 乙坐 辛向<br>辰坐 戌向 | ◎ | 右旋龍<br>左旋水 | 浴 | 衰向胎流 | 卯字를 범하지 않으면 衰向胎流의 吉向 吉水이다. 큰 부자나 귀인이 나고 壽福이 함께 하나 平野地는 입향이 가능하다. |
| | 巽坐 乾向<br>巳坐 亥向 | × | | 旺 | | 凶破로 오래 가면 집안이 敗産되고 실패한다. 절손될까 우려된다. |
| | 丙坐 壬向<br>午坐 子向 | × | | 死 | 交如不及 | 交如不及으로 자손이 단명하고 빈곤하며 어린 과부가 많다. 특히 先傷 二門이라 한다. |
| | 丁坐 癸向<br>未坐 丑向 | △ | | 胎 | 沖波胎神 | 간혹 부귀도 있으나 불발하기도 하는 無害之地 정도에 속한다. |
| | 坤坐 艮向<br>申坐 寅向 | ◎ | 右旋龍<br>左旋水 | 浴 | 文庫消水 | 부귀와 壽福이 함께 하며 문인이 많이 나오며 文名四海가 기약된다. |
| | 庚坐 甲向<br>酉坐 卯向 | ◎ | 左旋龍<br>右旋水 | 堂門 | 胎向胎流 | 當面出殺法으로 吉向 吉水이다. 대부대귀에 자손이 번창한다. 卯字를 범하면 敗絶하니 정혈에 조심하라. |
| | 辛坐 乙向<br>戌坐 辰向 | × | | 死 | 小黃泉破 | 小黃泉破로 빈궁하고 젊어서 죽는 사람이 많아 과부가 많다. 또 惡漢이 나올 수 있다. |
| | 乾坐 巽向<br>亥坐 巳向 | × | | 胎 | 沖波胎神 | 초년에는 간혹 丁財가 兩發하나 오래되면 絶孫과 가난을 면치 못한다. |

| 水口 | 坐向 | 吉凶 | (合法)左右旋龍水 | 破 | 正變局向 | 吉凶論 |
|---|---|---|---|---|---|---|
| 乙辰破 | 壬坐 丙向<br>子坐 午向 | × | | 冠帶 | 不立<br>胎向 | 주로 총명한 아들이 상하고 재산이 退敗하고 마침내는 絶孫이 우려된다. |
| | 癸坐 丁向<br>丑坐 未向 | △ | | 衰 | | 초년에는 자손이 있으나 부귀는 없으며 크게 흥한 일도 없다. |
| | 艮坐 坤向<br>寅坐 申向 | ◎ | 左旋龍<br>右旋水 | 葬 | 正生向 | 正庫消水로 吉向 吉水. 부귀를 함께 갖추고 자손이 번창함과 현처 효자가 나며 집안에 오복이 가득하다. |
| | 甲坐 庚向<br>卯坐 酉向 | × | | 養 | 不立<br>沐浴向 | 凶破로 어린 아이를 기르기 어렵고 재산이 망하고 絶孫之地이다. |
| | 乙坐 辛向<br>辰坐 戌向 | × | | 冠帶 | 不立<br>冠帶 | 丁財 不發에 자손이 단명하여 絶孫이 우려된다. |
| | 巽坐 乾向<br>巳坐 亥向 | × | | 衰 | 不立<br>臨官 | 십개퇴신여귀령+個退神如鬼靈의 향으로 재산도 실패하고 絶孫 염려도 있다. |
| | 丙坐 壬向<br>午坐 子向 | ◎ | 右旋龍<br>左旋水 | 墓 | 正旺向 | 크게 부귀를 겸하여 현처와 효자를 낳으며 남자는 총명하고 여자는 수려하다. 집집마다 발복, 자자손손 부귀가 쌍전함. |
| | 丁坐 癸向<br>未坐 丑向 | × | | 養 | 不立<br>衰向 | 초년에는 이로우나 점차 재산을 지키지 못하게 된다. |
| | 坤坐 艮向<br>申坐 寅向 | × | | 冠帶 | 不立<br>病向 | 凶破. 총명한 아들이 어려서 상하고 長病者가 많이 나오며 정절을 지키는 여자도 나온다. |
| | 庚坐 甲向<br>酉坐 卯向 | ◎ | 右旋龍<br>左旋水 | 衰 | 自旺向 | 借庫消水. 부귀를 겸하며 자손들이 장수하며 발복장구한다. 艮寅方 水來朝면 7세 신동이 배출되는 귀격이다. |
| | 辛坐 乙向<br>戌坐 辰向 | ◎ | 右旋龍<br>左旋水 | 堂門 | 墓向<br>墓流 | 辰字를 범하지 않고 乙字 위로 흘러가면 큰 부자가 기약된다. 이법 역시 약간의 차만 있어도 絶敗한다. 右旋水가 乙字 위로 오면 大黃泉殺이다. |
| | 乾坐 巽向<br>亥坐 巳向 | ◎ | 左旋龍<br>右旋水 | 養 | 自生向 | 借庫消水. 부귀가 나며 자손이 고루 장수하고 자손과 재물이 크게 성하니 차손이 먼저 發한다. |

| 水口 | 坐向 | 吉凶 | (合法)左右旋龍水 | 破 | 正變局向 | 吉凶論 |
|---|---|---|---|---|---|---|
| 巽巳破 | 壬坐 丙向<br>子坐 午向 | × | | 臨官 | 大黃泉破 | 黃泉破로서 학업을 이룬 아들이 상하고 난치병인 長病者가 많으며 先傷二房에 次及他方에 미친다. |
| | 癸坐 丁向<br>丑坐 未向 | ◎ | 左旋龍<br>右旋水 | 病 | 正養向 | 貴人祿馬破. 자손과 재물이 兩旺하고 공명이 높고 忠孝賢良에 장수가 기약된다. 집집이 발복하고 여자까지 竝發하니 최고의 吉向이다. |
| | 艮坐 坤向<br>寅坐 申向 | △ | | 絶 | | 凶破. 초년에는 有丁 有壽하나 오래갈수록 빈곤이 우려된다. 龍穴만 확실하면 늦게 귀를 얻고 장수하는 경우도 있다. |
| | 甲坐 庚向<br>卯坐 酉向 | × | | 生 | | 凶破. 재물은 있으나 자손이 없고 龍穴마저 부실하면 絶孫하고 장자가 먼저 敗한다. |
| | 乙坐 辛向<br>辰坐 戌向 | × | | 臨官 | 不立帶向 | 凶向으로 자손을 기르기 어렵고 가난하며 絶孫하기 쉽고 장손이 먼저 敗한다. |
| | 巽坐 乾向<br>巳坐 亥向 | × | | 病 | 交如不及 | 交如不及이다. 질병에 의해 단명하고 絶孫 우려가 있어 정혈하지 않는 것이 좋다. |
| | 丙坐 壬向<br>午坐 子向 | × | | 絶 | | 凶破. 초년에는 약간 활발하나 좀 지나면 실패한다. 晚得으로 약간 회복하는 경우도 있다. |
| | 丁坐 癸向<br>未坐 丑向 | × | | 生 | | 재산이 쇠해지고 絶孫될까 우려된다. |
| | 坤坐 艮向<br>申坐 寅向 | × | | 臨官 | | 成才之子가 상하고 단명하여 絶孫되기 쉽다. |
| | 庚坐 甲向<br>酉坐 卯向 | × | | 病 | | 凶破. 乙辛丁癸向에서만 祿馬貴人破이고 기타는 흉파다. 短命 寡宿水로 남자는 단명하고 과부가 많이 나오며 絶孫된다. 三房이 더 심하다. |
| | 辛坐 乙向<br>戌坐 辰向 | ◎ | 右旋龍<br>左旋水 | 絶 | 正墓向 | 向上 救貧黃泉破 向向 吉水. 자손이 크게 성하고 壽福이 겸전하며 福祿이 長遠한다. |
| | 乾坐 巽向<br>亥坐 巳向 | ◎ | 左旋龍<br>右旋水 | 絶 | 絶向絶流 | 큰 부자나 귀인이 나고 자손과 재산이 크게 성하며 남녀가 장수한다. 左旋水면 墓絶沖生大殺로 大凶하다. |

| 水口 | 坐向 | 吉凶 | (合法)左右旋龍水 | 破 | 正變局向 | 吉凶論 |
|---|---|---|---|---|---|---|
| 丙午破 | 壬坐 丙向<br>子坐 午向 | ◎ | 左旋龍<br>右旋水 | 堂門 | 胎向<br>胎流 | 午字를 범하지 않으면 當面出殺法으로 큰 부자나 귀인이 나며 자손이 흥왕하나 남자는 단명하고 젊은 과부가 우려됨(左旋水면 凶). |
| | 癸坐 丁向<br>丑坐 未向 | × | | 死 | 小黃泉破 | 小黃泉破. 窮乏夭亡(가난하고 젊어서 죽음)이 우려됨. 未字方에 참암(뾰족한 바위)이 있으면 횡폭한 사람이 나온다. |
| | 艮坐 坤向<br>寅坐 申向 | × | | 胎 | 沖破胎神 | 초년에는 재물도 있고 장수도 하나 해가 지나면 落胎하거나 사람이 크게 상하고 가난하며 絶孫이 우려된다. |
| | 甲坐 庚向<br>卯坐 酉向 | ◎ | 左旋龍<br>右旋水 | 浴 | 沐浴消水 | 沐浴消水破로 吉向 吉水. 자손이 성하고 부귀를 이루나 午方을 약간이라도 범하면 자손이 음탕하고 絶孫도 우려된다. |
| | 乙坐 辛向<br>辰坐 戌向 | × | | 旺 | 沖破旺位 | 초년에는 자손이 있으나 가난하고 오래되면 재산이 없어져 집안이 망하고 젊어서 죽음을 맞게 되어 절손 위험이 있다. |
| | 巽坐 乾向<br>巳坐 亥向 | × | | 死 | 不立官向 | 음양교합이 되지 못하므로 병이 많아 단명하고 시간이 지나면 빈궁 절손이 우려된다. |
| | 丙坐 壬向<br>午坐 子向 | × | | 胎 | 沖破胎神 | 초년에는 자손도 재물도 심하게 나쁘지 않지만 오래가면 落胎하고 자손이 상한다. |
| | 丁坐 癸向<br>未坐 丑向 | ◎ | 右旋龍<br>左旋水 | 浴 | 衰向<br>胎流 | 쇠향태류법에 해당되는 吉向 吉水다. 큰 부자나 귀인이 나며 壽福이 기약되나 물이 午方을 범하면 흉파로 주의를 요함(산지 입향 불가). |
| | 坤坐 艮向<br>申坐 寅向 | × | | 旺 | | 자손은 있으나 가난하다. 또 絶孫마저 위태롭다. |
| | 庚坐 甲向<br>酉坐 卯向 | × | | 死 | | 短命水의 凶破. 남자가 젊어서 죽음을 맞게 되어 과부가 많으며 絶孫되고 三房이 먼저 敗한다. |
| | 辛坐 乙向<br>戌坐 辰向 | △ | | 胎 | 過宮水 | 간혹부자가 되기도 하고 자손이 성하고 壽高하기도 하나 때로는 빈곤과 요절하기도 하는 길흉이 반반이다. |
| | 乾坐 巽向<br>亥坐 巳向 | ◎ | 右旋龍<br>左旋水 | 浴 | 文庫消水 | 부자와 귀인이 나며 壽福이 겸전한다. 그러나 조금만 차이가 있어도 禍가 따르니 조심하라. |

| 水口 | 坐向 | 吉凶 | (合法)左旋龍右旋水 | 破 | 正變局向 | 吉凶論 |
|---|---|---|---|---|---|---|
| 丁未破 | 壬坐 丙向<br>子坐 午向 | ◎ | 右旋龍<br>左旋水 | 衰 | 自旺向 | 借庫消水破로 吉向 吉水다. 부자와 귀인이 나고 자손이 번성한다. |
| | 癸坐 丁向<br>丑坐 未向 | × | | 墓 | 墓向<br>墓流 | 墓向으로 人傷 丁敗가 심하다. 절손, 패가가 우려된다. 未方을 범하지 않고 丁方上으로 流去 보이지 않게 直去하면 대부대귀하다. |
| | 艮坐 坤向<br>寅坐 申向 | ◎ | 左旋龍<br>右旋水 | 養 | 自生向 | 絶處逢生에 借庫消水破로 吉向 吉水. 부귀 장수에 자손이 대왕하고 小房이 먼저 발복하고 大房 中房까지 발복한다. |
| | 甲坐 庚向<br>卯坐 酉向 | × | | 冠帶 | 不立<br>胎向 | 凶破로 龍穴마저 부실하면 총명한 아들이 상하게 되며 敗家한 후 오래 가면 絶孫한다. |
| | 乙坐 辛向<br>辰坐 戌向 | × | | 衰 | | 초년에는 자손들과 포식이 가능하나 오래 가면 絶孫에 빈궁해진다. |
| | 巽坐 乾向<br>巳坐 亥向 | ◎ | 左旋龍<br>右旋水 | 墓 | 正生向 | 正庫消水破로 吉向 吉水이다. 부자와 귀인이 함께 나고 현처와 효자가 기약되며 오복이 집집마다 깃든다. |
| | 丙坐 壬向<br>午坐 子向 | × | | 養 | 不立<br>沐浴 | 凶破(乾坤艮巽向이 아니므로 借庫消水가 못된다) 아이를 기르기 어렵고 재산이 없어지고 絶孫이 우려된다. |
| | 丁坐 癸向<br>未坐 丑向 | × | | 冠帶 | 不立<br>冠帶 | 凶破. 소년이 상하고 모든 일이 실패하고 가난하며 마침내 絶孫된다. |
| | 坤坐 艮向<br>申坐 寅向 | × | | 衰 | 不立<br>臨官 | 家産이 없어지거나 아니면 絶孫된다. 甲庚丙壬향(地支 포함)에 한해서 쇠파가 借庫消水破로 吉. |
| | 庚坐 甲向<br>酉坐 卯向 | ◎ | 右旋龍<br>左旋水 | 墓 | 正旺向 | 正庫消水破 吉向 吉水.<br>큰 부자와 귀인이 나고 남녀가 다 장수하며 자손이 번창하고 집집마다 발복한다. |
| | 辛坐 乙向<br>戌坐 辰向 | △ | | 養 | 不立<br>衰向 | 자손과 재산이 다 같이 불리하나 크게 흉한 일은 없다. |
| | 乾坐 巽向<br>亥坐 巳向 | × | | 冠帶 | 不立<br>病向 | 凶破(乾坤艮巽향에 한해서 養破가 借庫消水破로 吉). 병이 많고 가난하며 총명한 자손이 상하고 오랜 뒤에는 絶孫되기 쉽다. |

| 水口 | 坐向 | 吉凶 | (合法)左右旋龍水 | 破 | 正變局向 | 吉凶論 |
|---|---|---|---|---|---|---|
| 坤申破 | 壬坐 丙向<br>子坐 午向 | × | | 病 | 不立死向 | 凶破(乙辛丁癸向에 한해서 病破가 祿馬貴人破로 吉). 남자가 단명하고 과부가 여러 명이 난다. |
| | 癸坐 丁向<br>丑坐 未向 | ◎ | 右旋龍<br>左旋水 | 絶 | 正墓向 | 正墓向에 正庫消水破로 吉. 부자와 귀인이 나며 자손이 많아 壽福 雙全이 기약된다. |
| | 艮坐 坤向<br>寅坐 申向 | ◎ | 左旋龍<br>右旋水 | 生 | 絶向絶流 | 申字를 범하지 않고 坤方上이면 대부대귀에 자손이 흥왕한다. 만약 장대한 左水가 到右하여 申上이면 大凶. |
| | 甲坐 庚向<br>卯坐 酉向 | × | | 臨官 | 大黃泉破 | 大黃泉殺로 成才之子가 喪하게 되고 재산이 없어지고 多病多疾이 우려되며 二房부터 상하고 다른 자손에 미친다. |
| | 乙坐 辛向<br>辰坐 戌向 | ◎ | 左旋龍<br>右旋水 | 病 | 正養向 | 자손과 재산이 크게 성하고 공명이 높고 남녀가 다 장수하며 충효 자녀가 탄생하며 房房마다 고루 발복한다. |
| | 巽坐 乾向<br>巳坐 亥向 | △ | | 絶 | | 초년에는 불발, 부귀이나 말년에 약간의 귀가 기약된다. |
| | 丙坐 壬向<br>午坐 子向 | × | | 生 | | 凶破. 재산은 있으나 어린 아이를 기르기 힘들고 마침내는 乏嗣(대를 잇지 못함)가 우려된다. |
| | 丁坐 癸向<br>未坐 丑向 | × | | 臨官 | | 凶破. 자녀를 기르기 어렵고 남녀가 일찍 세상을 떠나고 가산이 패망하여 빈궁하고 絶孫하며 장손이 먼저 실패한다. |
| | 坤坐 艮向<br>申坐 寅向 | × | | 病 | | 龍穴이 부실하면 질병으로 早死한다. 산지에서는 입향할 수 없다. |
| | 庚坐 甲向<br>酉坐 卯向 | × | | 絶 | | 貴와 財가 전무하고 공명이 불리하나 크게 흉한 일은 별로 없다 해도 취할 곳은 못된다. |
| | 辛坐 乙向<br>戌坐 辰向 | × | | 生 | 不立衰向 | 大凶破. 가난하고 자손도 성하지 못해 심하면 絶孫이 우려된다. |
| | 乾坐 巽向<br>亥坐 巳向 | × | | 臨官 | 不立病向 | 成才된 아들이 상하고 젊어서 죽어 대를 잇지 못하고 빈곤하고 戰傷客死하여 絶孫되기 쉽다. |

| 水口 | 坐向 | 吉凶 | (合法)左右旋龍水 | 破 | 正變局向 | 吉凶論 |
|---|---|---|---|---|---|---|
| 庚酉破 | 壬坐 丙向<br>子坐 午向 | × | | 死 | 不立死向 | 交如不及에 短命 寡宿水이다. 향은 願回天壽之壽라 하여 비록 어려서 학문과 공명이 높았다 하나 단명하여 빨리 패망한다. |
| | 癸坐 丁向<br>丑坐 未向 | △ | | 胎 | | 胎破는 길흉이 반반이다. 간혹 有丁 發貴하나 재산이 없고 자손이 상하며 오래 가면 자손은 있어도 가난할까 우려된다. |
| | 艮坐 坤向<br>寅坐 申向 | ◎ | 右旋龍<br>左旋水 | 浴 | 文庫消水 | 文庫消水破는 吉向 吉水. 비록 부와 귀를 겸할 수 있어도 약간의 차만 있어도 패망하니 입향에 조심해야 한다. |
| | 甲坐 庚向<br>卯坐 酉向 | ◎ | 左旋龍<br>右旋水 | 堂門 | 胎向胎流 | 胎向胎流. 대부대귀에 자손이 흥왕한다. 酉字를 범하지 않고 庚方으로만 去해야 한다. 태향태류는 자칫하면 가장 흉한 것이다. |
| | 乙坐 辛向<br>辰坐 戌向 | × | | 死 | 小黃泉破 | 小黃泉破로 窮乏하고 夭亡(早死)하니 과부가 생긴다. 戌方에 참암이 보이면 악한이 간혹 태어나 가문을 훼손한다. |
| | 巽坐 乾向<br>巳坐 亥向 | × | | 胎 | 沖破胎神 | 초년에는 간혹 자손과 재산이 흥할 때도 있으나 오래되면 絶孫하거나 가난이 우려된다. |
| | 丙坐 壬向<br>午坐 子向 | ◎ | 左旋龍<br>右旋水 | 浴 | 沐浴消水 | 부귀 쌍전에 자손이 크게 번창한다. 不犯酉字를 범하지 않고 庚方上으로만 물이 나가야 한다. 酉字를 범하면 大凶이니 특별히 주의해야 한다. |
| | 丁坐 癸向<br>未坐 丑向 | × | | 旺 | 沖破旺位 | 초년에는 자손이 있고 재산이 없어도 장수하나 오래 가면 단명하며 절손하고 재산도 없어져 가난하다. |
| | 坤坐 艮向<br>申坐 寅向 | × | | 死 | | 단명하며 재산이 없어 가난을 면치 못한다. 交如不及(辛戌이면 墓破인 正庫消水가 되어 吉破인데 庚酉에 미치지 못했다)는 뜻. |
| | 庚坐 甲向<br>酉坐 卯向 | × | | 胎 | 沖破胎神 | 沖破胎神은 초년에 간혹 자손과 재물이 있으나 주로 落胎로 사람이 상하니 敗家가 우려된다. 셋째집이 더 심하다. |
| | 辛坐 乙向<br>戌坐 辰向 | ◎ | 右旋龍<br>左旋水 | 浴 | 衰向胎流 | 부자와 귀인이 나며 壽福이 쌍전한다. 平洋 發福에 山地 敗絶이라 하여 평지는 좋으나 산지는 입향이 불가하다. |
| | 乾坐 巽向<br>亥坐 巳向 | × | | 旺 | 生來破旺 | 초년에는 성한 것 같아도 곧 가난해 결국 패가망신한다. 庚破에 대한 巽巳향은 不立病向의 凶破이다. |

267

## 【 향과 수구(파)와의 길흉 관계 】

| 좌향 | 辛坐乙向 | 戌坐辰向 | 乾坐巽向 | 亥坐巽向 | 壬坐丙向 | 子坐午向 | 癸坐丁向 | 丑坐未向 | 艮坐坤向 | 寅坐申向 | 甲坐庚向 | 卯坐酉向 | 乙坐辛向 | 辰坐戌向 | 巽坐乾向 | 巳坐亥向 | 丙坐壬向 | 午坐子向 | 丁坐癸向 | 未坐丑向 | 坤坐艮向 | 申坐寅向 | 庚坐甲向 | 酉坐卯向 |
|---|---|---|---|---|---|---|---|---|---|---|---|---|---|---|---|---|---|---|---|---|---|---|---|---|
| 길파와 흉파 | 巽巳파(絶파) 救貧黃泉<br>艮寅파(病파=祿貴人파) | 丙午파(胎파) 吉凶相半<br>甲卯파(浴파=死파=小黃泉파) | 乙辰파(養파) 借庫消水<br>丙午파(浴파=死파=小黃泉파) | 癸丑파(墓파) 正庫消水<br>乙辰파는 當面出殺法 (不犯巳字라야) | 甲卯파(浴파) 沐浴消水<br>丁未파(衰파=借庫消水파) | 丁未파(養파) 借庫消水<br>巽巳파(病파=祿貴人파) | 癸丑파(墓파) 正庫消水<br>巽巳파(官파=大黃泉파) | 丁未파(胎파) 吉凶相半<br>庚酉파(死파=小黃泉파) | 庚酉파(絶파) 救貧黃泉<br>坤申파(病파=祿貴人파) | 丁未파(胎파) 吉凶相半<br>坤申파는 當面出殺法 (不犯申字라야) | 坤申파(病파) 祿馬貴人파<br>庚酉파(浴파=死파=小黃泉파) | 辛戌파(官파) 借庫消水<br>辛戌파(官파=借庫消水파) | 壬子파(浴파) 沐浴消水<br>壬子파(浴파=死파=小黃泉파) | 乾亥파(病파) 祿馬貴人파<br>乾亥파는 當面出殺法 (不犯亥字라야) | 辛戌파(官파) 借庫消水<br>乾亥파(病파=祿貴人파) | 乾亥파(官파) 大黃泉파<br>乾亥파(官파=大黃泉파) | 辛戌파(病파) 祿馬貴人파<br>癸丑파(衰파=借庫消水파) | 坤申파(官파) 借庫消水<br>甲卯파(死파=小黃泉파) | 坤申파(官파) 大黃泉파<br>艮寅파(病파=祿貴人파) | 庚酉파(病파) 祿馬貴人파<br>艮寅파는 當面出殺法 (不犯寅字라야) | 艮寅파(官파) 借庫消水<br>甲卯파(浴파=死파=小黃泉파) | 艮寅파(官파) 大黃泉파<br>乙辰파(官파=借庫消水파) | 甲卯파(病파) 祿馬貴人파<br>丙午파(浴파=死파=小黃泉파) | 巽巳파(絶파) 救貧黃泉<br>艮寅파(病파=祿貴人파) |

墓파 : 乾亥, 坤申, 艮寅, 巽巳, 甲卯, 庚酉, 丙午, 壬子향에 한해서 正庫消水 吉破이다.

| | |
|---|---|
| 養파 : 乾亥, 坤申, 艮寅, 巽巳향이 借庫消水 | 衰파 : 甲卯, 庚酉, 丙午, 壬子향만 借庫消水 |
| 浴파 : 乾亥, 坤申, 艮寅, 巽巳 甲卯, 庚酉, 丙午, 壬子 향만 文庫消水 | 病파 : 乙辰, 辛戌, 丁未, 癸丑향만 祿馬貴人파 |
| 絶파 : 乙辰, 辛戌, 丁未, 癸丑향만 救貧黃泉 | 死파 : 乙辰, 辛戌, 丁未, 癸丑향만 小黃泉파 |
| 胎파 : 乙辰, 辛戌, 丁未, 癸丑향만 吉凶相半 | 官파 : 甲庚丙壬향은 특히 大黃泉殺 大凶 |

| 向上胞胎四局 | | |
|---|---|---|
| | 木局 : 乾甲丁亥卯未향 | 金局 : 巽庚癸巳酉丑향 |
| | 火局 : 艮丙辛寅午戌향 | 水局 : 坤壬乙申子辰향 |

# 【 24수 길흉격 조견표(장생수법) 】

| 묘의 좌향 (득파) / O길득수 ●길파 ▲황천파 | 辛戌 | 乾亥 | 壬子 | 癸丑 | 艮寅 | 甲卯 | 乙辰 | 巽巳 | 丙午 | 丁未 | 坤申 | 庚酉 | 좌선수와 우선수 |
|---|---|---|---|---|---|---|---|---|---|---|---|---|---|
| 乙坐辛向(음衰향) 木국 | ●衰 득파 | 旺O | 官O ▲黃泉水 | 帶O | 浴 | 生O | 養 | 胎 | 絕 | ●墓 | ●死 | ●病 | 右水到局(음국) (우선수) |
| 辰坐戌向(양衰향) 金국 | ●衰 득파 | ●病 | ●死 | ●墓 | 絕 | 胎 | 養 | 生O | 浴 | 帶O | 官O ▲黃泉水 | 旺O | 左水到局(양국) (좌선수) |
| 巽坐坤向(음旺향) 巳坐亥向(음旺향) 木국 | ●衰 득파 | 旺O | 官O ▲黃泉水 | 帶O | 浴 | 生O | 養 | 胎 | 絕 | ●墓 | ●死 | ●病 | 右水到左局(음국) (우선수) |
| 丙坐壬向(양旺향) 午坐子向(양旺향) 水국 | 帶O | 官O ▲黃泉水 | 旺O | ●衰 | ●病 | ●死 | ●墓 | 絕 | 胎 | 養 | 生O | 浴 | 左水到局(양국) (좌선수) |
| 丁坐癸向(음衰향) 火국 | ●墓 득파 | ●死 | ●病 | ●衰 | 旺O | 官O ▲黃泉水 | 帶O | 浴 | 生O | 養 | 胎 | 絕 | 右水到左局(음국) (우선수) |
| 未坐丑向(양衰향) 水국 | 帶O 득파 | 官O ▲黃泉水 | 旺O | ●衰 | ●病 | ●死 | ●墓 | 絕 | 胎 | 養 | 生O | 浴 | 左水到右局(양국) (좌선수) |
| 坤坐艮向(음旺향) 申坐寅向(음旺향) 火국 | ●墓 득파 | ●死 | ●病 | ●衰 | 旺O | 官O ▲黃泉水 | 帶O | 浴 | 生O | 養 | 胎 | 絕 | 右水到左局(음국) (우선수) |
| 庚坐甲向(양旺향) 酉坐卯向(양旺향) 木국 | 養 | 生O | 浴 | 帶O | 官O ▲黃泉水 | 旺O | ●衰 | ●病 | ●死 | ●墓 | 絕 | 胎 | 左水到局(양국) (좌선수) |
| 辛坐乙向(음衰향) 金국 | 養 득파 | 胎 | 絕 | ●墓 | ●死 | ●病 | ●衰 | 旺O | 官O ▲黃泉水 | 帶O | 浴 | 生O | 右水到左局(음국) (우선수) |
| 戌坐辰向(양衰향) 木국 | 養 | 生O | 浴 | 帶O | 官O ▲黃泉水 | 旺O | ●衰 | ●病 | ●死 | ●墓 | 絕 | 胎 | 左水到局(양국) (좌선수) |
| 乾坐巽向(음旺향) 亥坐巳向(음旺향) 金국 | 養 득파 | 胎 | 絕 | ●墓 | ●死 | ●病 | ●衰 | 旺O | 官O ▲黃泉水 | 帶O | 浴 | 生O | 右水到左局(음국) (우선수) |
| 壬坐丙向(양旺향) 子坐午向(양旺향) 火국 | ●墓 득파 | 絕 | 胎 | 養 | 生O | 浴 | 帶O | 官O | 旺O | ●衰 ▲黃泉水 | ●病 | ●死 | 左水到右局(양국) (좌선수) |
| 癸坐丁向(음衰향) 水국 | 帶O 득파 | 浴 | 生O | 養 | 胎 | 絕 | ●墓 | ●死 | ●病 | ●衰 | 旺O | 官O ▲黃泉水 | 右水到左局(음국) (우선수) |
| 丑坐未向(양衰향) 火국 | ●墓 득파 | 絕 | 胎 | 養 | 生O | 浴 | 帶O | 官O | 旺O | ●衰 ▲黃泉水 | ●病 | ●死 | 左水到右局(양국) (좌선수) |
| 艮坐坤向(음旺향) 寅坐申向(음旺향) 水국 | 帶O 득파 | 浴 | 生O | 養 | 胎 | 絕 | ●墓 | ●死 | ●病 | ●衰 | 旺O | 官O ▲黃泉水 | 右水到右局(음국) (우선수) |
| 甲坐庚向(양旺향) 卯坐酉向(양旺향) | ●衰 득파 | ●病 | ●死 | ●墓 | 絕 | 胎 | 養 | 生O | 浴 | 帶O | 官O | 旺O ▲黃泉水 | 左水到右局(양국) (좌선수) |

- 陽旺向 → 甲 庚 丙 壬 子 午 卯 酉向
- 陽衰向 → 辰 戌 丑 未向
- 陰旺向 → 乾 巽 艮 坤 寅 申 巳 亥向
- 陰衰向 → 乙 辛 丁 癸向

## (9) 수구水口=破와 득수得水를 보는 방법 11가지

봉침縫針으로 보는 각종 수법水法에 대해서는 〈수세편〉에서 각 수법을 비교 검증하고 그 결과에 대해서 자세히 설명하였으나 우선 경험이 적은 후학자들이 가장 어려움을 느끼는 것이 수구와 득수를 어떤 기준으로 정확히 확인하느냐가 문제이기 때문에 가장 보편적인 11가지 예를 들어 설명키로 한다.

【 陽水口의 경우 】

❶ 청룡과 백호가 다 같이 혈을 잘 감싸주면서 청룡이 백호보다 장대長大하여 청룡이 백호 끝을 감아주는 경우 양수구陽水口라 한다. 외당수는 있어도 보이지 않는 경우 청룡 끝 합금지처合襟之處가 내수구가 된다. 이때 외당수는 청룡이 백호보다 길기 때문에 당연히 우선수가 되어야 합법이다.

그리고 외당수는 혈에서는 보이지 않아도 이를 암공수暗拱水라 하여 혈에 유익한 것이다. 이런 경우 득수는 내당수 중에서 과당수過堂水의 선견지처先見之處를 득으로 본다.

❷ 음수구陰水口의 경우는 양수구와는 반대로 백호가 청룡보다 장대하여 백호가 청룡 끝을 감아주는 경우를 말한다. 외당수는 좌선수라야 합법이며 이때 수구는 백호 끝 합금지처合襟之處가 내수구가 된다. 이때 외당수는 백호가 청룡보다 장대하기 때문에 좌선수라야 합법이며 외당수는 보이지 않아도 암공수라 하

【 陰水口의 경우 】

여 혈에 유익한 수水가 된다. 득수는 ❶에서와 같다.

❸ 음양합수구陰陽合水口의 경우는 다음 그림과 같이 청룡과 백호가 비슷한 길이에 혈을 감싸주지 못하고 앞을 벌려 놓고 있는 형태를 말한다. 이때 극히 미량이거나 비가 올 때만 건수乾水가 흐르는 내당수보다는 앞을 흐르고 있는 외당수에서 수구를 찾는다. 이때 우선수의 경우는 그림처럼 청룡 끝의 연장선과 안산과의 합금지처가 수구가 된다.

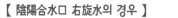

【 陰陽合水口 右旋水의 경우 】　　【 陰陽合水口 左旋水의 경우 】

좌선수의 경우는 그와 반대이다. 이때 청룡·백호 끝과 안산의 거리가 멀어서 합금지처를 확정하기가 어려울 때도 있다. 때문에 많은 경험과 명묘名墓의 답산을 통한 개안開眼이 절대적으로 필요한 것임을 깨달아야 된다.

❹ 혈 앞에 저수지가 있는 경우

㉠ 저수지가 높아 혈에서 저수지 밑의 들(畓)바닥이 보이지 않을 때는 저수지의 무넘기가 수구가 된다.

㉡ 혈이 저수지에 비해 높아서 저수지 밑으로 들이 잘 보이고 물이 흘러가는

수법론水法論 제7장

수로가 잘 보이는 정도라면 청룡 또는 백호 끝과 안산과의 합금지처가 수구가 된다.

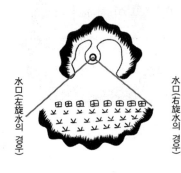

水口(左旋水의 경우)

水口(右旋水의 경우)

❺ 혈 앞에 물은 없고 밭이나 논 등 평야만 있을 경우 좌우선수의 확인도 어려운 경우가 있다. 물론 평소에 흐르는 물은 없기 때문에 비가 내릴 때 건수가 흘러 나가는 곳을 수구로 보면 된다.

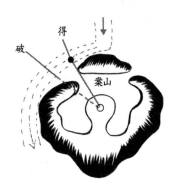

得

破

案山

❻ 내당수는 평소에는 흐르지 않고 비올 때만 건수가 흐르는 상태에서 외당수는 크게 흐르며 앞에서는 직사수直射水로 들어온 것 같으나 혈 앞에 안산인 길사吉砂가 버티고 있어 직래直來함이 보이지 않기 때문에 길한 것이다. 이때 수구는 청룡 끝과 길사와의 사이에 생기는 합금지처를 수구로 본다. 이런 경우 득과 파의 거리가 너무 가까워 같은 쌍산雙山 30도 내에 해당되는 경우는 불길하니 내당수 중 과당수의 선견지처를 득으로 본다.

凶破

❼ 수구를 확인할 필요없이 흉한 수구

좌선수이기 때문에 백호 끝의 연장신에서 합금지처를 찾을 수 있으나 반배수反背水 또는 반궁수反弓水와 같은 흉한 수세인 경우는 수구를 확인할 필요조차 없다.

❽ 혈전(穴前) 사면이 바다인 경우 어느
쪽을 수구로 볼지 분명치 않을 때가 많다.
이런 경우도 뒷산이 높고 청룡 백호가 혈
을 잘 감싸주어 내수구(內水口)를 파破로 볼
수 있을 경우는 바닷물이 암공수暗拱水가
되어 상당한 길지(吉地)에 해당된다.

바다

그러나 이런 경우는 오히려 보기 드물며 청룡과 백호도 닫아주지 못할
경우 혈 앞이 멀리 망망대해가 되었을 경우는 수구가 별로 중요하지도 않
지만 수구를 본다고 한다면 본신룡이 좌선룡이냐 우선룡이냐를 확인하고
좌선룡인 경우 청룡 끝의 연장선을 수구로 본다. 청룡·백호 끝과 혈이 삼
합오행이 되면 수구의 여하를 초월하여 길하며 용과 혈장이 분명한가를
더욱 살펴야 한다.

❾ 안산이 백호와 이어져서 그 뒤에 흐
르는 하천물은 암공수의 역할을 할 뿐 혈
에서는 보이지 않기 때문에 수구는 안산과
청룡과의 합금지처가 되며 득수는 양쪽 내
당수 중에서 과당(過堂·혈 앞을 통과하는 물)하
는 쪽의 선견지처를 득으로 본다.

得

向

破

暗拱水

❿ 암공수暗拱水의 경우

암공수란 혈에서 보이지 않는 물이 청룡·백호 및 사砂에 가려서 흐
르고 있는 것을 말한다. 암공수의 수구를 재는 것은 불가능하며 청룡, 백
호의 합금지처가 수구(내수구)에 해당되며 암공수는 보이지 않아도 길수이

**273**

다. '명조(明朝·혈 앞에 보이는 물)가 암공수만 못하다' 하였다. 보이는 물은 대살帶殺하기 쉬우나 암공수는 수구와 상관없이 다정하게 정포情抱하면 길한 것이다.

❶ 혈 앞의 들 가운데 또는 안산과 청룡·백호와의 사이에 하천이 흐를 때 처음 물이 보이는 곳(先見之處)이 물의 득得이요, 물의 흐르는 것이 실제로 보이다 끊긴 곳(不見之處)이 수구가 된다. 하천이 없이 들로만 되어 있을 때 청룡 또는 백호와 안산과의 합금지처(❺번 그림 참조)를 수구로 보는 것과는 약간 다르다.

## 제④절 재혈裁穴을 잘못하여 한 가문을 망친 예

다음은 어느 문중에서 명혈名穴이 들어 있는 산을 구득求得하였어도 재혈을 잘못해 지사의 오판으로 그 자손이 큰 피해를 당한 예이다.

화순군和順郡 남면南面에 있는 유어상수형遊魚上水形이 결지나 산도山圖에 있기 때문에 나는 수년 전부터 관심을 가지고 있었다. 물론 결록訣錄이나 산도山圖에도 있기 때문에 어느 정도는 믿지만 보는 사람마다 대멍딩人明堂이라고 감탄하니 독자들로 하여금 실감나게 그 실제적 내용을 소개할까 한다.

본 혈의 개요를 살펴보면 다음과 같다.

| 坐向 | 分金 | 左右旋龍 | 入首五格 | 入首 |
|---|---|---|---|---|
| 艮坐 坤向 | 辛丑 分金 | 左旋龍 | 橫龍入首 | 癸入首 |
| **穿山 72龍** | **入首와 向<br>(淨陰淨陽)** | **左右旋水** | **左右旋<br>穴場** | **左右旋<br>穴坐** |
| 癸의<br>珠寶脈(빈칸) | 陽龍入首에<br>陽向 | 右旋水 | 右旋<br>穴場 | 左旋<br>穴坐 |
| **穴의 陰陽向** | **水口** | **水口와 入首와<br>관계** | **穴證** | **穴相** |
| 陰向(坤向) | 丁未破 | 冠帶龍<br>入首(逆旋) | 腦頭<br>結咽處<br>軟翼砂 | 乳穴 |

※ 기타 사항은 다음 사항별로 자세히 설명키로 함.


### (1) 용龍과 물의 좌左·우선右旋

산천의 형국은 자연으로 형성된 것이지만 좌향을 정하는 것은 그 책임이 사람에게 있으므로 하늘이 만든 명당이라 할지라도 사람의 실수로 재혈(裁穴·좌향을 정하는 것)을 잘못하면 발복發福 대신 흉화凶禍를 당하게 되니 지사들의 책임이 얼마나 무겁겠는가?

이와 같이 지리에서 제대로 좌향을 정하는 것이 극히 중요하므로 완벽하게 이해하지 않으면 안 된다.

옛부터 심룡尋龍 3년에 재혈裁穴 10년이라 함도 그만큼 어렵고 심중을 기해야 된다는 뜻이다. 그리고 망인의 안위는 형기에 의함이요, 자손의 화복은 이기에 의함이라 했으니 형기·이기 모두 소중함을 강조한 것이다. 그처럼 재혈이 중요한데 그중에서도 제일 어려운 일은 각종 수법에 맞도록 재혈하는 일이다.

**첫째**, 물의 좌우선을 확실히 파악해야 된다. 좌·우선을 살핀다는 것은 이 세상 어느 지역을 가든 모두 다 물이 왼쪽에서 오른쪽으로 흐르던가(左旋水) 아니면 오른쪽에서 왼쪽(右旋水)으로 흘러가게 되어 있다. 직사直射·직거直去라 할지라도 결국은 좌나 우로 흘러가게 된다. 그러므로 좌선수라면 이 국은 양국이기 때문에 좌향은 양향인 甲庚丙壬(지지 포함) 辰戌丑未향이라야 되며 반대로 우선수라면 음향인 乾坤艮巽(지지 포함)과 乙辛丁癸향이라야 되기 때문에 여러 용이 있을 경우 물의 좌우선과 반대되는 용을 찾아서 그중에서도 청룡·백호와 안산·조산이 잘 감싸주어 장풍藏風이 잘 이루어질 수 있는 용을 본신룡으로 정하고 (앞에서 전망) 그 본신룡으로 오른다.

**둘째**, 그뿐만 아니라 물의 좌·우선에 따라 여러 가지가 자동적으로 달라지기 때문에 혈장 내에서 이를 확인해야 된다. 즉 이곳 혈장처럼 우선수라면,

① 용(본신룡)은 좌선룡이라야 되며 그 외에 본신룡 좌우선의 식별 방법으로는,

　㉠ 주산의 위치를 혈 앞에서 바라볼 때 좌측에 있으면 좌선룡(본신룡)이요, 우측에 있으면 우선룡이다.

　㉡ 청룡이 길면 본신룡은 좌선룡이요, 백호가 길면 우선룡이 된다.

　㉢ 본신룡의 끝이 좌선이면 좌선룡이요, 우선이면 우선룡이다.

　㉣ 물이 좌선수이면 우선룡이라야 되며, 물이 우선수면 반대로 좌선룡이라야 된다.

② 본 혈장처럼 물이 우선수이고 본신룡이 좌선룡이라면 혈장은 우선혈장이라야 되며 선익사는 백호 쪽이 길어야 된다. 그리고 혈

장 지면은 청룡 쪽 즉, 선익사가 짧은 곳이 높아야 된다(左高右落).

이와 같은 혈장 여건에서는 혈좌는 자연 좌선혈좌가 되어야 우선수와 합법인 것이다.

물의 좌우선이 결정되면 따라서 자동적으로 여러 가지 혈장 여건이 결정되기 때문에 그만큼 물의 좌우선 결정은 중요한 사항인 것이다.

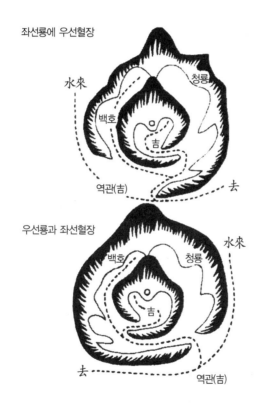

【 좌우선룡과 좌우선 혈장 】

## (2) 용龍의 결인처結咽處와 뇌두腦頭의 유무 확인

용의 결인과 뇌두의 형태도 입수의 다섯 가지 형태에 따라 차이가 있기 마련이다.

본신룡을 결정했으면 속기束氣와 분수分水의 역할을 할 수 있는 결인처 또는 박환처剝換處를 확인하고 와겸유돌窩鉗乳突의 혈상에 따라 뇌두의 차이가 있지만 여하튼 뇌두의 유무를 확인하고 혈의 진가를 가늠해야 된다.

본 혈장인 유어상수혈遊魚上水穴의 경우 주룡主龍이 굴곡은 희미하나 기복은 왕성한 편이다. 따라서 본신룡은 왕성한 기봉에서부터 횡룡입수한 것이다. 따라서 결인은 주룡의 왕성한 기복을 통해 삼분 삼합이 잘 이루어져 물은 잘 털었다고 본다. 횡룡입수의 경우는 용의 좌우선도 주룡과는 상관없이 입수룡의 끝이 좌선이면 좌선룡으로 보고, 우선이면 우선룡으로 본다. 따라서 이곳 본신룡은 좌선룡이 분명하다.

횡룡입수한 후 결인처는 양쪽 계곡이 만나는 곳이다. 그 지점에서 약간 내려오면 뇌두가 형성되어 있으니 그 밑으로 혈장은 이루어진다.

## (3) 혈장사진穴場四眞을 찾는다

혈장사진이란 진룡眞龍·진사眞砂·진수眞水·진토眞土를 말한다.

- ●**진룡** 생기가 모이는 뇌두에서 혈(원운)에 이르는 구毬가 뚜렷해야 진룡인 것이다.

- ●**진사** 혈(원운·태극운)을 감싸주고 혈에 모인 생기를 모아서 감추는 역할을 하기 때문에 모든 사砂 중에서 가장 미약하면서도 가장 혈에 가깝고 중요한 사砂이기 때문에 진사라 하며, 가장 미사微砂에 속하는 선익사(印木)도 음양이 있어 좌측에 선익사가 석골石骨 등 경익硬翼이 길거나 강하게 드러나면 우측

선익사는 보다 짧거나 흙으로 된 연익軟翼이 희미한 경우가 많다. 반대의 경우도 같다. 흙으로만 이루어진 연익은 유구한 세월 속에 풍우에 망가져 아주 희미하고 미세하게 나타나기 때문에 자세히 살펴야 된다. 가운데만 도도록하고 양쪽이 낮기만 하고 선익사가 없는 유乳 바닥이 많으나 이런 곳은 선익사를 만들어서 미곡微谷을 만들어 주어야 된다. 겉으로는 보이지 않아도 흙 속에 숨어 있는 암익사暗翼砂도 있다.

본 혈장에도 주위의 흙보다는 약간 강한 비석비토非石非土로 선익사 역할을 하고 있는 암익사를 확인할 수 있었다.

● **진토** 혈토穴土란 혈의 뇌두(승금)와 선익사, 순전脣氈이 감아주고 있는 혈 가운데 흙을 말한다. 진혈에는 필유진토必有眞土라야 한다. 그 진토란 토색土色에는 구애받지 않으나 제일 많은 것이 홍황색이고 흑·적·황·백 등 삼색토, 오색토도 있다.

《청오경》에는 입수맥에 따라 각기 다른 토색土色을 기록해 놓았으나 실제로 일치되지는 않는다. 혈토는 견고 유연하며 비석비토로 광택이 나는 것을 말한다. 이와 같은 혈토는 생기를 보전하고 습도가 알맞고 과학적으로 설명하자면 약알카리 또는 중성에 가깝고 뼈에 해로운 광물질이 없는 혈토를 말한다.

이러한 혈토의 길흉은 혈장의 사활과 직결된다. 그러므로 혈토가 퇴적잡토堆積雜土 또는 버슬버슬한 무기허토無氣虛土, 습기가 많은 점토 석맥흉토石脈凶土, 사력토(砂礫土·밤자갈땅)는 용혈의 생왕生旺과 국세局勢의 여하에 관계없이 진혈이 될 수 없다.

| 乾脈 | 戌 | 入首하면 黃色 |
|---|---|---|
| | 亥 | 入首하면 白沙 |
| 坤脈 | 未 | 入首하면 青色 |
| | 申 | 入首하면 金沙 |
| 巽脈 | 辰 | 入首하면 黃色 |
| | 巳 | 入首하면 赤色에 무늬 |
| 艮脈 | 丑 | 入首하면 黑色 |
| | 寅 | 入首하면 青色 |

적중율은 낮으나 참고로 할 것

●**진수** 혈(원운·태극운)을 다정하게 감싸고 혈(원운)에 모인 생기를 흩어지지 못하게 하는 미곡미수微谷微水이다. 진수란 곧 상수相水를 말함인데 혈(원운)보다 선익사 쪽이 낮으면 자연히 미곡微谷이 생기기 마련이며 미곡이 있으면 상수를 생각할 수 있는 것이다(觀念水). 따라서 상수는 혈에 가장 가깝기 때문에 먼 곳의 대강수大江水보다 소중하며 상수가 없으면 진룡의 생기를 멈추게 하지 못하기 때문에 상수는 어느 물보다 귀중하기에 진수라 한다.

본 혈장에서는 아주 미세한 연익軟翼이 있었기에 재혈裁穴에 도움이 되었으나 굴착기로 바닥을 고르다 보니 속에 암익사暗翼砂 ➔ 지면 위로 나타나지 않았으나 굴착기로 지면을 고르고 보니 미세하게 보이던 암익사가 땅 속 깊게까지 혈(원운·태극운)을 감싸주고 있었다.

## (4) 이법理法에 의한 혈증穴證 확인

위에서 열거한 사항들을 확인한 다음에는 이법에 의한 각종 사항을 확인해야 된다.

| 水口 | 得水 | 入首(穿山) | 氣線(투지) |
|------|------|-----------|-----------|
| 丁未 破 | 坤申 得 | 癸 入首 중<br>天干 下의 빈칸<br>珠寶脈(水) | 透地 艮의 2번선<br>旺氣脈인<br>戊寅 土脈(土剋水로 吉) |

## (5) 입향立向의 중요성

사람의 생사는 불가에서는 '생야일편부운기生也—片浮雲起요 사야일편부운멸死也—片浮雲滅'이라 했지만 사람은 천지의 생기를 받아[천기와 지기] 태어나고 자라기 때문에 죽은 뒤에도 생기가 뭉친 곳에 안장해야 죽은 사람의 안위는 물론이요, 그 자손도 화복을 얻을 수 있는 것이다.

《장서葬書》에 '장자승생기야葬者乘生氣也'라고 했으니 곧 장례를 치른다는 것은 죽은 뼈에 생기를 접하게 해주는 이른 바 이사접생以死接生하는 일인 것이다. 그러므로 지리에 있어 극剋을 피하고 생生을 택함은 죽은 사람에게 천지의 생기를 승접乘接시킴에 그 목적이 있고 지리에 수법을 중요시하는 것도 지地에 있어서 양의 생기를 얻어 음양의 조화를 얻게 하기 위함이다. 따라서 천도天道[천기]는 강하면서도 근성勤性인 고로 화복이 급하게 나타나며, 지도地道[지기]는 부드러우면서도 정적인 고로 수水로 하여금 대신 동動하게 하니 수법 역시 화복의 나타남이 천기에 버금가는 것으로서 가까우면 6년이요 멀면 12년이면 나타난다. 그러므로 산세에 알맞은 양의 물이 다정하게 역포逆胞하면 최선인 것이다.

옛 지성地聖의 말을 빌리면 '절수지처絶水之處에는 절혈지지絶穴之地(혈이 없다는 말)가 된다'고 했다. 따라서 득혈자得穴者는 발복이 적어도 득수자得水者는 필히 발복을 하게 되니 화복의 관건이 용혈보다도 수水에 있음을 많은 체험을 통해 체득한 진리라 하겠다. 따라서 흔히 혈보다 한 치라도 높으면 산이요 낮으면 물로 본다고는 하지만 실제적 길수吉水를 얻어 각종 수법에 맞추어 입향하면 필히 빠르게 발복하는 것이니 용법龍法과 사법砂法도 중요하지만 수법水法에 더욱 심중해야 함을 강조하는 바이다.

용도 입수할 때 종縱으로 입수하면 횡橫 입수보다 빠르게 발복하며 혈전穴前 안조수案朝水가 왕성하면 더욱 빨리 발복한다. 이처럼 중요한 수법과 함께 용법·사법·살법殺法 등이 포괄된 적법한 입향이 얼마나 어렵고 중요함을 실감할 수 있다.

혈좌는 땅(龍)을 가리키고 향向은 하늘(천기)을 가리킨다 했으니 혈좌는 지기를 얻게 하고(穴乘地氣) 향向은 천기를 얻게 함이 장법葬法의 궁극적 목적인 것이다. 장법에서 제일 중요시하는 수水는 항시 땅 위를 흘러 가지만 실제로는 하늘의 양기를 받으면서 동動하고 있기 때문에 물은 양으로 취급한 것이다.

음에 속하는 지기의 부드럽고 정적인 기운을 보충하여 지리의 음양배합을 조화롭게 하는 것이 수水의 역할이다. 즉, 지기와 천기의 음양이 융합하여 생기를 이루도록 하는 수水는 항시 땅 위를 흘러 가지만 실제로는 하늘(천기)의 통할統轄을 받게 되니 수水의 생왕生旺은 곧 향向에 속하는 것이다. 다시 말하면 수水의 생왕生旺(각종 수법)에 맞추어 향向을 정해야 됨을 말한다. 따라서 용과 수水는 지기와 천기를 융합시키는 중요하고 밀접한 관계임을 인식해야 되며 정침내향正針內向은 이룡배향以龍配向이요 봉침외향縫針外向은 이수배향以水配向, 즉 용법과 수법은 입향에 절대적으로 필요한 요소임을 깊이깊이 인식해야 된다.

● **입향**立向

간좌艮坐 곤향坤向에 辛丑 분금 ➔ 만약에 丁丑 분금을 쓰면 각종 수법
에 있어서는 봉침縫針으로 축좌丑坐가 되기 때문에 불가(4층정침 艮坐에
丁丑 및 辛丑 분금과 丑坐의 丁丑 및 辛丑이 나란히 있어 혼돈하기 쉬우니 조심
해야 한다).

● **입수**入首**와 향**向   癸 입수(양룡입수)에 곤향坤向(양향)은 적법.

  정양淨陽 ➔ 乾甲, 坤乙, 子癸申辰, 午壬寅戌

  정음淨陰 ➔ 艮丙, 巽辛, 卯庚亥未, 酉丁巳丑

● **수구**水口**에 의한 입수룡의 확인**

  정미파丁未破는 목국木局이기 때문에 목국에서 역포태로 돌리면 丙午에
  서 기포하여 癸 입수는 관대룡冠帶龍 길룡吉龍 입수임을 확인할 수 있다.

● **수구**水口**와 향**向**의 길흉 확인**   丁未破와 간좌艮坐 곤향坤向

  ■ **88향법**        정미파丁未破와 간좌艮坐 곤향坤向은 자생향自生向(吉)

  ■ **향상포태수법**   양파養破(차고소수)

  ■ **장생수법**      쇠파衰破로 길향길파吉向 吉破

  ■ **구성수법**      간좌艮坐에 정파丁破는 거문파巨門破로 吉

※ 丁未破에 대한 艮坐 坤向은 自生向으로서 向上으로는 養破인 借庫消水破에 해
  당 吉向 吉水이기에 부귀장수에 자손이 大旺하고 小房이 먼저 發福하고 大房 中
  房까지 發福한다.


(6) 흉살凶殺에 대한 점검

  ① **용상팔살**龍上八殺

  癸 입수에는 진향辰向이 용상팔살에 해당되기 때문에 본 혈은 해당
  없음. 다만 계축룡癸丑龍이 길게 내려온 끝에 간좌艮坐가 되면 쌍금

살雙金殺에 해당되니 주의를 요함.

## ② 팔요황천수八曜黃泉水

일명 팔요수八曜水라 하여 여러 가지 흉살 중 가장 나쁜 흉살이니 장
사葬事시 반드시 피해야 된다. 그렇지 않으면 사람이 상하거나 손재
하게 된다.

물의 방위는 8층봉침으로 혈에서 득수得水 방위를 본다.

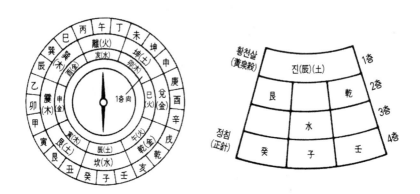

이러한 이치는 물만이 아니라 직풍直風도 해당되기 때문에 황천방黃
泉方이 함陷해서 그곳으로부터 혈을 향해 화살처럼 불어오는 바람은
황천풍黃泉風이라 하여 극히 해롭다

※ 본 혈 艮坐에서는 寅方이 黃泉方이기 때문에 해당 없음.

## ③ 팔로사로 황천八路四路 黃泉

팔로사로 황천 역시 극히 흉한 살이다. 조장造葬할 때 이 살을 피하
지 못하면 재앙을 당하게 된다. 다음 그림의 향向에 대한 팔로사로
황천방에서 득수得水하거나 그쪽이 낮아서 바람이 불어오면 역시

황천살에 해당된다. 다만 바람은 좌坐를 기준으로 한다.

예컨대 간좌艮坐 곤향坤向이니 곤향坤向에 대한 丁·庚방에 대한 득수가 되면 황천수에 해당되며 바람(황천풍)은 간좌艮坐에 대한 甲癸방이 낮아 살풍이 불어오면 황천풍에 해당되니 주의를 해야 된다.

### ※ 나경에서 팔로사로 황천방 찾는 요령

나경 2층에 기록된 팔로사로 황천방을 쉽게 찾는 요령이 있다. 그는 甲庚丙壬향에서는 좌측 바로 옆 천간이요, 乙辛丁癸향에서는 우측 바로 옆 천간이며, 乾坤艮巽향에서는 양쪽 바로 옆 천간이 황천방이다(위 나경도와 상호관계도와 대조하면 이해하기 쉽다).

혈 뒤에서 바람이 불어오면 단명하고 좌측에서 불어오면 장손이 패절敗絶하고 우측에서 불어오면 작은 아들이 화를 당하게 되며 앞에서 불어오면 빈한貧寒하고 고통을 받게 되니 결국 사방이 다 요함凹陷한 곳이 없어야 된다.

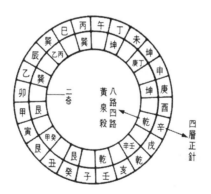

※ 八路四路 黃泉의 상호관계도(나경 2층과 4층)

| 나경 4층 | 甲 | 庚 | 丙 | 壬 | 乙 | 辛 | 丁 | 癸 | 巽 | 乾 | 艮 | 坤 → 墓向 |
|---|---|---|---|---|---|---|---|---|---|---|---|---|
| | ↓ | ↓ | ↓ | ↓ | ↓ | ↓ | ↓ | ↓ | ↓ | ↓ | ↓ | ↓ |
| 나경 2층 | 艮 | 坤 | 巽 | 乾 | 巽 | 乾 | 坤 | 艮 | 乙 | 辛 | 甲 | 丁 → 黃泉殺 |
| | | | | | | | | | 丙 | 壬 | 癸 | 庚 |

## ④ 살인殺人 대황천파大黃泉破

甲庚丙壬 子午卯酉향(양향)에 있어서 임관위臨官位가 파破가 되면 살인 대황천파라 한다. 이 살 또한 가장 강한 흉살이기 때문에 잘 살펴야 된다.

※ 본 혈에서는 陽向이 아니고 艮坐 坤向(陰向)이기 때문에 해당사항 없음.


## ⑤ 소황천파小黃泉破

소황천파는 향상포태수법에 있어서 사고장四庫藏인 乙辛丁癸·辰戌丑未향에 있어서 물이 사파死破에 해당되면 소황천파에 해당되기 때문에 상당한 흉살이 된다.

※ 본 혈에서는 해당되지 않는다.


## ⑥ 지지地支 황천살黃泉殺(向 기준)

卯 · 辰 · 巳 向 ➡ 巽方 來去水
午 · 未 · 申 向 ➡ 坤方 來去水
酉 · 戌 · 亥 向 ➡ 乾方 來去水
子 · 丑 · 寅 向 ➡ 艮方 來去水


즉, 12지지향에 乾坤艮巽 사유방四維方에서 물이 내거來去하면 지지 황천이 되어 해롭다. 실제로는 지지 황천에 해당되는 경우가 거의 없기 때문에 별로 관심을 갖지 않으나 지지 황천살도 일응 확인해 볼 필요는 있다.

※ 본 향에 있어서도 地支向이 아니기 때문에 해당사항은 없다.

⑦ 충파沖破 녹위살祿位殺

甲庚丙壬 乙辛丁癸향(지지 포함)은 나경으로 볼 때 향의 바로 좌측 옆 궁위와 乾坤艮巽(지지 포함)향은 우측 바로 옆 궁위가 녹위방祿位方이기 때문에 그 녹방祿方이 파破가 됨을 말한다. 甲庚丙壬은 좌선수가 적법이요, 乙辛丁癸향은 우선수가, 辰戌丑未향은 좌선수가, 乾坤艮巽향은 우선수가 합법이기 때문에 녹방祿方이 파破가 된다는 것은 과당수過堂水가 되지 못한 경우가 많다. 또한 녹위방祿位方이 파破가 되어 충沖한다는 것은 극히 해로운 일이다.

※ 본 혈의 경우는 艮坐 坤向이기 때문에 坤向의 우측 바로 옆 庚酉方이 祿方인데 우선수가 過堂하여 丁未破가 되기 때문에 해당사항은 없다.

※ 형기形氣상의 흉살

압살壓殺·곡살谷殺·능살稜殺·참암살巉巖殺 등이 있으나 본 혈에는 해당사항이 없다.

(7) 길사吉砂와 흉사凶砂

① 길사

㉠ 천심십도혈天心十道穴

본 혈에서는 청룡·백호·안산·조산 및 주산 등 사방에 길사들이 많다. 그중에서도 첫째가 천심십도혈이다. 이는 혈을 중심으로 전후좌우로 사응지산四應之山이 있어 십자를 이루고 그 중심에 혈이 이루어짐을 말한다. 즉, 뒤에는 주산 또는 현무봉 앞에는 안산과 조산, 좌우로는 청룡과 백호에 용립聳立한 협이봉夾耳峰이 수려하고 대등하게 용립하여 현무·주작·청룡·백호 사신방四神方에서 혈장을 옹위해 주는 것을 말하며 일명 약층 십자혈+字穴이라 한다. 네 개 봉의 크고 작고 멀고 가까운 것이 비슷해야 된다. 진룡에 십도혈+道穴이 정확하면 진혈이 분명하며 발복이 유구하다. 본 혈은 크고 작고 멀고 가까운 것은 비슷하나 규모상 약간 부족함이 있다(좀더 높고 수려했으면!).

### ㉡ 녹위사祿位砂

앞에서 녹위사에 대해 설명한 바와 같이 본 혈은 간좌艮坐 곤향坤向이기에 곤향坤向의 바로 우측 옆 庚酉방이 녹방祿方인데 그 방위에 금체金體인 창고봉倉庫峰이 용립하고 있어 부자가 날 길사이다. 녹방 아닌 다른 방위에도 창고사倉庫砂(노적봉)가 많아 부자가 많이 나올 기상이다. 녹방에 특립한 녹위사는 주로 치부致富하고 자손이 왕성한다. 정록正祿과 차록借祿이 있으며 다 같이 향向을 위주로 한다.

| 正祿位 | 乙祿은 | 卯 | 辛祿은 | 酉 | 丁祿은 | 午 | 癸祿은 | 子 |
|---|---|---|---|---|---|---|---|---|
| 借祿位 | (向) | 없음 | (向) | 없음 | (向) | 없음 | (向) | 없음 |

| 正祿位 | 壬祿은 | 亥 | 甲祿은 | 寅 | 庚祿은 | 申 | 丙祿은 | 巳 |
|---|---|---|---|---|---|---|---|---|
| 借祿位 | (向) | 乾 | (向) | 艮 | (向) | 坤 | (向) | 巽 |

### ㉢ 역마사驛馬砂

본 혈은 간좌艮坐이기 때문에 艮丙辛 화국임으로 화국 앞의 국인 목국의 坤申 궁위가 역마사에 해당된다. 정마사正馬砂는 간좌艮坐에는 丙午방이다. 양 방위에 마사馬砂가 있기는 하나 조산의 제일 먼 곳에 있기 때문에 아무리 역마방에 있는 천마사天馬砂가 속발速發이라 하지만 너무 멀기 때문에 속발을 기대하기는 어렵다.

천마체天馬體의 사산砂山이 웅장하게 역마 방위에서 혈지를 조혈照穴하면 최관마催官馬라 하여 부자가 난다. 이 역마법에는 사국마법四局馬法과 차마법借馬法이 있으며 다 같이 좌坐를 위주로 한다.

● 사국마법四局馬法

| | | |
|---|---|---|
| 申子辰 坐(水局) | ➡ | 앞의 局 金局의 宮位(寅方) |
| 亥卯未 坐(木局) | ➡ | 앞의 局 水局의 宮位(巳方) |
| 寅午戌 坐(火局) | ➡ | 앞의 局 木局의 宮位(申方) |
| 巳酉丑 坐(金局) | ➡ | 앞의 局 火局의 宮位(亥方) |

● 차마법借馬法

甲 坐의 借馬方은 艮方        丙 坐의 借馬方은 巽方

庚 坐의 借馬方은 坤方        壬 坐의 借馬方은 乾方

※ 坐의 나경 우측 바로 옆 天干方(陽干에 대한 四維方).

　예컨대 子坐 午向의 驛馬方은 寅方이며 借馬는 地支坐이기 때문에 해당사항 없음.


　　ⓡ 귀인사貴人砂

　간좌艮坐(본 혈)의 귀인방貴人方인 酉方 亥方에 별다른 귀사貴砂는 아니지만 금성金星인 노적봉이 용립하고 있다. 귀인방에 귀사가 있으면 더욱 귀한 것이다.

　　종합적으로 본 혈을 옹위하는 사砂들이 한 곳도 요함凹陷한 곳이 없어 일응 장풍藏風에는 걱정이 없고 조안사朝案砂에는 금체金體인 창고사倉庫砂가 많아 대강수大江水의 역포전逆抱轉과 함께 부자가 많이 날 국세局勢를 갖추고 있다.


　② 흉사

　많은 사砂 가운데 흉사는 찾아볼 수 없다. 청룡·백호에 혈장에서 보이는 뾰족한 바위만 있어도 정도에 따라 실맹자失盲者가 생기며 혈장부터 현무정 사이에 큰 바위만 있어도 참암살에 해당되어 큰 흉사의 역할을 한다.

각 방위마다 봉峰이 높고 수려하면 고관이나 부자가 나며 반대로 요함凹陷하여 살풍이 불어오면 그 방위에 따라 차이는 있으나 패가망신하거나 요절 또는 손재 등 피해도 많다. 흔히 수법水法에만 치중하고 사砂에 대한 관심은 희박하나 사砂의 길흉에 따라 자손의 화복도 크게 좌우됨을 명심해야 된다.

### ③ 결록訣錄 내용

결지 내용은 다음과 같다.

寶城 北 五十里 遊魚 上水形
보 성 북 오 십 리 유 어 상 수 형

보성서 북으로 오십 리 지점에 노는 고기가 물을 타고 오르는 형국이 있으며

大江 逆抱轉 西北流東
대 강 역 포 전 서 북 류 동

대강수大江水가 역포전逆抱轉(좌선룡에 우선수)하며 西北에서 東쪽으로 흐르며

用之四年 財成千金
용 지 사 년 재 성 천 금

묘를 쓴 지 사 년에 천금의 재물을 얻으며

白花三人 富豪不絶 之地라 했다.
백 화 삼 인 부 호 부 절 지 지

백화白花 벼슬(높은 벼슬)이 삼 인이 나고 큰 부자가 끊어지지 않는다고 했다.

대강수大江水가 감고 도는 것이나 안산과 조산에 창고사(노적봉)가 많음도 부호가 날 만하다. 그러나 묘를 쓴 지 4년만에 천금의 재물을 얻을 만한 요인은 찾기 힘들었다. 필자는 고민 끝에 지도에서 본 혈의 청룡과 백호 사이에 구록求祿골 소유지小留池가 있었음을 알 수 있었다. 이는 융저수融瀦水라 하여 거부귀현巨富貴顯이 나며 속발速發하고 유구하다는 길수인 것이다. 수년 전에 주암댐이 이루어진 뒤에 매립하여 밭으로 만들어 버렸기 때문에 본 혈을 위해서는 큰 손해인 것이다. 만약에 융저수가 그대로 있고 모든 재혈을 이법에 맞도록 정확히 썼다면 묘를 쓴 지 4년만에 천금의 재물을 얻을 만한 혈지가 분명하다.

### ④ 구묘舊墓의 오류
#### ㈀ 제일 上峰 壬坐 丙向 묘의 경우

이곳에는 어느 문중에서 10기의 묘를 썼다. 그런데 재혈을 잘못했기 때문에 그 피해가 컸다. 결국은 이 산을 팔고 조상을 화장해서 납골당에 모셨다. 이 묘는 제일 상봉에 위치하여 앞이 약간 허함을 느낄 수 있다. 이기상으로는 子 입수에 임좌壬坐 병향丙向인데 우선수가 되어 불합이다.

**첫째,** 우선수에 우선혈좌가 되어 맞지 않으며,

**둘째,** 우선수 음국에 임좌壬坐 병향丙向은 양향이어서 맞지 않다.

**셋째,** 임좌壬坐 병향丙向에 병오파丙午破이기 때문에 당문파堂門破로서 지지地支를 범하지 않아야 하는데 그 중간에서 확실치 않다.

**넷째,** 청룡의 끝이 낮기 때문에 소나무가 가리지 않으면 손사파巽巳破가 될 가능성도 높다. 손사파巽巳破에 만약 임좌壬坐를 썼다면 대황천살에 해당된다. 이곳은 子 입수에 계좌癸坐

정향丁向이면 손사파巽巳破와 적법이 된다. 이런 경우도 癸의 분금, 丙子 庚子 분금 중 庚子 분금을 사용해야 각종 수법과 맞게 됨을 유의해야 된다.

만약 손사파巽巳破라면 계좌癸坐 정향丁向이며 좌선룡에 우선수가 합법이며 병파病破(녹마 귀인파)이며 88향수법으로는 정正 양향養向에 해당되어 자손과 재물이 왕성하고 공명이 높은 충효忠孝 현량賢良에 장수가 기약되며 집집마다 발복하고 여자까지도 병발並發하는 최고의 자리라 했으니 얼마나 길喆한 일인가? 만약 손사파巽巳破라면 살인 대황천파가 되어 더욱 흉하다.

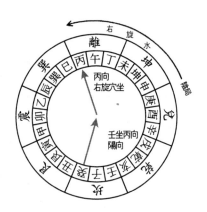

**다섯째,** 상석床石의 기록으로 보아 임좌壬坐 병향丙向인데 병오파丙午破가 되면 88향수법만 지지궁인 오자午字를 범하지 않고 병자丙字에서 파破가 되면 길한 것으로 되어 있을 뿐 향상포태수법으로는 왕파旺破가 되어 흉파에 해당되며 장생수법에서는 역시 왕파旺破가 되어 황천파黃泉破로 규정하고 있다.

때문에 종합적으로 병오파丙午破에 임좌壬坐 병향丙向은 적법치 못하기 때문에 발복이 안 된 것으로 생각된다. 병오파丙午破는 입향하기가 제일 어려운 파破이다.

### ㉡ 아래쪽 艮坐 坤向 묘의 경우(2개소)

정미파丁未破에 간좌艮坐로 재혈했지만 맞지 않은 점이 있다. 상석에 분금은 기록이 안 되었으나 천광穿壙의 흔적으로 보아 간좌艮坐의 丁丑분금을 쓴 것이 분명하다. 이런 경우 용법龍法에 해당되는 내향內向은 간좌艮坐(4층 정침)가 맞지만 수법水法을 맞추는 외향外向(8층 봉침)은 축좌丑坐가 된다. 만약 축좌丑坐에 정미파丁未破라면 향상묘파向上墓破에 해당되나 乙辛丁癸 辰戌丑未 사고장향에서는 흉파이다. 때문에 충분한 발복이 되지 않은 것이니 지사들의 책임이 얼마나 중한지 자각해야 될 문제이다.

### ⑤ 결론

하늘이 만든 명당이라 할지라도 사람(지사)이 재혈을 잘못하면 오히려 화를 입게 된다는 것을 앞에서 강조했지만 본 혈의 경우 이를 잘 증명하고 있다. 자손의 화복은 이기에 의함이라 했으니 모든 이법에 어긋나지 않도록 정성을 다해 조상님을 길지吉地에다 모시고 아울러 자손들에게도 복이 오도록 하는 것이 구산求山의 목표가 되어야 함을 명심해야 할 것이다.

구舊 묘주墓主는 3개소에서 8기에 걸친 묘를 파묘破墓해서 납골당에 모셨다 한다. 3개소가 모두 다 지사의 솜씨를 빌려 묘를 썼다고 느껴진다. 그러나 재혈에 있어 형기상의 위치 또는 이기상의 근소한 오차 때문에 발복이 안 되고 오히려 화를 입은 것으로 사료된다. 참으로 묘주의 입장에서는 억울한 일이다.

수법론水法論 제7장

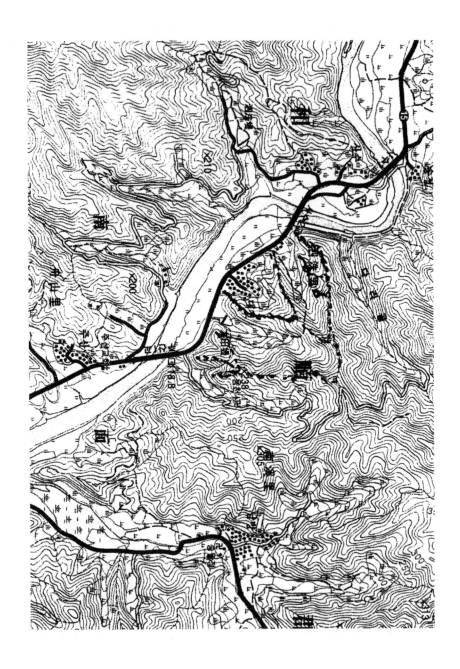

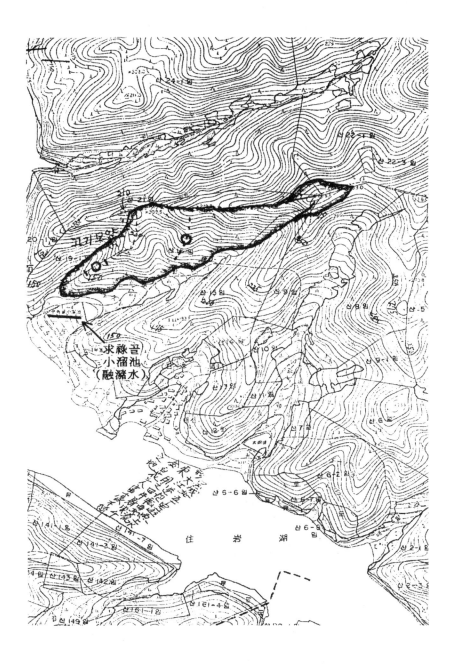

求祿끌
小溜池
(融灉水)

수법론水法論 제7장

## (8) 관중법串中法에 대한 기본적 이해

각종 수법에 있어서는 천반봉침을 사용해야 됨은 누구나 알고 있는 문제이다. 그러나 실제로 재혈을 할 때 특히 천간좌天干坐의 경우 망명亡命에만 맞추기 위해 정침正針의 분금 두 개 중 우측분금을 사용하면 각종 수법을 보는 봉침縫針은 그 앞 궁위의 지지좌地支坐(예 艮坐의 앞 궁위 地支坐는 丑坐)가 되어 버리기 때문에 수법상 흉살을 범하게 되어 큰 화를 입게 된다. 그러기 때문에 많은 풍수지리서는 절반은 혈의 좌향坐向을 정침으로 정한다고 기록되어 있고, 절반의 서적은 봉침으로 좌향을 정한다고 설명하고 있다.

그러나 두 가지가 다 틀린 이론이다. 왜냐하면 용법龍法은 정침으로 보고, 각종 수법은 봉침으로 본다는 것은 거의 통일된 해설이다.

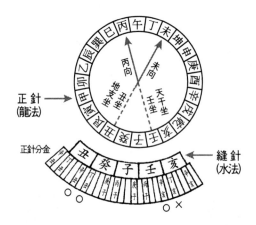

그렇다면 각종 용법(입수와 향, 망명과 분금, 용상팔살과 향의 조절, 쌍금살과 좌향의 조절 등)에 의한 좌향의 결정(내향)과 각종 수법에(좌우선수에 의한 음양국과 음양향의 조절, 득파와 향의 배합, 좌우선수와 좌우선 혈좌의 배합, 수구에 따른 입수룡의 생왕 여부 등) 따른 봉침에 의한 좌향(외향)은 일치된 경우도 있고 내향과 외향이 각각 다를 때도 있다.

### ① 이런 경우

●지지좌地支坐의 경우는 어느 분금을 쓰던 거의 정침과 봉침의 사이에 착오가 생기지 않는다.

●천간좌天干坐의 경우는 정침 분금의 우측 분금을 쓰게 되면 각종 수법에 맞추는 봉침으로는 그 앞 궁위의 지지좌가 되어 그 길흉이 전혀 다르게 된다. 때문에 천간좌에 있어서는 좌측 분금을 써야 된다(망명과 분금 관계보다 더 중요한 문제이다).

●다음과 같은 경우는 관중법串中法을 쓴다. 관중법이란 천간좌의 경우 내향정침 분금 두 개 중 우측 분금 하나로 내향정침 궁위(예 壬坐)와 각종 수법에 맞추는 외향(예 亥坐 = 壬坐의 앞 궁위)을 모든 용법과 수법이 적법토록 일치되게 하는 방법이다.

### ② 분금에 의한 관중법의 구체적 예 1

유어상수형遊魚上水形인 본 혈은 우선수 좌선룡에 정미파丁未破가 되니 정침 간좌艮坐의 辛丑 분금에 맞춰 천광穿壙 및 하관下棺이면 내향과 외향이 간좌艮坐로 일치되기 때문에 丁丑 분금만 사용하지 않으면 틀림없다.

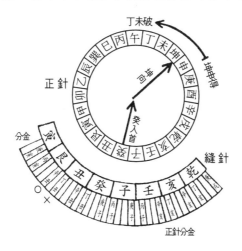

다음 그림처럼 좌선수에 곤신파坤申破가 된다면 재혈 방법은 근본적으로 달라진다.

첫째 내향에 있어서는 寅 입수 간좌艮坐가 되어야 우선혈좌에 정음법 양입수 양향이 되어 적법이다. 외향에 있어서는 첫째 곤신파坤申破에 맞는 좌향은 축좌丑坐가 되어야 양국(좌선수)에 양향이 되어 적법이다. 따라서 이러한 이법을 충족시키기 위해서는 정침 간좌艮坐의 우측 丁丑 분금을 쓰게 되면 내향(以龍配向)은 寅 입수 간좌艮坐가 되어 용법龍法에 맞으며 천반봉침은 축좌丑坐가 되어 각종 수법과 합치가 된다.

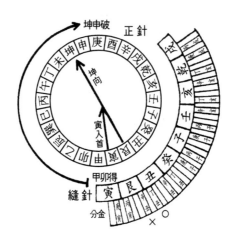

따라서 정침 간좌艮坐의 丁丑 분금 하나로 내향과 외향이 일치되도록 하면서 정침 내향은 각 용법에 맞도록 하고 봉침 외향은 각 수법에 적법토록 하는 비법이다. 이를 관중법串中法이라 한다. 각종 재혈에 있어 이 관중법을 정확히 이해하지 못하면 큰 오류를 범해 화를 입는 경우가 많다. 세상에 지사들은 많으나 그중 이 관중법을 정확히 이해하고 구사하는 지사가 몇 명이나 되는지? 또한 정확히 이해하지 못한 지사들의 오류로 위

선위先에 노심초사하는 자손들에게 얼마나 큰 피해를 주는지 생각해 보면 소름이 끼칠 일이다. 신안神眼 행세하는 지사들은 각자 자기 성찰이 절실히 요망된다.

### ③ 관중법의 예 2

어느 문중 선산에 가 보니 좌선룡 우선수에 을진파乙辰破였다. 상석을 보니 임좌壬坐 병향丙向으로 기록되어 있었다. 을진파乙辰破에 임좌壬坐 병향丙向은 수법에는 전혀 맞지 않았다.

첫째 우선수면 음국인데 임좌壬坐 병향丙向은 양향이니 맞지 않으며, 둘째 수구(破)와 입향에 있어서도 향상向上으로는 관대파冠帶破에 해당되며 88향수법으로는 불립태향不立胎向이 되어 총명한 자손이 상하고 재산이 퇴패하고 마침내는 절손까지 우려되는 흉한 좌향이 된다. 하지만 그 문중은 자손들이 한창 번창하고 있는 집안이었다.

이 묘를 자세히 확인해 보니 정침 임좌壬坐의 두 분금 중 丁亥 분금을 쓴 것이었다. 앞에서도 설명한 바와 같이 丁亥 분금을 쓰게 되면 내향은

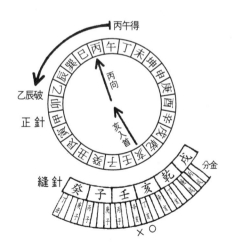

정침으로 임좌壬坐 병향丙向이 되지만 각종 수법에 맞추는 외향은 봉침으로는 임좌壬坐가 아니라 해좌亥坐 사향巳向에 해당된다. 을진파乙辰破에 해좌亥坐 사향巳向이면 향상법으로는 양파養破 차고소수借庫消水에 해당되는 길향 길파이며 88향법으로는 자생향自生向이 되어 좌선룡 우선수와도 합법이며 부귀가 나며 자손이 고루 장수하고 자손과 재물이 크게 성하니 차손이 선발先發한다고 했다.

장생수법으로도 을진파乙辰破에 임좌壬坐 병향丙向이면 관대파冠帶破가 되어 흉파凶破이지만 해좌亥坐 사향巳向에 을진파乙辰破는 쇠파衰破가 되어 길파로 변한다. 그렇다면 분금 하나 차이로 화복이 완전히 뒤바뀌게 된다. 얼마나 중대한 일인가? 이것이 바로 관중법의 신묘함이다. 풍수지리에서는 이런 사례가 흔히 있는 일이니 그래서 재혈이 어렵다는 것이며, 재혈은 치밀해야 됨을 다시 한 번 강조하는 바이다. 이런 경우 상석에 분금을 기록하는 것이 바람직하다(壬坐 : 丁亥 分金).

### ④ 관중법의 예 3

그림과 같이 우선수 좌선룡 병오파丙午破에 亥 입수 임좌壬坐 병향丙向을 썼다면 앞에서 말한 것처럼 많은 오류를 범하게 되어 많은 피해를 입게 된다. 이런 경우 정침 임좌壬坐의 丁亥 분금을 쓰면 亥 입수에 내향은 임좌壬坐가 되지만 수법에 맞추는 외향 봉침으로는 해좌亥坐 사향巳向이 된다. 따라서 모든 수법은 봉침 해좌亥坐 사향巳向과 맞춰야 된다. 그럼으로써,

- 우선수 음국에 음향인 사향巳向이 적법이다.

- 우선수에 좌선혈좌가 되어 적법이다.

- 수구(破)와 입향 관계도,

  - 88향수법 → 병오파丙午破에 해좌亥坐 사향巳向은 욕파浴破(문고

소수消水에 해당되어 길향 길파이다.

■향상포태수법 ➡ 역시 욕파浴破인 문고소수파에 해당되어 길하며 여기서도 관중법이 적용되지만,

■장생수법에 한해서는 관파官破(황천파)로 취급되기 때문에 결론적으로 병오파丙午破가 되면 마음 놓고 재혈하기가 힘들다.

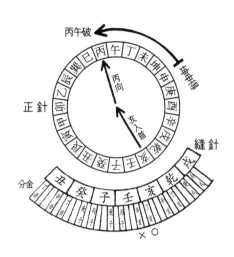

호남지방에서는 대부분의 지사들이 장생수법을 전혀 쓰지 않으나 도선국사의 《유산록遊山錄》을 분석해 보면 장생수법의 적중률이 제일 높기 때문에 무시할 수는 없다. 여기서 또 한 가지 문제는 봉침 해좌亥坐 사향巳向이면 亥 입수 해좌亥坐 사향巳向이 되어도 무방한가를 의심하기도 하나 봉침 해좌亥坐는 수법에서만 해당될 뿐 입수와 좌와의 관계는 상관이 없으므로 염려할 필요가 없다. 여기서 장생수법을 고려한다면 丙午방을 소나무 등 상록수로 완전 차단하고 丁未파에 임좌壬坐 병향丙向을 쓰는 방법도 있으며 이런 경우는 정침 임좌壬坐의 辛亥 분금을 써야 한다.

### ⑤ 관중법이 적용되지 않는 경우 예 4

아래 그림과 같이 같은 임좌壬坐 병향丙向이라도 좌선수의 경우는 우선 입수를 먼저 확인해야 된다. 만약 丑 입수라면 임좌壬坐 병향丙向을, 癸 입수라면 자좌子坐 오향午向이라야 정음정양법과 맞기 때문이다. 癸 입수 자좌子坐 오향午向의 경우라면 정침 자좌子坐의 두 분금 중 어느 분금을 쓰던 상관없이 정침과 봉침이 동궁同宮(壬과 子)이 되기 때문에 상관이 없으나 丑 입수 임좌壬坐 병향丙向이라면 정침 임좌壬坐의 좌측 辛亥 분금을 써야 된다. 만약 丁亥 분금을 쓰게 되면 각종 수법에 맞추는 봉침은 임좌壬坐가 아닌 해좌亥坐가 되기 때문에 해좌亥坐는 정미파丁未破와 맞지 않으며 좌선수 양국에 음향(亥坐)이어서 이 역시 맞지 않다. 이런 경우는 관중법이 적용되지 않는 경우이다. 따라서 좌우선수와 수구의 결정에 따라 재혈이 좌우되며 관중법의 적용 여부도 결정됨을 이해해야 된다.

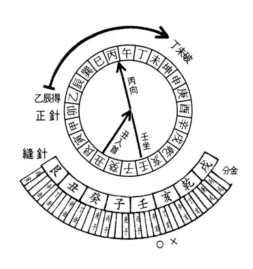

이상 관중법의 중요성에 대해 몇 가지 예를 들어 용법龍法(입수와 좌향, 망명과 분금, 용상팔살과 쌍금살의 해당 여부 등)과 수법水法(좌우선수에 의한 음양

국과 음양향의 조절, 득파와 향의 배합, 좌우선수와 좌우선 혈좌의 배합, 수구에 따른 입수룡의 생왕 여부 등)이 서로 맞지 않는 경우 내향內向(천광과 하관)은 정침 천간좌天干坐를 택하고 외향外向(봉분)은 천간좌의 두 분금 중 우측 분금을 택하여 내향(壬坐)과 외향(亥坐)이 다르게 하여 각 용법과 수법이 적중되도록 하는 방법이 바로 관중법인 것이다. 따라서 관중법은 하나의 좌향坐向으로 용법과 수법이 맞지 않은 경우 좌향(내향)과 봉침의 좌향(외향)을 달리하여 용법과 수법을 다 충족시킬 수 있는 방법임을 깊이 이해해야 된다.

## 제⑤절  평양지平洋地 부귀富貴 정丁(자손) 수壽 사법四法

### (1) 평양혈론平洋穴論

평양지平洋地란 한쪽이 모두 물이니 산등성이나 토령(土嶺·흙 무덕이 재)이 없다. 水는 陽에 속하고 山은 陰에 속하니 산지에서는 혈 뒤에 고산(靠山·베개처럼 뒤를 받쳐주는 산)이 있어야 장수하고 자손이 많이 나지만 평양지는 침수(枕水·혈 뒤에 있는 물)가 요긴하니 그래야 인정人丁이 왕하고 장수한다. 고서에 이르기를 '풍취風吹하고 물이 쳐들어와야 수壽와 인정(人丁·자손)이 많다'고 했다. 그리고 평양지에서는 좌수(坐水·혈 뒤에 있는 물)를 산과 같이 보니 좌수坐水는 반궁수反弓水가 마땅하다. 평양지는 별로 큰 기복이 없으므로 주위가 모두 물이다. 혈 바닥보다 낮으면 물로 본다. 중간 혈지가 약간이라도 높으면 물은 흘러 침입하지 못하리라. 즉 이것이 평양의 돌바닥 혈인 것이다(돌혈·突穴).

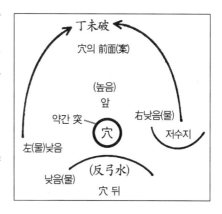

즉, 높은 곳에서 떨어져 면전수面前水(혈전수)가 되어 고庫로 돌아 나가고 水의 바깥으로 向의 앞(혈전)이 한 층씩 높아지면 대발부귀하리라.

丙午향 자왕自旺향(丙午는 艮丙辛 寅午戌 화국이기 때문에 화국에서 돌리면 丙午는 旺向이 된다)이라면 물은 丁방(쇠파)으로 나간다. 즉 巽巳·丙午·丁未·坤申방이 높으면 艮, 乾방이 낮아야 한다. 혈 뒤의 壬子방 水가 있어 횡과橫過하면 반궁수反弓水가 되어 대길하다.

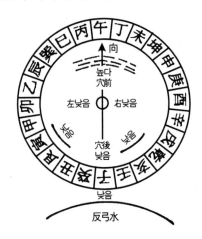

丁방의 정양正養향(艮좌 坤향)이라면 坤申·巽巳·丙午·丁未방이 높으면 乾亥·艮寅방이 낮을 것이니 자손마다 대부대귀할 것이다. 고서에 이르기를 '평양지平洋地의 명당明堂(혈 앞)은 낮고 안案은 높으면 모두 부요하리라' 고 했다. 또 평양平洋의 명당은 앞이 점점 높아진다면 금은을 창고에 쌓고 쌀이 창고에 진진하리라 했다. 그러므로 혈전穴前의 물은 면궁수眠弓水를 요한다. 혈 앞이 높으면 부귀하고 낮으면 패절한다.

고서에 이르기를 '명당明堂(혈전)이 낮고 이어서 혈전(案)이 낮아지면 만냥의 황금도 한갓 재가 되리라' 고 했다. 평양명당平洋明堂이 낮아지면 자손이 빈궁해지리라. 평양지에서는 귀인방(艮좌의 귀인방은 亥방 酉방)이 함陷

하면 보수함이 마땅하고 혹 흙더미 방옥(房屋·집), 사당, 높은 담이 있으면 속발速發로 벼슬한다(艮좌의 亥방에 양수탑揚水塔). 대개 평양지에서는 陰(山)이 적기 때문에 그러한 시설은 산사山砂와 같은 역할을 한다.

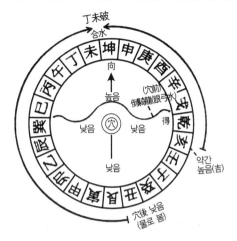

●丙午향이라면 전후좌우가 모두 水에다 모든 水가 甲子上으로 나가고 巽巳방에 높고 큰 집이 있으면 이것이 임관귀인臨官貴人이다. 향상向上으로는 丙향이면 그 바로 좌측 옆 巳방이 녹방祿方이 된다. 여기(巳방)에 문필봉文筆峯이 높이 솟으면 최고로 유리하다. 다시 흙더미나 사당집이 있으면 벼슬이 일품에 오르며 한원翰苑 벼슬과 정승이 되며 문무文武가 겸비한다. 다만 출수出水(수구)가 묘자卯字, 인자寅字를 범하면 안 된다(丙午향은 해당무).

### (2) 평양平洋의 용龍

●평양의 용은 참으로 알아보기 어렵다. 옛날부터 이르기를 평양에서는 용을 묻지 말라, 水가 감고 돌면 이것이 참다운 증거이니 水가 왼쪽으로부터 흘러 들어오면 용도 왼쪽에서 오고 우측에서 오면 용도 우측에서 오니 양수兩水가 서로 모이는 곳이 즉 과협過峽 속기처束氣處이니 양수兩水 교합처交合處가 바로 용이 시작(결인)된 곳이다.

수법론水法論 제7장

●평양지는 묘의 봉분을 좀 높게 해야 하며 묘의 주위에 아미사蛾眉砂 등 성城을 만들면 인정人丁이 불리하다. 만약 사면에 水가 없으면 한쪽 평지에서 물이 흐르는 도랑이 水가 되고 길은 사砂로 본다. 낮은 곳은 물로 보고 높은 곳은 사砂가된다. 마을이나 큰 집, 장터, 사당, 성곽, 담장 등은 사砂에 속한다. 안案을 만들고 산봉山峰이 가까이 있고 산등성이나 산고개 (과협처) 등이 있으면 가히 평양으로 볼 수 없으리라.

●평양지의 구거(溝渠·개울)에 흐르는 물이 있으면 요연히 보이리라. 아득히 흘러가는 물이 없으면 그 길흉은 짐작하기 어렵다. 비가 오다 그친 다음 물이 어디서 나와 어느 곳에서 교합交合하여 흘러가는지 보아 판단해야 될 것이다.

●특히 평양지에서는 일촌一寸만 높으면 山이요 일촌一寸만 낮으면 水이다.

### (3) 평양지平洋地 보사안補砂案 귀인법貴人法

(평양지에서 사砂와 안案을 보수補修하는 법 → 비보裨補)

●평양은 높은 봉이 없는 것이니 약간이라도 돌처突處가 있으면 자연 용수龍水가 배합함이다. 임관臨官방에 귀인사貴人砂가 없으면 적법하게 보수(裨補)한다. 혈 앞에 안案이 없다면 혈전 100보 밖에 흙더미를 만들어 놓으면 된다. 혹 옥궤·면궁眠弓·아미사蛾眉砂가 삼합三合하면 반드시 과갑科甲한다. 삼길三吉 육수六秀방에 있으면 속발한다.

●평양지 사법砂法은 산지 사법砂法과는 다르다. 산지에서는 바로 서 있는 형태(立起) 그대로 보며 평양지에서는 옆으로(倒地) 있는 형태로 본다. 양쪽으로 길이 나 있으면 토각(土角·네모진 모양의 砂)을 끼고 있는 것이요 기고旗鼓·규홀·창고사倉庫砂 등을 보는 것이 도지문필(倒地文筆·文筆이 누워

있는 형태), 도지기성(倒地旗星·깃대가 누워 있는 형태)으로 보니 집과 지붕, 사당이 있으면 문필 기고사文筆 旗鼓砂가 된다. 또한 창고倉庫·기고旗鼓·인성人星을 봄이 평양지의 돌突로 보는 것이니 水가 대소문고大小文庫로 돌아 나가면 산지의 발달한 용수龍水와 같이 본다.

●평양지의 혈전수穴前水는 면궁수眠弓水가 필요하며 혈후穴後의 水는 반궁수反弓水가 긴요하다. 면궁수라 해도 이두수(裏頭水·혈장을 감고 도는 물이 너무 많아 뇌두의 뒷이 물에 잠길 정도로 용세가 너무 약할 때 생기는 형상)가 되면 불길하다. 혈후의 반궁수는 혈 뒤가 낮게 되니 혈의 좌우에 많은 물이 한곳으로 모여 나가면 뒤가 점점 낮아지고 앞의 물은 점점 높아지며 혈장도 우뚝 높으면 여기는 대지大地이다. 발복이 가장 오래 간다.

●평양지의 龍은 水와 분리될 수 없고 水는 龍과 떨어질 수 없으니 龍은 水를 얻음으로 살아나게 된다. 좌공조만(坐空朝滿·혈후는 낮고 혈전 안은 높음)의 법을 사용하는 것이 횡좌룡橫坐龍, 도기룡(倒騎龍·馬體를 거꾸로 한 형체), 지각支脚으로 내려온 용이 흘러가는 곳을 베개로 베고 생生·왕旺·묘墓·양養·자생自生·자왕自旺 등의 6개 향에 합하게 하여 향을 정한다. 가로로 흐르는 물은 낮은 곳이 된다. 여러 물이 고庫로(四庫藏=乙辛丁癸) 나가면 좌측이든 우측이든 어느 곳이 먼저든 나중이든 역수逆水든 순수順水이든 따지지 말고 혈장이 된 곳과 거수去水가 고庫로 된 것이 중요하다. 대발부귀하고 水가 차란遮欄하면 더욱 발복한다.

巽巳향을 한다면 巽방에서 水가 흘러와서 坤申방을 거쳐 乾亥 壬子방을 지나 癸丑의 정고正庫로 나간다면 혹 좌측의 乙·甲방의 水가 흘러들어 癸丑방에서 합하여 나가면 대부대귀하고 자손이 흥왕한다.

●역전수법逆轉水法이라고 하는 역전逆轉은 예를 들어 丙향이나 午향을 한다면 水가 巽巳방에서 흘러와 丙丁坤庚辛乾방을 돌아 혈후의 壬癸艮

寅방을 거쳐서 정갑자상正甲字上으로 나간다면 목욕소수沐浴消水가 된다. 이 것이 역전수법이라 하니 좌수左水가 우右로 돌아 다시 좌左로 돌아 나가는 것이 마땅하다. 이러한 수법에서 대부대귀가 많이 난다.

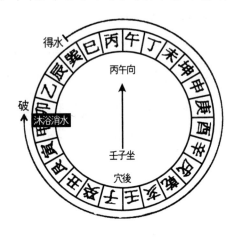

### (4) 평양지平洋地의 부귀富貴 정수丁壽 사법四法

●욕구정왕欲求丁旺하면 생생향(乾坤艮巽 : 지지 포함)을 하고 생생방(艮 坐坤향이면 生방은 坤申방)이 고대高大하여 생수生水가 흘러들고 앞은 높고 뒤 는 낮고 혈성穴星은 우뚝 솟아나서 생수生水가 고庫(四庫藏=乙辛丁癸 辰戌丑 未)로 돌아 나가면 필발必發 천정千丁한다.

●욕구대부欲求大富하면 왕旺향(甲庚丙壬향 : 지지 포함)을 하고 왕旺방 (甲庚丙壬方)이 고대高大하여 왕수旺水가 힘차게 흘러들면 곧 부를 이룬다. (艮坐坤향의 墓에서는 旺水는 壬子방 水). 혈전 명당 앞에 모여들면 옛말에 '명 당여장심(明堂如掌心·명당이 손바닥처럼 가운데가 깊어 四方水가 모여듬)하면 가부두 량금(家富斗量金·집이 富하여 金이 많이 있다는 말)이라'고 했다. 왕旺방의 조수朝水 가 일작一勺만 있어도 가히 치부한다 했다. 부함을 바라거든 혈전에 면궁眠 弓의 안案을 얻음이 긴요하다. 옛말에 '신수모간안(伸手摸看案·손을 뻗으면 案이 잡힐 듯 보임, 案이 가깝다는 뜻) 적전천만금(積錢千萬金·돈을 천만관이나 쌓는다는 뜻)

이라'고 했다.

　　그리고 하수사下手砂가 중요하다는 것은 역관수逆關水를 말한다. 역관수의 일척은 부를 이룰 수 있으며 거수去水의 흐름은 고庫(四庫藏)로 돌아나감이 중요하니 축재蓄財는 곧 水에 있는 것이다.

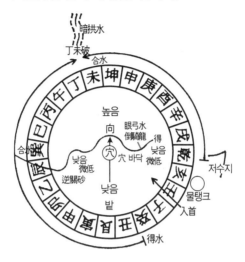

　　●대부를 원한다면 임관臨官방(坤향이면 乾亥방)에 수려한 봉우리가 높이 솟아야 하고 임관수臨官水가 크게 흘러와야 하니 혹 지호수(池湖水·저수지)가 있으며 역마사驛馬砂·귀인사貴人砂 등이 있고 향의 앞에 귀봉貴峰이 수출秀出하고 혈성穴星(혈 바닥)이 높아야 한다. 바닥이 낮고 작으면 무력無力하니 불발 대귀한다. 귀사貴砂가 혹 삼길三吉 육수六秀방(亥卯庚방·艮丙辛巽丁兌

방)에 있으면 귀인이 나니 좌공저만坐空朝滿이라 할지라도 水가 불귀고不歸庫〔艮좌 坤향의 경우 乾亥방 臨官水가 丁未방(四庫藏)으로 흘러야(破) 吉하다〕하지 못하면 대발大發치 못한다.

●평양지에서 긴 수명을 구하고자 하면 기맥이 웅장하고 앞은 높고 혈 뒤는 낮아야 하며 큰 물을 혈 뒤에 베고 있어야 한다〔水는 곧 山이다〕. 건방산乾方山〔天柱山〕이 높으면 장수하고 혈후에 천주天柱가 있고 水가 귀고歸庫〔四庫藏 : 乙辛丁癸방이 수구가 됨〕하던가 절방絶方〔艮좌 坤향에서는 坤방이 절방〕이나 乾방〔艮좌 坤향에서는 乾방이 臨官방〕에 못이나 개울이 있으면 장수한다. 만약에 병사病死방으로〔艮좌에서는 艮寅 甲卯방〕 소수消水〔破〕되면 교여불급交如不及〔破가 庫에까지 미치지 못함〕이니 장수할 수 없게 된다.

●평양지에서는 기와 굽는 가마 또는 연돌이 역마방〔艮좌에서는 坤申방〕에 있으면 높은 벼슬이 나고 속발한다. 가마의 모양과 연기는 향 앞의 등촉燈燭과 같아 속발한다. 丁방에 있으면 전리典吏로 출사出仕하고 丙午丁 삼자三字방에 있으면 매사에 선두를 달린다 한다.

●평양지에서는 역수사逆水砂가 가장 좋다. 대개 평양의 水는 직류직거直流直去하니 역수사가 있으면 거수去水가 회류하게 되어 길한 것이다. 또 이르기를 원두수(源頭水·혈 앞으로 들어오는 물의 발원지 물)가 물을 거두어들이면 세간의 논밭을 모두 사들인다고 했다. 또 창도(槍刀·창과 칼)라 함은 필봉筆峰의 역할을 하기도 하며 홀사(笏砂·홀규사 참조)를 거꾸로 세운 모양이기도 하니 이러한 사砂가 있으면 반드시 진혈대지眞穴大地이다. 여기에 수법이 합법이면 문무다출文武多出한다.

●평양지에서 가장 길한 것은 팔간八干으로 들어오는 물(朝水)이 있으면 지세가 높으니 조만(朝滿·朝案이 높아 물이 혈장으로 들어옴)의 이치에 합법함이다. 좌의 뒤는 저함低陷한 것이니 좌공(坐空·혈장 뒤가 허하여 낮음)이 합당

한 법이니 서書에 이르기를 '벼슬이나 부의 정도를 알고자 하면 水가 전원무수(纏元武水=水纏玄武·혈후(산지에서는 현무정)를 감고 도는 물)인가를 살피라'고 했으니 조수朝水가 가장 길한 것이다.

● 《지리오결地理五訣》에서는 평양지에서 대현공大玄空 오행과 십사진신수법十四進神水法에 합당하면 불발함이 없다 했다. 생生·왕旺·묘墓향에서 천간 지지의 오행이 같지 않은 것이니 현공玄空에 합하면 발복하나 현공법玄空法에 불합하고도 십사진신수법에 합당하면 또한 불발함이 없었으니 가히 양공楊公의 수법을 보라 했다. 이것이 모든 수법의 원조가 된다 했다. 특히 산지에서는 현공법이 불가하다. 현공 풍수에서는 정침만 사용하고 봉침은 사용하지 않으니 특히 산지수법山地水法에는 맞지 않는다.

● 평양지에서 乾坤艮巽방이 생生방이나 임관臨官방이 되어 그곳에서 물이 고庫(乙辛丁癸)로 나가면(破) 방방房房이 다 발복하고 장방長房은 더욱 성한다. 만약 지지 寅申巳亥로 크게 흐르면 장자가 요수夭壽하는 일이 생기고 흉함이 많아진다. 따라서 이런 의심이 생기면 구성수법으로 천간 지지 구분을 분명히 볼 필요가 있다.

● 평양지에서 甲庚丙壬의 사왕수四旺水가 흘러 고庫(乙辛丁癸방)로 돌아 나가면 크게 부귀를 이룬다. 둘째가 더욱 성하고 子午卯酉 지지방에서 들어오면(得이 되면) 둘째가 화를 입는다.

● 평양지에서 乙辛丁癸의 水가 흘러(得) 쇠衰방(艮좌에서는 癸丑방), 양養방(艮좌의 경우 丁未방), 관대冠帶방(辛戌방)에 있으면 장원급제하는 신동이 난다. 소남少男이 먼저 발복한다. 만약 辰戌丑未방에서 흘러오면 소방少方이 해롭다. 이상의 甲庚丙壬, 乙辛丁癸, 乾坤艮巽 12자는 모두 양에 속하니 동動이므로 길방에 있어야 하고 마땅히 水가 흘러옴이 있어야 한다. 수구는 마땅히 이 12字上으로 거수去水되면 천간방수天干放水라 하여 길하며

흉이 없다. 만약 辰戌丑未방에서 水가 흘러오면(得) 유동황천流動黃泉이 되고 거수去水가 되면(破) 충동황천沖動黃泉이 되고 머물러 고요한 물이 조혈照穴하면 사고황천四庫黃泉이 되어 흉하다.

### (5) 평양平洋 귀인貴人의 녹마사祿馬砂

평양지에서는 산지와는 다르다. 산지에서는 산봉우리가 귀인사貴人砂를 이루지만 평양지에서는 그렇지 않다. 혈전(面前)에 철凸이 있으면 이것이 귀봉貴峰인 것이다(靈巖에서는 案山이 높다). 철凸이 없으면 水로 귀봉貴峰을 대신한다. 산이 있으면 산으로 논하고 산이 없으면 水로 대신하니 못이 곧 산봉山峰이 되고 작은 개울은 문필봉文筆峰이 된다. 가령 坤申향을 하고 우변 *乾亥방(官得)에서 내수來水가 혈전 坤申방에 이르러 다정하게 감아 돌아 丁未(庫)나 乙辰(庫)으로 유거流去(破)한다. 辛戌(冠帶)·乾亥(臨官)·壬子(旺得)上의 세 곳에 세 개의 길이나, 작은 도랑이나, 작은 하천이든 간에 면궁眠弓의 안案이 만들어질 것이니 이것이 삼봉三峰의 꽃이요 삼태三台로도 보고 필가筆架로도 본다. 艮좌 坤향에서는 庚방은 녹방祿方·귀인방貴人方(酉방)·삼길방三吉方, 乾亥방은 임관방臨官方·귀인방貴人方·삼길방三吉方에 해당되니 그 방향에 작은 도랑만 있어도 여러 가지 귀인貴人(砂)이 된다. 午방은 천마天馬가 되고 천마산天馬山이 있으면 귀함이 가장 빠르게 온다.

●평양지는 水가 곧게 달아나는 곳이 많다. 흘러가는 물이 좋아야 하는데 결수(結水·물이 합치는 곳)함을 으뜸으로 한다. 즉, 사砂가 혈장을 둘러치고 水가 싸안아 돌고 종종種種으로 역사逆砂가 되어야 길하다.

●평양지에서는 水가 한곳으로 흘러서 빠져 나가는 곳은 흔치 않다. 다만 하나의 水라도 하나의 사砂를 만나 생왕수生旺水가 고庫로 돌아가면 대발할 곳이다.

●평양지에서는 천강수(天罡水(흉수) : 辰戌丑未 사고장에서 破가 되면 吉하되 得이 되어 사고장에서 흘러 들어오는 水를 천강수라 하여 흉수가 된다. 또 辰戌丑未 사고장에서 들어온 용을 천강룡이라 하여 흉룡이다)가 가장 흉하니 단연코 범하지 말아야 한다. 어쩌다 辰戌丑未의 천강수가 혈에 비치거나 흘러가든 흘러오든 모여 있든 모두 다 불길하다. 이런 경우 혈에서 멀지 않은 곳에다 담장이나 집을 만들거나 또는 흙더미를 만들어서 화를 막을 수 있다. 천강살을 만나면 주로 셋째가 불리함이 많다.

●평양지에서 戌乾震兌방의 水(小溜池 등)가 혈에 비춰 보이면 장님과 벙어리 아니면 풍병이 퍼지거나 남자는 다리를 절며 여자는 단명하다.

### (6) 평양平洋 진결眞訣

평양지에서 진혈은 어떠한 곳인가? 좌공조만(坐空朝滿·좌의 뒤는 낮고 앞은 높은 것을 말함)과 도기룡倒騎龍이요, 장차 생왕수生旺水(艮좌 坤향이라면 生水는 坤申방의 물이요 旺水는 壬子방 得水임)가 귀고歸庫(乙辰·丁未·辛戌·癸丑방으로 破가 됨을 말함)하면 만대 자손이 흥하리라.

평양지는 水가 반이다. 수법을 오히려 명확히 논하지 못하다가 철영노사(徹塋老師·楊筠松)의 수법에는 털끝만큼도 틀림이 없었으니 철저하고 명백하여 단연코 귀신 같은 것이었다. 참으로 양공이 세상에 나와서 머무른 덕이로다. 내가(申坪先生=地理五訣 번역자) 평양지에서 경험한 20여 년에 두 선사의 평양지법을 따라 길흉화복을 판단해 본 결과를 여기에 저술하노니 열람 시험하여 얻으라.

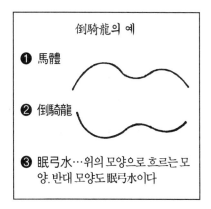

倒騎龍의 예

❶ 馬體

❷ 倒騎龍

❸ 眠弓水…위의 모양으로 흐르는 모양. 반대 모양도 眠弓水이다

●평양지를 알고자 하면 만滿과 공空을 구분하라(坐空朝滿·坐의 뒤는 낮아 공허하고 앞에 案朝는 높을 것).

●水가 능히 귀고歸庫(乙辰·辛戌·丁未·癸丑방이 破가 된다는 뜻)하면 부귀로 흥하리라.

●진룡眞龍과 가룡假龍을 어떻게 분별해야 하랴? 혈의 혈처를 분간해 보라. 중수(衆水·여러 곳에서 모인 물)가 일처—處로 돌아가면 중간이 높아지니 그곳이 진결지眞結地이다.

●평양지의 용법龍法은 윗들의 물이 아래로 감싸 한군데로 모이면 여기는 진룡眞龍이 된다.

●용진龍眞하고 혈적穴的하여 귀사貴砂가 임관臨官방에 둘러서면 벼슬이 삼공三公에 이르리라.

●좌측은 장방궁長房宮이요, 뒤는 높고 앞은 기울어지면 형제 모두 손해가 있으나 장자에게 가장 먼저 화가 나리라.

●우측은 작은아들이요, 앞은 낮고 뒤는 높으면 요수夭壽하고 아울러 폐절廢絕한다. 어린 자식에게 화가 닥치며 부富하기가 어렵다.

●앞이 낮으면 가난하고 뒤가 높으면 인정人丁(자손)이 끊어진다. 앞뒤 중간이 모두 높으면 폐절廢絕한다.

●앞의 가운데와 좌우가 낮으면 형제 모두 궁하니 천해지며, 뒤의 가운데와 좌우가 높으면 집집마다 자손이 없어진다.

●장원으로 급제하고 신동이 나려면 혈 뒤의 좌우가 다 낮아야 한다.

●형제 모두 폐절廢絕함은 혈 뒤의 양변이 높고 앞은 기울어진 때문이다. 이렇게 되면 장사葬事 후에 재산도 없어진다.

●장수하는 것을 어떻게 정할까? 작두(作腦·뇌두를 이루는 것)의 뒤가 공결(空缺·낮아서 공허함)하여 횡수橫水가 장대하면 물의 모양이 반궁형反弓形

이 되리라.

●부귀가 오래 지속하려면 평양지에서 무엇을 보면 될까? 본 혈이 합법하고 水가 외당에서 중중重重하게 나타난다.

●혈 바닥이 돌혈 바닥(凸穴)이 되면 사람을 해롭게 하지 않는다. 다만 수법이 합당해야 된다.

●공(空·공허함)과 만(滿·높아서 가득함)의 이치에 합법치 못하면 열 중 아홉은 가난하고 수법이 적법해도 부귀가 따르지 않는다

### (7) 수법水法으로 자손의 방분房分을 보는 법

방분이란 자손의 순위를 말하며 자손의 방위房位를 수법水法으로 나누어 보는 것을 말한다. 산법山法으로 보자면 청룡이 좌左가 되고 백호가 우右가 되지만 수법상은 다르다. 즉, 산법으로 좌우는 묘의 좌坐를 중심으로 향向을 바라보는 위치에 서서 분방分房하는 법인데 비해 수법상의 좌우란 향向을 중심으로 좌坐를 바라보는 위치에 서서 방분房分하는 법으로 곧 좌우左右가 뒤바뀌게 되는 것이므로 수법에서는 좌백左白 우청右靑이 되기 마련이다.

좀더 자세히 설명하자면 사람이 혈전에 서서 자손의 위位를 분방分房하니 이때에 독자를 둔 상주라면 혈전 안산위案山位가 곧 방위房位가 되므로 혈전이 왕거旺去하면 당대는 비록 독자이지만 장차 후손은 번창해진다는 뜻이다.

●二子를 둔 묘주墓主라면 양각兩脚(청룡·백호)의 두변頭邊이 곧 좌우가 된다. 이때에는 백호 끝의 물이 곧 장자방長子房이 되고 청룡 끝의 물이 이자방二子房이 된다. 발복의 여부와 선후先後는 곧 백호 쪽이 수구가 되어 길하면 장자가 성하고, 청룡 쪽이 수구가 되어 길하면 이자방二子房이 성한다. 득수得水도 백호 쪽이 득수가 되어 물이 왕하면 장자방長子房이 성하고,

청룡 쪽에 득수가 되어 왕하면 이자방二子房이 성한다. 득파得破가 다 성하고 수법에 합법이면 속발한다.

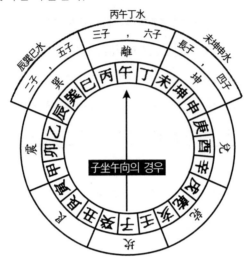

●三子를 둔 상주라면 장자는 우백호변右白虎邊이 되고 중방仲房[二房]은 좌청룡변左靑龍邊이 되며 삼방三房은 전 주작상이 되니 혈전향수穴前向水가 길하면 三子가 번성한다. 향向과 득得이 일치가 되어 왕하면 장자와 三子가 함께 번성한다. 예로 우선수에 艮좌 坤향의 경우 득수得水도 곤신득坤申得일 경우이며, 좌선수의 경우는 그와 반대이다.

●四子를 둔 상주라면 四子의 방房은 안산案山의 우편이니 곧 장자방長子房과 동궁同宮이 된다.

●五子를 둔 상주라면 五子의 방房은 안산案山의 우편이니 곧 이자방二子房과 동궁同宮이 된다.

●六子를 둔 상주라면 六子의 방房은 안산案山의 중위中位이니 곧 삼자방三子房과 동궁同宮이 된다.

예의 그림 子좌 午향 중에서 살펴본다면 未坤申방은 장자와 四子의 방위房位가 되고, 辰巽巳방은 二子와 五子의 방房이되고, 향전向前 안산案山은

三子와 六子의 방房이 된다.

이때에 만약 곤신방坤申方 水가 득수得水가 된다면 장자와 四子가 먼저
발하고 을진방乙辰方 水가 거去[破]하면 二子와 五子房이 나중에 발한다. 또
병오방丙午方 水가 내조來朝하면 三子와 六子가 먼저 발하게 된다.

이와 같이 水의 내거來去는 子 방분房分의 화복 변천의 관건이 됨을 알
수 있다. 먼저 발하고 나중에 발하는 논리를 좀더 구체적으로 설명하자면
향向 수水가 ❶ 우선수이면 長子房이 먼저 발하고 ❷ 좌선수이면 二房이 먼
저 발한다. ❸ 또 만약 당면상堂面上[혈전]에 조안수朝案水가 길하면 三子房
이 먼저 발한다.

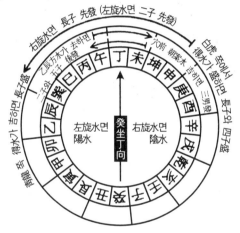

그러므로 水의 내거來去로서 발복의 지속을 결정하게 되니 내래來[得]함
을 선도先到라 하고, 거去[破]함을 후도後到라 하니 선도先到[得]는 선발先發
하고 후도後到[破]는 후발後發한다.

그러나 이는 水의 내거來去가 합국合局을 했을 때의 일이고 만약 파국破
局이라면 여차한 순서로서 흥패凶敗를 입게 된다(정음정양법으로 양방수陽方水
에 양향陽向이면 합국合局이며 음방수陰方水에 음향陰向이면 파국破局, 음방수陰方水에

양향陽向도 같다).

또한 당면堂面 조래수朝來水는 속도速到하는 고로 좌우수左右水와 전조수前朝水를 고루 살펴보아 해당 방분房分의 발지지속發之遲速을 판단해야 할 것이다. 하지만 보다 중요한 것은 水를 소납消納(得破)함에 있어서는 반드시 정음정양에 부합해야 한다는 사실을 잊어서는 안 된다.

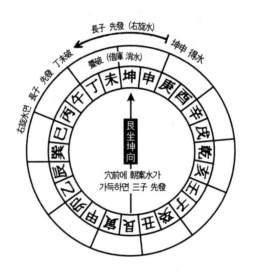

그러나 여기에서 말하는 정음 정양도 두 가지 측면에서 구분할 수 있다.

❶ 용향龍向(입수)과 수향水向과의 관계이니 이는 양룡입수는 양향陽向을, 음룡입수는 음향陰向을 득배得配해야 함과 동시에 좌선수의 양수陽水를 만남과 동시에 음룡입수에 음향陰向이면 우선수를 만나야 되며,

❷ 양룡陽龍에 양향陽向을 취함과 동시에 양수陽水(坤申水이면 淨陽水다)를 득得해야 함이 원칙이다. 여기서 말하는 좌우선 水는 좌坐에서 볼 때와는 반대이다. 그러나 설혹 음수국陰水局(우선수)을 만났다 할지라도 봉침상으로 이를 합당하게 수수收水하면 이것도 또한 일종의 합법이 될 수 있는 것이다. 즉, 양룡(陽 입수)이 음수陰水(우선수)를 만

나거나 음룡이 양수陽水를 만나면 용향龍向과 수향水向을 나경상으로 관중串中시켜 수수收水를 하면 된다는 뜻이다. 용龍과 수로水路가 정음정양법상 맞지 않으면 길성吉星을 얻을 수가 없는 고로 가장 완벽할 뿐 아니라 이기 수법 중에서도 차원 높은 수법인 것이다.

다시 본론으로 돌아가 가령 정침으로서 양향陽向(정양)에 입향했다면 이때에는 좌선수 양국陽局이어야 하니 정양淨陽일 수밖에 없다. 이 경우 물이 만약 우선수(여기서 우선수는 묘墓 향向 중심이기 때문에 묘의 좌坐에서 볼 때와는 반대가 되기 때문에 우선수를 좌선수 음국으로, 좌선수를 우선수 양국으로 본다) 음국陰局이라면 二房과 四房은 발복하나 長房과 三房은 빈貧하게 된다.

# 제8장
## 발복추산법 發福推算法

### 제①절  고서에 소개된 각종 추산법

　필자는 도선국사道詵國師 및 여러 선사님들의 《유산록遊山錄》이나 각종 산도山圖를 보면 장후葬後 5년 또는 10년 발복 3대~5대 발복發福 등의 기록이 많음을 볼 때마다 그 계산법에 대해 지금까지도 연구를 계속하고 있지만 뚜렷한 확신을 얻지 못한 상태이다.

　즉, 묘를 쓴 후 몇 년 뒤에 발복이 시작되어 얼마나 오래 지속되는가에 대한 연구에 정력을 쏟으면서 이에 관한 여러 도서 내용들을 살펴보았으나 다른 풍수이법처럼 너무도 그 내용이 차이가 크기 때문에 그 진위眞偽를 판단하기 어렵고 너무도 추상적이며 지나친 과장이 많았다. 물론 과학적으로 정확한 년수를 산출하기는 어렵다 할지라도 초과학시대에 임하는 현시대의 풍수지리는 좀더 구체적이고 객관적인 과학적 접근이 필요하다고 느껴진다.

　풍수지리 전역에서 심하게 과장된 내용들은 많다. 예를 들면 백자천손百子千孫 천리내룡千里來龍에 도두일절到頭一節 심룡삼년尋龍三年에 새혈십년裁穴十年 등 현시대의 감각에 맞지 않는 지나친 과장이 많다. 고서를 비롯해 많은 책을 통해 발복추산법發福推算法을 보면 더욱 과장이 심하고 너무 추상적이었다. 그 내용을 일부만 소개하면 다음과 같다.

## (1) 직룡박환直龍剝換 발복추산법

직룡분각일절直龍分脚一節을 12절기로 계산하여 6차 분각하면 72절기 용龍이 된다. 우리나라 명혈名穴에 직룡박환이 많다. 요즘 풍수가의 대부분이 직룡박환을 보고 사룡死龍 운운하면서 대수롭지 않게 보지만 직룡에는 사룡死龍과 박환룡剝換龍이 있는데 잘 구분할 줄 알아야 한다.

① 직룡분각 1절은 12절기룡

② 직룡분각 2절은 24절기룡

③ 직룡분각 3절은 36절기룡

④ 직룡분각 4절은 48절기룡

⑤ 직룡분각 5절은 60절기룡

⑥ 직룡분각 6절은 72절기룡(용 중 최대 용)

　　72대 성현장상聖賢將相 다출지지로 부귀 불가언하고 문천무만하다고 추산한다.

## (2) 사격砂格의 원근遠近으로 발복추산

■ 길흉의 사가 용호龍虎가운데 있으면 지찰이라 하고 축년에 응험이 있다.

■ 입회入懷의 발복은 일기一紀가 일주 : 길흉의 사가 외당에 있으면 입회라 하고 일기년에 응험이 있다. 일기년은 12년이 일기란 뜻이다.

■ 조임照臨의 발복은 백년이 일주 : 길흉의 사가 조종에서 발원하여 원안내遠案內에 있으면 조임이라 하여 백년에 응험이 있다 백년이 일주기란 뜻이다.

## (3) 입수入首 발복추산법

용맥龍脈의 입수가 어느 방위로 들어오는지를 가지고 몇 대에 발복할 것인가를 예측하는 것이다. 이를 표로 설명하면 다음과 같다.

**【 입수 추산법 】**

| 入首向 | 壬 | 子 | 癸 | 丑 | 艮 | 寅 | 甲 | 卯 | 乙 | 辰 | 巽 | 巳 |
|---|---|---|---|---|---|---|---|---|---|---|---|---|
| 發福 | 1대 1년 | 1대 1년 | 6대 6년 | 10대 10년 | 5대 5년 | 3대 3년 | 3대 3년 | 8대 8년 | 8대 8년 | 5대 5년 | 8대 8년 | 2대 2년 |
| 入首向 | 丙 | 午 | 丁 | 未 | 坤 | 申 | 庚 | 酉 | 辛 | 戌 | 乾 | 亥 |
| 發福 | 7대 7년 | 7대 7년 | 2대 2년 | 10대 10년 | 10대 10년 | 9대 9년 | 9대 9년 | 4대 4년 | 4대 4년 | 5대 5년 | 9대 9년 | 1대 1년 |

## (4) 용호龍虎의 수구水口 교쇄交鎖에 의한 추산법

청룡과 백호가 몇 번 수구를 닫혀주느냐 하는 것으로 발복을 추산한다. 수구가 닫혀 있으면 가산家産이 부자이고 수구가 넓으면 가난하다.

① 수구가 1~2겹으로 되어 있으면 서인庶人의 땅으로 발복추산 보조한다.

② 수구가 3~4겹으로 되어 있으면 재목(宰牧·재상과 목사)의 땅으로 발복추산 보조한다.

③ 수구가 5~6겹으로 되어 있으면 경상(卿相·정승과 재상)의 땅으로 발복추산 보조한다.

④ 수구가 7~8겹으로 되어 있으면 공후(公候·귀족으로 公과 后)의 땅으로 발복추산 보조한다.

⑤ 수구가 9~10겹으로 되어 있으면 제왕帝王의 땅으로 발복추산 보조한다.

## (5) 내거수來去水로 발복추산

주로 빈부貧富를 논한다.

①  내거수來去水가 12곡曲이면 정상 대인의 땅이다. 즉, 제왕도 나올 수 있는 땅이다.

②  내수來水가 9곡曲이면 대귀하고 부하며 정승까지도 나올 수 있다. 거수去水도 역시 대길하다.

③  내수來水가 3곡曲 정도라 해도 백 천마지기의 땅을 사는 대부가 난다 거수去水도 역시 대길하다.

## (6) 명당의 광협廣狹으로 발복추산

명당이 광평廣平할 때 광평지인廣平之人이 태어나고, 좁으면 협애지인狹隘之人이 태어난다.

山上不論明堂 : 山이 尖하고 높으면 明堂을 論하지 말라

### ① 수구사水口砂로 발복추산

수구가 닫히도록 낮은 두 개의 산이 막아주는 것을 한문捍門이라 하는데 일월日月·금수禽獸·구사龜蛇·용마龍馬·북 등 5가지 모양의 한문이 수구를 막아주면 제왕이 나온다.

## (7) 용龍의 박환剝換에 의한 발복추산

쌍산오행雙山五行을 쓴다.

### ① 坤申 壬子 乙辰龍

坤申 壬子 乙辰龍일 때 내룡정국來龍定局은 수국水局 1. 6수로 다음과

같이 발복한다.

    ㉠ 1차 박환시 2 × 6 = 12대를 발복한다.

    ㉡ 2차 박환시 4 × 6 = 24대를 발복한다.

    ㉢ 3차 박환시 6 × 6 = 36대를 발복한다.

    ㉣ 단국은 후룡後龍이 길 때는 6대를 발복하고 후룡이 짧을 때는 당대當代만 발복한다.

## ② 艮寅 丙午 辛戌龍

화국火局 2. 7수로서 다음과 같이 발복한다.

    ㉠ 1차 박환시 2 × 7 = 14대를 발복한다.

    ㉡ 2차 박환시 4 × 7 = 28대를 발복한다.

    ㉢ 3차 박환시 6 × 7 = 42대를 발복한다.

    ㉣ 단국은 후룡後龍이 길 때는 7대를 발복하고 후룡이 짧을 때는 2대만 발복한다.

## ③ 乾亥 甲卯 丁未龍

목국木局 3. 8수로서 다음과 같이 발복한다.

    ㉠ 1차 박환시 2 × 8 = 16대를 발복한다.

    ㉡ 2차 박환시 4 × 8 = 32대를 발복한다.

    ㉢ 3차 박환시 6 × 8 = 48대를 발복한다.

    ㉣ 단국은 후룡後龍이 길 때는 8대를 발복하고 후룡이 짧을 때는 3대만 발복한다.

## (8) 내거수來去水로 발복추산

혈 앞으로 들어오는 물이나 혈 앞에서 수구로 빠져 나가는 물이 몇 번

굽이치느냐를 가지고 추산한다.

① 내거來水 거수去水가 12번 굽이치면 제왕이 나올 수도 있다.

② 내거來水 거수去水가 9번 굽이치면 부자가 되고 정승까지도 나올 수도 있다.

③ 내거來水 거수去水가 3번 굽이치면 큰 부자가 나올 수도 있다.

### (9) 명당의 과협過狹으로 발복추산

청룡과 백호 그리고 안산으로 둘러싸인 혈 앞의 공간을 명당이라고 하는데 보통 규모의 혈은 200~300m가 적격이지만 혈장이 큰 대혈은 1~2km도 좋다고 한다. 명당의 규모가 작으면 발복은 빠르나 작게 발복하고, 규모가 크면 발복은 늦지만 크게 발복한다는 것이 일반적인 통념이다. 명당이 넓으면 마음이 넓은 자손이 나오고, 좁으면 옹졸한 자손이 나온다.

### (10) 과협박환過峽剝換 발복추산

과협박환도 행도박환과 같이 한 번 박환에 10절기로 환산한다. 그리고 과협을 아주 깊게 했을 때만 과협박환으로 인정한다. 그리고 오성의 후천 수평균은 8이므로 목국과 같이 추산한다.

① 坤申 壬子 乙辰 수국으로 1번 2번 3번 과협을 할 때마다 10절기 20절기 30절기가 된다.

② 艮寅 丙午 辛戌 화국으로 1번 2번 3번 과협을 할 때마다 10절기 20절기 30절기가 된다.

③ 乾亥 甲卯 丁未 목국으로 1번 2번 3번 과협을 할 때마다 10절기 20절기 30절기가 된다.

④ 巽巳 庚酉 癸丑 금국으로 1번 2번 3번 과협을 할 때마다 10절기

20절기 30절기가 된다.

## (11) 내룡지각來龍枝却 박환剝換 발복추산

내룡행도來龍行度 박환보다도 1~1.5배 이상 발복추산한다. 박환지각이 45도일 때 1.5배 발복추산을 적용한다.

    ① 坤申 壬子 乙辰 수국으로 내룡지각 박환은 2×6=12대 발복한다.

    ② 艮寅 丙午 辛戌 화국으로 내룡지각 박환은 2×7=14대 발복한다.

    ③ 乾亥 甲卯 丁未 목국으로 내룡지각 박환은 2×8=16대 발복한다.

    ④ 巽巳 庚酉 癸丑 금국으로 내룡지각 박환은 2×9=18대 발복한다.

## (12) 장長·중仲·계손법季孫法

이는 묘墓의 좌坐나 입수入首와 사砂 물의 방위에 따라 장손, 가운데손, 막내손에 미치는 영향이 다르다는 것이다. 묘가 어떤 좌이고 산봉우리가 어느 방위에 있느냐에 따라 자손들 가운데 첫째·둘째·셋째·넷째·다섯째에 미치는 영향이 다르다는 것이다.

【 장·중·계산법 】

| 묘지의 坐 | 주로 영향을 받는 자손 |
|---|---|
| 乾坤艮巽 寅申巳亥 | 長孫 : 첫째 자손 |
| 子午卯酉 | 仲孫 : 둘째 자손 |
| 甲庚丙壬 | 三孫 : 셋째 자손 또는 (仲孫 : 둘째 자손) |
| 辰戌丑未 | 四孫 : 넷째 자손 또는 (季孫 : 막내 자손) |
| 乙辛丁癸 | 五孫 : 다섯째 자손 또는 (季孫 : 막내 자손) |

묘지의 좌坐뿐만 아니라 입수, 산의 봉우리, 득수得水, 수구水口의 향向을 가지고도 이와 같이 어느 자손이 영향을 더 받을 것인가를 변별할 수 있다. 그런데 이들의 좌坐나 향向이 나쁘면 그에 해당하는 자손이 해를 입는다. 예를 들어 子나 午 방위에 석재 채취로 인해 깨진 산이 보인다면 둘째 자손들이 화를 입게 된다.

## (13) 성씨姓氏 추운법

입수룡入首龍이 방위에 따라 성씨별로 발복이 다르다는 것이다.

### 【 성씨 추운법 】

| 入首龍의 向 | 해당되는 姓氏 |
|---|---|
| 巽·庚·癸<br>巳·酉·丑<br>(金龍) | 禹·漁·芮·魯·蘇·毛·孟·庚·卜·下(羽姓:水姓)<br>李·蔡·朱·羅·薛·吉·許·成·愼(徵姓:火姓)<br>全·申·河·梁·徐·文·白·裵·郭·玉·劉·千·楊·韓·安·玄·盧·辛·康(商姓:金姓) |
| 乾·甲·丁<br>亥·卯·未<br>(木龍) | 李·蔡·朱·羅·薛·吉·許·成·愼(徵姓:火姓)<br>全·申·河·梁·徐·文·白·裵·郭·玉·劉·千·楊·韓·安·玄·盧·辛·康(商姓:金姓)<br>朴·池·吳·周·孔·曹·高·趙·金·車·崔·兪·秋·延(角姓:土姓) |
| 艮·丙·辛<br>寅·午·戌<br>(火龍) | 禹·漁·芮·魯·蘇·毛·孟·庚·卜·下(羽姓:水姓)<br>鄭·張·丁·黃·洪·陳·卓·元·姜·況·任·宋·南·尚·田·孫·林·柳·閔·馬·都·桂·魏·明·奉·東方·鮮于·獨孤·皇甫(宮姓:土姓)<br>李·蔡·朱·羅·薛·吉·許·成·愼(徵姓:火姓) |
| 坤·壬·乙<br>申·子·辰<br>(水龍) | 朴·池·吳·周·孔·曹·高·趙·金·車·崔·兪·秋·延(角姓:土姓)<br>鄭·張·丁·黃·洪·陳·卓·元·姜·況·任·宋·南·尚·田·孫·林·柳·閔·馬·都·桂·魏·明·奉·東方·鮮于·獨孤·皇甫(宮姓:土姓)<br>禹·漁·芮·魯·蘇·毛·孟·庚·卜·下(羽姓:水姓) |

이상은 여러 고서에서 소개된 발복추산법이다. 위 내용을 읽은 사람에 따라 소감도 다르겠지만 필자의 생각으로는 납득이 가지 않는다. 한곳의 진혈(명당)이 있다면 그에 동원되는 용龍·혈穴·사砂·수水·살염殺廉 등 종합적으로 그 길흉이 결정되는 것이지 한두 가지만으로 혈의 길흉을 판단하는 것은 불가능한 일이다. 따라서 발복도 어떤 한 가지만으로 발복을 추산한다는 것은 모순이다.

예를 들면 壬 입수면 1년~1대, 丑 입수면 10년~10대 발복한다. 또는 용의 박환 한 가지만으로 발복을 추산하는 등 모든 내용들이 너무도 추상적이고 믿어지지 않는 내용들이다. 따라서 필자는 그동안 많은 묘에 대한 감정과 실측을 통한 통계의 평균치를 기준으로 다음과 같이 몇 가지 추산법을 마련하고 많은 묘에 적용해 보았기에 100퍼센트 정확하다고 장담할 수는 없을지라도 고서에 나오는 여러 통계보다는 실제적 수치에 가깝다고 느끼면서 소개하는 바이다.

### 제②절  풍수지리의 사주팔자에 의한 발복추산법

사람에게는 생년·월·일·시에 대한 사주팔자四柱八字가 있고 사상체질四象體質이 있는 것과 같이 풍수지리에도 사주四柱에 해당되는 ❶ 입수入首 ❷ 향向 ❸ 사砂 ❹ 파破가 있다. 더 세분하자면 ❶ 입수入首와 좌坐 ❷ 향向과 안산案山 ❸ 청룡靑龍과 백호白虎 ❹ 파破와 득수得水가 팔자八字에 해당된다.

사람은 사주팔자에 의해서 운명의 길흉이 결정된다. 예를 들어 필자의 사주는 1925년 윤 4월 7일 子時 즉 乙丑·辛巳·癸丑·壬子이다. 때문에 필자의 사주와 평생 운명은 약 80퍼센트는 적중된 것 같다. 역리가의 능력에 따라 차이는 있으나 실력 있는 역술가라면 80퍼센트는 적중시켜야 한다.

풍수지리에 있어서도 위에서 열거한 사주팔자에 해당되는 입수와 향과 파 및 사(청룡 백호 중 긴 것) 사주와 ❶ 입수와 좌 ❷ 향과 안산 ❸ 청룡과 백호 ❹ 파구와 득수의 팔자八字에 의해서 혈의 길흉화복 및 발복이 나타날 때의 완속(緩速·느리고 빠름)을 알 수 있는 것이다.

필자는 평생 동안 풍수지리를 연구하면서 도선국사 등 많은 선사들의 명혈名穴에 대한 결지와 산도山圖를 볼 때마다 의심이 풀리지 않는 점이 있었다. 그것은 장후葬後 몇 년 발복(例 장후 5년 발복) 및 발복 내용(화복 겸함)에 대한 구체적 기록이다. 신고新古를 막론 수십 권(70여 권)의 풍수지리 서적을 살펴보아도 그 산출 방법을 자세히 쓴 곳이 없었다.

필자가 예상하기로는,

**첫째 :** 앞에서 기록한 풍수지리의 사주팔자를 토대로 선천수先天數 및 후천수後天數로 합산하여 산출하는 방법과,

**둘째 :** 각종 형기에 의한 산출 방법, 즉 안산 및 수구와 혈과의 거리 또는 녹위사祿位砂·역마사驛馬砂 또는 각종 귀사貴砂와의 거리 등에 의한 산출 방법이 고려되었을 것으로 예측은 되었다.

하지만 정확하고 객관적인 산출 방법을 찾아낸다는 것은 지극히 어려운 일이었다. 거리를 알기 위해서는 산도山圖 내용은 정확하지 못하기 때문에 등고선이 있는 지도로 분석해 보기도 하고 많은 현장을 답사하여 측정해 보기도 했다. 10여 년 동안 이 내용 연구에 진력하였으나 근사한 방법일 뿐 100퍼센트 정확하다고 장담은 할 수 없다. 물론 선사들께서 쓴 결지 내용이나 산도山圖 내용도 정확한 것으로는 믿기 어렵기 때문에 필자의 연구가 100퍼센트 정확하리라고는 믿을 수도 없다.

그러나 다음과 같이 필자의 연구 내용을 소개하니 각자 이를 토대로 더욱 치밀한 연구를 통해 이기와 형기를 함께 하여 더욱 정확한 산출 방법

연구에 참고가 되었으면 한다.

### (1) 발음發蔭의 완속緩速 측정법

#### ① 발음發蔭의 대수代數

이 역시 어떤 책에도 명확히 기록된 곳은 없고 다만 고서인 어느 책에 간략히 다음처럼 기록되어 있었으나 정확한 것은 아닌 것 같고 그를 확인하기 위해 실험하기 어려웠으나 그대로 소개하면 다음과 같다.

예를 들어 파破(수구)를 통한 산천의 자연 조화로 묘의 길흉화복을 계산한다면 입수로 확인한다. 만약 艮좌라면 坤향이 양이기 때문에 양에 해당되는 癸 입수 아니면 寅 입수로 보고 우선수이면 癸 입수이고 좌선수라면 寅 입수라야 합법일 것이다.

입묘 뒤에 몇 대부터 발복이 시작되는가를 알기 위해서는 다음 선천수에 따라 癸 5, 寅 7(333쪽 선천수 조견표 참조)이니 癸 입수의 경우는 5에서 5를 공제하면 O이니 우선수 癸 입수면 당대 발복이요, 좌선수 寅 입수의 경우는 7에서 5를 공제하면 2가 남으니 2대부터 발복한다는 것이다.

여기서 강조하고 싶은 것은 입수가 풍수지리의 사주의 한 축을 차지할 정도로 중요한데 그 입수와 좌향을 알맞게 배합하는 방법 중 정음정양법과 통맥법의 두 가지가 서로 자기 논리가 옳다고 주장하고 있으나 통맥법은 모순이 많기 때문에 입수와 좌향 관계는 절대적으로 정음정양법으로 보는 것이 옳다고 생각된다.

#### ② 24位와 정음정양

● 정음淨陰…丑艮卯巽巳丙丁未庚酉辛亥…12位
● 정양淨陽…壬子癸寅甲乙辰午坤申戌乾…12位

◉ 입수와 향의 배합은 음룡입수면 음향이어야 합법이며, 양룡입수면 양향이라야 합법임을 이해하면 된다. 이는 선천산법先天山法에 근거한 분류이며 구성법과도 관련된 내용이니 믿어도 된다.

선천수로 巳나 亥와 같이 4 이하의 수는 3을 공제하고 남은 수가 대수代數가 된다.

그리고 우선수 좌선룡에서는 艮좌는 寅으로, 巽좌는 巳로, 坤은 申으로, 乾은 亥로 실제적 좌위坐位의 다음 궁위로 수를 계산한다.

다음 좌선수 우선룡은 반대로 艮좌는 丑으로, 乾좌는 戌로, 坤좌는 未로, 巽좌는 辰으로 좌위坐位 앞의 궁위로 수를 계산한다.

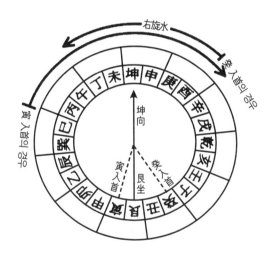

필자의 생각으로는 입수만으로 묘의 길흉과 발음發陰의 대수代數를 계산한다는 것은 좀 의아심이 들었다. 그러나 그대로 소개하고 연구 실험에 의한 결론을 소개할까 한다.

## (2) 발음發蔭의 년수 계산

① 발복의 연한을 알기 위해서는 내룡來龍의 도두일절到頭一節과 입수入首, 좌坐의 수(선천수)를 합산하여 하도와 낙서의 천수天數 25씩을 합한 50에서 천원수天元數 1을 뺀 49로 곱한 후에 8로 두 번을 나누면 발복의 연운을 알 수 있다고 했다.

예를 들어 도두일절이 자룡子龍에 癸 입수 艮坐라면 선천수로 子 9, 癸 5, 艮 8을 합하면 22가 된다. 이를 49로 곱하면 1078이 된다. 이를 8로 두 번 나누면 16이 된다(나누고 남은 수는 버린다). 그러면 결과는 16년 후부터 발복한다는 것이다.

② 또 다른 한 가지 발복 년수 계산법을 소개하면 다음과 같다. 그 책에는 입수는 상관없이 안案과 파破와 사砂만을 계산했다. 필자는 풍수지리의 사주에 해당되는 입수를 포함해서 계산한 것이 옳다고 생각했다. 따라서 ❶ 입수入首 ❷ 안案(안의 방위는 향과 일치된 경우가 많다) ❸ 파破 ❹ 사砂(좌선룡이면 청룡의 끝 방위의 수를, 우선룡이면 백호 끝 방위의 수)에 대한 후천수(333쪽 후천수 조견표 참조)를 합하여 19수(후천지수)를 공제하면 몇 년 후에 발복하게 됨을 알 수 있다. 19미만의 수는 그대로 계산한다. 여기서 19라는 수는 후천낙서지수後天洛書地數 20에서 지원수 1을 뺀 수이다.

예를 들어 癸 입수에 艮坐 坤향(案과 일치), 사砂(좌선룡이기 때문에 청룡의 끝 未방위), 未파의 경우 이를 후천수로 계산한다면 癸 입수(6) + 坤향(案과 같음) 2 + 砂(청룡의 끝 방위인 未) 10 + 未파(10) = 28 − 19 = 9년 후부터 발복하게 된다는 것이다. 그러나 이러한 계산은 이기에 의한 단순한 계산 방법에 불과하며 그 외에도 형기에 의한 여건도 각종 발복의 빠르고 느림에 영향을 줄 수 있기 때문에 형기에 의한 발복의 완속에 대해서는 더욱 치밀한 연구가 필요한 것이다.

③ 위에서 설명한 방법은 ❶ 입수入首 ❷ 향向(案과 같음) ❸ 사砂 ❹ 파破의 네 가지 이른바 풍수지리 사주四柱에 의한 계산 방법이요, 다른 방법은 팔자八字에 의한 계산 방법이다. 예를 들면 ❶ 입수入首와 좌坐 ❷ 향向과 안산案山 ❸ 청룡靑龍과 백호白虎 ❹ 물의 득得과 파破의 8가지이다.

구체적으로 예시한다면 ❶ 입수는 癸(6) ❷ 좌는 艮좌(8) ❸ 향은 坤향이니(2) ❹ 안산은 향의 방위와 같으니 坤방(2) ❺ 청룡의 끝 방위는 未방이니(10) ❻ 백호의 끝 방위는 申방이니(9) ❼ 물의 득은 申방이니(9) ❽ 파구의 방위는 丁방이니 (2)이다. 이를 모두 합치면 癸(6)+艮좌(8)+坤향(2)+案도 坤방이니 (2)+청룡의 끝 未방(10)+백호의 끝 申방(9)+물의 申득(9)+물의 파구는 丁방(2)=48−38(19×2)=10년 후부터 발복이 시작되어 앞에 사주에 의한 년수와 팔자에 의한 년수는 거의 비슷한 숫자이다.

두 가지 방법 중 어느 한 가지 방법을 택하든 거의 비슷한 결과가 되기 때문에 필자 생각으로는 계산이 간단한 사주四柱에 의한 계산법을 택하는 것이 기억하기도 간편하여 편리하다고 생각되어 이를 권하고 싶다.

**【 선천수先天數 】**

| 甲 | 乙 | 丙 | 丁 | 戊 | 己 | 庚 | 辛 | 壬 | 癸 | 子 |
|---|---|---|---|---|---|---|---|---|---|---|
| 9 | 8 | 7 | 6 | 5 | 9 | 8 | 7 | 6 | 5 | 9 |
| 丑 | 寅 | 卯 | 辰 | 巳 | 午 | 未 | 申 | 酉 | 戌 | 亥 |
| 8 | 7 | 6 | 5 | 4 | 9 | 8 | 7 | 6 | 5 | 4 |

**【 후천수後天數 】**

| 子 | 丑 | 寅 | 卯 | 辰 | 巳 | 午 | 未 | 申 | 酉 | 戌 | 亥 | 甲 |
|---|---|---|---|---|---|---|---|---|---|---|---|---|
| 1 | 10 | 3 | 8 | 5 | 2 | 7 | 10 | 9 | 4 | 5 | 6 | 3 |
| 乙 | 丙 | 丁 | 戊 | 己 | 庚 | 辛 | 壬 | 癸 | 乾 | 坤 | 艮 | 巽 |
| 8 | 7 | 2 | 5 | 10 | 9 | 4 | 1 | 6 | 6 | 2 | 8 | 4 |

④ 다음은 형기에 의한 발복 년수의 완속緩速을 측정하는 방법이다. 여러 선사들의 결지내용을 살펴보면 속발지지速發之地 또는 당대발복當代發福 등으로만 기록되어 있고 몇 년 후 발복이라고는 쓰지 않았다. 그러나 산도山圖들을 보면 장후葬後 5년 발복 등 구체적인 발복 년수를 숫자로 표시하고 있다. 어떻게 해서 3년, 5년, 7년, 10년…… 등 구체적 계산 방법이 있는 것인지 무척 궁금했었다. 앞에서 설명한 이기(풍수지리 사주)에 의한 계산법을 사용하면 구체적 숫자가 산출된다. 그러나 형기에서도 발복의 느리고 빠름이 자주 논하게 된다.

### (3) 형기形氣에 의한 발복의 완속緩速

물에 있어서도 청룡 백호 사이에 있는 혈전 가까이 맑은 융저수가 있으면 부귀 병발並發에 속발한다 했으며, 수구(破)역시 혈에서 가까우면 속발한다 했다.

● 혈 앞으로 들어온 물이 용호龍虎의 어느 한쪽에 역사逆砂가 있어 역관逆關하여 흘러가는 길수吉水를 입구수入口水라 하여 그 입구수가 분명하면 발복이 빠르며 부귀겸왕富貴兼旺이라 했다.

● 사砂에 있어서는 안조산案朝山이 가깝고 다정하게 포옹해 주면 속발한다. 안산이 앞에서 설명한 것처럼 다정하게 감아주면 안산과 혈의 거리를 직선으로 계측計測하여 그 20분의 1을 발복 년수로 삼으면 큰 차이가 없을 것이다.

예를 들어 여러 가지 여건을 갖춘 안산이 혈과 300미터 앞에 놓였다면 15년 후 속발하게 된다. 그리고 수구(破)도 가까울수록 속발한다. 그도 거리의 약 20분의 1로 계산하면 된다. 또한 천마사天馬砂 또는 창고사倉庫砂(金體) 등 귀사貴砂가 있으면 약간씩 감減해서 조절한다.

여기서 특히 강조하고 싶은 것은 용龍이 진眞이고 안조산案朝山이 여러 가지 본분을 갖추고 다정하게 혈을 포용하며 득수得水 득파得破가 각 수법(88향수법·향상포태수법·장생수법)에 맞고 청룡·백호가 겹겹으로 안아 주고 주산主山과 주룡主龍이 삼분三分 삼합三合으로 물을 잘 털고 결인結咽이 확실하며 혈상穴像에 따른 혈증穴證이 분명하면 발복 년수 계산법(❶ 풍수지리 사주 ❷ 풍수지리 팔자에 의한 계산 ❸ 혈과 안산과의 거리의 20분의 1 ❹ 수구와 혈과 거리의 20분의 1)이 거의 비슷한 숫자임을 알 수 있다.

● 보통 삼합혈三合穴은 속발한다 했다(좌향과 득과 파가 삼합을 이루는 경우를 삼합혈이라 한다). 나경 제3층은 쌍산오행雙山五行과 삼합오행三合五行을 배치한 층이다. 풍수지리학에서는 이 오행의 이법에 따라 혈의 진부와 화복이 결정된다. 따라서 나경의 모든 작용도 이 오행을 근거로 하고 또 오행에 의해 운용되고 있다. 나경 제3층에는 오행 중에서 火·金·水·木 사행이 지반정침(4층) 12쌍산에 고루 배열되어 있으며, 오행 중에서 土는 중앙에 해당되기 때문에 방위를 나타내는 오행에는 들지 않는다. 오행의 배치도는 다음과 같다.

※같은 오행끼리 묶으면 정삼각형이 된다. 이를 三合五行이라 한다.

【 오행배치도 】

좌坐와 득수得水, 파구破口가 삼합三合을 이루면 속발대길速發大吉하다고 했다. 또 좌우룡(청룡과 백호)의 끝과 묘의 좌坐가 삼합을 이루어도 길하다(삼합혈에 대한 자세한 내용은 필자의 저서 《실전풍수實戰風水 입문入門》과 《한국풍수韓國風水 이론理論의 정립定立》에 자세히 기록되어 있음).

※ 丙午가 坐가 되고 艮寅得에 辛戌破의 삼합혈은 우선수요, 艮寅이 坐가 되고 丙午得에 辛戌破의 삼합혈은 좌선수이다.

※ 삼합혈에서는 旺坐, 生得, 墓破 또는 生坐, 旺得, 墓破가된다.

※ 삼합혈은 坐 중심이 대부분이나 가끔 向 중심의 삼합혈도 있다.
도선국사 《유산록遊山錄》에서 발취한 50개 혈 중 15개 혈이 坐 중심의 삼합혈이고 1개소가 向 중심의 삼합혈이었다.

壬子는 동궁이므로 함께 水가 되지만 나경에서 水의 표시는 지지의 子에만 붙인다. 이는 처음 나경은 12지지로만 된 12방위인데 구빈양공救貧楊公이 24방위로 만든 것이다. 이를 오행으로 분류해 보면,

① 木局은 甲卯·丁未·乾亥방인데 乾·甲·丁을 이으면 정삼각형이 되며 이를 삼합이라 한다. 亥卯未도 같다.

② 火局은 艮寅·丙午·辛戌방위인데 艮丙辛과 寅午戌로 각각 천간과 지지끼리 삼합을 이룬다.

③ 金局은 癸丑·巽巳·庚酉방위인데 巽庚癸와 巳酉丑이 각각 삼합을 이루는 방위이다.

④ 水局은 壬子·乙辰·坤申방위인데 坤壬乙과 申子辰이 각각 천간과 지지끼리 삼합을 이룬다.

⑤ 土局은 중앙을 의미하므로 방위에서 빠진 것이다.

지기地氣가 왕성하여 입수가 종입縱入하면(직좌直坐 또는 이승기耳乘氣) 속발하고 횡橫 입수하면(요승기腰乘氣) 완완緩하다 했다.

이외에도 여러 가지 발복 및 그의 완속(緩速·느리고 빠름)에 영향을 주는 사항이 많다.

### (4) 또 다른 속발법速發法

고서에 속하는 어느 책 한구석에 속발법이 소개되어 있다. 이를 소개하면 다음과 같다.

- ■ 壬坎(子)龍에 艮坐의 丁庚破(丁未破 및 庚酉破)는 出三公이며 速發한다 했다.
- ■ 庚兌龍에 乾坐의 丁, 甲破는 出公卿이고
- ■ 甲卯龍에 巽坐의 壬癸破는 速貴이고
- ■ 震庚亥未坐에 艮, 丙破 및 兌丁巳丑坐에 巽辛破는 速發한다고 설명하고 있다.

위 내용은 고서에 해당되는 어느 책 한구석에 기록되어 있으나 속발한다 해도 그 기준이 모호하여 몇 년까지를 속발로 봐야 하는 것인지 알 수 없어 양공楊公 이후의 수법인 88향법(십사진신수법), 향상포태수법, 장생수법 등 구성수법과 비교 분석해 보았다. 그 결과는 다음과 같다.

### ① 임자룡壬子龍 간좌艮坐에 정미파丁未破의 경우

그 책 내용은 丁庚破로 되어 있으니 구성법으로는 丁破와 庚破인 것 같다. 구성법에서는 破를 쌍산으로 보지 않고 천간 지지를 따로 따로 본다.

용법龍法에 있어서는 임자룡壬子龍이라 하면 壬子癸가 다 같이 감룡坎龍에 해당되며 다 양룡이기 때문에 壬·子·癸 중 어느 입수건 다 합법이다. 그리고 이런 경우 좌선혈좌左旋穴坐가 되기 때문에 당연 우선수라야 합법이며, 우선수 음국陰局에서는 艮좌 坤향(陰向)이 적법이다.

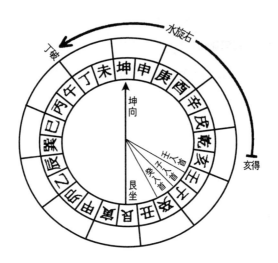

※ **구성수법으로는 亥得破라야 貪狼得破가 되어 최고의 吉破가 된다.**

- 첫째 壬 입수 또는 子 입수 및 癸 입수에 艮좌 坤향이면 양룡입수에 양향이 되어 정음정양법상 적법이다.

- 壬·子 입수에 艮좌 坤향이면 좌선혈좌에 우선수이기 때문에 이도 합법이다.

- 수법은 우선 88향수법으로 본다면 정미파丁未破(四庫藏)에 坤申향은 자생향自生向이어서 길향 길수가 되어 좌선룡 우선수가 되고 자생향自生向이면 절처봉생향絕處逢生向이며 향상向上법으로는 차고소수파借庫消水破로 길향 길수가 되어 부귀 장수에 자손이 대왕하고 소방小房이 먼저 발복하고 대방大房 중방中房까지 고루 발복한다고 설명하고 있다.

■ 향상포태수법으로는 정미파丁未破에 艮좌 坤향은 양파養破 차고소
수借庫消水에 해당되는 길향 길수이며 발복 내용은 위와 같다.

■ 장생수법으로도 쇠파衰破에 해당되어 길향 길수이다.

■ 구성수법으로는 정파丁破에 艮좌는 거문巨門에 해당되어 역시 길
향 길수이며 미파未破에 艮좌도 탐랑파貪狼破이기 때문에 최고로
길하니 위의 임자룡壬子龍에 艮좌의 정미파丁未破는 마음 놓고 써
도 최고의 길지吉地에 속발지지速發之地가 틀림이 없다.

### ② 임자룡壬子龍 간좌艮坐에 경파庚破의 경우

위와 같은 요령으로 여러 수법과 비교 분석하여 과연 여러 수법과
같이 길향 길수에 속발지지速發之地가 되는 것인지 검사해 보기로 한다.

■ 우선 알아야 할 문제는 어느 수법에 맞추어 속발의 길지로 정했
는지 알아야 된다. 필자가 검사한 결과로는 단순히 구성수법뿐
아니라 용법龍法·수법水法·사법砂法·제살법除殺法 등 모든 이기를
구성법에만 맞춘 것 같다. 그러나 《인자수지人子須知》 책에서도 구
성법의 오류에 대해 지적했듯이 맞지 않는 곳이 많기 때문에 양

공양公이 마련한 각종 수법이 훨씬 정확한 것 같다. 이는 필자 마음대로 판단한 것이 아니라 도선국사《유산록遊山錄》에 나오는 혈중 대혈大穴만 50개를 골라 각종 수법에 따른 적중률을 산출하여 필자의 저서《실전풍수입문實戰風水入門》 406쪽에 소개한 바 있다. 그 내용을 보면 구성수법이 제일 적중률이 낮다. 그렇기 때문에 구성수법 한 가지에 의한 고서 내용을 믿을 수 없기 때문에 적중률이 가장 높은 다른 세 가지 수법(88향수법, 향상포태수법 및 장생수법)에 맞추어 보고 겸해서 구성수법과도 일치가 되면 속발하는 명묘名墓라 단정해도 좋을 것 같다. 따라서 그러한 요령으로 다음과 같이 검증해 보기로 한다.

■ 우선 앞에서 우선수이기 때문에 癸 입수(壬·子·癸) 艮좌 坤향으로 하면 정음정양법에는 적법이었으나 艮좌 坤향에 경파庚破라면 좌선수라야 과당過堂을 하기 때문에 좌선수 양국陽局에 맞추기 위해서는 우선혈좌에 양향이어야 된다. 따라서 艮좌 坤향은 음향陰向이기 때문에 맞지 않다. 따라서 寅 입수나 甲 입수가 되어야 양룡 입수가 되어 艮좌 坤향과 맞으며 좌선수에 우선혈좌가 된다.

◑ 수법에 있어서도 우선 88향수법에 맞추어 보면 艮좌 坤향에 경파庚破는 욕파浴破 문고소수파文庫消水破가 되어 흉하다.

■ 다음 향상포태수법으로도 욕파浴破 문고소수파文庫消水破가 되어 길향 길수이다.

■ 다음 장생수법으로는 坤향에 경파庚破는 관파官破인 대황천파大黃泉破가 되어 아주 흉살이다.

■ 구성수법으로는 艮좌에 한해서(寅坐는 凶) 경파庚破이면 탐랑貪狼이요, 유파酉破는 거문巨門이어서 경유파庚酉破가 같이 길하다.

※ 여기서 결론을 내리자면 필자가 본 고서는 구성법 하나에만 의한 내용이기 때문에 그 책에 나오는 속발 진혈은 물론 구성법에도 적중되며 다른 88향수법 및 향상포태수법이 다 합법인데 장생수법만이 대황천살수大黃泉殺水라면 어찌해야 할지 결정하기 힘든다. 호남지방에서는 장생수법을 쓰는 지사들은 거의 없으니 그분들은 틀림없이 자신 있게 쓰고 말 것이다. 그러나 필자에게 이러한 곳에 재혈을 의뢰한다면 포기할 것이다. 95퍼센트의 적중률을 지닌 장생수법으로 대황천파大黃泉破라면 아무리 다른 수법이 맞다 할지라도 포기하는 것이 타당할 것으로 믿어진다 그만큼 심중해야 된다는 뜻이다.


### ③ 경태룡庚兌龍 건좌乾坐에 정丁·갑파甲破의 경우

경태룡庚兌龍에 乾좌의 정丁·갑파甲破는 출공경出公卿이라 했는데 과연 다른 수법으로도 적중이 되는지 확인해 보기로 한다.

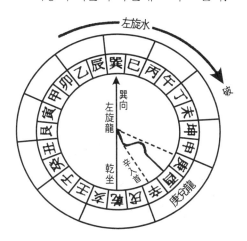

- 경태룡庚兌龍이란 庚·酉·辛 세 글자가 겸한 용을 말한다. 따라서 경태룡에서 乾좌라면 酉 입수 아니면 辛 입수라야 음룡입수에 음향이 되어 합법이다(정음법).

  다음 좌선수면 양국陽局이기 때문에 양향이라야 합법인데 乾좌는

음향이니 불합이다. 다음 경태룡에서 乾좌 巽향이라면 좌선혈좌
이기 때문에 좌선수와는 불합이다.

■ 88향수법으로는 乾좌 巽향에 정파丁破는 불합이다.

■ 향상포태수법으로는 관대파冠帶破가 되어 역시 맞지 않다.

■ 장생수법으로도 관대파冠帶破가 되어 불합이다.

■ 구성수법으로도 乾좌에 정파丁破는 파군破軍에 해당되어 흉이며
亥좌에 정파丁破면 무곡武曲이 되어 길하나 이 고서에서는 천간과
지지를 따로 따로 보는 구성수법을 핵심으로 했기 때문에 乾좌에
정파丁破를 어찌 속발대지速發大地로 보았는지 이해하기 어렵다.
다만 용법龍法상으로만 결정했는지 몰라도 필자는 《인자수지人子
須知》에서 지적했듯이 참고는 하되 구성수법을 100퍼센트 믿지는
않는다.

### ④ 경태룡庚兌龍 건좌乾坐에 갑파甲破의 경우

경태룡庚兌龍에서 乾좌라면 酉 입수 아니면 辛 입수라야 음룡입수에
음향이 되어 입수와 향 관계가 합법이란 것은 앞에서와 같다. 다음 우선수

라면 음국陰局이기 때문에 음향이라야 합법인데 乾좌 巽향은 음향이어서
이 역시 합법이다.

- 다음 88향수법은 갑파甲破에 乾좌는 맞지 않아 입향 불가하다.
- 향상포태수법으로는 역시 태파胎破가 되어 불합이다.
- 장생수법으로는 병파病破가 되어 길하다.
- 구성수법으로는 乾좌에 갑파甲破는 복음伏吟이어서 中上은 되나
  속발대지速發大地라 극찬할 수는 없다. 그렇다면 이 책에서는 각종
  용법龍法이 맞고 수법도 두 가지 장생수법과 구성수법으로는 길
  하기 때문에 속발 길지吉地로 보았는지는 몰라도 甲庚丙壬은 용龍
  은 길하지만 파破가 되면 좋지 못하기 때문에 그다지 크게 극찬할
  정도는 못된다.

### ⑤ 갑묘룡甲卯龍 손좌巽坐에 임계파壬癸破는 귀貴가 속발한다고 했다

갑묘룡甲卯龍에 巽좌라면 乙 입수 또는 甲 입수라야 양룡입수에 양
향이 되어 합법이다. 다행이 여기서는 해당되지 않으나 평상시 갑묘룡甲卯
龍의 경우라면 용상팔살龍上八殺에 해당되는 寅坐申향을 피해야 함을 잊어
서는 안 된다.

다음 乾향에 임파壬破 또는 계파癸破가 되려면 좌선수가 되어야 과당
수過堂水가 되어 합법이다. 그러나 巽좌 乾향은 음향이기 때문에 좌선수와
는 맞지 않다. 이 책에서 득수得水 방위는 기록되어 있지 않으나 향상수법
으로 보면 庚酉 득得은 태득胎得이어서 길수吉水라 볼 수 없으며 기타는 마
땅한 득得이 없다. 그러나 구성법으로 본다면 巽좌에 경득庚得이면 거문巨
門 득得이며 유득酉得은 탐랑貪狼 水에 해당되어 길득吉得이다.

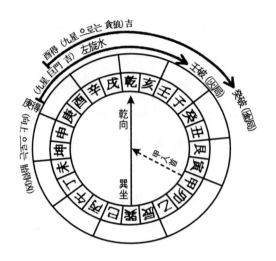

다음 향向과 파破의 관계를 살펴보면,

■ 88향수법으로는 巽좌 乾향에 계파癸破는 맞지 않아 입향할 수 없는 흉파凶破가 된다.

■ 향상포태수법으로는 관대파冠帶破가 되어 불길하다.

■ 장생수법으로도 乾향에 계파癸破는 대파帶破가 되어 불길하다.

■ 구성수법으로 巽좌에 계파癸破는 파군破軍에 해당되는 흉파凶破이다.

위와 같이 모든 용법龍法, 수법水法이 맞지 않으니 또 다른 용법, 수법이 없는 것은 아니지만 적중률이 낮은 것이기 때문에 고서에 乾향에 계파癸破가 속발지지速發之地로 소개된 것은 잘못된 것으로 안심하고 쓸 수 있는 입향법立向法이 못됨을 확인할 수 있다.

#### ⑥ 손좌巽坐 건향乾向에 임파壬破의 경우

다른 내용은 계파癸破의 경우와 같이 우선 좌선수 좌선혈좌가 맞지

않다. 파破와 향向의 관계만 살펴보면,

- 88향수법으로는 좌선수 임파壬破에 巽좌 乾향은 변국향變局向에 속하는 욕파浴破(文庫消水)에 해당되는 길향 길파이다.

- 향상포태수법으로 욕파浴破(文庫消水破)에 해당되는 길향 길수이다.

- 장생수법으로는 관파官破에 해당, 대황천파大黃泉破가 되기 때문에 크게 흉하다.

- 구성수법으로는 巽좌에 임파壬破는 염정廉貞에 해당되는 흉파이다.

위와 같은 상황이라면 호남 지관地官들은 주로 88향수법이기 때문에 길지吉地라고 쓰겠지만 적중률이 가장 높은 장생수법으로 대황천파가 될 뿐 아니라 옛날에 가장 많이 사용했던 구성법마저 염정廉貞 흉파凶破인데 어디다 근거를 두고 속발대지速發大地라고 규정지었는지 알 수 없어 정확한 입향법이 못됨을 알 수 있다.

◑ **마지막으로 震庚亥未좌에 艮丙破와 兌丁巳丑좌에 巽辛破는 速發한다고 되어 있는데,** 위에서와 같은 요령으로 확인하여 그 결과만을 기록하기로 한다.

| | 坐 | 破 | 88向水法 | 向上胞胎水法 | 長生水法 | 九星水法 |
|---|---|---|---|---|---|---|
| 一凶三吉 | 震(卯)坐 | 丙破 | 浴破<br>(文庫消水(吉)) | 浴破(文庫消水(吉)) | 浴破(凶) | 貪狼破(吉) |
| 半吉半凶 | 庚坐 | 丙破 | 立向不可(凶) | 死破(交如不及(凶)) | 死破(吉) | 貪狼破(吉) |
| 三吉一凶 | 亥坐 | 丙破 | 浴破<br>(文庫消水(吉)) | 浴破(文庫消水(吉)) | 官破(大黃泉水(凶)) | 貪狼破(凶) |
| 一凶三凶 | 未坐 | 丙破 | 衰向胎流(凶) | 浴破<br>(辰戌丑未向은(凶)) | 胎破(凶) | 貪狼破(吉) |
| 三凶一吉 | 震(卯)坐 | 艮破 | 立向不可(凶) | 絶破(凶) | 絶破(凶) | 貪狼(吉) |
| 一吉三凶 | 庚坐 | 艮破 | 立向不可(凶) | 官破(大黃泉破) | 官破(黃泉破) | 貪狼(吉) |

345

| | 坐 | 破 | 88向水法 | 向上胞胎水法 | 長生水法 | 九星水法 |
|---|---|---|---|---|---|---|
| 半吉半凶 | 亥坐 | 艮破 | 立向不可(凶) | 絕破(凶) | 死破(吉) | 貪狼(吉) |
| 全吉 | 未坐 | 艮破 | 正墓向(吉) | 絕破<br>(救貧黃泉破(吉)) | 病破(吉) | 貪狼(吉) |
| 三吉一凶 | 兌坐 | 巽破 | 立向不可(凶) | 病破라도 乙辛丁癸<br>辰戌丑未向에 한해<br>서 祿馬貴人破(吉) | 病破(吉) | 貪狼破(吉) |
| 一吉三凶 | 丁坐 | 巽破 | 立向不可(凶) | 丁坐癸向 金局에서<br>巽破는 生破가<br>되어 (凶) | 浴破(凶) | 貪狼大吉 |
| 一吉三凶 | 巳坐 | 巽破 | 立向不可(凶) | 凶破 : 病破라도<br>乙辛丁癸向이<br>아니므로 凶 | 胎破(凶) | 貪狼大吉 |
| 三吉一凶 | 丑坐 | 巽破 | 正養向(吉) | 病破(祿馬貴人破로<br>吉破(吉)) | 官破로<br>大黃泉破(凶) | 貪狼으로<br>大吉 |
| 一吉三凶 | 兌坐 | 辛破 | 立向不可(凶) | 養破이나 乾坤艮巽<br>向外는 (凶) | 養破(凶) | 貪狼破로<br>大吉 |
| 半吉半凶 | 丁坐 | 辛破 | 立向不可(凶) | 癸向 金局에서<br>辛破는 衰破(凶) | 墓破(吉) | 貪狼破로<br>最吉 |
| 全吉 | 巳坐 | 辛破 | 自生向으로 吉<br>向吉水(吉) | 養破<br>(借庫消水로(吉)) | 衰破(吉) | 貪狼破로<br>最吉 |
| 半吉半凶 | 丑坐 | 辛破 | 立向不可(凶) | 養破인 乾坤艮巽向<br>外는(凶) | 墓破(吉) | 貪狼破로<br>最吉 |

## ⑦ 위 기록의 통계적 분석

㉠ 위 기록을 자세히 살펴보면 구성수법으로는 16건 전부가 탐랑수貪狼水로 최고의 파破가 되어 이 고서의 내용은 모두 구성법에 의함을 다시 한 번 확인해 준 셈이다.

㉡ 네 가지 수법 다 같이 길파吉破인 경우는 未坐에 艮파와 巳坐에 辛파 두 군데밖에 없다.

㉢ 88향수법과 향상포태수법 두 가지가 다 일치된 길지吉地는 16개소 중 5개소뿐이다. 따라서 두 수법 다 같이 흉이 된 곳은 8군데요, 88향수법으로만 흉이 9개소, 길이 7개소이며, 향상포태수

법만으로 흉이 10개소, 길이 6개소뿐이다.

㉣ **문제점** : 지금도 구성수법만으로 재혈을 결정하는 지관이 상당수 있으며, 각종 살殺은 관심도 없이 입수와 좌향만을 맞추는 지관도 있으며, 호남지방 지사들은 가장 확률이 높은(95퍼센트) 장생수법은 전혀 고려치 않고 88향수법 또는 향상포태수법 한 가지만으로 남의 문중의 흥망성쇠를 좌우하는 중대한 재혈을 너무도 가볍게 취급하고 많은 금품까지 탐내는 몰지각한 사람들이 태반이니 이 또한 말세의 증조가 아닌가 싶다.

그러니 좀더 심중을 기하기 위해서는 《인자수지人子須知》에서도 밝힌 바와 같이 오류가 많은 옛 구성법까지는 다 맞추지 못하더라도 양공楊公 및 곽박 등 선사들이 새로 마련한 88향수법 및 향상포태수법, 장생수법 세 가지만이라도 다 함께 적중된 곳이라야 마음 놓고 안장할 수 있지 않겠는가? 거기다 구성법까지 적중된다면 금상첨화라 할 수 있을 것이다.

또한 특히 경계해야 할 일은 각종 흉살을 피해야 되는데 전혀 살殺을 무시해 버리고 입수와 향만으로 길흉을 확정짓는 지관들도 있다. 참으로 위험한 일이다.

어느 의사가 한 환자를 오진하거나 수술이 서툴게 되어 피해로 죽었다면 환자 한 사람에게 국한되지만 풍수지리에 있어서는 한 사람의 묘를 잘못 쓰면 그 피해는 한 가문을 망치게 된다. 그러니 그 죄가 의사에게 비하겠는가? 이 세상에서 제일 심중하고 깨끗해야 하며 책임이 중한 사람들은 풍수지리를 다루는 지관들임을 자각해야 될 것이다.

발복추산법發福推算法 제8장

## (5) 충살沖殺로 인한 피해의 완속緩速

이제까지는 주로 발복의 완속에 대해 논했으나 그와 반대로 진혈이 아닌데다 각종 살을 피하지 못했다면 피해를 보기 마련이며 그 완속도 살에 따라 다르다. 다음에 각종 흉살에 대한 자세한 설명이 있기 때문에 여기서는 각 흉살별 피해 년수를 표시하고 흉살에 대한 경각심을 촉구하고자 한다. 특히 피해가 빠른 흉살은 용상팔살龍上八殺(3~5년), 대황천파大黃泉破(5년), 팔요황천수八曜黃泉水(得)(5~10년)이며 그보다 빠른 것은 살풍殺風이다.

예를 들면, 청룡·백호·안산이 잘 감아주고 있어도 乾亥방이 급하게 잘려서 요함凹陷하면 그곳에서 불어오는 살풍은 극히 해롭고 3년 내에 자손이 상하고 손재가 따른다. 그 피해는 마치 바람처럼 빠르며 요함凹陷한 곳이 좁고 깊을수록 바람은 세고 가까우면 더욱 피해가 빠르다. 살풍 중에서도 乾亥풍·艮寅풍·坤申풍·乙辰풍이 더욱 흉하다.

❶ **쌍금살**雙金殺, **팔로사로 황천살**八路四路 黃泉殺 등도 장사葬事시 유의해야 되며 그 피해는 10~15년이 걸린다.

❷ 다음은 극히 흉한 **참암살**巉岩殺이 있다. 이 참암살은 흉암凶岩이 혈장을 능압하는 극히 흉한 살이다. 인재양패人財兩敗하며 특히 입수도두入首到頭에서 혈장을 억누르면 절손絶孫에까지 이른다. 이 피해 정도도 바위의 생김새, 크기, 혈장에서 거리에 따라 차이가 생기나 피해 년수는 실거리의 20분의 1(100미터면 5년 내) 정도이다.

❸ **곡살**谷殺 및 **능살**稜殺도 피해야 된다. 능살이란 예리한 산줄기가 혈장을 향해 직사直射하는 것을 말하며 혈장 좌측을 격하면 장손이 망하고 우충右衝은 지손支孫 또는 삼손三孫이 망한다. 또 앞에서 가깝게 직사하면 전가패망全家敗亡 또는 二, 四方이 패한다.

❹ 다음 **곡살**谷殺이란 원래 용의 결인처는 물을 털고 동시에 계곡이 생기고 그 계곡이 곧게 내려오면서 혈장을 사射하면 수살水殺과 풍살風殺을 겸하기 때문에 극히 흉한 살이다. 그 위치와 원근에 따라 그 피해 경중이 각기 다르며 혈장 좌측에서 사射하면 장손이 망하고 우측에서 충沖하면 지손支孫이 망한다 했다. 또한 가까울수록 피해가 크고 장후葬後 3~5년이면 피해가 나타난다.

❺ **파살**破殺　여기서 파살이라 함은 혈장 주변의 무기허토(無氣虛土·퍼석퍼석한 땅)가 비바람에 의해 파열 붕괴된 경우도 있고 각종 개발 사업으로 인해 혈장 주변의 사산砂山이 파열되어 흉한 모습으로 변하여 혈을 압살하는 경우를 말한다. 이런 경우 산재패가散財敗家가 우려되며 피해 년수도 가깝고 혈의 정면으로 보이면 제일 피해가 크다. 거리의 20분의 1로 계산하면 큰 차이가 없을 것이다.

❻ **시산살**屍山殺　시산이란 혈장 근처에 있는 시체사屍體砂를 말한다. 시체가 누워 있는 것 같은 흉한 형체를 말한다. 시체사가 혈장 근처에 있으면 전사자 또는 객사하는 자손이 생긴다. 그러나 이와 같은 시체사도 장군대좌형국將軍大坐形局이나 금오탁시형국金烏啄屍形局에서는 발복에 필요한 길사吉砂가 된다.


## (6) 병렴病殮으로 인한 피해의 완속緩速

병렴이란 묘지 광중壙中에서 자생自生하는 수렴水殮·화렴火殮·목렴木殮·충렴蟲殮 등을 말한다. 수백 년된 고총에서도 광 속에 온기가 감돌며 아무런 살렴殺殮도 없이 깨끗한 백골이 윤기가 있고 휘황輝煌한 곳도 있고 반대로 10년도 못되어 광중이 차고 백골이 숯덩이처럼 까맣게 그을려 있거나(화렴) 나무뿌리가 엉켜 있거나(목렴) 각종 벌레가 우글거려(충렴) 백골이 흉한 곳이 있기 때문에 충살沖殺은 눈으로 식별할 수 있으나 각종 병렴은 광중을 파보기 전에는 확인하기 어렵기 때문에 이를 사전에 피하기 위해서는 지관들의 깊은 연구와 많은 경험이 필요하다.

① **수렴水瀮** 수렴이라 하면 ❶ 광중에 수맥이 통하여 물이 광중에 가득 차 있는 경우도 있고 ❷ 건수乾水가 들었다 빠졌다 하는 경우 또는 ❸ 혈토穴土가 점토질이어서 습기가 뼈에 가득 차 있는 경우로 구별할 수 있다. ❶과 ❷의 경우는 입수처가 양룡으로 넓게 내려오다가 뇌두의 형성도 없고 유乳나 돌突 바닥으로 변하지 않고 그저 평탄한 곳에 묘를 쓰게 되면 거의 100퍼센트 물을 털지 못한다. 그렇기 때문에 옛부터 지관들이 물만 피할 줄 알아도 中上은 된다고 했다. 그리고 와窩 바닥에서는 유乳나 돌突이 없으면 습기를 피하기 어렵고 혈토가 버석버석하면 건수乾水가 들기 쉽고 이와 같은 수렴은 가환家患이 끝이지 않고 재산이 없어지며 패가망신하게 된다. 특히 자손의 익사나 수재가 염려된다. 피해 년수는 눈으로 간별하기 어렵고 그 정도에 따라 차이가 있으나 수렴의 피해는 장사葬事 후 10~15년이면 나타난다.

② **화렴火瀮** 광중에 살풍殺風이 들어가 백골이 까맣게 그을려 푸석푸석하게 된 것을 말한다. 혈의 사방 주변이 골짝이거나 팔요풍八曜風(나경 1층)이 혈장을 충沖하면 화렴이 드는 것이며, 寅午戌(火)방에 규봉窺峰이 비추면 화렴이 우려된다 했다. 화렴이 들면 관송官訟이 생기거나 형옥刑獄이 있게 된다 했다.

③ **목렴木瀮** 나무뿌리가 체골體骨을 엉켜 감거나 뼈 속으로 파고드는 것을 말한다. 혈에 너무 가깝게 소나무 등이 자라면 그 세근細

根이 광 속으로 뻗기 쉽다. 광중에 진토가 되면 뿌리가 뻗어 들어가지 못하나 푸석푸석한 땅에는 소나무 뿌리는 상당히 멀리(자기 키와 같은 거리)뻗어 들어가니 가까운 수목은 잔디를 위해서라도 제거해야 된다. 이와 같은 목렴이 심하면 자손에 불구가 생기며 겸하여 관재官災도 우려된다. 피해 년수는 수렴과 거의 비슷하다.

④ **충렴蟲瘽**　광중에 거미·지렁이·개미 등이 혈중穴中에 침입하는 것을 말한다. 충렴은 혈의 주변에 잡초가 무성하고 음습하면 벌레가 들어가기 쉽다. 지금은 살충제를 1년에 2~3회만 뿌려주면 예방이 가능하고 땅이 푸석푸석한 땅에서는 벌레뿐 아니라 쥐나 뱀도 광중에 들어가기 쉽다. 혈토가 진토(非石非土)라면 벌초만 년 2회씩만 해도 예방할 수 있다. 이러한 충렴은 자손의 손재와 중병의 근원이 된다. 피해 년수도 목렴이나 수렴과 비슷하다.


### (7) 충살沖殺 및 병렴病瘽의 피해 발생 년수

앞에서 발복 년수나 화를 당하는 년수 계산은 수학공식처럼 정확한 것은 아니다. 왜냐하면 대황천파가 되면 3년 내지 5년 사이에 패가망신하는 대흉살이지만 각종 혈증 및 주룡의 기세, 여러 사격의 길흉 등 여러가지 여건에 따라 완속이 가감되기 때문에 정확히 산출하기는 지극히 어려운 일이다. 결지나 도식에 따르면 장후葬後 〇년이면 발복(장후 3년 발복) 등 기록되었으나 앞에서 소개한 방법 등으로 산출했을 것으로 사료되지만 실제로는 혈마다 여러 가지 여건이 다르기 때문에 년수 계산에는 각자 많은 자기 경험과 각종 이법에 대한 충분한 이해가 있어야 됨을 명심해야 된다.

한 가지 예를 더 들자면 살풍의 피해이다. 乾亥방이 요함凹陷하여 살풍이 혈장에 직사直射하면 3년 내에 자손이 상하고 손재가 따른다고 했지만 그 완속과 경중은 그 정도에 따라 차이가 크게 생긴다. 즉, 요함한 곳과 혈과의 거리 및 잘린 곳의 넓이(좁을수록 해가 크다)와 깊이(깊을수록 피해가 크다)에 따라 그 피해도 다르게 나타나는 것이니 그 상황을 감안하여 피해 년수 및 그 경중을 계산하는 데는 보통 쉬운 일이 아님을 깨닫고 심중을 기해야 될 것이다.

| | 凶殺 구분 | 피해발생년수 | 비 고 |
|---|---|---|---|
| 沖殺 | ❶ 龍上八殺 | 3~5년내 | 피해 년수는 여러 도서 내용에도 거의 기록이 없으나 가끔 드물게 고서에 나타난 년수로 참고했지만 필자의 수십년 현장 경험에 의해 산출해 보았으나 일률적으로 확정하기는 어려운 문제이다. 왜냐하면 예를 들어 용상팔살龍上八殺이라 할지라도 다른 묘가 명묘名墓일 경우, 다른 혈증穴證이 분명했을 경우 가감이 고려될 수 있기 때문이다. 따라서 자기 경험과 능력에 따라 참고하기 바랄 뿐이다. |
| | ❷ 八曜黃泉水(風) | 5~10년내 | |
| | ❸ 殺風 | 3~5년내 | |
| | ❹ 大黃泉破 | 3~5년내 | |
| | ❺ 雙金殺 | 3~5년내 | |
| | ❻ 八路四路黃泉殺(風) | 5~10년내 | |
| | ❼ 참암살(巉巖殺) | 3~5년내 | |
| | ❽ 谷殺 및 稜殺 | 3~5년내 | |
| | ❾ 破殺 | 3~5년내 | |
| | ❿ 屍山殺 | 5~10년내 | |
| 病瘇 | ❶ 水瘇 | 10~15년내 | |
| | ❷ 火瘇 | 10~15년내 | |
| | ❸ 木瘇 | 10~15년내 | |
| | ❹ 蟲瘇 | 10~15년내 | |

(8) 속패론速敗論

앞에서 속발론速發論을 말했는데 반대로 속패速敗의 경우도 많다. 여러 가지 형기에 의한 살도 많고, 이기에 의한 상극된 살도 많다.

**① 이기理氣에 의한 제살諸殺에 따른 피해**

각종 흉살에 대해서 필자의 저서《실전풍수實戰風水 입문入門》나경의 용법에서 자세히 설명했으나 일반 지사들이 이 흉살에 대해 너무도 소홀히 취급하고 있기 때문에 다시 한 번 흉살에 대한 주의를 촉구하는 뜻에서 흉살별로 간략히 설명할까 한다.

| | | |
|---|---|---|
| 1층 : 황천살(黃泉殺龍上八殺) | 4층 : 지반정침(地盤正針) | 7층 : 투지(透地)60龍 |
| 2층 : 八天干(八路四路黃泉殺) | 5층 : 천산(穿山)72龍 | 8층 : 천반봉침(天盤縫針) |
| 3층 : 雙山五行 및 三合五行 | 6층 : 인반중침(人盤中針) | 9층 : 내반분금(内盤分金) |

### ② 나경 제1층 : 팔요황천살八曜黃泉殺

물의 득得과 파破에 대한 ❶ 팔요황천八曜黃泉 ❷ 혈의 용상팔살龍上八殺 ❸ 선일망명選日亡命을 판단한다. 팔요황천은 좌坐에 대해 피해야 할 득수得水의 방위를 말하며, 용상팔살은 입수에 대해 피해야 할 혈의 향위向位(殺)를 말하며, 택일은 장사택일葬事擇日에 이용된다.

### ③ 팔요황천八曜黃泉

일명 팔요수(팔요황천수)라 하여 여러 가지 나쁜 흉 중에서 가장 나쁜 흉살로 장사葬事할 때 반드시 피해야 된다. 그렇지 않으면 사람이 상하고 손재를 입게 된다. '殺曜爲諸惡之首造葬最忌살요위제악지수조장최기' 라 하였다. 이를 풀이하면 팔요황천살은 나쁜 것 중에서 우두머리이다. 묘를 모실 때 제일 먼저 피해야 된다는 뜻이다.

예를 들어 감룡坎龍 = 임자계壬子癸 ➡ 감괘坎卦 ➡ 진방辰方, 즉 임자계좌壬子癸坐의 묘墓는 진방辰方에서 득수得水가 되면 팔요황천살에 해당된다는 뜻이다.

●감룡坎龍 = 임자계壬子癸 ➡ 감괘坎卦는 진방辰方

발복추산법發福推算法 제8장

● 간룡艮龍 = 축간인丑艮寅 ➡ 간괘艮卦는 인방寅方

● 진룡震龍 = 갑묘을甲卯乙 ➡ 진괘震卦는 신방申方

● 손룡巽龍 = 진손사辰巽巳 ➡ 손괘巽卦는 유방酉方

● 이룡離龍 = 병오정丙午丁 ➡ 이괘離卦는 해방亥方

● 곤룡坤龍 = 미곤신未坤申 ➡ 곤괘坤卦는 묘방卯方

● 태룡兌龍 = 경유신庚酉辛 ➡ 태괘兌卦는 사방巳方

● 건룡乾龍 = 술건해戌乾亥 ➡ 건괘乾卦는 오방午方

물의 방위는 8층 천반봉침으로 혈에서 득수得水의 방위를 본다. 위는 팔요황천수를 말한 것이다. 장사葬事에서 이를 피하지 않으면 극히 해로우며 이 살은 팔괘방위에 대한 상극이 되는 방위 水를 말한 것이다.

일부 지사들은 득수得水나 거수去水를 다 같이 피해야 된다고 주장하지만 내수得水만을 피하는 것이며 여기에서 용龍이란 입수일절入首一節을 말한다. 이러한 이치는 물만이 아니라 직풍直風도 해당되기 때문에 살에 해당되는 방향이 함陷해서 그곳으로부터 혈을 향해 화살처럼 불어오면 살풍이 되어 극히 해롭다. 그 피해도 바람처럼 빨리 온다.

### ④ 용상팔살龍上八殺

용상팔살도 앞에서 설명한 팔요황천수와 같은 이치이지만 입수나 좌에 대한 향의 상극 관계를 말한다. 입수나 좌향은 4층 정침을 이용하기 때문에 예를 들면 나경 4층 임자계壬子癸 입수(坐 포함)의 경우는 감룡입수坎龍入首라 하며 감괘坎卦는 水(3층)에 해당되기 때문에 진향辰向이 되면 辰은 土(正五行)에 해당되므로 토극수土剋水 상극이 되어 흉살이 된다는 것이다. 따라서 용상팔살(입수)에 대한 상극 향向을 알기 위해서는 나경의 4층과 1

충을 보면 확실히 파악할 수 있다. 좀더 자세히 설명하자면 그림 1층 辰은 4층의 임자계壬子癸 감괘坎卦(아래 **용상팔살표** 참조) 水에 해당되기 때문에 1층 진(土)이 토극수土剋水가 되어 황천살이 된다는 것이다.

용상팔살에 대한 설명이 여러 책들이나 지사들에 따라 차이가 있기는 하나 아주 상반된 내용들은 아니나 지사들 중에는 용상팔살 같은 대흉살을 전혀 고려하지 않은 사람도 있다. 이는 크게 잘못이다. 나경에까지 기록된 흉살을 고려하지 않는다는 것은 참으로 한심스러운 일이며 그로 인해 생긴 피해를 어떻게 책임지려 하는 것인지 상식 밖의 일이다.

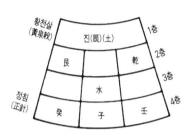

【 용상팔살표 】

|  | 入首 | 向과의 관계 | 괘(卦) | 五行 | 黃泉殺(向) |
|---|---|---|---|---|---|
| ❶ | 戌乾亥 | 火剋金 | 건괘(乾(☰)卦) | 陽金 | 午向(陽火) |
| ❷ | 壬子癸 | 土剋水 | 감괘(坎(☵)卦) | 陽水 | 辰向(陽土) |
| ❸ | 丑艮寅 | 木剋土 | 간괘(艮(☶)卦) | 陽土 | 寅向(陽木) |
| ❹ | 甲卯乙 | 金剋木 | 진괘(震(☳)卦) | 陽木 | 申向(陽金) |
| ❺ | 辰巽巳 | 金剋木 | 손괘(巽(☴)卦) | 陰木 | 酉向(陰金) |
| ❻ | 丙午丁 | 水剋火 | 이괘(離(☲)卦) | 陰火 | 亥向(陰水) |
| ❼ | 未坤申 | 木剋土 | 곤괘(坤(☷)卦) | 陰土 | 卯向(陰木) |
| ❽ | 庚酉辛 | 火剋金 | 태괘(兌(☱)卦) | 陰金 | 巳向(陰火) |

## ⑤ 나경 제2층 : 팔로사로八路四路 황천살黃泉殺

팔로(八天干) 사로(사유·四維) 황천 역시 극히 흉한 흉살이다. 조장할 때 이 살을 피하지 못하면 재앙을 당하게 된다. 그 방향에서 물이 들어오면(得水) 황천살의 피해를 받는다는 것이다. 예를 들어 나경을 보면 4층 壬향의 2층에 乾이 있다. 2층 乾의 방향에서 득수得水하면 황천살이 된다는 것이다.

　　나경의 4층과 2층의 내용에 의한 묘의 향에 대한 황천살의 내용을 정리하면 다음과 같으니 황천살을 피하기 위하여 나경을 잘 이용해야 된다. 풍수란 항상 풍과 수를 동일하게 살펴야 되기 때문에 바람도 팔로 및 사로의 방향이 함함陷해서 그곳에서 살풍이 불어오면 황천살에 해당된다. 다만 바람은 좌坐를 기준한다. 예컨대 壬향에 乾 득수得水가 황천수가 되는 것과는 반대로 壬좌에 대한 乾방이 요함凹陷 공허하여 황천살풍이 불어오면 흉살이 된다.

| 墓의 向<br>(나경4층) | 八路四路 黃泉殺<br>(나경2층) | 墓의 向<br>(나경4층) | 八路四路 黃泉殺<br>(나경2층) |
|---|---|---|---|
| 壬向에 | 乾得水 | 丙向에 | 巽得水 |
| 癸向에 | 艮得水 | 丁向에 | 坤得水 |
| 艮向에 | 甲癸得水 | 坤向에 | 丁庚得水 |
| 甲向에 | 艮得水 | 庚向에 | 坤得水 |
| 乙向에 | 巽得水 | 辛向에 | 乾得水 |
| 巽向에 | 乙得水 丙得水 | 乾向에 | 辛得水 壬得水 |

　　이 법을 정확히 이해하기 위해서는 앞에서 다루었던 팔간장생오행법八干長生五行法을 깊이 이해해야만 되기 때문에 다시 한 번 장생오행長生五行을 간략히 설명하면 다음과 같다.

　　나경 4층을 보면 甲庚丙壬의 양간과 乙辛丁癸의 음간을 합친 팔간과 사유四維 乾坤艮巽이 위치되어 있다. 그런 즉 팔로사로 황천은 팔간과 사유의 상호 관계에서 이루어진다. 즉 묘墓가 팔간향이면 사유수四維水가 황천수요, 사유향이면 팔간수八干水가 황천이다. 즉 팔로사로 황천 관계를 나경 2층과 4층의 상호 관계와 비교해 보면 다음과 같다.

위에서 설명한 팔로, 사로, 황천살에 대해서도 내수來水(得)만이 흉하므로 피해야 되고 거수去水(破)는 오히려 길하다는 것이다.

기氣는 바람을 만나면 흩어지고, 혈 주위에 요함凹陷한 곳이 있어 바람이 불어오면 장풍취기藏風聚氣가 불능하며, 혈후穴後에서 바람이 불어오면 단명하고, 좌측에서 바람이 불어오면 장손이 패절敗絶하고, 오른쪽에서 불어오면 작은아들이 화를 당하게 되며, 앞에서 바람이 불어오면 가난하고 외로우며 고통을 받게 된 고로 결국은 혈의 주위 사방의 사격砂格이 다정히 막아주지 않으면 살풍이 불어 좋지 않다는 이론이다. 바람이 물보다 빠르듯이 살풍이 수살水殺보다 피해가 빠르다는 것을 알아야 한다.


### ⑥ 어느 통맥법 지사의 흉살에 대한 잘못된 견해

지사들 중에는 나경 1층과 2층에 명시되어 있는 흉살조차도 오류라고 지적한 자칭 명사들도 있다. 그러나 이는 자기의 천박한 지식을 폭로할 뿐이다. 필자는 후학자들의 혼란을 예방하기 위해 필자의 견해를 밝힐 뿐이다.

황천팔요수법黃泉八曜水法은 류설謬說이다. 《天下明堂 여기에 있다》(80쪽~82쪽)라는 제목 하에 다음과 같이 기록되어 있다.

발복추산법發福推算法 제8장

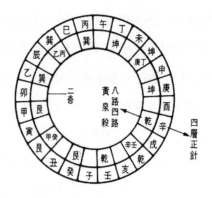

※ 八路四路 黃泉의 상호관계도(나경 2층과 4층)

나경 4층   甲 庚 丙 壬 乙 辛 丁 癸 巽 乾 艮 坤 → **墓向**
　　　　　 ↓ ↓ ↓ ↓ ↓ ↓ ↓ ↓ ↓ ↓ ↓ ↓
나경 2층   艮 坤 巽 乾 巽 乾 坤 艮 乙 辛 甲 丁 → **黃泉殺**
　　　　　 　　　　　　　　　丙 壬 癸 庚

　　　●정교지리정종精校地理正宗에 팔요수八曜水와 황천수黃泉水를 금기禁忌하고
세인世人이 망이외지望而畏之한다(畏·겁낼 외). 그러나 탐구해 본즉 양공楊公 증공曾
公 이전의 경전에는 없는 수법이다. 후지後之 속사술객俗士術客들이 망가妄加(妄·법
에 어긋날 망)첨가添加하였음이 분명하다. 근거가 없고 전연 날조된 것이다. 또한 이
러한 수법을 쓰는 사람(借用者) 말도 각각 다르다. 혹자는 기거수忌去水 불기거수不忌
去水(得水)라 하고 혹자는 기거수忌去水(去水:破) 불기내수不忌來水(得水)라 하고 혹자
는 내수거수來水去水 개기皆忌라 하니 하자何者의 말이 정답인지 알 수 없다.

　　　천지天地의 일원지기一元之氣는 주류周流(두루 흘러) 선천先天과 후천後天이
호위근원(互爲根源·서로 위함이 근원이란 뜻)이다. 득기운자(得氣運者·기운을 얻는 곳)
는 개생皆生, 실기운자失氣運者는 개사皆死한다. 만약에 득기운자得氣運者는 비록 감
룡坎龍·곤묘坤卯·진후震猴·손계巽鷄·태사兌蛇·간호艮虎·이저離猪라 하더라
도 무상無傷하고(해롭지 않고) 제상諸祥(祥·길할 상)이 자치自致한 것이다(좋은 일이 저절

로 생김). 득기운자得氣運者는 용진혈정龍眞穴正한 곳이고 실기운자失氣運者는 절룡사맥絕龍死脈인 곳을 말한 것이다. 이것은 불변不辨(말하지 않아도)하더라도 자명한 이치이다. 그러나 연구하지 않고 세인에 미혹되어 깊은 수렁에 빠져 무력無力으로 자탈(自脫·스스로 벗어나지 못함)하지 못하고 있어 가탄可歎이로다.

◐나경 해설의 책에 수법이 너무 많아 미혹된 대요大要를 해석한다. 당일행唐一行이 연수衍數에 정통했다. 마침내 당나라 구계지책久計之策을 위하여 황제의 명으로 고의로 위조한 멸만경滅蠻經(蠻·오랑캐 만)을 펴냈다. 그로 인하여 전도전래(顚到顚來·거꾸로 된 것과 옳은 것) 진짜와 가짜를 혼용하게 하였다. 말하자면 정오행正五行으로 亥는 水요 艮은 土인데 木이라 했고, 坤은 土요 震(卯)은 木인데 金이라 했으며, 辛은 金이요 巳는 火인데 水라 하고, 乙은 木이요 兌(酉)는 金인데 火라 하고 이토록 오행을 착란(錯亂·뒤섞여 어지럽게 함)케 하였다. 그 후에 호기배(嗜·즐길 기)들이 머리와 꼬리를 바꾸어 모두가 서로 다투어 쟁오爭嗚(嗚·탄식할 오)하였다. 그리하여 이와전와以訛傳訛(訛·거짓말 와)하여 오늘에 이르렀다. 그중에도 가장 해독이 맹수보다 더한 것은 팔요황천수법八曜黃泉水法과 향상수법向上水法, 정음정양법淨陰淨陽法, 현공수법玄空水法, 종묘수법宗廟水法 등이다.

**예1** 태룡사수래兌龍巳水來(得)하면 팔요수八曜水인지라 대기大忌하고 외지畏之한다. 그러나 의왕시 고천동에 있는 청풍김씨淸風金氏 山 금계포란형金鷄抱卵形은 유좌酉坐에 손사득巽巳得 계축파癸丑破이다. 그러나 용진혈정龍眞穴正 명당이다. 장후葬後에 삼대조 자손이 영상領相이요 대제학大提學 3인, 왕비王妃 2인이 났다.

◐ **필자의 해설**　유좌酉坐에 손사득巽巳得이 분명하다면 팔요황천수임은 분명하다. 그러나 유좌酉坐에 정유분금丁酉分金을 쓰면 이룡배향以龍配向인 내향內

向은 유좌酉坐이지만 외향外向은 봉침縫針 경좌庚坐가 된다. 그런 경우 손득巽得, 경좌庚坐, 계파癸破(巽庚癸 삼합국)가 되어 모든 수살水殺에 상관없이 최고 합법이 되기 때문에 팔요수도 상관없음을 모르고 단편적 예를 들어 나경에까지 명시되어 있는 살을 부정한다는 그 자야 말로 남의 가문을 망치는 위험한 인물이다.

**예2** 갑계향甲癸向 간수艮水, 경정향庚丁向에 곤수坤水, 을병향乙丙向에 손수巽水, 신임향辛壬向에 건수乾水는 황천수黃泉水 대기大忌라 하였다. 그러나 나주羅州 반남면潘南面 봉현蜂峴 박씨朴氏 山 봉형蜂形은 갑좌甲坐에 곤신득坤申得 임자파壬子破이다. 그러나 영상領相이 7명이나 나왔다.

◉ **필자의 해설**　갑계향甲癸向에 간방수艮方水(得)는 팔요황천수가 아니라 팔로사로 황천수이며 경정향庚丁向에 곤수坤水, 을병향乙丙向에 손수巽水, 신임향辛壬向에 건수乾水도 모두 팔로사로 황천수이다. 때문에 명당으로 알려진 반남 박씨 선산은 갑좌경향甲坐庚向에 곤신득坤申得이면 팔로사로 황천수임은 틀림없다. 그러나 그 당시는 곤신득坤申得이 아니라 정미득丁未得이었을 것으로 생각된다. 광복 후 정미방丁未方에 학교 건물이 지어졌기 때문이다. 정미득丁未得이었다면 관대득冠帶得이 되어 길한 것이다. 만약에 옛날 그 당시도 곤신득坤申得이 틀림없었다면 갑좌甲坐의 분금, 병인丙寅 분금과 경인庚寅 분금 중 병인丙寅 분금을 썼을 것이다. 그런 경우 내향內向은 갑좌甲坐이지만 수법을 보는 봉침으로는 인좌신향寅坐申向이 되어 팔로사로 황천과는 무관하게 된다. 곤향坤向의 팔로사로 황천방이 정丁·경방庚方이고 신향申向(地支)은 해당없음. 옛날 선사들이 황천살을 모르고 그런 명묘名墓를 재혈裁穴했겠는가? 나경에 명시된 황천살마저 부정한 사람들이야말로 짧은 자기 지식만을 너무 과신한 경솔한 사람들이다. 남의 명혈名穴을 소점所占한 선사들의 업적을 그토록 경솔하게 비판하는 행위는 자기 수양 부족을 나타내는 행위이다.

**예3** 여주驪州 세종대왕릉 자좌子坐 신득申得 진파辰破라 팔요수가 범한 자리이나 이조李朝 제1대지第一大地 왕릉이다. 인인효자仁人孝子와 유식군자有識君子들은 현혹되지 말고 용진혈정龍眞穴正하면 방심용지放心用地해도 좋다. 대지대발大地大發하고 소지소발小地小發한다. 해괴망측한 위조설을 벽류숭정闢謬崇正(闢 : 피할 벽, 崇 : 높을 숭)한다.

◉ **필자의 해설**   위에서 세 곳의 명혈名穴들을 소개하고 그 결과 팔요황천수 류설謬說이며 이러한 수법들이 양공楊公 이전에는 없었던 내용이라고 반박하고 근거없는 날조된 것이라고 판정하면서 용진혈정龍眞穴正하면 황천살은 불고해도 좋다고 강조했다.

그러나 황천살을 부정한 그 자체가 자기 무식을 폭로한 그릇된 내용들이다. 왜냐하면 양공楊公은 나경봉침羅經縫針을 새로 신설하고 각종 수법을 조정 선정한 풍수지리 최고 권위자이시다. 양공 선생의 이법을 근본적으로 부정하려고 하는 그 자의 실력이 필자 눈에는 훤히 보인다. 세종대왕이 자좌子坐에 신득申得 진파辰破라면 신자진申子辰 삼합혈三合穴이니 말할 것도 없으며 또한 자좌子坐에 진득辰得이라야 팔요황천수이며 파破는 상관이 없는 것이다. 그리고 바로 다음에 자기 이론의 모순을 다음과 같이 노출시키고 있다.

◉ **필자의 해설**   앞에 설명한 팔요황천수의 근본적 이유는 자좌子坐에 진방득辰方得이 황천수가 되는 까닭은 子는 水요 辰은 오행상으로 土이기 때문에 토극수土剋水가 되어 상극이 되기 때문에 흉살이 되는 것이므로 팔요황천수다. 위 그림 내용과 같은 황천수나 다 똑같은 이치이다. 그런데 팔요황천수법만 류설이라면 큰 모순인 것이다. 좀더 자세히 설명하자면, 오좌午坐에 해방亥方은 팔요황천방이며 병오정丙午丁(離卦)좌坐에 손방巽方과 곤방坤方은 팔요풍이 아니라 팔로사로 황천풍이라 한다(다음 내용은 天下明堂 여기에 있다 책 82쪽에 있는 내용이다).

黃泉水가 侵入하면 水滿壙中하여 大凶하다.

午坐亥方이 虛하면 黃泉水가 침입한다.
子坐辰乾이 虛하면 黃泉水가 침입함.
卯坐申方이 空虛하면 黃泉水가 침입함.
酉坐巳方이 虛弱하면 黃泉水가 침입함.

八曜風보는 法
墓地에 八曜風이 들어오면 消骨되고
봉분이 퇴락하여 凶하다.

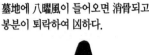

午坐丙坐丁坐에 巽風과 坤風이 八曜風이다.
壬子癸坐에 乾·艮風이 八曜風이다.
甲卯乙坐에 艮·巽風 八曜風이다.
庚酉辛坐에 乾·坤風이 八曜風이다.

# 水法(得破)吉凶說에 對한 結論

어떤 山書에는 大吉하다는 得水와 破口(水口)를 다른 山書에는 大凶이라고 하니 後學들이 甲論乙駁으로 正確한 是非를 分別할 수가 없다. 楊, 曾 兩師以前에는 없는 謬說水法이 改頭換尾로 나와 嗜利輩인 業術者들이 惑世誣民하였다. 吉과 凶은 도시 五行之氣에 근거를 두고 있다. 五行이 有氣運이면 有吉하고 凶이 없다. 五行論도 많으나 五行이 萬世의 不易之正理다. 五行으로 生旺方에서 來堂하여 休囚方으로 流去하면 大吉한 것이다. 俗士들이 근본 正論은 버리고 專重하기를 洪範宗廟水法하여 害人이 不淺이라. 江湖諸賢 대오 각성하라.

五行으로 北은 水요 壬子癸는 亦是 水다. 水의 生方은 甲方이요, 旺方은 子方이다. 水의 休囚方은 卯辰方이다. 가령 壬坐山에 坤申得이면 生得이요, 乙辰破라면 庫藏破다. 이러하면 合法的 水法이다. 餘皆倣此라. 向上論水法이다. 玄空水法, 八曜水法, 淨陰淨陽水法, 黃泉水法 等은 害毒殺人이 맹수보다 더한 것이니 不可 執泥하소

● **필자의 해설**　위 책 내용처럼 여러 가지 수법 때문에 갑론을박甲論乙駁으로 정확한 시비를 분별하기 어렵다는 말은 틀림없다. 그러나 楊·曾 兩師 이전에는 없었던 수법이라 해서 날조된 류설이라 함은 자기 무식을 나타내는 말이다. 앞에서도 말했지만 각종 수법 중 대부분이 양공이 나경에 수법을 측정하는 봉침을 새로 설치함과 동시에 여러 가지 수법을 조정 정리했다.

　　　오행도 정오행正五行이 모든 오행의 근본이 된다는 점은 사실이지만 다른 오행은 모두 불필요한 것처럼 생각하는 것은 잘못된 일이다. '강호제현江湖諸賢 대오각성大悟覺醒하라' 했는데 천박한 자기 지식만을 과신한 그 사람이야 말로 대오각성해야 할 사람이다. 의사가 실수하면 한 사람만 피해를 입지만 지사가 잘못하면 일가를 망친다고 외쳤는데 그분이야 말로 우사에 해당되지 않는지 더욱 탐욕을 지닌 지사였다면 크게 한심스러운 일이다.


⑦ 다음 제살諸殺은 필히 피해야 한다

　㉠ 팔요황천수八曜黃泉水(風)

　㉡ 용상팔살龍上八殺(이상 나경 1층)

　㉢ 팔로사로八路四路 황천수黃泉水(風)

　㉣ 살인대황천파殺人大黃泉破(甲庚丙壬 子午卯酉향에서 임관위臨官位가 파破가 되었을 경우)

　㉤ 소황천파小黃泉破(乙辛丁癸 辰戌丑未향에서 사파死破에 해당될 경우)

　㉥ 충파녹위살沖破祿位殺

　㉦ 쌍금살雙金殺

　㉧ 곡살谷殺 참암살巉巖殺

黃泉八曜水法은 謬說이다.

註解

精校 地理正宗에 八曜水와 黃泉水를 禁忌하고 世人이 望而畏之한다.

그러나, 探究한즉, 楊公과 曾公以前의 經典에는 없는 水法이다.

後之 俗士術客들이 妄加하고 添加하였음이 分明하다. 根據가 없고 全然 捏造된 것이다. 또한 借用者 말도 各各不同하다. 或者는 忌去水不忌去水라 하고, 或者는 忌去水不忌來水라 하고, 或者는 來水去水皆忌하고, 或者는 生旺方의 八曜 黃泉水는 反爲吉이라 하니 何者의 말이 正答인지 알 수 없다.

天地의 一元之氣는 周流하고 先天과 後天이 互爲根源이다. 得氣運者는 皆生하고 失氣運者는 皆死한다. 만약에 得氣運者는 비록 坎龍·坤卯·震猴·巽鷄·兌蛇·艮虎·離猪라 하더라도 無傷하고 諸祥이 自致한 것이다.

得氣運者는 龍眞穴正한 곳이요 失氣運者는 絶龍死脈인 곳을 말한 것이다. 이것은 不辨하더라도 自明한 理致다. 그러나 硏究하지 않고 世人에 迷惑되어 깊은 수렁에 빠져 無力으로 自脫하지 못하고 있어 可歎이로다.

○ 羅經詳解의 水法에 水法이 最多하여 迷惑된 大綱을 解釋한다.

唐一行이 衍數에 精했다. 마침내 唐나라 久計之策을 爲하여 皇帝의 命令으로 故意로 僞造한 滅蠻經을 펴냈다. 그로 인하여 顚到顚來되어 眞假를 混用하게 하였다.

亥水艮土를 木이라 하고 坤土震木을 金이라 하고, 辛金巳火를 水라 하고, 乙木兌金을 火라 하고, 오행을 錯亂하게 하였다. 그 後에 好嗜輩가 改頭換尾하여 百家爭鳴하였다. 그리하여 以訛傳訛하여 今日에 이르렀다. 그 中에도 가장 害毒이 맹수보다 더한 것은 八曜黃泉水法과 向上水法, 淨陰淨陽法, 玄空水法, 宗廟水法 等이다.

○ 例之하자면 兌龍巳水來하면 八曜水인지라 大忌하고 畏之한다. 그러나 儀旺市 古川洞에 있는 淸風金氏山 金鷄抱卵形은 酉坐巽巳得癸丑破다. 그러나 龍眞穴正 名堂이라 葬後에 出連三代 祖子孫이 領相이요 大提學 三人, 王妃 二人이다.

○ 例2는 甲癸向艮水, 庚丁向에 坤水, 乙丙向巽水, 辛壬向乾水는 黃泉水大忌라 하였다.

그러나 羅州 潘南面 峰峴 朴氏山 峰形은 甲坐곤신득임자파壬子破라. 그러나 領相이 七名이나 出하였다.

○ 例3은 驪州 世宗大王陵 子坐申得辰破라 八曜水가 犯한 자리이나 李朝 第一大地王陵이다.

仁人孝子와 有識君子들은 眩惑되지 말고 龍眞穴正하면 放心用地해도 좋다.

大地 大發하고 小地는 小發한다. 駭怪罔測한 僞造說을 闢謬崇正한다.

※ 위에 기록된 내용 등에 현혹됨이 없이 다음 여러 殺도 피해야 된다.

### ⑧ 지지황천(地支黃泉 : 向 기준)

ㄱ) 묘진사오향卯辰巳午向에 손방내거수巽方來去水

ㄴ) 오미신유향午未申酉向에 곤방내거수坤方來去水

ㄷ) 유술해자향酉戌亥子向에 건방내거수乾方來去水

ㄹ) 자축인묘향子丑寅卯向에 간방내거수艮方來去水

즉, 12지지향地支向에 건곤간손(乾坤艮巽·四維)방의 물이 내거來去하면 지지황천地支黃泉이 된다.

### ⑨ 백호황천(白虎黃泉 : 向 기준)

ㄱ) 건감향(乾甲子癸申辰)에 갑방내수甲方來水

ㄴ) 이향(午壬寅戌)에 해방내수亥方來水

ㄷ) 진향(卯庚亥未)에 신방내수申方來水

ㄹ) 태향(酉丁巳丑)에 진방내수辰方來水

ㅁ) 곤향(坤乙)에 축방내수丑方來水

ㅂ) 손향(巽辛)에 자방내수子方來水

## ⑩ 쌍금살雙金殺

쌍금살은 다른 살에 비해 소홀히 취급하기 쉬우나,

㉠ 癸丑룡이 길게 곧게 내려왔을 때 그 끝에 艮좌를 쓰면 쌍금살에 해당된다. 도두일절到頭 一節, 즉 입수만이 癸丑일 경우는 상관없다.

㉡ 乙辰룡 하에 巽좌, 丁未룡 하에 坤좌, 辛戌룡 하에 乾좌를 쓰면 모두 쌍금살에 해당되어 3년 내에 멸망한다 했다.

쉽게 설명하자면 사고장룡四庫藏龍, 즉 癸丑룡·乙辰룡·丁未룡·辛戌룡이 길게 뻗은 끝에 다음 궁위가 좌坐가 되면 쌍금살이 된다. 즉, 辛戌乾亥壬字의 순으로 궁위가 정해졌는데 辛戌룡이라면 그 다음 궁위인 乾字가 좌坐가 되면 쌍금살이 되며, 다른 사고장룡도 마찬가지이다. 짧게 입수되는 사고장룡은 이에 해당되지 않는다. 그 분별에는 많은 답산심혈踏山尋穴의 경험이 필요하다.

## ⑪ 대황천파大黃泉破와 소황천파小黃泉破

대황천파란 묘墓의 좌향坐向과 수구水口(破)와의 길흉 관계를 확인할 때 특히 조심해야 할 흉살이다. 즉, 甲卯·庚酉·丙午·壬子향에 있어서 포태법 중 관파官破가 되면 대황천파에 해당된다. 이 살을 범한 채 묘를 쓰면 5년 내에 인명 및 재산에 큰 피해를 입게 되니 특히 조심해야 된다.

소황천파란 乙辰·辛戌·丁未·癸丑의 사고장四庫藏이 향向이 되는 경우 파破가 사파死破에 해당되면 소황천파라 한다. 이 역시 대황천파보다는 약하다 할지라도 피해야 할 살이니 조심해야 된다.

※ 24向과 水口 관계 일람표를 코팅자료로 만들어 사용하면 쉽게 위와 같은 大小黃泉을 피할 수 있다.

## ⑫ 충파沖破 녹위祿位

충파 녹위란 앞에서 녹위에 대해서 설명한 바 있다. 즉,

甲向 ➡ 寅方이 祿位    乙向 ➡ 卯方이 祿位    乾向 ➡ 壬方이 祿位
庚向 ➡ 申方이 祿位    辛向 ➡ 酉方이 祿位    坤向 ➡ 庚方이 祿位
丙向 ➡ 巳方이 祿位    丁向 ➡ 午方이 祿位    艮向 ➡ 甲方이 祿位
壬向 ➡ 亥方이 祿位    癸向 ➡ 子方이 祿位    巽向 ➡ 丙方이 祿位

이런 경우 수구水口(破)가 녹위와 일치되는 경우를 말한다. 즉, 녹위를 파破가 충沖한다는 뜻이다. 이는 지극히 해로운 흉살에 해당된다. 그러나 진룡·진혈에 모든 수법이 합법인데 녹위가 파破와 일치되었을 경우는 《인자수지人子須知》책에서도 말하듯 어떤 명혈名穴에도 결함이 한 가지도 없는 혈이 없으며, 도선국사께서도 모든 수법이 합법이면 제살諸殺을 피할 수 있다고 했으니 충파녹위 한 가지만으로 파혈破穴할 수 없으니 종합적으로 경중을 따져 결정해야 된다. 그러나 이런 경우는 거의 없다.

**예** 坤坐 艮向 ➡ 祿位가 甲方인데 甲卯破인 경우

❶ 88향수법 ➡ 변국향變局向에 소속되며 욕파浴破 문고소수文庫消水에 해당되어 吉.

❷ 향상포태수법 ➡ 욕파浴破 문고소수文庫消水에 해당되는 吉向 吉水이다.

❸ 장생수법 ➡ 장생수법만이 관파官破(대황천파)에 해당되어 흉파凶破이다.

❹ 구성수법 ➡ 곤좌坤坐에 갑파甲破라면 거문파巨門破가 되어 吉하다.

이런 경우 필자의 경우는 장생수법이 확률이 제일 높은 수법이기 때문에 충파녹위沖破祿位마저 범했다면 묘를 쓰지 않을 것이다. 각자 심중히 결정해야 할 것이다.

### ⑬ 멸문득滅門得

구성법으로 이기를 다루고 있는 고서에 다음과 같이 멸문득을 소개하고 있다. 이유도 모르고 무조건 따르기보다 그 원인을 밝혀보고 다른 수법(향상포태수법)과도 비교해 보기로 한다.

#### ❶ 책 내용

㉠ 건갑좌乾甲坐에 손신득巽辛得이면 빈곤貧困 무후無後하다.

㉡ 곤을좌坤乙坐에 진경해미득震庚亥未得이면 살염무관殺癩無棺하여 쟁송爭訟이 많다.

㉢ 오임인술좌午壬寅戌坐에 자계신진득子癸申辰得이면 수렴水癩이 만관滿棺하고 맹인, 사태死胎, 수화사水火死, 형옥사刑獄死로 무후無後하다.

㉣ 자계신진좌子癸申辰坐에 오임인술득午壬寅戌得이면 수화水火가 만관滿棺하고 골육상잔하여 무후無後하다.

㉤ 간병좌艮丙坐에 곤을득坤乙得이면 아인啞人과 반신불수로 무후無後하다.

㉥ 손신좌巽辛坐에 간병득艮丙得이면 충렴蟲癩이 만관滿棺하여 무후無後하다.

㉦ 묘경해미좌卯庚亥未坐에 태정사축득兌丁巳丑得이면 자손이 고향을 떠나고 실패한다.

㉧ 태정사축좌兌丁巳丑坐에 건갑득乾甲得이면 수근木根이 입관入棺

하여 자손이 뇌사雷死 무후無後하다.

## ❷ 위 내용 분석

우선 위 좌坐와 득得을 보면 구성수법에 의한 이기임을 알 수 있다. 다음 구성과 오행의 내용을 비교해 보면 이해가 갈 것으로 믿는다.

| 九星 | 宮位 | 五行 |
|---|---|---|
| 貪狼 左輔 | 艮丙 | 木 |
| 武曲 | 酉丁巳丑 | 金 |
| 巨門 右弼 | 巽辛 | 土 |
| 伏吟 | 坤乙 | 土 |

| 九星 | 宮位 | 五行 |
|---|---|---|
| 文曲 | 午壬寅戌 | 水 |
| 綠存 | 乾甲 | 水 |
| 破軍 | 子癸申辰 | 金 |
| 廉貞 | 卯庚亥未 | 火 |

위에서 예시한 8가지 좌坐와 득得이 과연 멸문득滅門得일 정도로 흉득凶得인가를 확인해 본 결과 반은 흉득이고 반은 길득이었다. 이 책의 내용을 보면 자세한 설명도 없이 그저 멸문득滅門得 멸문파滅門破를 그 종류만 예시했을 뿐 어떤 이유로 멸문이 된다는 내용 설명이 전혀 없다. 또 다른 수법과도 비교해 보았지만 전혀 일치되지 않는다.

그렇기 때문에 《인자수지人子須知》 책에도 구성법의 오류에 대해 지적했으며 도선국사 결지 중 50개 혈에 대한 검증에서도 다른 수법에 비해 60퍼센트 확률로 제일 낮은 편이었으니 다른 이법과 비교 참고로 할지라도 그 구성법 한 가지만으로 자신만만하게 행사하기에는 미흡한 것 같다.

## ⑭ 굴각론窟角論에 대한 견해

굴窟은 요(凹·오목하게 파인 것)를 말함이요, 각角은 지맥(支脈·갈라진 산줄기)이다. 따라서 굴로 이어진 용맥에서는 각이 생기지 않고 각(支脈)이 생기는 용맥은 굴이 없는 것이다.

예를 들어 丑艮 금룡金龍(巳酉丑이 金局이니 丑艮龍은 金이다)에 巽辰 수맥水脈(水角이라고도 한다 = 申子辰이 水局이니 巽辰龍은 水에 해당된다)과 坤未 목룡木龍(亥卯未 木局이기 때문에 未가 포함된 坤未龍은 木龍이라 한다)에 乾戌 화각火角(寅午戌 火局이기 때문에 乾戌 支角(龍)을 火角이라 한다)은 그 각이 비록 작더라도 소중한 지각支角 또는 지맥支脈이라 할 수 있다.

【 그림 1 】

丑艮 금룡金龍은 巽辰 수맥水脈을 생해 주고 坤未 목룡木龍은 乾戌 화맥火脈을 생해 주기 때문에 비록 작더라도 생왕맥生旺脈이어서 혈이 생기는 소중한 각角(脈)인 것이다(이런 경우 흔히 횡룡입수라고도 표현한다).

이 부분에서 한 가지 짚고 넘어갈 일이 있다. 위에서 丑艮 금룡金龍, 巽辰 수맥水脈, 坤未 목룡木龍에 乾戌 화맥火脈(角) 등의 표현에 있어서는 또 다른 책에서는 丑艮龍·巽辰龍·坤未龍·乾戌龍 등은 다음 그림과 같이 불배합룡不配合龍이라 하여 흉룡凶龍으로 설명하고 있다. 필자의 견해는 용龍은 괘卦로 측정하기 때문에 배합配合 불배합不配合을 따질 필요가 없게 된다. 다만 도두일절到頭一節인 입수에서는 불배합룡이 되면 해로우니 가려야 한다.

## ☯ 24山 배합룡配合龍과 불배합룡不配合龍

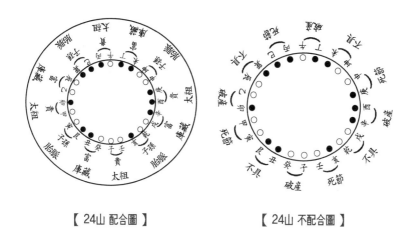

【 24山 配合圖 】　　　　　【 24山 不配合圖 】

그러나 고서인《청오경青烏經》도 무조건 무시할 수도 없고 그렇다고 해서 청오경의 내용 한 가지만으로 신안神眼 행세하는 것도 참으로 위험한 일이다. 따라서 용절龍節은 괘卦로 나타내니 여기서 丑艮龍이라 한 것은 艮龍, 巽辰龍은 巽龍, 坤未龍은 坤龍, 乾戌龍은 乾龍으로 생각하면 차질이 없을 것이다. 그렇다면 굴각론에 있어서도 丑艮 금룡金龍에 巽辰 수맥水脈을 쉽게 표현하면 艮龍에 巽脈이 붙으면 그 안에 혈이 생기면 진혈이라고 생각하면 될 것이다. 坤龍에 있어서도 乾脈이 생겨 그 안에 혈이 생기면 진혈이라고 생각하면 될 것이다(370페이지 그림 1 참조).

### ⑮ 배합룡配合龍에 대한 설명

● 귀貴를 나타내는 태조맥太祖脈은 귀貴하나니 壬子·甲卯·丙午·庚酉(甲 庚 丙 壬).

● 부富를 상증하는 부고장富庫藏은 부봉富峰이니 癸丑·乙辰·丁未·辛戌龍(乙 辛 丁 癸).

● 자손의 상증인 손태맥孫胎脈은 자손봉子孫峰이니 乾·艮·巽·坤이다.

● 子·午·卯·酉는 사귀四貴의 태조太祖요, 辰·戌·丑·未는 사부四富의 고장庫藏이요, 寅·申·巳·亥는 사손四孫의 태맥胎脈이다.

● 태조절太祖節에 해당하면 대과급제하나니 일절一節이면 수령守令급의 사람이 나고, 이절二節이 연결하면 도백道伯급이요, 삼절三節이면 장령將領이요, 사절四節이면 고관대작이 난다 했다.

● 고장절庫藏節에 해당되면 천만장자가 나고, 고장庫藏이 일절一節이면 백석군百石君이요, 이절二節이 연결하면 천석군千石君이요, 삼절三節이면 만석군萬石君이고, 사절四節이면 국부國富가 난다 했다.

● 태맥절胎脈節에 해당하면 자손이 만당滿堂이고, 태맥胎脈이 일절一節이면 2~3명의 자손이 나고, 이절二節이 연결하면 4~5명이며, 삼절三節이면 7~8명이고, 사절四節이면 백자천손百子千孫이라 했다(371페이지 24山 배합도 참조. 좀 과장된 내용이긴 하지만 참고하기 바람).

### ⑯ 불배합룡不配合龍에 대한 설명

사망절死亡節은 멸망滅亡이니 亥壬·寅甲·巳丙·申庚龍이다. 앞에 배합룡에서 甲·庚·丙·壬에 지지자地支字가 붙으면 배합룡으로서 귀태조룡貴太祖龍이 되고 반대로 甲·庚·丙·壬 앞에 지지자가 붙으면 동궁이 아닌 불배합룡이 되어 사절룡死節龍이 되어 흉하다. 따라서 甲·庚·丙·壬龍이면 단자룡單字龍이면 몰라도 그렇지 않으면 동궁인 지지자가 붙은 용龍인지 불배합룡인지 잘 분별해야 된다. 예컨대 경룡庚龍이라 하면 酉의 지지地支가 붙으면 경태룡庚兌龍이라 하여 배합룡인 귀태조룡에 해당되지만 앞에 지지자인 申字가 붙으면 불배합룡인 사절룡에 해당되어 살룡殺龍이 된다.

● 파산절破産節은 패재敗財이니 子癸·午丁·卯乙·酉辛龍이다. 앞에

서 설명한 바와 같이 子·午·卯·酉龍에 동궁인 앞에 천간자天干字가 붙으면 배합룡이 되어 길한데 애석하게 다음 천간자가 붙으면 불배합되어 파산룡破産龍이 된다(371페이지 24山 배합도, 불배합도 참조).

● 불구절不具節은 질병이니 丑艮·辰巽·未坤·戌乾이다. 앞에서 설명한 바와 같이 乾·坤·艮·巽에 앞 지지자地支字가 붙으면 불배합룡이 되어 불구절不具節이 된다.

● 사망死亡 일절一節이면 자손 중 2~3명이 죽고, 이절二節이 연결되면 5~6명이 죽고 삼사절三四節이면 무후無後하다.

● 파산破産 일절一節에 해당되면 점차로 손재가 계속되고 이절二節이 연결하면 손재가 더욱 많고 삼사절三四節이면 이향걸식離鄕乞食한다.

● 불구不具 일절一節에 해당되면 가족이 병이 많고 이절二節이 연결하면 상부喪夫나 상처喪妻하고 삼사절三四節이면 여러 질환으로 멸문滅門한다 했다(이 역시 과장된 표현이 많으나 전혀 근거없는 이론은 아니니 많은 참고 바람. 특히 입수 도두일절에서는 주의 깊게 살펴야 된다).

【 이해하기 쉬운 설명도 】

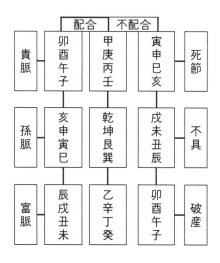

| | 配合 | | 不配合 | |
|---|---|---|---|---|
| 貴脈 | 卯酉午子 | 甲庚丙壬 | 寅申巳亥 | 死節 |
| 孫脈 | 亥申寅巳 | 乾坤艮巽 | 戌未丑辰 | 不具 |
| 富脈 | 辰戌丑未 | 乙辛丁癸 | 卯酉午子 | 破産 |

## ⑰ 무후좌無後坐(멸문좌滅門坐)에 대한 검증

《대명당보감大明堂寶鑑》(韓重洙 著) 426쪽에 불길한 좌坐 중 첫 번째 무후좌를, 아래에 해당하는 좌坐를 정하면 자손을 두지 못하거나 두더라도 요사夭死하여 대가 끊긴다고 설명하고 있다. 만일 설명대로라면 엄청난 흉살이 아닐 수 없어 멸문좌와 같다. 적중 여부는 일일이 검증할 수 없으나 우선 입수와 좌향과의 관계는 이법상 중요한 일이기에 일반적으로 제일 많이 쓰고 있는 정음정양법과 통맥법 두 가지와 비교해 본다.

**예**  ❶ 甲龍에 乙入首 乙坐    ❷ 坤龍에 未入首 丙午丁坐

❸ 艮龍에 艮入首 丑坐    ❹ 癸龍에 午丁入首 丙丁坐

❺ 艮龍에 艮入首 艮坐    ❻ 丑龍에 丑入首 癸坐

❼ 艮龍에 寅入首 寅坐    ❽ 坎龍에 丑入首 丑坐

❾ 午龍에 丙入首 丙坐    ❿ 寅龍에 丑入首 壬乾坐

⓫ 亥龍에 癸入首 癸坐    ⓬ 壬龍에 丑入首 丑坐

⓭ 坤龍에 艮入首 子坐    ⓮ 午丁脈(入首) 坤坐

⓯ 卯入首에 艮坐


### ① 첫째 : 정음정양법에 의한 검증

> 정음淨陰 : 卯庚亥未, 巽辛, 酉丁巳丑, 艮丙
>
> 정양淨陽 : 乾甲, 子癸申辰, 坤乙, 午壬寅戌

정음정양법淨陰淨陽法에서는 음룡입수는 음향, 양룡입수는 양향이면 합법으로 보고 입수에 맞는 길향으로 취급하고 있다. 그렇게 비교해 보면 정음정양법으로 보아서 위 무후좌 중에서 그와 반대로 입수와 좌향이 적법인 것은 다음 세 가지뿐이다.

❶ 艮入首에 丑坐 未向 ❷ 丑入首에 壬坐 丙向 ❸ 丁入首에 坤坐 艮向

그도 艮 입수에 丑좌 未향과 丑 입수에 壬좌 丙향은 좌선수라야 합법이고, 丁 입수 坤좌 艮향은 우선수라야 합법이 되기 때문에 그렇지 못하면 입향할 수 없게 된다. 따라서 정음정양법에 의해 입수와 좌향을 정하게 되면 무후좌(멸문좌)로 좌향을 정하는 일은 거의 없게 된다. 따라서 《대명당보감大明堂寶鑑》에서 지적한 무후좌(멸문좌)와 정음정양법에 의한 입향 사이에 큰 모순이 없음을 알 수 있다.

② 둘째 : 통맥법과의 비교

通脈法
左旋龍 ➡ 乾亥, 癸丑, 甲卯, 巽巳, 丁未, 庚酉
右旋龍 ➡ 辛戌, 壬子, 艮寅, 乙辰, 丙午, 坤申

위 통맥법에서는 좌선룡 입수면 좌선좌라야 합법이며, 우선룡 입수면 우선좌라야 합법으로 설명되고 있다. 이 통맥법대로 위 무후좌 15개항에 대해 적용해 보면 그중 10개항이 통맥법으로는 적법한 입수에 맞는 길좌가 되니 이런 모순이 어디 있겠는가? 앞에서 소개한 무후좌가 근거 있는 적실한 내용이라면 통맥법만 믿고 재혈하는 일은 참으로 위험천만한 일이 아니겠는가?

따라서 우리는 한 가지 이법만을 금과옥조로 생각하고 경박한 행동을 하게 되면 참으로 위험한 일이라 아니할 수 없다.

# 제9장
## 본신룡本身龍의 특성과 물형론物形論

## 제1절 본신룡의 특성

### (1) 본신룡의 특성

- **건해룡乾亥龍**은 용신龍身이 짧은 것이 본성이니 언제나 머리를 드는 형상을 취해야 길격이다.

- **손사룡巽巳龍**은 용체龍體가 긴 것이 본성이니 매양 드는 형상이 있어야 길격이다.

- **간인룡艮寅龍**은 맹정강猛正强하고 석기石氣가 있는 것이 길격이다.

- **곤신룡坤申龍**은 용신龍身이 길고 여위고 모난 특징이 있어야 길격이다.

- **갑묘룡甲卯龍**과 **경유룡庚酉龍**은 돌突이 왕旺해야 근본이나 돌突하게 노출되고 돌(石)이 있어야 길격이다.

- **사포四胞(寅申巳亥)용맥龍脈**은 좁은 곳을 만나면 허리를 길게 늘이며 궁체弓體를 짓고 중간에 있으면 유형乳形을 이루며 평야에서는 회포回抱하고 강을 건너면 암석이 세워진다.

- **사장四藏(辰戌丑未)용맥龍脈**은 협峽(결인처)을 지나서는 평지를 만든다.

- **사정四正(子午卯酉)룡龍**은 협峽을 지나면 봉요蜂腰를 만든다. 그러

나 전후前後 산山의 중간 허리 부분은 사장四藏[辰戌丑未]을 만나면 용신龍身이 넓어지되 홀로 사정四正[子午卯酉]을 만나면 넓지 않다.

◉ **사장四强**[乙辛丁癸]은 혹 운暈이 있기도 하고 혹 돌突이 있기도 하며 혹은 요凹한데 매양 수석(水石·물 속 돌)이 있다.

◉ **사순四順**[甲庚丙壬]은 돌突하지 않고 혹 백석白石이 세워져 있는 곳도 있다. 돌突하면 갑맥甲脈은 짧고 경맥庚脈은 왕旺하고 병맥丙脈은 첨돌尖突하고 임맥壬脈은 구슬처럼 돌突하다.

◉ **사태四胎**[乾坤艮巽]는 봉봉峰을 이루는 것을 좋아하는 바 봉峰이 높으면 귀인이 나고 누워 있으면 부富가 난다.

※ 이상은 《청오경靑鳥經》에 있는 내용인즉 참고하기 바람.

(2) 팔괘八卦별 24룡龍의 형체(다음 각 용龍별 오행은 정오행에 의함)

◉ **壬龍**은 창천지수(漲天之水 → 하늘에 솟구치는 물)라 한다.

그 형상이 높고 급하며 높은데 亥에 붙으면 용龍이 둔해지고 子에 붙으면 맥脈이 길게 뻗는다.

● **子龍**은 같은 수중에서도
징응지수(澄凝之水 ➡ 맑은 물)라 한다.
그 형상이 굴곡屈曲하고 산만(散漫 ➡
이리저리 갈라져 나감)한 것이니 壬에
붙으면 기봉起峰하고 癸에 붙으면
맥맥脈이 길어진다.

● **癸龍**은 토중지수(土中之水
➡ 흙 속으로 흐르는 물)에 비유된다.
그 형상은 비곡肥曲했다 가늘어지
고 끊겼다 이어졌다 수없이 되풀
이 한다. 子에 붙으면 굴곡屈曲되고
丑에 붙으면 맥맥脈이 넓어진다.

● **丑龍**은 화수지토(和水之土
➡ 水와 합쳐진 흙)라 한다. 그 형상이
넓고 크고 평평하고 둥근데 癸에
붙으면 굴곡屈曲하고 艮에 붙으면
평직平直해진다.

◑ **艮龍**은 단정지토端正之土 라 한다. 그 형상이 단정한 土란 뜻 이다(土는 艮龍이 正五行으로 土에 속 하기 때문이다). 그 형상이 가늘고도 평직平直한데 丑에 붙으면 평직하 고 寅에 붙으면 가늘어진다.

◑ **寅龍**은 시생지목(始生之木 → 이제 싹이 튼 어린 나무의 뜻)에 비유 되는데 艮이나 甲에 붙어 함께 행 맥行脈한다. 艮에 붙으면 가늘어지 고 甲에 붙으면 두터워진다.

◑ **甲龍**은 출순지목(出筍之木 → 죽순과 같은 나무)이라 한다. 내유외 강內柔外剛한 木인데 寅에 붙으면 커지고 卯에 붙으면 길어진다.

◉ **卯龍**은 번연지목(蕃衍之木
→ 뻗어 나가는 나무란 뜻)이라 한다. 그
형체는 장대長大하고 가지가 많은
데 甲에 붙으면 길어지고 乙龍에
붙으면 넓어진다.

◉ **乙龍**은 접생지목接生之木
이라 한다. 그 형체는 가늘고 숨어
엎드린다. 卯에 붙으면 가지가 나
오고 辰에 붙으면 낮아진다.

◉ **辰龍**은 강지토罡之土라
한다. 그 형체는 크고도 기起한다.
乙龍에 붙으면 평둔平鈍하고 巽에
붙으면 높게 일어난다(이하 나경도
내 설명은 생략).

○ **巽龍**은 성재지목(成材之木
➜ 재목으로 쓸 수 있는 나무)이라 하는
바 그 형체는 높고도 평직하다. 辰
龍에서 이어지면 머리가 둥글어지
고 巳龍에 이어져 붙으면 짧고도
곧다.

○ **巳龍**은 시생지화(始生之火
➜ 맨 처음 타오르기 시작한 불)라 한다
그 형체는 가늘고 평직한데 巽龍
에 이어지면 기起하고 丙龍에 붙으
면 짧아진다.

○ **丙龍**은 시생지화始生之火
라 한다(여기서 火란 丙에대한 正五行
을 말한다). 그 형체는 짧고 급하고
뾰족하게 높이 오른다. 따라서 巳
龍에 이어지면 곧아지고 午龍에
이어지면 길고도 넓어진다.

○ **午龍**은 양수지화(楊秀之火
→ 세차게 타오르는 불이란 뜻)라 한다.
그 형체는 뾰족하고 장대長大하고
높게 일어난다. 혹 순전脣氈이 첨尖
하고 몸은 넓기도 하다. 丙龍에 이
어지면 높아지고 丁에 붙으면 함陷
하거나 첨尖해진다.

○ **丁龍**은 회중지화(灰中之火
→ 재 속에 남아 있는 불)라 한다. 그 형
상은 낮고 숨어 엎드리는데 午龍
에 이어지면 높고 바르며 未龍에
이어지면 둔해진다.

○ **未龍**은 화중지토(火中之土
→ 불 속에 있는 흙)라 한다. 그 형체는
조燥하고 짧다. 그리고 丁龍에 이
어지면 둔해지고 坤龍에 이어져도
또한 둔해진다.

● **坤龍**은 이성지토(已成之土 → 이미 단단해진 흙)라 한다. 그 형체는 비대肥大하고 평탄하다. 未龍에 붙으면 둔하고 申龍에 붙으면 둥글어진다

● **申龍**은 시생지금(始生之金 → 처음 생긴 금)이라 한다. 그 형체는 짧게 매듭지었는데 坤龍에 붙으면 발이 있고 庚龍에 붙으면 경사지고 두텁다.

● **庚龍**은 이성지금(已成之金 → 이미 완성된 금)이라 한다. 그 형체는 기울어져 바르지 않다. 申龍에 붙으면 기울어지고 兌(酉)龍에 이어지면 경사를 이루면서도 아름답다.

본신룡本身龍의 특성과 물형론物形論 제9장

● **酉龍**은 시생지금(始生之金
➡ 비로소 이루어지기 시작한 금이란 뜻)이
라 한다. 그 모양은 머리가 둥글고
앞이 짧은데 庚에 붙으면 평平하고
辛龍에 붙으면 기起한다.

● **辛龍**은 토괴지금(土塊之金
➡ 흙덩어리처럼 생긴 金)이라 한다. 그
형체는 가늘고도 둔하고 바르고
급하며 또는 추하다. 酉龍에 붙으
면 곧고도 길며 戌이 붙으면 두터
워진다.

● **戌龍**은 괴강지토(魁罡之土
라 한다. 그 형체는 크고 급한데 酉
龍에 붙으면 기봉起峰하고 乾龍에
붙으면 길어지며 辛龍에 붙으면
와형窩形이 생긴다.

◐ 乾龍은 수중지금(水中之金
→ 물 속에 있는 금)이라 한다. 그 형체
는 生한 것 같으나 열매가 없고 혹
은 크고 추하며 혹은 추하고 협하
다. 戌에 붙으면 후중厚重해지고 亥
에 붙으면 급해진다.

◐ 亥龍은 시생지수(始生之水
→ 비로소 생겨나는 물)라 한다. 그 형체
는 낮고 짧다. 만일 龍이 길면 넓고
높다. 乾龍에 붙으면 높아지고 壬
에 붙으면 넓고도 둔하다.

※ 위 내용은 어느 고서에 소개된 것을 나경도를 이용해 알기 쉽게 소개했으나 완전
   일치된 것은 아니니 참고하기 바람.

(3) 정음정양법 외에 입수入首 입향立向 4가지 요점
   (《靑烏經》에서 선택)

◐ 子午卯酉 사정룡四正龍 입수에는 직좌直坐를 취한다. 즉, 子午卯
   酉좌라야 한다.

● 子 입수면 ➡ 子坐 ⎤
● 午 입수면 ➡ 午坐 ⎥  地支坐는 정음정양법으로도 맞으니 直坐가
● 卯 입수면 ➡ 卯坐 ⎥  무방하다.
● 酉 입수면 ➡ 酉坐 ⎦

◉ 辰戌丑未 사장四藏 입수는 직좌直坐가 可하다.

● 辰 입수면 ➡ 辰坐
● 戌 입수면 ➡ 戌坐
● 丑 입수면 ➡ 丑坐
● 未 입수면 ➡ 未坐

◉ 子午卯酉 사정룡四正龍 입수에서는 그 천간좌天干坐인 甲庚丙壬좌
도 吉하다.

● 子 입수면 ➡ 壬坐
● 午 입수면 ➡ 丙坐
● 卯 입수면 ➡ 甲坐
● 酉 입수면 ➡ 庚坐

◉ 횡좌橫坐를 쓰는 경우가 있는
데 다음과 같다.

● 卯 입수에 ➡ 子坐
● 午 입수에 ➡ 酉坐
● 酉 입수에 ➡ 午坐
● 艮 입수에 ➡ 乾坐
● 坤 입수에 ➡ 巽坐

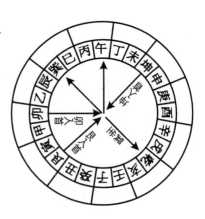

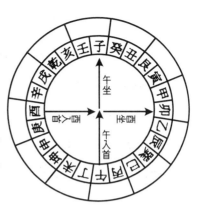

※ 丑 입수 申좌와 未 입수 寅좌도 《청
오경青鳥經》에는 吉向으로 예시되어 있으
나 그런 경우는 있을 수 없는 입수와 좌향이
다. 그리고 그 외의 경우도 左·右旋水 관계
도 잘 고려해서 적정을 기해야 된다. 그리고
횡좌橫坐는 돌突 바닥에서나 쓸 수 있는 좌
법坐法이며 흔한 예는 아니다.

### (4) 최最 길룡吉龍

◉ 어느 고서에 최最 길룡吉龍이란 제목 아래, 정미룡丁未龍에 간파艮
破에 경태좌庚兌坐를 최 길룡으로 소개하고 있다. 그러나 여기서는 정미룡丁
未龍이라고 했지 입수는 기록되지 않았으니 최 길룡이라기보다는 좌坐와
파破가 명시되어 있으니 최最 길파吉破 또는 최最 길좌吉坐라 하는 것이 옳을
것 같다. 그런 견지에서 각종 수법과 맞추어 보면 다음과 같다.

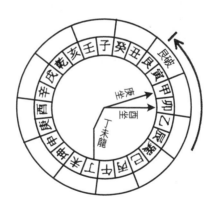

● 88향수법 ➡ 입향이 불가할 정도로 흉하다.

● 향상포태수법 ➡ 관파官破(대황천파)가 되어 크게 흉하다.

● 장생수법 ➡ 역시 관파官破가 되어 흉하다.

●구성수법 ➔ 경좌庚坐에 간파艮破면 탐랑파貪狼破가 되어 최最 길
　　　　파吉破이다.

※ 위에서도 말한 바와 같이 구성법으로만 최고 길성吉星인 탐랑貪狼에 해당된
　다 해서 최最 길룡吉龍으로 소개하고 있는데 과연 구성법에만 맞다 해서 최
　最 길룡吉龍 또는 최고 혈穴이라 믿고 쓸 수 있겠는가? 그럴 수는 없다. 만약
　에 그런다면 참으로 위험한 일이다.


　　◉ 병오룡丙午龍 신파辛破에 간좌艮坐도 최 길룡으로 소개되고 있다.
위에서와 같이 각종 수법에 맞추어 본다.

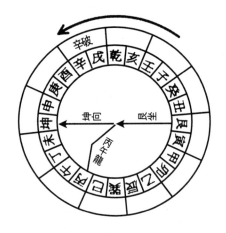

●88향수법 ➔ 신파辛破에 간좌艮坐 곤향坤向은 입향이 불가하다.
●향상포태수법 ➔ 관대파冠帶破로 대흉파大凶破이다.
●장생수법 ➔ 신파辛破에 간좌艮坐의 경우 대파帶破로 흉凶.
●구성수법 ➔ 간좌艮坐에 신파辛破는 무곡武曲으로 길吉. 그러나
　　　　　　병오룡丙午龍이라면 간좌艮坐가 이루어지는 경우는
　　　　　　거의 없다.

◑ 신술룡辛戌龍에 병파丙破에 임좌壬坐도 최 길룡으로 소개되었다.

일응 다른 수법에 맞추어 본다.

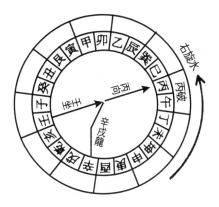

- ●88향수법 ➡ 입향이 불가하다.

- ●향상포태수법 ➡ 왕파旺破로 흉凶하다.

- ●장생수법 ➡ 병파丙破는 왕파旺破(황천파)로 흉凶.

- ●구성수법 ➡ 임좌壬坐에 병파丙破는 문곡文曲으로 흉凶.

  구성수법마저도 흉파凶破가 되는데 최 길룡으로 소개하고 있

  으니 고서라 해서 믿고 재혈한다면 큰 화근이 되지 않겠는가?


◑ 해룡亥龍에 갑묘파甲卯破 자子·계좌癸坐도 역시 최 길룡으로 소개

되고 있다. 위와 같은 순서로 길흉을 확인해 본다.

- ●88향수법 ➡ 갑묘파甲卯破

  - ■子坐 午向 … 욕파浴破 문고소수文庫消水(吉)

  - ■癸坐 丁向 … 입향이 불가(凶)

- ●향상포태수법 ➡ 갑묘파甲卯破

  - ■子坐 午向 … 욕파浴破 문고소수文庫消水(吉)

  - ■癸坐 丁向 … (凶)

●장생수법 ➡ 갑묘파甲卯破

　　■子坐 午向 … (凶)

　　■癸坐 丁向 … 절파絶破(凶)

●구성수법 ➡ 갑묘파甲卯破

　　■子坐 午向 … 탐랑파貪狼破로 최길最吉

　　■癸坐 丁向 … 탐랑파貪狼破로 최길最吉


　위에서 몇 가지 소개된 내용을 여러 가지 수법을 통하여 검증해 본 결과와 같이 구성수법마저 맞지 않는 경우도 있고, 구성수법만 맞고 다른 수법은 거의 맞지 않으니 과연 이 책에 소개된 내용을 고서라 해서 믿을 수 있겠는가?

　따라서 최고서最古書들인 《금낭경》, 《청오경》, 《통맥법》, 《현공오행》 등이라 해서 최고의 이법理法인 양 믿고 행하면 크게 오류를 범하기 쉬우니 양공楊公, 곽박 등 선사들이 마련한 각종 수법水法인 88향수법, 향상포태수법, 장생수법 등과 일치된 결과가 아니면 믿을 수 없다는 것을 자신 있게 말하고 싶다.

　적어도 남의 가문家門의 흥망성쇠에 큰 영향을 주는 중대한 일을 책임지려면 적어도 위의 네 가지 수법水法을 고루 이해해야 되며 단순하게 한 가지 이법만으로 신안神眼 행세를 하고 오류를 범한다면 그런 큰 죄가 없을 것이다.

## 제②절 물형론物形論

### (1) 주산主山의 형상과 안산案山과의 관계

주산은 혈이 붙은 본산이다. 주산의 형상과 정기에 따라 혈의 길흉과 그에 따른 화복이 달라진다. 동양의 옛 역학자들은 만물의 이치를 음양오행을 바탕으로 풀었으며 옛 지사들은 산천을 음양과 오행으로 나누어 길흉을 파악했다.

- **첫째**, 山川을 음양으로 나눌 때 물은 움직이기 때문에 양이요, 山은 움직임이 없기 때문에 음이라 했다.

- **둘째**, 山과 물은 그 형상에 따라 오행으로 나누었다. 오행은 水·火·金·木·土 다섯 가지이다. 땅에 오행이 있듯이 하늘에도 오성五星이 있다. 즉, 수성水星·화성火星·금성金星·목성木星·토성土星들이다. 이 오성은 지구에 가장 큰 영향을 미치는 별들이다.

산의 기본 형태는 둥근 것[金星], 뾰족한 것[火星], 네모난 것[土星], 곧은 것[木星], 구불구불한 것[水星]들이다.

그러나 산봉우리들은 변화무쌍하기 때문에 오성의 변체變體로 구요九曜 또는 구성九星으로 분류하기도 한다. 그 구성 역시 하늘의 별들 중 지구에 가장 큰 영향을 주는 별들로서 탐랑성貪狼星·무곡성武曲星·거문성巨門星·좌보성左輔星·우필성右弼星·문곡성文曲星·염정성廉貞星·녹존성綠存星·파군성破軍星들이다. 그리고 탐랑성과 좌보성은 목성의 변체요, 무곡성과 파군성은 금성의 변체요, 우필성과 문곡성은 수성의 변체요, 거문성과 녹존성은 토성의 변체이다. 염정성은 화성의 변체이다.

### ① 오행성五行星과 구성九星의 관계

성진星辰이란 산봉우리의 모양을 말한다. 지기地氣의 움직임을 나타 냄이 용龍이요, 기氣의 머무는 곳이 성진(산봉우리)이다. 성진이라 함은 마치 산봉우리들이 지상에 나열하고 있는 모습이 마치 하늘에 별들이 나열하여 있는 이치와 같다는 뜻이다.

### ② 오성五星의 형태와 구성九星과의 관계

❶ 金星 … 종이나 가마솥이 엎어진 삿갓처럼 둥글게 생겼다. 머리가 둥글고 살이 쪘으며 형상이 단단하고 우아한 모습이라야 길하며, 한쪽으로 기울거나 깨진 모양은 흉하다. 창고사倉庫砂 또는 노적봉露積峰이라 하여 우아한 금성체金星體가 주산 또는 안산이면 부자가 난다 했다.

❷ 木星 … 형태는 타원형이다. 늘씬하고 곧게 솟았으며 끝이 부드럽다. 뾰족하지도 모나지도 않고 약간 둥그스름하다. 형상이 단정하고 우아해야 길하다. 비뚤어졌거나 우악스런 모습이면 흉하다. 목성은 옥녀玉女·선인仙人·마상귀인馬上貴人 등 사람의 형체를 표시한다.

❸ 水星 … 물결처럼 구불구불한 산봉우리이다. 물결이 출렁이듯 산봉우리들이 볼록볼록 솟아오른 모습이다. 수성도 고르게 단정해야 길하다. 청룡·백호·안산이 수려한 수성으로 이루어지면 연주형連珠形이라 하여 구슬을 꿰어 놓은 형태라 부귀를 겸한 귀인들이 속출한다고 했다.

❹ 火星 … 불꽃이나 붓 끝처럼 뾰족하게 생긴 산이다. 비뚤어지지 않고 단정해야 길하다.

❺ 土星 … 네모나게 생긴 산이다. 산 위가 일자로 잘린 것처럼 생긴 형태이다. 병풍을 펼쳐 놓은 듯이 웅장하게 보인 것이 길하다. 우아하고 수려한 토성이 주산 또는 안산이면 부귀를 겸한 귀인이 많이 나온다.

### ③ 구성九星(구요九曜)의 형태

구성 중에서 ❶ 탐랑貪狼 ❷ 거문巨門 ❸ 무곡武曲은 삼길성三吉星이요 ❹ 녹존祿存 ❺ 문곡文曲 ❻ 염정廉貞 ❼ 파군破軍은 사흉성四凶星이며 ❽ 좌보左輔 ❾ 우필右弼은 삼길성三吉星 다음 가는 길성吉星이다. 그러나 혈은 길성룡吉星龍에서도 진혈이 없는 경우도 있고, 흉성룡凶星龍에서도 진혈이 있을 수 있다.

● **탐랑**貪狼은 陰木이니 그 아래서 **유혈**乳穴을 맺고,

● **거문**巨門은 陰土이니 그 아래서 **겸혈**鉗穴을 맺고,

● **녹존**祿存은 陽土로서 그 아래서 **소치혈**梳齒穴을 맺고,

● **문곡**文曲은 陽水로서 그 아래서 **평지식혈**平地息穴이 나고,

● **염정**廉貞은 陽火이니 그 아래서 **첨벽혈**鋼鐴穴,

● **무곡**武曲은 陽金이니 그 아래서 **와혈**窩穴이 생기며,

● **파군**破軍은 陰金이니 그 아래서 **장유혈**長乳穴이 생기며,

● **좌보**左輔는 陽木이니 그 아래서 **와혈**窩穴을 맺고,

● **우필**右弼은 정형이 없다.

### ④ 구성九星의 형태도

山(星辰)의 유형은 여러 가지가 있으나 그 형태가 천변만화하여도 그 근본은 오행과 구성의 이치에서 벗어나지 않는다.

### ⑤ 오성五星의 길흉

金星은 원정圓靜하고 기울지 않아야 길하며, 水星은 활발하나 기울어지지 않아야 하고, 木星은 특출하게 빼어나야 하되 한쪽은 기울지 말아

야 하며, 火星은 너무 조급하게 보이지 않아야 하며, 土星은 후정厚正하고 얇지 않아야 한다.

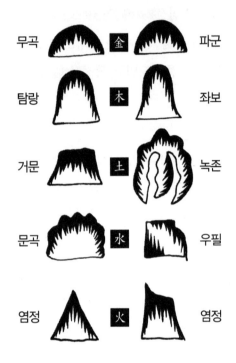

| 무곡 | 金 | 파군 |
| 탐랑 | 木 | 좌보 |
| 거문 | 土 | 녹존 |
| 문곡 | 水 | 우필 |
| 염정 | 火 | 염정 |

### (2) 물형物形의 특성

山의 물형은 주로 주산과 안산, 조산으로 나누어 그 생김새에 따라 물형을 정한다. 그러나 처음부터 너무 물형에 집착하면 진혈을 찾기 어렵게 된다. 따라서 먼저 기본적 형기形氣와 이기理氣에 따른 각종 혈증穴證을 찾아 정혈定穴한 뒤에 물형과 맞추어 그 물형의 어디에 해당되는지 살피는 것이 순서일 것이다. 그리고 물형은 상당히 먼 거리에서 보는 것이 오히려 정확한 것이다.

## ① 안산案山의 여러 형태

안산의 생김새는 다양하다. 그리고 주산의 물형과 밀접한 관계가 있기 때문에 혈에서 앞에 놓인 안산의 물형을 찾고, 다음에 혈산穴山(주산) 앞에서 주산의 물형을 찾아 안산의 물형과 관련 짓는 것이 순서일 것이다.

그와 반대로 주산의 생김새를 먼저 정하는 경우도 있어 그 순서에 구애받을 필요는 없으며 그 마을에 오랫동안 살았던 어른들에게 옛부터 내려온 주산의 명칭을 물어봐도 좋다. 주산과 안산의 모양을 총체적으로 물형이라 표현하기도 하고 다음과 같이 분류하기도 한다.

## ② 물형物形의 여러 형상

❶ 금형禽形 ➡ 조류(새 종류)

❷ 용사형龍蛇形 ➡ 용과 뱀 종류

❸ 수형獸形 ➡ 짐승류의 형상

❹ 어류형魚類形 ➡ 물고기류의 형상

❺ 인형人形 ➡ 사람의 형상 등 가지 각색이다.

위의 형상을 좀더 구체적으로 나누면 다음과 같다.

## ③ 여러 가지 물형物形

❶ 횡금橫琴 ➡ 가로놓인 거문고

❷ 옥궤玉机 ➡ 옥으로 만든 의자

❸ 면궁眠弓 ➡ 시위(줄)를 풀어놓은 활

❹ 옥대玉帶 ➡ 옥으로 만든 허리띠

❺ 집홀執笏 ➡ 손에 잡고 있는 홀

**➏** 석모席帽 ➡ 자리에 놓인 모자

**➐** 안검按劍 ➡ 허리에 찬 칼

**➑** 아미蛾眉 ➡ 나비의 눈썹

**➒** 삼태三台 ➡ 삼태성

**➓** 기旗 ➡ 깃발

**⓫** 서대書臺 ➡ 책을 놓은 대

**⓬** 정절旌節 ➡ 사신이 가지고 다니는 깃발

**⓭** 금상金箱 ➡ 금으로 만든 상자

**⓮** 옥인玉印 ➡ 옥으로 만든 도장

**⓯** 필가筆架 ➡ 붓걸이  ● 달(月)  ● 해(日)

④ **생물형生物形**

**➊** 금어金魚 ➡ 물고기  ●나비  ●개구리  ●새  ●말  ●코끼리
●낙타  ●개  ●각종 꽃

⑤ **인형人形**

**➊** 옥녀玉女  ●부처(佛)  ●신선 또는 선인仙人  ●동자童子

## (3) 안산案山과 주산主山의 물형物形에 따른 관계

안산의 형상과 주산의 형상은 서로 밀접한 관계가 있다. 주산의 형국이 인형人形이라면 안산은 그 사람과 관계가 깊은 것이 된다. 예를 들어 보면 다음과 같다.

| 주산(主山) | 안산(案山) | 비 고 |
|---|---|---|
| ●君臣奉朝形<br>(군신봉조형) | ●六朝臣下<br>(육조신하) | 안산에 비슷한 여섯 봉우리가 있으면 육조신하六朝臣下로 본다. |
| ●仙人讀書形<br>(선인독서형) | ●서상(書床) | 본신룡本身龍 앞에 가까이 있는 서상書床 같은 모양의 사砂이다. |
| ●玉女織錦形<br>(옥녀직금형) | ●베틀 | 안산이 아닌 본신룡本身龍(玉女 밑)에 놓인 베틀. |
| ●玉女端坐形<br>(옥녀단좌형) | ●거울, 화장대 | 안산 밑에 붙기도 하고 본신룡本身龍 앞에 가까이 붙기도 한다. |
| ●玉女彈琴形<br>(옥녀탄금형)<br><br>●玉女橫琴<br>(옥녀횡금) | ●거문고 | 거문고가 옥녀玉女 바로 앞에 놓이기도 하고 옥녀체玉女體의 옆에 가로 길쭉하게 붙는다. |
| ●將軍形(장군형) | ●깃발, 칼, 군졸,<br>투구, 말 | 기사旗砂나, 칼바위, 투구 바위 등 마체사馬體砂. |
| ●胡僧形<br>(스님 형상) | ●부처님, 목탁 | 머리는 목성木星 인체人體로 되고 옷자락을 나타내는 사砂가 붙는다. |

짐승의 형국도 사람 형국과 마찬가지이다. 그 짐승과 관련이 깊은 것들이 안산이 된다. 예를 들면 다음과 같다.

| 주산(主山) | 안산(案山) | 비 고 |
|---|---|---|
| ●虎形<br>(호랑이 형국) | ●개 등<br>호랑이 밥 | 안산이 개 모양의 土星. |
| ●蛇形<br>(뱀 또는 용 형국) | ●개구리 등<br>뱀의 밥 | 안산 앞에 비교적 둥근 사砂. |
| ●牛.馬形<br>(소와 말 형국) | ●풀더미, 외양간,<br>구시 | 안산 앞에 네모의 구시 외양간은 안산 자체가 土星으로 집 모양의 사砂이다. |
| ●金鷄形<br>(금닭 형국) | ●알<br>(닭이 품은 알) | 본신혈장本身穴場에 안산보다 둥글게 된 혈체. |
| ●鶴 또는<br>(봉황 형국) | ●알(학, 봉황이 품은 알) | 안산이라기보다는 본신혈장本身穴場이 알처럼 둥글게 생김. |
| ●와형(蛙形)<br>(개구리 형국) | ●나비(개구리의 밥) | 본신룡本身龍과 안산 사이에 소형小形의 바위 등 사砂가 있으면 개구리밥으로 본다. |

### (4) 안산案山의 길흉에 따른 화복

◉ 안산은 배반背反하지 않고 다정하고 수려하게 보여야 좋다. 안산이 비뚤어졌거나 결석缺石 등으로 거칠고 험하게 보이면 비뚤어진 자손이 나오거나 고약한 사람으로부터 피해를 입는다.

◉ 안산에 울퉁불퉁한 바위들이 들어나 부스럼처럼 보이면 자손들이 병약하다.

◉ 안산의 산줄기가 혈을 향해 칼날처럼 날카롭게 뻗어오면 피해를 당하는 자손이 생긴다.

◉ 안산이 깨지고 부서진 것처럼 보이면 액상厄喪을 당한다.

◉ 혈을 둘러싸고 있는 모든 산수山水는 안산뿐만 아니라 모두가 혈의 정기와 자손들의 화복에 영향을 미친다. 가까이 있는 사砂일수록 그 피해도 빠르고 더 크게 영향을 준다. 따라서 안산은 조산보다 가까이 있으므로 그만큼 더 중요하다. 멀리 떨어진 조산이 아무리 귀사貴砂라 할지라도 가까운 안산이 나쁘면 자손들이 많은 화를 입게 된다.

◉ 안산과 함께 중요한 역할을 하는 것이 물이다. 안산이 본혈을 다정하게 포용하면 안산에 따라 물도 본신룡을 다정하게 감싸고 돈다.

◉ 안산에는 본신룡에서 뻗어나온 본신本身 안산과 밖에서 뻗어나온 외래外來 안산이 있다. 본신 안산보다 외래 안산이 다정하게 포용해 주어야 물도 수량이 비교적 많은 외당수外堂水가 혈을 다정하게 감고 돌게 된다. 본신 안산이란 청룡 또는 백호 중 한쪽이 장대長大하여 안산 역할까지 겸한 것을 말하며, 이를 흉凶 안案이라 칭한 책도 있으나 생김새만 수려하면 크게 흉하지는 않을 것 같다.

◉ 안산이 수려하면서도 가깝게 정다우면 혈과 거리의 약 20분의 1에 해당되는 년수가 되면 발복하기 시작한다. 예를 들어 안산과 혈과의 거

리가 300미터라면 15년이 지나면 발복이 시작된 것으로 봐도 된다는 말이다. 그 해에 어린애를 잉태했다면 그 혈의 기운을 타고 난 것이기 때문에 명혈名穴이라면 크게 성공할 것이다. 반대로 혈이 흉살을 털지 못했다면 그 화를 입게 된다. 그리고 안산 또는 청룡, 백호에 요함凹陷한 곳이 있어 살풍이 불어오면 바람처럼 그 피해도 빠름을 망각해서는 안 된다.

청룡이 장대하여 안산까지 겸한 경우

【 본신 안산 】

## 제③절　재혈裁穴의 순서

'심룡 3년尋龍 三年에 재혈 10년裁穴 十年'이라 했는데 아무리 과장된 표현이라 할지라도 그만치 재혈이 어렵다는 뜻이니 심중을 기하지 않을 수 없다. 우선 심룡 3년尋龍 三年이란 것은 진혈이 있는 본신룡本身龍을 찾는 작업이다.

### ⑴ 본신룡本身龍을 찾는 요령

　①산의 앞에서 전망 … 산 속으로 바로 들어가 버리면 나무 등에 가려서 보이지 않으니 앞에서 산 전체를 전망하고 본신룡을 찾는 것이 순서이다.

　②좌우선수를 먼저 확인한 후 반대되는 용에서 본신룡을 가린다.

　③좌우선의 용에 비해 낮으면서 청룡과 백호가 잘 감싸주는 용(藏風).

④ 기복起伏, 굴곡屈曲이 있는 생기生氣가 왕성하고 삼분삼합三分三合
이 잘 이루어진 용(束氣, 排水).

⑤ 안산, 조산이 물과 함께 다정하게 감싸주는 용.


## (2) 본신룡을 오르면서 진혈장眞穴場을 찾는다

① 기복, 굴절된 본신룡을 여러 용법龍法에 의해 확인한다(15도수법·
산매법·반배법·태교혈법 등).

② 안산의 높이에 따라 천天·지地·인혈人穴의 추정(藏風을 고려하지
않는 곳 불가).

③ 혈상穴相(窩·鉗·乳·突)에 따른 혈증穴證 찾기.

● 와혈窩穴(우각사牛角砂, 와중유돌窩中乳突).

● 겸혈鉗穴(일자대一字臺).

● 유혈乳穴(뇌두腦頭, 선익사蟬翼砂 특히 경사진 유혈乳穴에는 순전脣氈이
있어야 진眞).

● 돌혈突穴((뇌두腦頭, 하수사蝦鬚砂(水)).

④ 최종 결인結咽(入首) 및 혈장사진穴場四眞 확인(뇌두腦頭, 선익사蟬翼
砂, 미곡微谷(相水), 혈토穴土의 길흉). 난화煖火까지 포함시켜 오진五眞
이라고도 한다.

⑤ 용상팔살龍上八殺 및 쌍금살雙金殺, 흉사凶砂의 유무 등 확인.


## (3) 재혈裁穴의 실제

이제까지는 본신룡과 진혈을 품고 있는 혈장을 찾아 확인이 끝나면 다
음 순서는 본격적인 재혈에 들어간다.

① '선견수구先見水口하라' 하였으니 혈장 내(뇌두부터 순전까지) 원운

圓暈(태극운)의 중심에서 수구水口[破]를 확인해야 된다. 수구를 정확히 찾는 것은 좌향坐向을 정하는 데 결정적 역할을 하기 때문에 아주 중요한 일이다.

수구水口나 득수得水는 쌍산雙山으로 보기 때문에(구성법 외) 천간과 지지 사이 30도 내 중앙 부위에 해당되면 좋으나 그렇지 않고 좌우선수 간에 천간의 시작과 지지의 끝 부분에 해당된다면 약간의 오차가 생겨도 안 되니 10미터 정도의 가는 줄을 치고 혈에서 수구까지 일직선이 되도록 하여 나경 봉침으로 정확한 수구를 확정한다(예 : 丁未破).

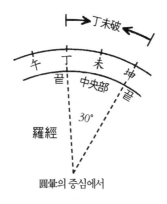

② 파구破口에 알맞은 좌향坐向을 일차적으로 확인한다. 수구를 정확히 측정하면 그에 합법인 좌향을 선정한다. 혈장 구조와도 맞추어 본다(88향수법·향상포태·장생수법). 예 : 艮坐 坤向

③ 입수와도 알맞은지 확인한다. 정음정양은 모든 음양의 근원이기 때문에 입수를 우선 쌍산雙山으로 확인하고 예정된 향向과 합법인지 확인한다. 보통 결인처부터 뇌두의 중앙을 연결한 선이 쌍산으로 합법인 경우, 다음은 천산 72룡 중 어느 맥脈에 해당되는

지 확인한다. 천간에 해당되면 바로 밑에 빈칸이며, 지지 입수면 2번선과 4번선 중 선택하되 다음 투지룡透地線을 생해 주는지 여부 확인(我剋, 比肩 포함), 그리고 투지 2번선은 천간좌天干坐가 되고 4번선이면 지지좌地支坐가 됨을 알아야 된다(例: 2번선은 艮坐 4번선 地支 寅坐).

**예** 癸 입수 淨陽에 坤向(陽向) 천산은 癸의 빈칸(정오행 수맥)으로 입수한다. 艮坐(천간)의 투지는 2번선 戊寅 土脈이기 때문에 土剋水(我剋者)吉

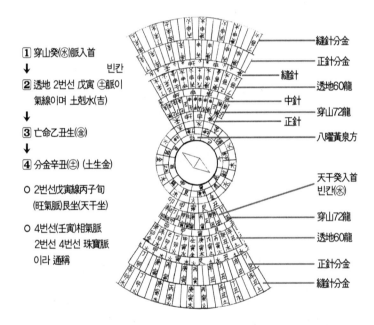

1 穿山癸(氺)脈入首
↓　　　　　　빈칸
2 透地 2번선 戊寅 脈이
　氣線이며 土剋水(吉)
↓
3 亡命乙丑生(金)
↓
4 分金辛丑(土) (土生金)

○ 2번선戊寅線丙子旬
　(旺氣脈)艮坐(天干坐)

○ 4번선(壬寅)相氣脈
　2번선 4번선 珠寶脈
　이라 通稱

縫針十分金
正針分金
縫針
透地60龍
中針
穿山72龍
正針
八曜黃泉方

天干癸入首
빈칸(氺)
穿山72龍
透地60龍
正針分金
縫針十分金

④ 앞에서 수구水口 정미파丁未破와 합법인 艮좌 坤향은 입수와의 관계도 癸(陽龍) 입수에 坤(陽向)향은 합법임을 확인할 수 있다.

⑤ **투지60룡(氣線) 찾기** : 기선氣線은 좌향坐向을 정하는 데 직접 관계되기 때문에 정확해야 되며 그 방법은 다음과 같다.

㉠ 뇌두와 순전이 분명하면 두 중앙을 연결하는 선을 기선氣線으로 본다(60룡선).

㉡ 위 두 가지가 다 분명치 않고 두툼한 원운圓暈만 보이면 그 중앙을 상하로 통과하는 선이 곧 기선이며,

㉢ 원운도 없으면 혈장 중앙에 상하로 두툼한 선이 보이면 기선으로 보며,

㉣ 기맥봉으로 지기地氣가 제일 강하게 흐르는 기선을 찾는다. 위와 같은 방법을 통해 기선을 확정하면 가는 줄을 그어 투지의 어느 선에 해당되는지 확인한다(402페이지 그림 참조).

㉤ 기선이 2번선이면 천간좌天干坐인 艮좌, 4번선이면 지지좌地支坐인 寅좌가 된다.

※ 투지가 좌향을 생해 주어야 된다는 책도 있고, 좌향이 투지를 생해 주어야 된다는 설도 있으나 좌향은 원래 좌우이左右耳(腰)승금乘金하여 투지(기선)의 기를 취했기 때문에 서로 생극 관계가 성립되지 않는다. 뇌두에 모인 기를 혈(원운)로 이어주는 구毬는 기선과 일치된다.


⑥ **분금의 사용법** : 분금을 전혀 사용하지 않는 지사들도 많고 용도를 광대擴大해석해서 기선(60룡) 또는 좌향을 생해 주어야 된다는 주장도 있으나 분금은 망명亡命만 생해 주면 된다(比肩, 生我者 포함).

㉠ 결정된 좌향의 분금 중 망명亡命을 생해 주는 분금을 선택한다. 단 천간의 경우 우측 분금을 택하면 봉침으로는 좌坐가 달라지기 때문에 각종 수법에 맞지 않게 되니 피해야 된다(관중법串中法이 적용되는 경우는 별도).

ⓒ 천간좌에서 좌측 분금은 망명亡命을 극하게 되는 경우 봉침 분금 중 같은 분금을 택하면 된다.

※ 봉침 분금이 기록되지 않은 나경이 많으나 요령만 터득하면 쉽게 다룰 수 있다. 예를 들면, 亡命이 丙子生(水)이고 艮坐라면 정침 분금 丁丑 분금(우측)과 辛丑(土) 분금(좌측) 두 분금 중 좌측 辛丑 분금(土)은 亡命이 水이기 때문에 맞지 않으니(土 剋水) 丁丑 분금(木)이라야 비견比肩이 되어 합법이다.

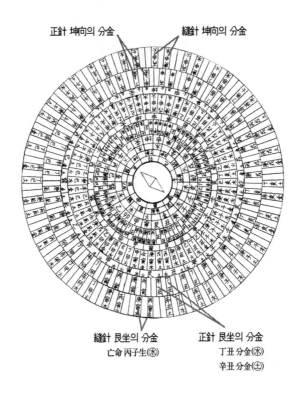

正針 坤向의 分金        縫針 坤向의 分金

縫針 艮坐의 分金        正針 艮坐의 分金
亡命 丙子生(水)         丁丑 分金(水)
                      辛丑 分金(土)

그러나 정침 丁丑 분금을 쓰면 봉침으로는 丑좌가 되기 때문에 수법이 전혀 맞지 않다. 이런 경우 봉침 丁丑 분금을 쓴다. 그 요령은 정침 辛丑 분금의 바로 좌측 선에다 맞추면 된다(나경도 참조).

ⓒ 정침 분금과 봉침 분금이 다 망명亡命과 맞지 않으면 투지 맥
(선→線)을 쓰면 된다. 투지 분금도 맞지 않으면 이 자리는 망
인亡人과 맞지 않는 자리라 하여 옛날에는 포기했다.

◑ 의문점 풀어보기

**당문파**堂門破**인 신술파**辛戌破**에 乙坐 辛向 辰坐 戌向의 경우**

❶ 혈 앞을 과당過堂하려면 우선수가 합법인가?

❷ 불범지지자不犯地支字면 좌선수가 합법인가?

❸ 좌우선수가 다 합법인가?

**풀이** 88향수법으로는 신술파辛戌破는 정국향正局向에 해당되나 신향辛向
및 술향戌向은 정생향正生向·자생향自生向·정왕향正旺向·자왕향自
旺向 네 가지 길향에 해당되지 않아 조심해야 되지만 당문파의 경
우 지지자地支字인 술자戌字를 범하지 않고 신자辛字상으로 유거流
去하면 큰 부자나 귀인이 나지만 우선의 경우는 자손이 상하고 재
산을 잃는다 했음. 때문에 다른 방법도 다각적으로 연구해 볼 필
요가 있다.

四庫藏이 水口

◐ 좌선수의 경우라면 乙坐의 丁卯 분금을 쓰면 정침으로는 乙坐가 되지만 봉침으로는 卯坐가 되어 모든 수법과 합법이 된다. 이런 경우를 관중법串中法이라 한다.

❶ 88향법으로는 자왕향이 되어 남자는 총명하고 여자는 수려하며 부와 귀가 함께 발복하나 우선수가 되면 대흉이라 했다.

❷ 향상向上으로는 卯坐에 신술파辛戌破는 쇠파衰破 차고소수借庫消水가 되어 길하며,

❸ 장생수법으로도 卯坐에 신술파辛戌破는 쇠파衰破가 되어 길하며,

❹ 구성법으로는 卯坐에 신파辛破는 거문파巨門破가 되어 길하며 술파戌破는 흉.

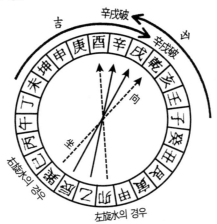

左旋水의 경우

◐ 우선수라면 巽坐 乾向으로 해야 과당過堂이 되고 무난하지만 이런 경우는 각도가 상당히 차위差位가 생기니 혈장과의 조화도 고려해야 된다.

### ❶ 卯坐 酉向 … 酉破에 左旋水인 경우(순흥安氏 선산)

88향수법으로는 변국향變局向에 태향태류胎向胎流 당문파堂門破이며 지지地支를 범하지 말라 했는데 유파酉破가 분명하다면 가장 흉하며 우선수라야 합법이다. 향상수법, 장생수법 다 흉하며 다

만 구성수법으로는 유파酉破에 卯좌는 무곡武曲에 해당되어 길하니 옛날에 구성법만으로 재혈한 것으로 추측된다. 현 시점에서는 구성법만 믿고 다른 수법은 다 무시해 버릴 수 있는지?

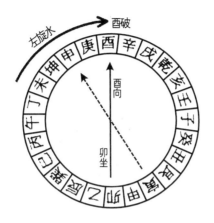

### (4) 비보풍수裨補風水의 이모저모

각 지방 명산·명묘를 찾아 다녀보면 비보풍수의 절실한 필요성을 느낀다. 그 종류는 여러 가지로 나눌 수 있으나 지면 관계상 몇 가지만 사례를 들어 설명하기로 한다.

### ① 나무가 자라 坐·向에 대한 원래의 水口(破)가 변경되어 버려 殺 이 범했을 때

필자와 공부를 함께 하는 한 회원의 선산 이야기다. 5대조부터 4대를 한군데로 모셨다. 그 坐·向은 똑같이 壬좌 丙향이다. 앞에 수구를 보니 손사파巽巳破로 대황천파에 해당된다. 10년 내에 패가망신한다는 대흉살이다. 자세히 분석해 보니 옛날에는 乙辰방으로 나무가 없어서 乙辰 수구였다 한다. 乙辰방이 수구라 할지라도 壬좌 丙향과는 맞지 않다.

자세히 보니 壬좌의 丁亥 분금과 辛亥 분금 중 丁亥 분금을 취용했기 때문에 용법龍法을 보는 정침으로는 壬좌가 되지만 각종 수법을 보는 봉침으로는 亥좌가 되기 때문에 亥좌는 각종 수법과 다 합법이다.

그렇기 때문에 잡목들이 무성하기 전에는 각종 수법이 다 맞아 자손이나 재물이 다 왕성했다 한다. 이런 경우는 乙辰방에 있는 나무를 제거해 옛날처럼 乙辰파가 되도록 하면 다시 가운이 왕성해질 수 있다.

이러한 조치들을 도선국사가 주장한 비보풍수裨補風水라 한다.

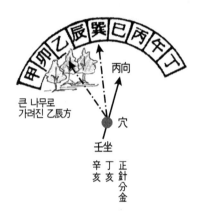

## ② 나무를 심어 凶破를 가려주고 吉破로 바꾸는 방법

용법龍法 및 혈장 구조로 보아 **艮좌 坤향**이 제일 알맞는데 병오파丙午破가 되었을 경우 묘 앞에 상록수(동백나무 등)를 심어 丙午방을 가리고 丁未방이 파破가 되도록 조절해 주면 모든 용법 및 수법이 합법이 되어 정재丁財가 왕성하니 길향吉向 길수吉水로 변한다.

이런 방법은 수없이 많으니 각 수구에 따라 연구하면 된다.

### ③ 묘 앞에 직거수直去水가 생겼을 때의 비보

필자가 잘 아는 회원이다. 이 근년에 갑자기 집안에 손재가 많고 뜻대로 되는 일이 하나도 없다 했다. 자기 아버지가 친구 보증을 섰는데 부도가 나서 파산지경에 이르렀다고 말했다. 자기 봉급까지 차압을 당했다는 것이다. 묘점을 쳐 보았더니 증조부님 묘 자리가 좋지 않아 그러니 굿을 하라는 것이었다. 어떻게 했으면 되겠느냐고 나에게 물었다. 이런 경우 점을 치는 것은 가장 어리석은 일이다. 필자는 선산에 직접 가보자고 했다.

자기 조부님 묘의 약 40미터 앞 들 가운데 경지정리를 위해 그림과 같이 직거수直去水가 생겼다.

이런 경우 큰 손재에 직접 영향을 준 것이다. 그 피해 정도 완속은 물의 양, 물의 유속流速 및 묘지와의 거리 등에 의해 결정된다. 이런 경우 그 즉시 묘지의 앞에 상록수(동백나무 등)를 심어 가려주면 그 피해를 막을 수 있다.

### ④ 입수룡이 불배합룡이 되었을 경우 배합룡으로 바꾸어 주는 예

용龍이 건괘乾卦로 내려왔다. 해맥亥脈으로 좌선하면 배합룡 입수가 되지만 술맥戌脈으로 우선하면 불배합 입수가 되어 흉하다.

乾亥 배합맥配合脈 입수가 되면 태맥胎脈이기 때문에 자손이 많고, 우선하여 乾戌 불배합으로 들어오면 불구맥不具脈 입수가 되어 불구손不具 孫이 생긴다.

이런 경우 乾과 亥의 배합룡이라면 마지막 일절인 亥 입수로 보고 좌향을 맞추면 되지만 乾戌 불배합맥으로 입수했다면 乾의 단일맥單一脈이 되게 뇌두의 중심에 맞추어 건맥乾脈으로 입수맥을 또는 술맥戌脈의 단일 맥으로 만들어주면 된다.

입수는 수천 년 수마에 씻겨 원형이 변했을 수 있기 때문에 인위적 으로 천산72룡에 맞추어 비보해 줄 수 있다.

## ⑤ 뇌두에서 원운으로 통하는 구흠가 없는 경우

혈장사진穴場四眞을 논할 때 첫째 진룡을 말한다. 여기서 진룡이라 함은 뇌두에서 원운에 이르는 구흠가 확실함을 말한다. 구흠는 제 1차 분수처이며 뇌두에 뭉친 기를 원운(혈)으로 보내주는 역할을 한다. 때문에 본신룡이 아무리 용법龍法에 맞추어 기운차게 내려왔다 할지라도 혈장사진이 고루 갖추지 않았으면 진혈이라 할 수 없는 것이다. 때문에 뇌두·선익사·원운·순전 등이 구비되었어도 구흠가 없을 때는 인위적으로 이를 갖추어주면 된다. 충청도 이북으로 가면 용미라 칭하는 구흠에 해당되는 것을 인위적으로 크고 길게(太長) 만들어준 곳이 많다.

그뿐만 아니라 와窩·겸鉗·유乳·돌突이라 했으니 와혈이나 겸혈에서는 가운데 도두룩한 유乳나 돌突이 있어야 진혈이다. 이것이 없으면 진혈이 아니라 원운, 즉 혈 바닥도 약 10센티미터 이상 도두룩해야 진眞이다. 그렇지 못하면 인위적으로 비보해 줄 필요가 있다. 그래야 배수가 잘 되고 건수가 침수되지 않기 때문에 기가 뭉치게 된다. 뿐만 아니라 혈장 지면도 좌선혈좌면 좌측이 높아야 되며(左高 右落) 반대로 우선혈좌면 우고좌락右高左落이 되어야 이치에 맞다. 따라서 그렇지 못한 경우는 인위적으로 비보를 해줄 필요가 있는 것이다.

이는 모두가 수천 년 지나온 동안 비와 바람에 의해 원형이 그대로 유지 안 된 곳이 많기 때문에 이런 곳은 비보를 통해 부족함을 갖추어 주는 것이 바로 풍수지리의 과학적 처리인 것이다.


## ⑥ 어리석은 비보裨補

비보를 강조하다 보니 가장 비과학적인 비보 방법을 택하여 효심이 짙은 자손들을 우롱하여 폭리를 감행하는 악질 지관들이 많음을 한심스럽

게 생각한다. 예를 들면 사찰에 스님이 발행했다는 부적을 한 장에 10~20
만 원에 사서 묘 옆에 묻으면 수맥을 차단하고 기맥을 취결聚結시킨다는
속임수에 걸려든 사람도 많다. 또 50만원 이상을 주고 도자기를 묘 옆에
묻으면 기가 뭉치고 수맥이 차단된다고 믿는 사람도 있다. 기맥봉으로 설
치 전후를 비교하여 보여주면서 감언이설로 돈벌이에 열을 올린다. 참으
로 한심스러운 말세 현상이라 아니할 수 없다.

## (5) 혈심론穴深論의 정확성

재혈裁穴, 천광穿壙시 혈심穴深을 어느 정도로 할 것인가 의문을 갖게 된
다. 여러 고서의 혈심편穴深篇을 보면 이 역시 저서나 도서에 따라 다르다.
정오행正五行에 의한 지심법地心法도 있고 구궁법九宮法에 의한 장혈첨심葬穴
淺深도 있으며 옥동자 혈심법穴深法 등 많은 내용이 소개되고 있다. 그 가운
데 비교적 알기 쉬운 옥동자 혈심법을 소개하면 다음과 같다.

| 坐 | 穴深 | 坐 | 穴深 | 坐 | 穴深 |
|---|---|---|---|---|---|
| 壬 | 6尺 4寸 | 乙 | 8尺 7寸 | 坤 | 9尺 3寸 |
| 子 | 5尺 1寸 | 辰 | 9尺 3寸 | 申 | 7尺 5寸 |
| 癸 | 5尺 1寸 | 巽 | 9尺 3寸 | 庚 | 8尺 1寸 |
| 丑 | 8尺 4寸 | 巳 | 4尺 8寸 | 酉 | 7尺 1寸 |
| 艮 | 7尺 5寸 | 丙 | 7尺 1寸 | 辛 | 7尺 8寸 |
| 寅 | 7尺 3寸 | 午 | 6尺 5寸 | 戌 | 5尺 5寸 |
| 甲 | 9尺 2寸 | 丁 | 6尺 8寸 | 乾 | 5尺 9寸 |
| 卯 | 8尺 3寸 | 未 | 8尺 9寸 | 亥 | 4尺 5寸 |

※ 위 숫자는 구척(舊尺)(土圭尺)으로 표시되었음

필자의 많은 경험에 의하면 위와 같은 좌坐에 따른 심혈深穴 분류는 정확성이 극히 희박하다. 따라서 다음과 같은 요령으로 혈심穴深을 정하는 것이 과학적인 접근 방법일 것 같다.

㉠ 혈과 계곡과의 거리가(깊이)

　10m 이상이면 1.2m ~ 1.5m

㉡ 5m 이하라면 1m ~ 1.2m

㉢ 3m 이하라면 90cm ~ 1m

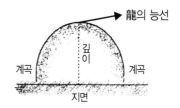

❶ 본신룡의 양쪽에 흐르는 계곡까지의 거리에 따라 혈심을 다음과 같이 조절한다.

❷ 혈상穴相(窩鉗乳突)에 따라 심혈深穴을 정하되 같은 돌突이라 할지라도 그 특성이나 정도에 따라 혈심을 결정한다.

❸ 이 외도 여러 가지 방법이 있겠지만 제일 현실적인 방법은 재혈 천광시 혈토(眞土)가 바닥 전체에 나오기 시작하면 거기서부터 1자(30cm)는 더 파야 된다. 왜냐하면 유해(시신) 전체가 진토 속에 묻히도록 하기 위해서이다. 따라서 보통 4자(1.2m) 내외가 혈심의 평균치가 된다.

㉠ 혈토 밑으로 1자 이상 파고 석관石棺을 묻은 다음 그 주위를 생석회生石灰와 혈토를 절반씩 섞어 석관 주위를 메우고 다진다.

㉡ 이장移葬시는 석관 속 체백體魄 위에 가는 진토로 채운 다음에 천판天板을 덮고 그 위로 약 1m 정도 혈토와 생석회 절반씩 섞어서 쌓고 다진 뒤에 순흙으로 덮으면서 잔디로 봉분封墳을 마무리한다.

㉢ 혈에 따라 혈토의 지층이 넓고 길고 두껍게 이루어진 곳도 있

고 반대로 혈토층이 얕고 좁은 곳도 있기 때문에 굴착기로 깊게 파버리면 밑에는 토질이 나쁜 층으로 변해 버리는 경우도 있기 때문에 조심스럽게 작업을 해야 한다.

# 제2부

# 명혈에 대한 간평

# Ⅰ

## 나주羅州시 서쪽 장흥동長興洞

## 나주나씨羅州羅氏 선산·순룡음수형順龍飮水形)

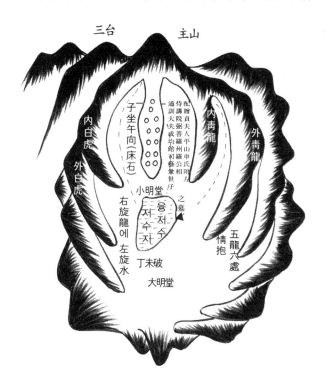

전라남도 나주시 장흥동에 소재한 나주나씨 선산을 찾았다. 아래에서 묘지를 건너다 보니 삼태三台로 내려온 주산主山이 너무도 준엄하게 보였다. 수려한 목성木星에서 내려온 주룡主龍은 가볍게 결인結咽한 연후에 입수入首 결혈結穴했으나 수백년된 혈장에 많은 묘를 모셨기 때문에 입수도(자연 상태가 회손되었음) 분명치 않고 좌향坐向도 상석床石이나 비碑에 기록된 곳이 없어 상석床石에 나경을 놓고 확인하니 자좌子坐가 분명했다. 수구水口는 정미파丁未破가 분명하기 때문에 혈지穴地 여건이 다음과 같았다.

| ❶水口 | ❷左右旋水 | ❸坐向 | ❹入首 | ❺入首五格 | ❻水口와 向 | | |
|---|---|---|---|---|---|---|---|
| 丁未破 | 左旋水 | 子坐午向 | 癸入首 | 直龍入首 | • 88향수법 ☞ 自旺向(吉)<br>• 향상포태법 ☞ 衰破(借庫消水破吉)<br>• 장생수법 ☞ 衰破(吉) | | |

| ❼入首와 向<br>(淨陰淨陽) | ❽水口<br>入首 관계 | ❾左右<br>旋龍 | ❿穿山<br>72龍 | ⓫透地龍<br>(氣線) | ⓬分金 | ⓭左右旋<br>穴坐 | ⓮穴의<br>陰陽向 |
|---|---|---|---|---|---|---|---|
| 陽龍(癸)入首<br>에 陽向(合) | 冠帶龍<br>入首(吉) | 右旋龍 | 癸의<br>빈칸(水) | 庚子脈(土)<br>4번선<br>(地支坐) | 庚子<br>分金 | 右旋<br>穴坐 | 陽向<br>(左旋水 陽局<br>이기 때문에) |

| ⓯得水吉凶 | ⓰穴證 | ⓱穴相<br>및 物形 | ⓲吉凶砂 | ⓳沖殺<br>및 病癃 |
|---|---|---|---|---|
| 艮寅得(生得) | ①主山이 木星 秀麗<br>②青龍白虎<br>③吉砂 특히 案砂 玉女峰<br>④融瀦水 | 長乳穴 | 祿 方 ☞ 巽巳方<br>驛馬方 ☞ 艮寅方<br>貴人方 ☞ 卯巳方<br>三吉方 ☞ 卯巳方 | 沖殺 및 病癃은<br>해당 없음 |

❶ '선견수구先見水口하라' 했으니 수구는 **丁未破**가 분명하며 내당수內堂水는 **左旋水**와 **右旋水**가 양쪽에 있으나 과당수過堂水는 **左旋水**이다.

❷ **左旋水**냐 **右旋水**냐도 구분하기 어려울 정도이다. 왜냐하면 내당수가 본신룡 양쪽에 다 같이 흐르고 있다. 한 가지 분명한 것은 **左旋水**가 묘 앞을 과당過堂하여 앞의 저수지로 흐르고 있고 **右旋龍**이기 때문에 **左旋水**로 보는 것이 합법인 것이다.

❸ **坐向**은 상석床石대로 **子坐**가 분명하나,

❹ 입수에 대해서는 심중을 기해야 된다. 왜냐하면 **午向**이 **陽向**이기 때문에 입수도 **陽龍**이라야 한다. **子**나 **癸**가 다 **陽**이기 때문에 어느 쪽이고 상관없을 것 같으나 만약 **壬** 입수 **子坐**가 된다면 다음 그림과 같이 **左旋穴坐**가 되기 때문에 **左旋水**에 불합이다. 때문에 **癸** 입수 **子坐 午向**이라면 **左旋水**에 **右旋穴坐**가 되어 모든 것이 합법이다.

❺ 입수는 오격五格 중 직룡直龍입수에 해당되며 癸 입수가 되기 때문에 천산72룡은 癸의 빈칸 정맥正脈으로 들어와 투지60룡은 子의 4번선 庚子脈으로 이어지며 癸의 빈칸 중앙은 정오행正五行으로 水이며 투지 庚子脈은 土이기 때문에 토극수土剋水면 아극자我剋者가 되어 吉하다(그림 참조).

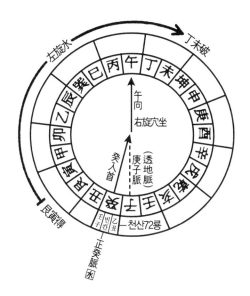

❻ 入首와 向 관계는 癸 입수는 정음정양으로 陽龍입수이기 때문에 午向도 陽向이 되어 합법이다.

❼ 다음 水口와 입수와의 관계는 水口가 丁未破 木局이기 때문에 丙午에서 기포起胞하여 역순逆旋하면 癸 입수는 관대룡冠帶龍 입수가 되어 생왕룡生旺龍 입수이다.

❽ 左旋龍이냐 右旋龍이냐는 앞의 그림처럼 속단하기가 힘들지만 자세히 보면 뒤에 중조산中祖山에서 소조산少祖山으로 들어오는 방향이 묘전墓前에서 보았을 때 우측에서 들어오며 본신룡의 끝이 약간 좌(청룡 쪽)쪽으로 틀었으니 右旋龍으로 보아야 옳을 것 같다.

❾ 천산72룡은 앞에서도 설명한 것처럼 子坐라면 午向이 陽向이기 때

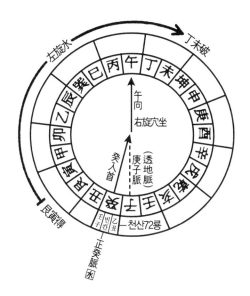

419

문에 子의 양쪽 壬과 癸가 다 같이 陽龍이니 어느 龍이 입수해야 맞느냐 하는 문제는 左旋水 陽局이니 陽向은 합법일지라도 壬 입수 子坐 午向이면 左旋穴坐가 되기 때문에 右旋水와 합법이니 癸 입수 子坐 午向이라야 右旋穴坐가 되어 左旋水와 합법이다. 癸 입수라면 천산72룡은 중앙 빈칸만이 주보맥珠寶脈이니 정오행正五行으로 水脈에 해당된다.

❿ 투지60룡은 子坐라면 壬子 투지의 4번선인 庚子脈이라야 되며(2번선이면 天干坐요 4번선이면 地支坐가 되기 때문이다) 庚子는 土脈이기 때문에 토극수土剋水가 되어 아극자我剋者가 되며 이 역시 합법이다.

⓫ 분금은 子의 정침 분금인 丙子(水) 분금과 庚子(土) 분금이 있어 망명亡命에 맞추어 사용할 것이나 여기서는 망명을 알 수 없어 분금을 확정지을 수는 없다. 그러나 상석床石의 위치로 봐서는 庚子 분금을 쓴 것 같다.

⓬ 左右旋 穴坐는 물의 左右旋水와 반대가 되는 것이 합법이니 여기서는 右旋穴坐가 되어야 左旋水에 대해 합법이며 우고좌락右高左落이 되고 좌이승기左耳乘氣가 된다(그림 참조).

⓭ 혈의 陰陽에 대해서는 左旋水 陽局이기 때문에 당연히 陽向이라야 합법이다.

※ 陽向 : 甲庚丙壬 子午卯酉 辰戌丑未向

❶❹ 得水는 艮寅 得이니 향상포태로 돌리면 午向은 艮丙辛 寅午戌 火局이기 때문에 乾亥에서 순선順旋하면 艮寅은 生得이니 아주 吉水이다.

❶❺ 각종 혈증은 수백년된 묘이기 때문에 혈장 내에서는 뚜렷한 혈증은 없으나 삼태三台로 이루어진 산과 내려온 본신룡의 위용은 준용하고 수려하다. 청룡과 백호는 수없이 많은 용호龍虎가 다정하게 감싸고 청룡과 백호 사이에 융저수가 있어 부귀겸전富貴兼全에 속발을 보장해 준 것 같다. 그런데다 전후좌우 한군데도 요함凹陷한 곳이 없어 살풍殺風도 염려할 것이 없다. 물론 충살沖殺 병렴病廉도 해당되지 않으니 명혈이 분명하다.

❶❻ 혈상 및 물형을 살펴보니 장유長乳에 수없이 많은 외청룡外靑龍·외백호外白虎가 주밀하게 감싸고 있으며 본신룡 및 혈장의 물형은 유어상수형遊魚上水形인 것도 같다. 특히 앞 가까이 저수지가 있어 순룡음수형順龍飮水形으로 볼 수도 있으나 용체龍體가 너무 짧은 것 같다. 그러나 이처럼 뚜렷한 형체가 없는데 무리하게 물형을 논할 필요는 없다. 옛부터 내려온 물형이 없으면 옛 선사들도 뚜렷한 물형이 없기 때문에 물명物名을 안 남긴 것이다. 그렇다 해서 명혈이 아닌 것은 아니다.

## 김성수金性洙 선생 증조모 墓

### (전라북도 순창・천마天馬 입구형入廐形 도선국사 비결)

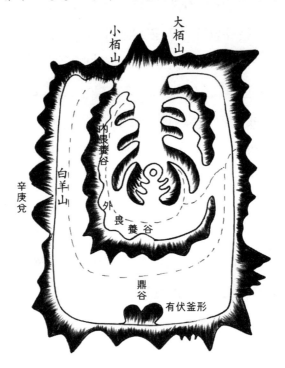

**秘訣 내용** 순창淳昌 백산栢山 남쪽 5리 하에 천마입구형天馬入廐形이 망정안望鼎案을 하고 있구나. 이 자리는 청룡이 짧고 백호는 길게 돌아 안대가 되었고 칠봉七峰이 나열하고 물이 북쪽에서 나와 회안回案하여 동남방으로 흘렀으니 사겸합곡似鉗合谷의 백호를 길게 돌아 나온 잎 대천大川과 교합交合하였도다. 이 자리는 내착외광內窄外廣하고 巽辛庚兌방이 특립特立하고 특립한 조산祖山을 돌아보고 있으니 백화白花가 5~6명에 문과文科가 여러 명 나고 7대 한림翰林에 26대 근신近臣이 나며 백자천손百子千孫하리라.

| ❶水口 | ❷左右旋水 | ❸坐向 | ❹入首 | ❺入首五格 | ❻水口와 向 |
|---|---|---|---|---|---|
| 乙辰破 (四庫藏) | 右旋水 (河川) | 壬坐丙向 (以龍配向) | 亥入首 | 直龍入首 | • 88향수법 ☞ 不立胎向<br>• 향상포태법 ☞ 冠帶破(凶)<br>• 장생수법 ☞ 冠帶破(凶) |

| ❼入首와 向 (淨陰淨陽) | ❽水口 入首 관계 | ❾左右 旋龍 | ❿穿山 72龍 | ⓫透地龍 (氣線) | ⓬分金 | ⓭左右旋 穴坐 | ⓮穴의 陰陽向 |
|---|---|---|---|---|---|---|---|
| 陰龍入首에 陰向(적법) | 乙辰破에 亥入首면 浴龍入首 | 左旋龍 | 辛亥脈 (金)(亥의 4번선) | 壬坐의 丙子脈(水) | 壬坐의 丁亥分金 (土) | 左旋 穴坐 | 右旋水 陰局에 陰向 (巳向) |

| ⓯得水吉凶 | ⓰穴證 | ⓱穴相 및 物形 | ⓲吉凶砂 | ⓳沖殺 및 病廉 |
|---|---|---|---|---|
| 坤申得 (病得) | 起伏, 結咽, 腦頭, 蟬翼, 三分 三合 뚜렷 | 天馬入廐穴 (天馬는 뒤에 있고 구시는 案山이다) | • 祿位 丙午方에 祿峰(2)<br>• 驛馬方인 巽巳方에 金體露積峰(2)<br>• 正馬砂는 亥坐에 甲卯方에 木星 貴人砂(2)<br>• 貴人方인 丑未巳方에 貴砂(1)<br>비결처럼 七星 나열 | 특별한 沖殺 및 病廉 없음 |

❶ 水口는 乙辰破가 분명하니 사고장四庫藏이 破가 되면 제일 안심이 된다. 乙辰破에 알맞은 吉向이 네 가지가 있기 때문이다. 88향수법 乙辰破면 水局이니 水口 중심으로 정생향正生向·자생향自生向·정왕향正旺向·자왕향自

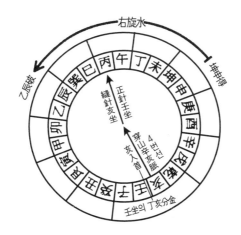

旺向 네 가지 吉向이 있으니 여러 가지 혈장 여건에 맞는 吉向을 택하기 쉽기 때문에 사고장이 水口가 되면 제일 편하게 그에 알맞은 向을 택할 수 있다.

❷ 여기서는 내당수는 별 것 없고 외당수의 水口를 보아야 된다. 따라서 외당수는 右旋水이다.

❸ 坐向을 결정하는 데는 우선 88향수법으로는 乙辰破가 水局이기 때문에 水局인 巽巳에서 기포起胞하여 돌리면 정생향正生向은 坤申인데 龍의 행도行度에 맞지 않기 때문에 巽巳 절위絶位를 택하여 절처봉생絶處逢生〔自生向〕이 되는 亥坐 巳向을 택한 것이다.

❹ 그러나 여기서 右旋水이기 때문에 陰龍인 亥 입수라면 같은 陰向인 丙向이나 巽向이 되어야 하지만 그렇게 되면 右旋水에는 壬坐 丙向만이 右旋穴坐가 되어 합법이다. 그런데 壬坐 丙向은 陽向이기 때문에 右旋水 陰局에는 맞지 않으니 여기서는 다음과 같은 방법을 쓰는 것이다. 壬坐의 분금 丁亥와 辛亥 중 丁亥 분금을 사용한다면 내향內向〔以龍配向〕은 정침으로 壬坐가 되지만 수법에 맞추는 봉침으로는 亥坐 巳向이 되기 때문에 모든 수법과 합법이 된다(이런 경우를 관중법串中法이라 하며 상석床石 坐向 기록에는 반드시〈壬坐(丁亥 분금)〉이라 표시해야 된다).

❺ 입수 오격五格 중 직룡直龍입수이며 직룡입수에서는 특히 龍의 행도行度에 맞추어 각종 수법에도 맞도록 坐向을 정해야 된다.

❻ 水口와 向의 배합은 앞에서 설명한 바와 같이 亥 입수에 乾坐 巽向이면 입수와 向은 합법이지만 右旋穴坐가 되어 右旋水에는 맞지 않으며 壬坐 丙向(陽向)이면 역시 右旋水 陰局에는 맞지 않다. 이런 때 배향配向하는데 요령이 필요하다. 그 요령은 분금의 사용에 따라 좌우된다. 즉, 壬坐의 분금 중 丁亥 분금에 맞추어 천광穿壙을 하게 되고 하관下棺, 봉분封墳을 쓰게 되면 용법, 수법이 다 맞게 되어 이를 관중법串中法이라 한다.

■88향수법 : 乙辰破에 亥坐 巳向은 자생향自生向이 되어 **吉向**이다.

■향상수법 : 亥坐 巳向에 乙辰破는 양파養破(차고소수파)가 되어 **吉向**
**吉破**이다.

■장생수법 : 亥坐 巳向에 乙辰破는 쇠파衰破가 되어 **吉向 吉破**이다.

수법 총론은 亥坐 巳向에 乙辰破는 左旋龍 右旋水에 위의 세 가지 수법이 다 합법이니 부귀가 나며 자손이 고루 장수하고 자손과 재물이 크게 성하니 차손次孫부터 선발先發한다.

❼ 입수와 向의 관계는 陰龍인 亥 입수에 陰向인 丙向이기 때문에 陰龍입수에 陰向인 고로 합법이다.

❽ 水口와 입수와의 관계는 乙辰破는 水局이기 때문에 甲卯에서 기포起胞하여 역으로 돌리면 亥 입수는 욕룡浴龍 입수가 된다.

❾ 龍은 左旋龍이며 右旋水와 합당하다. 결지 내용과 같이 내당수는 안산을 따라 북쪽 坤申방에서 得水하여 대천大川과 합류하여 乙辰방이 水口가 되니 감고 도는 대천수大川水가 일품이다.

❿ 천산穿山은 亥龍의 4번선인 辛亥脈(金)으로 입수함이 분명하다.

⓫ 투지룡透地龍은 壬子龍의 2번선인 丙子脈(水)이니 천산72룡 辛亥脈(金)이 투지 丙子脈(水)을 생해 주기 때문에 적법이며 2번선인 丙子脈이라야 천간좌(壬坐)가 되어 합당하다.

⓬ 여기서는 분금 사용법에 특히 유의해야 된다. 앞에서도 설명했지만 용법과 수법이 다 함께 합당하게 하려면 분금 사용을 잘 해야 된다. 앞에서도 논했지만 용법龍法(입수와 향, 망명과 분금, 용상팔살과 향의 조절, 쌍금살과 좌향 등)은 정침으로 보고, 각종 수법水法(좌우선수에 의한 좌향의 조절, 득파와 향의 배합, 좌우선수와 좌우선 혈좌의 조절, 수구에 따른 입수룡의 생왕 여부 등)은 봉침으로 처리한다는 것은 다 알고 있으면서도 그 조절이 여의치 못하다. 즉,

**425**

내당內向(龍法)을 亥 입수 壬坐 丙向으로 고정시켜 놓고 보면 긱종 수법이 맞지 않다. 이런 경우 壬坐의 오른쪽 분금 丁亥 분금을 사용하면 정침으로 보는 용법龍法(內向)과 봉침으로 보는 각종 수법이 다 같이 합법이 된다.

즉, 정침으로는 壬坐가 되지만 봉침으로는 亥坐가 되어 용법은 壬坐와 합법이고 각종 수법은 봉침 亥坐와 적법이기 때문에 丁亥 분금만 사용하게 되면 내향內向·외향外向 구별없이 되는 것이다. 이를 관중법串中法이라 하니 이 점 충분한 이해가 필요하다.

❸ 左旋 穴坐는 물이 右旋水가 과당過堂하니 穴坐는 당연히 左旋穴坐라야 합당하다. 亥 입수에 壬坐의 丁亥 분금이니 左旋穴坐가 분명하다. 앞 ❿번에서 설명한 바와 같으니 관중법串中法에 대해서 충분한 이해가 있어야 한다.

❹ 물이 右旋水 陰局이니 정침(內向) 壬坐 丙向은 陽向이기 때문에 맞지 않으나 壬坐의 丁亥 분금을 사용했기 때문에 수법에 해당되는 봉침은 亥坐에 해당되니 陰向이 되어 右旋水에 합당한 것이다. 이 역시 관중법串中法과 관련지어 충분한 이해가 필요하다.

❺ 得水의 길흉에 있어서는 亥坐 巳向(여기서 수법에 해당되니 壬坐 丙向이 아니라 봉침 亥坐 巳向으로 보아야 된다) 金局이니 艮寅에서 기포起胞하여 순선順旋하면 坤申得은 관대득冠帶得이 되어 吉得이 된다.

❻ 혈증에 있어서는 결인結咽이 석골石骨로 뚜렷하며 본신룡이 내려오면서 기복起伏 결인結咽과 삼분三分 삼합三合이 분명하고 혈장에서는 뇌두, 선익사가 뚜렷하다.

❼ 물형은 결지 내용과 같이 천마사天馬砂는 뒤에 있고 구시는 안산에 있어 천마입구혈天馬入廏穴이 뚜렷하다.

❽ 길흉사吉凶砂는 흉사는 없고 결지에 '칠봉七峰이 나열'이라고 했는데

앞 표의 내용처럼 칠봉七峰이 분명하니 음복陰福 또한 결지 내용과 같을 것이다.

❿ 충살沖殺 및 병렴病廉은 전혀 없으니 과연 명혈이 분명하고 혈전을 감고 도는 대천大川 역시 부를 상증한 것 같다

## 3

# 담양潭陽 삼각산三角山 下 · 와우형臥牛形

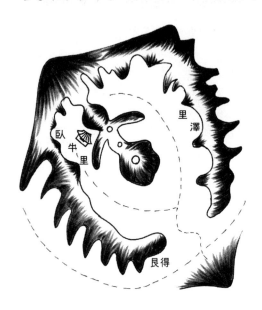

**秘訣 내용** 담양 남쪽 20리의 삼각산 아래 와우리 원쪽에 와우형臥牛形
이 삼인산속초봉三人山束草峰으로 안대案對를 하고 있구나. 이 자리는 혈이
인후咽喉 중에 **丙坐 壬向**으로 되어 있고 탐랑수貪狼水가 조임照臨하니 삼세
三世 영화榮華요, 속초봉束草峰이 높으니 부만년富萬年하리라.

■탐랑수貪狼水란 간병수艮丙水를 말하며 구성법으로 최고 길수吉水이다.

※ 참고 : 구성법九星法

| 艮 丙 | 巽 辛 | 乾 甲 | 午 壬 | 亥 卯 | 兌 丁 | 子 癸 | 坤 乙 |
|---|---|---|---|---|---|---|---|
| | | | 寅 戌 | 未 庚 | 巳 丑 | 申 辰 | |
| ↓ | ↓ | ↓ | ↓ | ↓ | ↓ | ↓ | ↓ |
| 貪狼 | 巨門 | 祿存 | 文曲 | 廉貞 | 武曲 | 破軍 | 輔弼伏吟 |
| (吉) | (吉) | (凶) | (凶) | (凶) | (吉) | (凶) | (中吉) |

※ 만약에 丙午丁 入首가 되면 巳坐 亥向은 龍上八殺에 해당되니 주의를 요한다. 따라서 여기서는 巽入首 巳坐 亥向 이라야 모든 龍法 水法이 다 적중된다.

| ❶水口 | ❷左右旋水 | ❸坐向 | ❹入首 | ❺入首五格 | ❻水口와 向 |
|---|---|---|---|---|---|
| 辛破 | 右旋水 | 丙坐壬向 ※결지 내용 ☞ 실제로는 巳坐 亥向 이라 야 모든 理法에 맞다 | 巽의 빈칸 (木) | 直龍入首 | • 88향수법 ☞ 辛戌破에 壬向은 不合<br>• 향상포태법 ☞ 壬向(水局)에서 順旋 辛破는 冠帶破(凶)<br>• 장생수법 ☞ 帶破가 되어 凶破임 |

| ❼入首와 向 (淨陰淨陽) | ❽水口 入首 관계 | ❾左右 旋龍 | ❿穿山 72龍 | ⓫透地龍 (氣線) | ⓬分金 | ⓭左右旋 穴坐 | ⓮穴의 陰陽向 |
|---|---|---|---|---|---|---|---|
| 丙入首(陰)에 壬向(陽)은 맞지 않음 | 辛破 (火局)에서 逆旋하면 浴龍入首 가 되어 凶 | 左旋龍 | 巽의 빈칸 (正五行 으로 木 에 해당) | 巳坐의 4번선 乙巳脈(火) 氣線 | 丙坐의 丁巳分 金(縫針 巳坐임) 串中法 에 대한 이해 필 요 | 左旋穴坐 | 右旋水이기 때문에 陰向 이어야 한다 |

| ⓯得水吉凶 | ⓰穴證 | ⓱穴相 및 物形 | ⓲吉凶砂 | ⓳沖殺 및 病癩 |
|---|---|---|---|---|
| 결지 내용처럼, 艮寅得 (貪狼水) | • 결지처럼, 三角山 束草峰<br>• 結咽穴場 분명 | 三角山 束草峰과, 臥牛形이 분명함 | 祿馬方 ☞ 亥方驛 馬方 ☞ 坤申方貴 人方 ☞ 酉亥方 | 沖殺 病癩은 해당 없으나 결지대로 丙坐壬向으로 쓰면 세 가지 수법 다 最凶이다. 때문에 丙坐의 丁巳分金을 사용 縫針 巳坐로 해야 맞다 |

❶ 나무에 가려서 辛戌破가 확실치 않다. 결지에 丙坐 壬向으로 되어 있으니 辛破는 구성수법 외 다른 수법은 전혀 맞지 않으나 청룡 끝으로 보아 辛戌破가 틀림없다. 그렇다면 옛날에 구성법에만 맞추어 결지를 쓴 것 같다.

**429**

❷ 양쪽 내당수가 흐르고 있으나 우측 내당수가 과당過堂하여 외당수와와 합류하였으니 **右旋水**가 합당하다.

❸ **坐向**에 있어서는 결지에 **丙坐 壬向**으로 되어 있는데 **辛戌破**에서는 문제가 있다. 왜냐하면 **辛戌破**에 **壬向**은 3가지 수법(88향수법·향상수법·장생수법)이 다 불합이다.

결지誌에 분금에 대한 설명은 없으니 다행이 **丁巳** 분금을 썼다면 몰라도 **辛巳** 분금을 썼다면 수법에 있어서는 모두 불합이니 말이다. 다만 구성법으로는 **丙坐**에 **辛破**는 무곡武曲이어서 **吉**하다. 구성법으로만 맞다 해서 안심하고 쓸 수 있을 것인지가 문제이다. 이 모든 수법을 이해하고 **丁巳** 분금을 쓰면 88향수법·향상수법·장생수법뿐만 아니라 구성수법까지도 **巳坐 亥向**에 **辛破**는 탐랑수貪狼水가 되어 최상 **吉水**가 된다. 이런 경우 분금 사용에 있어서 충분한 이해가 없으면 크게 실수하기 쉽다(관중법串中法 참조).

❹ 입수에 있어서는 결지대로 **丙坐**로 쓰기 위해서는 참으로 난감하다.
특히 **右旋水**가 되고 보니 **左旋穴坐**가 되어야 되기 때문이다. **壬向**이 **陽向**이 되고 보니 **陽** 입수에 **左旋穴坐**가 되기 어렵기 때문이다. 그리

고 向이 陽向(壬向)이니 입수도 陽이라야 되며 **右旋水**이기 때문에 **丙坐**의 우측에서 입수가 되어야 **左旋穴坐**가 되어 합법이다. 선사가 이곳 와우형 臥牛形을 보고 결지에 기록을 남길 때 좀 자세히 기록했더라면 후학자들이 이해하기가 쉬웠을 것으로 아쉬운 생각 금할 길이 없다.

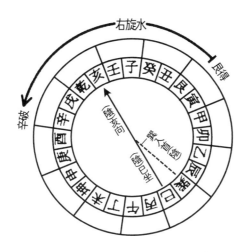

❺ 입수 오격五格은 결지 그림처럼 직룡입수가 틀림없다.

❻ 水口와 向에 관한 수법에 있어서는,

　■88향수법 : 水口가 辛破이니 丙坐 壬向은 전혀 맞지 않다.

　■향상수법 : 관대파冠帶破가 되어 흉파凶破에 속한다.

　■장생수법 : 역시 대파帶破가 되어 흉파凶破이다.

　■구성수법 : 丙坐 壬向에 辛破는 구성수법으로는 무곡武曲에 해당되어 구성수법만이 길파吉破가 되니 역시 이곳도 구성법에만 맞춘 것으로 생각할 수 있다.

　여기서 세 가지 수법은 전부가 아주 흉하고 구성수법만이 길한 경우에 안심하고 묘를 쓸 수 있겠는가? 절대로 그럴 수는 없다. 그러면 네 가지 수법이 다 적중되는 묘안은 없을 것인지 깊은 연구가 필요할 것이다.

앞에서 설명한 것처럼 巽 입수에 巳坐 亥向을 써야 모든 용법·수법이 다 맞게 된다.

## ☯ 辛破에 巳坐 亥向의 경우

■ 88향수법 : 자생향自生向에 해당되는 吉向 吉水이다.

■ 향상수법 : 양파養破(차고소수)에 해당되는 吉破이다.

■ 장생수법 : 쇠파衰破에 해당되는 吉向 吉破이다.

■ 구성수법 : 신파辛破에 巳坐는 탐랑貪狼에 해당되는 吉坐 吉破이다.

위에서 설명한 바와 같이 辛破에 丙坐 壬向인 경우는 구성수법을 제외한 다른 수법은 모두 흉하여 분금 하나 돌려서 丁巳 분금을 쓰게 되면 모든 수법은 해결되나 입수와 向 및 右旋水에 대한 左旋穴坐 등을 고려해서 여기서는 巽 입수 巳坐가 제일 무난하다. 그러나 결지에 따르려고 한다면 丁巳 분금이라도 써서 관중법串中法에 따르도록 하는 것이 좋을 것이다.

❼ 입수와 向 관계에 있어서도 참으로 선택하기 어려운 곳이다. 우선 구성법으로 따지면 巳 입수에 巽坐나 丙坐를 쓰도록 되어 있다. 그러나 右旋水이기 때문에 巳 입수에 巽坐로 하면 右旋水에 右旋穴坐가 되어 맞지 않을 뿐만 아니라 정음정양법으로 본다면 陰龍입수(巳 입수)에 陽向(乾向)이 되어 맞지 않다. 巳 입수에 丙向을 쓰면 역시 정음정양에 있어 陰龍입수에 陽向(壬向)이 되어 불합이다. 옛날에는 구성법으로만 입수와 坐向을 정하고 정음정양은 논하지 않은 것 같다. 그렇다면 어떻게 되어야 모든 것이 합법이 될지 심중한 연구가 필요하다. 巳 입수 대신 巽 입수 巳坐로 한다면 어떻게 될까?

**첫째,** 巽 입수 巳坐이면 *左旋穴坐*가 되어 *右旋水*에 합법이다.

**둘째,** 정음정양으로도 巽은 *陰龍*이요 *亥向* 역시 *陰向*이니 합법이다.

**셋째,** 水口와 向의 배합에 있어서도 모든 수법에 다 맞다.

### ☯ 辛破에 亥向의 경우

■88향수법 : 자생향自生向으로서 **吉向 吉破**이다.


88향법에서 **辛戌破**는 **火局**이기 때문에 **乾**에서 출발하여 돌리면 **艮寅向**은 정생향正生向이 되나 **辰巽巳龍**(巽卦)에 **坤坐**는 맞지 않으니 다음을 **火局** 절처絶處를 택하는 것이 88향법의 순리이다. 수구사국水口四局 중심으로 돌리면 기포점 건위乾位는 절처絶處가 되지만 향상포태사국向上胞胎四局 **亥向**(木局)에서 돌리면 **乾亥**는 **生**이 되기 때문에 이를 절처봉생絶處逢生이라 하여 자생향自生向이라 하며 **吉向**이 되는 것이니 **吉向 吉破**가 되는 것이다.


**❽** **水口**와 입수와의 관계는 **水口**가 **辛戌破 火局**이기 때문에 **火局**(乾位)의 기포점 **庚酉**에서 기포하여 역으로 돌리면 **巽龍**은 욕룡浴龍입수가 되어 **丙午龍**(生龍)입수만 못하나 중中은 된다.

**❾** *左右旋龍* 관계는 물이 *右旋水*이니 *左旋龍*이라야 합법이다.

**❿** 천산72룡은 巽의 빈칸이요, 정오행正五行은 木에 해당된다.

**⓫** 투지60룡은 巽巳의 4번선 乙巳脈(火)이니 입수(穿山)룡 巽의 빈칸 木이 생해 주니 **吉**하다.

**⓬** 분금은 망명亡命에 맞추어 택하되 지지좌(巳坐)이니 丁巳 분금, 辛巳 분금 중 어느 것을 택해도 좋다.

**⓭** *左右旋 穴坐*는 물이 *右旋水*이니 *左旋穴坐*라야 적법이다.

❹ 혈의 **陰陽向**은 물이 **右旋水 陰局**이니 **陰向**(亥向)이 되어야 적법이다.

❺ **得水**의 길흉은 결지내용대로 **艮得**이면 구성법으로는 탐랑수**貪狼水** 가 되어 최고 **吉水**이며 향상수법으로는 **亥向**은 **木局**이기 때문에 **艮得**은 **官得**이 되어 역시 **吉得**이다.

❻ 각종 혈증에 있어서는 첫째 삼각산三角山 속초봉束草峰이 안산案山이 되며 혈장에 있어서도 결인·뇌두·선익이 분명하다. 혈토도 틀림없이 비석비토非石非土로 진토일 것으로 믿어진다.

❼ 혈상 및 물형은 유乳 바닥에 와우형臥牛形이 분명하다. 결지에는 혈이 소의 인후咽喉(목) 중에 있다 했는데 결지내용이 적실하나 진혈은 비어 있고 밑에 있는 묘들은 아무런 혈증이 없고 습기도 배제하지 못하고 있다.

## 4

### 화순군和順郡 능주綾州 도곡道谷 • 현종형懸鍾形

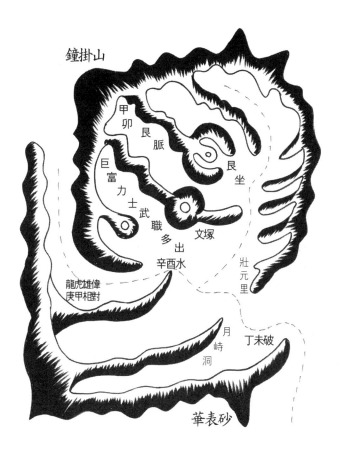

鐘掛山

甲卯
艮
脈

艮
坐

巨
富
力
士
武
職
多
出
辛酉水

文塚

壯元里

龍虎雄偉
庚甲相對

月
峙
洞

丁未破

華表砂

**秘訣 내용** 능주 북쪽 오십리 종괘산鐘掛山 아래에 현종형懸鍾形이 되었으니 甲卯艮脈에 艮坐로다.

| ❶水口 | ❷左右旋水 | ❸坐向 | ❹入首 | ❺入首五格 | ❻水口와 向 |
|---|---|---|---|---|---|
| 丁未破 | 右旋水 (山圖그림과 差가 있음) | 艮坐坤向 | 癸入首 | 直龍入首 | • 88향수법 ☞ 自生向(絶處逢生向)<br>• 향상포태법 ☞ 養破(借庫消水)(吉)<br>• 장생수법 ☞ 右旋水에 衰破(吉) |

| ❼入首와 向 (淨陰淨陽) | ❽水口 入首 관계 | ❾左右 旋龍 | ❿穿山 72龍 | ⓫透地龍 (氣線) | ⓬分金 | ⓭左右旋 穴坐 | ⓮穴의 陰陽向 |
|---|---|---|---|---|---|---|---|
| 癸入首(陽)에 坤向(陽) | 冠帶龍 入首(吉) | 左旋龍 | 癸의 中央 빈칸(水) | 艮의 2번선 戊寅(土)脈 (我剋者) | 辛丑 分金 이라야 된다 | 左旋穴坐 | 右旋水 陰局 이니 艮坐 坤向(陰向) 이니 합법 |

| ⓯得水吉凶 | ⓰穴證 | ⓱穴相 및 物形 | ⓲吉凶砂 | ⓳沖殺 및 病癊 |
|---|---|---|---|---|
| 壬得(旺得) | 穴 뒤에 結咽이 잘 이루어져 水癊 염려가 없고 復興峰으로 氣의 聚結處 | 窩穴 (懸鍾形) | 祿方 ☞ 庚方 驛馬方 ☞ 坤申方 貴人方 ☞ 酉方, 亥方 | 계속 甲卯龍으로 내려왔으면 寅坐申向(龍上八殺)에 유의해야 된다. 여기서는 艮脈으로 박환했으니 다행이다. |

❶ '선견수구先見水口'라 했는데 양측 내당수를 살펴보니 산도山圖와는 달라 右旋水가 과당過堂하여 좌측 내당수와 합수, 丁未破를 이룬다.

❷ 右旋水이다.

❸ 坐向은 右旋穴場을 살펴보면 뒤에서 陰龍으로 입수하여 양혈인 와혈窩穴에 해당되며 와중유窩中乳가 결지도식에는 분명하게 되어 있으며 혈도 단혈單穴로 되어 있으나 실제로는 삼혈三穴이 있다. 그중 제일 우측 백호 쪽 묘가 진혈인 것 같다. 艮坐 坤向이 분명하다.

❹ 癸 입수가 분명하다.

❺ 입수는 오격五格(직룡입수·횡룡입수·회룡입수·비룡입수·잠룡입수) 중 직룡입수가 분명하다.

**❻** 水口와 向 관계

○ 丁未破에 艮坐 坤向은

■ 88향수법 : 자생향自生向에 절처봉생향絕處逢生向으로 **吉向 吉水**이
  다. 부귀 장수에 자손이 대왕하고 소방小房이 먼저 발복하고 대방
  大房 중방中房까지 발복한다.

■ 향상포태수법 : 양파養破 차고소수파에 해당되는 **吉向 吉水**, 발복은
  88향수법과 같다.

■ 장생수법 : 쇠파衰破에 해당되는 **吉向 吉水**이다.

■ 구성수법 : **艮坐**에 **丁破**면 거문巨門이요, **未破**면 탐랑貪狼 길성吉星
  이니 네 가지 수법이 다 **吉**하니 안심하고 쓸 수 있는 명당이다.


**❼** 입수와 向과의 관계에 있어서는 **癸**는 **陽龍**이니 **坤向**도 **陽向**이다.
정음정양법으로 합법이다.

**❽** 水口와 입수 관계에 있어서는 **水口**가 **丁未破 木局**이니 **坤**에서 역선
逆旋하여 **丙午**에서 기포 역선하면 **癸** 입수는 관대룡冠帶龍 입수가 되어 최
선의 **吉龍** 입수이다.

**❾** 주산에 해당되는 종괘산鐘卦山의 위치가 아래에서 볼 때 좌측에 있으
며 물이 **右旋水**이니 **左旋龍**이 분명하다.

**❿** 천산72룡은 천간의 **癸** 입수이니 가운데 빈칸[珠寶脈]이 바로 입수맥
이며 정오행正五行으로는 **水脈**에 해당된다.

**⓫** 투지룡은 바로 기선氣線을 말함이니 **艮**의 2번선 **戊寅土脈**이 바로 기
가 흐르는 중앙선이다.

**⓬** 분금은 **艮坐**의 **辛丑** 분금을 사용했을 때 기선(투지60룡)이 그림과 같

이 **戊寅脈**이니 **左旋穴坐**(右耳乘氣)가 되고 투지 **戊寅脈**이(土)가 되기 때문에 천산(水)을 극하니 아극자我剋者에 해당되어 **吉**하다.

⓭ **左右旋 穴坐**에 있어서도 앞에서 설명한 바와 같이 **右旋水**에 **左旋龍**이니 **左旋穴坐**라야 합법이다.

⓮ 혈의 **陰陽向**에 있어서는 **右旋水 陰局**에서는 **陰向**이라야 합법이다. **艮坐 坤向**은 **陰向**이니 합법이다

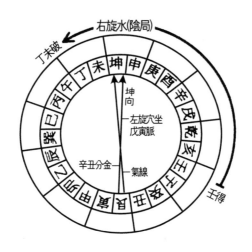

⓯ **得水**의 길흉은 **壬得**이니 향상向上으로 **坤向**(水局)이니 **巽巳**에서 기포하여 순선順旋하면 **壬**은 왕득旺得이 되어 **吉水**를 **得**하게 된다.

⓰ 혈증에 있어서는 **右旋** 결인結咽한 다음에 생긴 부흥봉은 기의 취결의 상증이며 뚜렷한 혈증이라 할수 있으니 수렴水廉의 염려는 없는 상태이다.

⓱ 혈상은 **陰龍**으로 입수하여 **陽穴**인 와窩 바닥을 이루었으나 결지산도를 보면 와중유窩中乳가 분명하고 양쪽으로 미곡微谷이 확실하게 나타나 있으며 유乳 바닥에 단혈單穴로 되어 있으나 실제로는 바닥이 평평하여 미곡이 없고 삼혈三穴 중 제일 좌측(백호 쪽) 일혈一穴만이 진혈인 것 같다.

⓲ **砂**에 있어서는 녹방祿方인 **庚方**에 **木星**인 귀인사貴人砂가 있고 역마

방역마방驛馬方인 **坤申方**에 **金星**인 창고사倉庫砂가 있으며 귀인방貴人方인 **酉方 亥方**에는 뚜렷한 귀사貴砂는 없으나 한군데도 요함凹陷한 곳이 없어 장풍藏風은 잘 되어 있다.

❿ 위에 **甲卯龍**으로 내려오다 **艮脈**으로 박환剝換하였으니 다른 충살沖殺, 병렴病瀸은 염려되지 않는다. 야무지게 결인結咽한 다음에 힘찬 부흥봉을 이루었으니 이는 기의 취결을 상증한 것이니 그 아래 결혈結穴은 정해진 진리이다.

## 5

함평咸平 월야면月也面

이교장李校長 선생님 조모·부모님 墓

| ❶水口 | ❷左右旋水 | ❸坐向 | ❹入首 | ❺入首五格 | ❻水口와 向 |
|---|---|---|---|---|---|
| 丁未破 | 右旋水 | 艮坐坤向 | 癸入首 | 直龍入首 | • 88항수법 ☞ 自生向(絶處逢生向)<br>• 향상포태법 ☞ 養破(借庫消水)<br>• 장생수법 ☞ 衰破(吉向 吉水) |

| ❼入首와 向 (淨陰淨陽) | ❽水口 入首 관계 | ❾左右 旋龍 | ❿穿山 72龍 | ⓫透地龍 (氣線) | ⓬分金 | ⓭左右旋 穴坐 | ⓮穴의 陰陽向 |
|---|---|---|---|---|---|---|---|
| 陽龍入首에 陽向 | 冠帶龍 入首(吉) | 左旋龍 | 癸의 빈칸 (水) | 艮의 2번선 戊寅脈(土) | 辛丑分金(土) 祖母:丙申(火) 父:甲寅(水) 母:丙辰(土) | 左旋穴坐 | 陰向 (右旋水 이기 때문에) |

| ⓯得水吉凶 | ⓰穴證 | ⓱穴相 및 物形 | ⓲吉凶砂 | ⓳沖殺 및 病廉 |
|---|---|---|---|---|
| 申得 (生旺得) | 腦頭 蟬翼 脣氈 분명 | 乳穴 臥龍 | • 祿方인 庚酉方에 貴砂<br>• 驛馬方(坤申方)에 倉庫砂가 근거리에 있으니 10년 내 財成千金<br>• 艮坐의 六秀方 巽方에 蛾眉砂가 있으니 美女出 | 각종 沖殺은 피했음 |

❶ 水口는 얼핏 보면 丙午破로 보이나 丙午破로 보면 직거수直去水가 길게 흐르며 丙午破는 수법에 맞지 않아 丁未破로 보는 것이 옳다(丙午方에 상록수를 심어 가려주고 丁未破가 뚜렷하게 보이도록 비보가 필요하다).

❷ 물은 양쪽 다 내당수가 흐르나 右旋水가 과당過堂을 하니 右旋水로 보는 것이 옳다.

❸ 坐向은 右旋龍의 흐름을 볼 때 丙午方에 멀리 보이는 산이 안산처럼 보이고 용은 壬子龍인 것 같이 보이나 자세히 보면 뇌두 밑으로의 기맥은 艮龍의 투지 戊寅脈(2번선)으로 흐르고 있다. 따라서 壬坐나 子坐 丙午向으로 하면 안산은 멀고 백호 쪽이 요함凹陷하여 살풍殺風이 위험하며 수법도 고루 맞지 않으니 艮坐 坤向으로 하여 가깝게 있는 창고사倉庫砂(노적봉)를 안산으로 하는 것이 최선책일 것 같다.

❹ 입수는 癸 입수에 坤向이면 정음정양법으로 陽龍입수에 陽向이니 합법이다.

❺ 입수는 오격五格 중 직룡입수이다.

**❻** **水口**와 **向** 관계(**水法**)

- **88향수법** : 자생향自生向에 **吉向 吉破**이다. 절처봉생향絕處逢生向에 부귀 장수에 자손이 대왕하고 소방小房이 먼저 발복하고 중방中房 대방大房까지 고루 발복한다.
- **향상수법** : 양파養破 차고소수파로 위와 같이 **吉向 吉水**이다.
- **장생수법** : 쇠파衰破에 해당되는 **吉向 吉水**이다.
- **구성수법** : **艮坐**에 **丁破**면 거문巨門이요, **未破**면 탐랑貪狼에 해당되는 최선의 **吉向 吉水**이며, 네 가지 수법이 모두 다 합법이니 안심하고 쓸 수 있는 자리이다.

**❼** 입수와 **向**은 **子** 입수에 **坤向**은 **陽龍**입수에 **陽向**이 되어 합법이며 통맥법으로도 합법이다.

**❽** **水口**와 입수 관계는 **水口**가 **丁未破**이기 때문에 **木局**에서 역선 **丙午**에서 기포하면 **壬子龍**은 임관룡臨官龍 입수가 되어 최고로 **吉**하다.

**❾** 본신룡의 **左右旋龍**을 확인하기 위해서는,

- **첫째**, 묘에서 주산을 쳐다볼 때 주산이 좌측에 있으면 **左旋龍**이요, 우측에 있으면 **右旋龍**이다.
- **둘째**, 본신룡의 끝이 백호 쪽으로 굽었으면 **左旋龍**이요, 청룡 쪽으로 향했으면 **右旋龍**이다.
- **셋째**, 청룡이 백호보다 길면 **左旋龍**이요, 백호가 길면 **右旋龍**이다.
- **넷째**, 물이 **左旋水**면 본신룡은 **右旋龍**이요, 물이 **右旋水**면 **左旋龍**이라야 된다. 따라서 여기서는 네 가지가 다 **左旋龍**임을 뒷받침해 주고 있다.

**❿** 천산72룡은 **癸** 입수가 되기 때문에 천산은 **癸**의 빈칸 주보맥珠寶脈 **水**로 봐야 된다.

**⑪** 투지룡은 艮坐의 2번선 戊寅脈이라야 천산에 대해 토극수土剋水가 되어 합법이며, 2번선이기 때문에 천간좌(艮坐)가 합법이다.

**⑫** 분금에 있어서는 우선 망명亡命을 살피면 다음과 같으니 각기 망명에 맞추어야 된다.

| 祖母: 丙申(火) |
| 父 : 甲寅(水) |
| 母 : 丙辰(土) |

艮坐의 丁丑 분금(水)과 辛丑 분금(土)의 양 분금 중

- 조부님은 망명亡命이 丙申火이기 때문에 辛丑 분금을 쓰면 순생順生이어서 吉하다는 이론과 아극자我生者가 되어 해롭다는 두 가지 설이 있으나 그렇다고 해서 丁丑 분금 水를 쓰면 망명을 극하기 때문에 더욱 흉하며 겸하여 봉침으로는 丑坐가 되어 각 수법과 불합이기 때문에 더욱 안 된다. 봉침 분금을 써도 그렇고 투지 戊寅脈 土를 써도 辛丑 분금과 같다. 그러니 여기서는 寅坐의 丙寅 분금 火를 사용하면 같은 비화比和가 되어 吉하다.

- 다음 부父의 망명亡命은 甲寅生 水이기 때문에 내향內向[천광 및 하관]은 丁丑 분금 水를 사용하여 망명과 맞추되 외향外向은 丁丑 분금을 사용하면 봉침으로는 丑坐가 되기 때문에 수법과 불합이니 봉침 丁丑 분금 水를 쓰던가 寅坐의 丙寅 분금 火를 쓰면 내향 외향 구분할 필요도 없고 망명(水)이 아극자我剋者가 되어 합법이다.

- 모母의 망명亡命은 丙辰生 土이기 때문에 辛丑 분금(土)을 쓰면 제일 합당하지만 3기의 묘를 다 같은 坐向으로 통일하려면 寅坐의 丙寅 분금을 위와 같이 쓰면 된다. 그러면 분금이 망명을 생해 주기 때문에 吉하다.

⓭ **左右旋 穴坐**는 **右旋水 左旋龍**이기 때문에 자연 **左旋穴坐**가 되어야 마땅하며 여기서는 **癸** 입수에 **艮坐**나 **寅坐**는 당연 **左旋穴坐**가 된다.

⓮ 혈의 **陰陽向**은 여기서는 **右旋水**이기 때문에 당연히 **陰向**이라야 맞다.

　　● **甲庚丙壬 子午卯酉向** 및 **辰戌丑未向**은 **陽向**,

　　● **乾坤艮巽 寅申巳亥向**과 **乙辛丁癸向**은 **陰向**이다.

⓯ **得水**의 길흉은 **申得**이니 **坤向**은 **水局**이므로 **巽巳**에서 기포 순선하면 **申得**은 **生得**이니 **吉**하다.

⓰ 혈증에 있어서는 주석珠石으로 된 뇌두와 선익사 및 순전이 분명하고 혈토는 비석비토非石非土에 오색토五色土로 되어 있어 진토임을 입증한다.

⓱ 혈상 및 물형은 유혈乳穴에 와룡입수형臥龍入水形이다.

⓲ **吉凶砂**에 있어서는 녹방祿方인 **庚酉方**에 귀사貴砂가 있고,

　　● 역마방驛馬方〔坤申方〕에 가깝게 금체金體인 창고사倉庫砂〔노적봉〕가 있으니 10년 내에 재성천금財成千金할 것이다.

　　● **艮坐**의 육수방六秀方인 **巽方**에 아미사蛾眉砂가 있으니 미녀가 나올 것이다.

⓳ 각종 충살沖殺 및 병렴病廉은 다 피한 것으로 보이나 다만 **丙午方**에 상록수를 심어 가려주고 반대로 **丁未方**은 나무를 쳐서 잘 보이도록 해주어야 된다.

# 6

## 화순군和順郡 구암리 최씨崔氏 선산

## 속발지速發地의 예

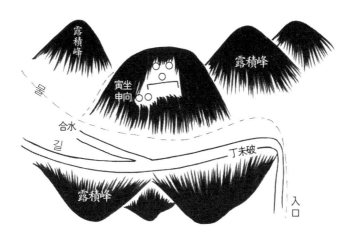

※ 다음 표 내용은 현재 재혈한 그대로를 기록하였으나 보는 사람에 따라 약간 차이가 있을 수 있다.

| ❶水口 | ❷左右旋水 | ❸坐向 | ❹入首 | ❺入首五格 | ❻水口와 向 |
|---|---|---|---|---|---|
| 丁未破<br>(水口가<br>가까워<br>速發之地<br>이다) | 右旋水 | 寅坐申向 | 寅入首 | 橫龍入首 | ● 88향수법 ☞ 自生向<br>● 향상포태법 ☞ 養破(借庫消水)<br>● 장생수법 ☞ 衰破(吉) |

| ❼入首와 向<br>(淨陰淨陽) | ❽水口<br>入首 관계 | ❾左右<br>旋龍 | ❿穿山<br>72龍 | ⓫透地龍<br>(氣線) | ⓬分金 | ⓭左右旋<br>穴坐 | ⓮穴의<br>陰陽向 |
|---|---|---|---|---|---|---|---|
| 陽龍入首에<br>陽向(吉)<br>(寅入首寅坐<br>申向) | 浴龍入首 | 左旋龍 | 戊寅脈<br>(土) | 壬寅脈<br>(4번선 金) | 地支坐<br>이기<br>때문에<br>丙寅,<br>庚寅<br>分金<br>다 무방 | 左旋穴坐 | 寅坐申向은<br>陰向 |

| ⑮ 得水吉凶 | ⑯ 穴證 | ⑰ 穴相<br>및 物形 | ⑱ 吉凶砂 | ⑲ 沖殺<br>및 病癆 |
|---|---|---|---|---|
| 辛戌得<br>冠帶得(吉) | 靑龍 白虎가<br>가깝게<br>적당한<br>높이로<br>多情 | 乳穴 | • 祿 方 ☞ 庚方<br>• 貴人方 ☞ 酉亥方<br>• 驛馬方 ☞ 坤申方<br>• 三吉六秀 ☞ 庚方, 丙方<br>• 祿方에 金星砂(露積峰)<br>이 가까워 速發之地 | 만약 甲卯乙(震)入首면<br>龍上八殺에 해당되니<br>조심해야 된다 |

## 개요

⚊① 丁未破에 寅坐 申向은 左旋龍에 右旋水라야 합법이며 자생향自生向 절처봉생향絶處逢生向에 향상向上으로는 양파養破(차고소수)로서 吉向 吉水이다. 따라서 부귀 장수에 자손이 대왕하고 소방小房이 먼저 발복하고 중방中房 대방大房까지 고루 발복한다.

⚊② 청룡 백호가 가깝고 높이가 적당해 다정하며 파구破口와 안산, 녹방귀사祿方貴砂[창고사 = 노적봉]가 모두 가깝게 있어 속발速發을 보장할 수 있는 길지吉地이다.

⚊③ 녹방祿方, 귀인방貴人方, 삼길三吉 육수방六秀方에 금체金體(노적봉)가 있고 혈이 지혈地穴로 낮아 부국富局이니 부자가 많이 나올 것이다.


❶ 水口는 물이 별로 많지 않으나 양쪽 계곡수가 합쳐 혈 앞을 가깝게 흐르고 있다. 따라서 水口(破)도 혈에서 가깝게(약 100미터) 丁未破를 이루고 있다. 사고장(乙辰·辛戌·丁未·癸丑)이 破가 되면 쉽게 吉向을 찾을 수 있어 정혈定穴하기가 쉽다.

❷ 물은 右旋水이다.

❸ 坐向에 있어서는 첫째 右旋水 陰局이니 陰向이라야 합법이니 寅坐 申向은 陰向이어서 합법이다.

❹ 입수는 **右旋水**이기 때문에 **寅坐**의 나경 우측에서 입수가 되어야 **右旋水 左旋穴坐**가 되어 합법이다. 그리고 **申向**이 **陽**이기 때문에 **寅**의 우측인 **艮**과 **丑**은 **陰龍**이어서 맞지 않으니 **寅** 입수 **寅坐**로 하고 직사直射는 분금으로 조절할 수밖에 없다. 다음에 자세히 설명하겠지만 여기서는 **寅** 입수 **寅坐**가 되기 때문에 직사를 피하는 방법을 설명할까 한다.

우선 입수맥 천산72룡은 **寅**의 2번선 **戊寅脈**(土)이 되고 투지 기선은 **艮寅**의 4번선 **壬寅脈**(金)이 기선이 된다. 분금은 **寅**의 정침분금 **庚寅**분금(木)이면 완전 **左旋穴坐**가 됨과 동시에 천산은 투지를 생해 주고(土生金) 망명亡命은 분금을 극하니 아극자我剋者가 되어 이 역시 합법이다.

❺ 입수 오격五格 중 횡룡입수에 해당된다.

❻ **水口**와 **向** 관계

- **88향수법 : 水口**가 **丁未破**(木局)이기 때문에 **坤申** 궁위에서 순선하면 **乾亥**가 생위生位이지만 **龍**의 흐름이 맞지 않으니 다음은 절처絶處를 찾으면 바로 **坤申**이 절絶에 해당된다. **坤申**은 **水口**(木局)에서 돌리면 절絶에 해당되나 **坤申** 동위는 **水局**이기 때문에 **巽巳**에서 순선하면 **坤申**은 생생이 된다. 이런 경우 절처봉생향絶處逢生向이라 하여 **吉向 吉水**가 되는 것이다. 좀더 쉽게 말하자면 수구사국에서 돌리면 절絶에 해당되지만 향상포태사국에서 돌리면 생생이 되니 절처봉생絶處逢生이라 한다.

- **향상포태법 : 坤申向**은 **坤壬乙 申子辰 水局**이기 때문에 **水局**인 **巽巳** 궁위에서 순선하면 **丁未破**는 양파養破에 속하며 양파養破의 경우 **乾亥·坤申·艮寅·巽巳向**에 한해서 차고소수借庫消水가 되어 **吉向 吉水**가 된다. 기타 **向**에서 양파養破는 흉파凶破이다.

- **장생수법 : 乾坤艮巽**(지지 포함)**向**은 음왕향陰旺向이기 때문에 **坤向**

水局에서 역선하기 위해서는 甲卯에서 기포하여 역으로 돌리면 丁未破는 쇠파衰破에 해당되니 吉破가 된다.

■구성수법 : 천간 지지를 따로 취급하기 때문에 艮坐에 丁破면 거문파巨門破요, 未破면 탐랑파貪狼破가 되어 네 가지 수법이 다 합법이니 이런 곳은 마음 놓고 쓸 수 있다.

❼ 寅 입수 寅坐 申向은 직좌直坐라 할지라도 정음정양법상 합법이다. 그러나 여기서는 右旋水이기 때문에 癸 입수 艮坐 坤向이면 더 좋을 것인데 寅坐 申向을 쓰게 된 묘주 및 그 지관의 사정을 이해할 수가 없다.

❽ 水口와 입수 관계는 水口가 丁未破면 木局이기 때문에 木局에서 역선하면 丙午에서 기포하여 역선, 즉 艮寅 입수는 욕룡浴龍 입수가 되어 별로 좋지 못하다. 때문에 앞에서 말한 바와 같이 癸 입수 艮坐 坤向이 되면 관대룡冠帶龍 입수가 되어 이 역시 吉하다. 그러나 寅 입수 寅坐로 재혈한 이유를 알 수 없다.

❾ 左右旋龍의 판단 기준은 네 가지이다.

첫째, 묘 앞에서 뒤쪽 주산을 쳐다볼 때 주산이 좌측에 있으면 左旋龍이요, 우측에 있으면 右旋龍이다. 중앙에 있을 때는 다른 조건으로 구분한다.

둘째, 본신룡의 끝이 좌로 향했으면 右旋龍이요, 우로 향했으면 左旋龍이다.

셋째, 청룡이 길면 左旋龍이요, 백호가 길면 右旋龍이다.

넷째, 左旋水면 右旋龍이요 右旋水면 左旋龍이라야 된다. 따라서 여기서는 左旋龍이라야 합당하다.

❿ 천산72룡은 寅 입수로 되어 있기 때문에 2번선인 戊寅脈으로 기록되어 있으나 그보다 癸 입수로 보면 癸의 正脈(빈칸 ➡ 水)으로 입수되어야

한다.

⓫ 투지60룡(氣線)도 앞에 개요에서는 4번선 壬寅脈(金)으로 기록되어 있으나 坐向을 癸 입수 艮坐로 한다면 투지도 달라질 수밖에 없다. 따라서 투지선(氣線)은 艮坐의 2번선인 戊寅脈 土가 되어야 합법이다(土剋水가 되어 我剋者이기 때문에 맞다). 여기서 주의할 점은 천산 입수맥이나 투지기선은 인위적으로 결정한 것이 아니고 자연히 정해져 있는 것이다.

⓬ 분금에 있어서는 천간좌인 艮坐로 한다면 丁丑 분금과 辛丑 분금 둘 중 辛丑 분금을 사용해야 된다. 丁丑 분금을 사용하면 각종 수법은 봉침을 사용하기 때문에 봉침으로 丑坐가 되어 각 수법과 맞지 않다. 만약 망명亡命과 辛丑 분금이 맞지 않고 丁丑 분금을 써야 한다면 봉침분금(丁丑 분금)을 써야 된다.

⓭ 左右旋 穴坐는 물이 右旋水이기 때문에 右旋穴坐가 되어야 합법이며 癸 입수에 艮坐면 左旋穴坐가 분명하다. 이 때문에 寅 입수 寅坐보다는 癸 입수 艮坐가 분명하다.

⓮ 혈의 陰陽向에 있어서는 물이 右旋水 陰局이기 때문에 陰向이라야 합당하며 艮坐 坤向은 陰向이니 적법하다. 寅坐로 해도 역시 陰向이기 때문에 이 부분은 차이가 없다.

⓯ 得水의 길흉에 있어서는 향상포태법으로 보면 坤向은 水局이기 때문에 水局인 巽巳에서 순선하면 辛戌得은 관대득冠帶得이 되어 吉得이 된다.

⓰ 혈증에 있어서는 안산·청룡·백호가 가깝게 적당한 높이로 다정하게 감싸주고 있으며 결인처가 분명하여 물도 배수가 잘 되고 있다. 그러나 현재 묘는 입수를 잘못 택한 것으로 보인다.

⓱ 물형은 뚜렷하지 않고 혈장은 유혈乳穴이 분명하다.

⓲ 吉砂는 첫째 녹방祿方에 금성사金星砂[창고사 = 노적봉]가 가깝게 있고

水口도 가까워(100미터 정도) 5년 내에 부富가 날 것이다. 기타 역마방驛馬方, 귀인방貴人方에도 귀사貴砂가 있으니 吉地의 증거이다.

❶❾ 충살沖殺 및 병렴病簾은 해당 없으나 이 묘는 寅 입수 寅坐 申向으로 되어 있으니 상관 없지만 만약 甲卯 입수가 되면 용상팔살龍上八殺을 범하게 되기 때문에 심중을 기해야 된다.

# 7

## 화순군和順郡 동면東面 · 옥녀탄금형玉女彈琴形

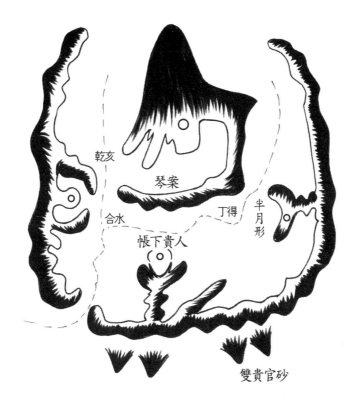

**秘訣 내용** 화순 동쪽 20리에 옥녀탄금형玉女彈琴形이 쌍귀관사雙貴官砂로 안대案對를 하고 있구나. 이 자리는 甲卯로 위이장원逶迤長遠하여 艮坐로 되어 있고, 물은 丁乾水가 申庚方으로 현류玄流하였으니 백화다출百花多出하고 백대향화百代香火하리라.

※ 다음의 개요는 결지 내용에 따라 정리해 본다.

※ 구성법으로 艮坐에 庚破는 貪狼 최고 吉破이다.

　甲 입수면 寅坐 申向도 입수와 向은 적법이나 용상팔살에 해당 : 불가

| ❶水口 | ❷左右旋水 | ❸坐向 | ❹入首 | ❺入首五格 | ❻水口와 向 |
|---|---|---|---|---|---|
| 결지<br>내용<br>대로<br>庚破 | 左旋水 | 艮坐坤向 | 甲入首 | 直龍入首 | • 88향수법 ☞ 變局向에 浴破<br>　(文庫消水)吉<br>• 향상포태법 ☞ 浴破(文庫消水)吉<br>• 장생수법 ☞ 艮坐에 庚破는<br>　官破(凶) |

| ❼入首와 向<br>(淨陰淨陽) | ❽水口<br>入首 관계 | ❾左右<br>旋龍 | ❿穿山<br>72龍 | ⓫透地龍<br>(氣線) | ⓬分金 | ⓭左右旋<br>穴坐 | ⓮穴의<br>隍陽向 |
|---|---|---|---|---|---|---|---|
| 陽龍(甲)<br>入首에<br>陽向 | 庚破(木局)<br>에서 逆旋<br>甲卯는<br>生龍入首 | 右旋龍 | 甲의<br>중앙<br>빈칸<br>주보맥<br>(木) | 艮의<br>2번선<br>戊寅(土)脈 | 辛丑<br>分金 | 右旋<br>穴坐 | 左旋水<br>陽局이니<br>坤向도<br>陽向이 合 |

| ⓯得水吉凶 | ⓰穴證 | ⓱穴相<br>및 物形 | ⓲吉凶砂 | ⓳沖殺<br>및 病癘 |
|---|---|---|---|---|
| • 丁得水는<br>養得<br>• 乾得은<br>官得 | 玉女峰 앞에<br>彈琴形의<br>案砂 분명 | • 乳穴<br>• 玉女<br>彈琴形 | • 雙貴官星<br>• 帳下貴人砂<br>　(水星體의 帳幕下에<br>　木星貴人砂 ☞ 벼슬<br>　多出 | 결지내용은 구성법에<br>맞추어 재혈했으나<br>더 연구가 필요<br>특히 수구를 정확히<br>파악해야 된다 |

**개요**

결지 내용대로 옥녀탄금형玉女彈琴形이 분명하니 묘역墓域에 올라 두루 살펴본다. 첫째, '선견수구先見水口하라' 하였으니 내당수와 외당수를 살펴본다. 내당수는 평소에는 물이 흐르지 않으나 비가 내리면 양쪽 계곡수 중 과당수過堂水가 **左旋水**가 되기 때문에 **得도 左側得水**가 우선이며 **丁得(養得), 乾得(官得)** 양수가 합류하여 **庚破**를 이루니 결지 내용과 같다. 외당수는 좌우 양수가 합류하여 **坤申破**를 이루고 있다. 입수가 분명하고 청룡 백호가 가깝고 알맞게 있으니 명혈에 손색이 없을 것 같다. 다만 결지 내용과 차이점은 쌍귀관사雙貴官砂로 안대案對를 한다 했는데 **坤方**(中針)에 쌍귀관사雙貴官砂가 확실치 않다.

위 결지 내용을 분석해 보면 구성법에 의해 작성된 것이 분명하다.

❶ 水口에 대해서는 위에서 설명한 것처럼 결지 내용대로 内破는 庚破가 분명하다. 艮坐 坤向에 庚破의 경우 그 길흉을 수법별로 분석해 보면,

ㄱ) 内破 庚破의 경우

| 88향수법 | 향상포태법 | 장생수법 | 구성수법 |
|---|---|---|---|
| 庚破에 艮坐坤向은 變局向 浴破 文庫消水破에 해당 吉하다(吉) | 浴破 文庫消水破(吉) | 官破(黃泉水)에 해당(凶) | 艮坐에 庚破는 貪狼이요 酉破라면 巨門破에 해당 吉하다(吉) |

※ 内破와 外破의 차이

| 88향수법 | 향상포태법 | 장생수법 | 구성수법 |
|---|---|---|---|
| 右旋水라야 합법이며 不犯申字로 坤破가 분명하면 大吉하나 여기는 左旋水요 申破에 가깝다 | 當面出殺法 또는 堂門破라 하여 不犯申字하라 했다 | 旺破에 해당되는 黃泉水(凶) | 艮坐에는 坤破(破軍) 申破(祿存) 다 凶破이다. 따라서 결지는 内破 위주임이 분명하다 |

ㄴ) 外破 坤申破의 경우

❷ 左右旋水 관계는 艮坐라면 右旋水 陰局이라야 합법이나 여기서는 左旋水에 庚破(内破)가 분명하다.

❸ 입수도 결지 내용에 의하면 甲 입수 艮坐로 되어 있으나 寅 입수 艮坐가 되어도 다 합법이다.

❹ 坐向은 결지 내용대로 艮坐 坤向이다. 뒤 용절龍節과 입수가 甲卯龍이라면 寅坐 申向을 쓰면 용상팔살에 해당되어 크게 敗하게 된다.

❺ 입수 오격五格은 직룡입수이다.

❼ 입수와 向 관계는 陽龍 甲 입수에 陽向(坤向)이니 합법이다.

❽ 水口와 입수 관계 는 庚破는 木局이니 丙午에서 기포하여 역선하면 甲 입수는 생룡生龍에 해당되니 吉하다.

❾ 左右旋龍은 右旋龍.

❿ 천산72룡은 甲 입수라면 甲坐의 빈칸(正五行) (木)이요, 寅 입수라면 2번선 戊寅脈(土)이다.

⓫ 투지60룡(氣線)은 艮坐에 2번선(천간좌) 戊寅脈(土)이라야 된다. 만약 4번선 壬寅脈(金)이 기선이 된다면 지지좌인 寅坐라야 된다. 寅坐 申向은 甲 입수에서는 용상팔살에 해당되며 천산이 투지를 생해 주기 때문에(我生者) 불가하다.

⓬ 분금에서는 艮坐 정침분금에 丁丑과 辛丑 분금 중 만약 丁丑 분금을 택한다면 이용배향(以龍配向)인 내향內向은 정침으로 보기 때문에 艮坐이지만 이수배향(以水配向)인 외향外向은 봉침으로 보기 때문에 각종 수법은 봉침 丑坐로 보기 때문에 모두 불합이다. 따라서 辛丑 분금을 택하거나 辛丑(土)이 망명亡命에 맞지 않으면 봉침분금 丁丑을 택한다.

⓭ 左右旋 穴坐는 左旋水이기 때문에 右旋穴坐가 된다.

⓮ 혈의 陰陽向에 있어서는 左旋水 陽局이기 때문에 陽向이라야 합법이지만 艮坐 坤向은 陰向이니 맞지 않으나 이 혈장에서는 피할 수 없는 일이다.

⓯ 得水의 길흉에 있어서는 결지에 '丁乾水가 申庚方으로 현류玄流하였으니' 로 기록되었으니 좌측 得水는 丁得이요 우측은 乾得이 된다. 丁得이면 양득養得이 되고 乾得이면 관득官得이다. 양득養得보다는 乾得(官得)이 吉하다. 左旋水가 과당過堂하기 때문에 아쉬운 감이 든다.

⓰ 혈증에 있어서는 첫째 옥녀봉玉女峰 주산과 탄금형彈琴形의 안사案砂가 분명하고 본신 청룡 백호가 가깝고 다정하게 정포情抱하니 결지 내용과

도 거의 일치된다.

❶ 혈상 및 물형은 유혈乳穴에 옥녀탄금형玉女彈琴形이 분명하다.

❶ 결지에는 '쌍귀관사雙貴官砂로 안대案對를 하고 있다' 했으니 **坤方**(中針)에 두 개의 관성官星이 분명해야 되는데 결지 내용과는 차이가 있다. 산도山圖에 보면 안산 아래에 장하귀인혈帳下貴人穴이 표시되어 있는데 이는 수성체水星體의 장막 아래에 **木星** 귀인사貴人砂(穴)를 말함인데 석탄 채굴로 인하여 산형山形이 원형대로 유지되고 있지 않아 분명치 않다.

❶ 충살沖殺 및 병렴病䘏에 있어서는 결지 내용을 분석해 보면 구성법에만 준해서 작성되고 있다. 수법에 있어서도 **艮坐 坤向**이면 **右旋水 陰局**이라야 합법인데 **左旋水**이며, 장생수법으로는 관파官破 황천수黃泉水에 해당되니 적중률이 높은 장생수법이고 보니 이를 어찌 할고? 88향수법 해설을 보면 **庚破**에 **艮坐 坤向**은 변국향變局向인 욕파浴破(문고소수)에 해당되며 일응 **吉向 吉水**로 보나 비록 부富와 귀貴를 겸할 수 있을지라도 약간의 차만 있어도 패망敗亡하니 입향에 조심해야 된다고 했다.

❷ 결지에 위이장원逶迤長遠이란 말이 있다. 위逶는 비틀거릴 **위**이며, 이迤는 ① 어정거릴 **타** ② 든든할 **이** 두 가지 뜻이 있으나 여기서는 위타로 읽는 것이 옳을 것 같다. 이는 용세龍勢가 굴곡 있게 천천히 내려오는 것을 말함이다. 종합적으로 보자면 물형이나 혈증 등으로 보아 쓸 수 있는 좋은 혈이지만 인위적 배습排濕 처리가 잘못되어 있다. 100퍼센트 완벽한 혈이란 없는 것이니 이만하면 쓸 수 있는 자리이다. 88향수법으로 따지면 **水口**가 사고장(乙辰·丁未·辛戌·癸丑)이거나 사태四胎(乾坤艮巽)가 되는 정국향正局向이라야 안심이 되고 **甲庚丙壬**이 **水口**가 되면 조심해야 되며 **甲**입수가 되면 특히 **寅坐申向**(용상팔살)을 피해야 됨을 명심해야 된다.

# 8

## 장흥長興 북쪽 50리 · 군왕대좌형君王大坐形

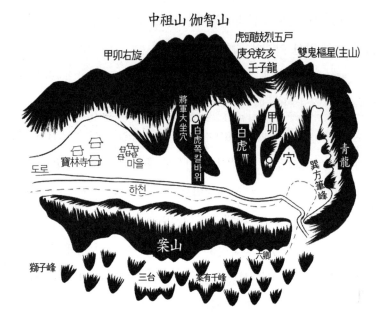

**도선국사 秘訣** 서쪽으로 재를 넘어 장흥지경長興地境 다다르니 구산 下상제봉조上帝逢朝 배례拜禮받 뇌였구나. 육경六卿은 안案이 되고 삼태三台는 서西에 있다. 쌍귀추성雙貴(鬼)樞星 세운 곳에 혈재穴在 상취上取하였구나. 육조신하六朝臣下 옹위하니 군왕지지君王之地되었구나. 이 산山 주인 찾아 보니 연정延丁의 귀물貴物이라 이후 백년 내에 우연히 쓸 것이니 하늘이 주신지라 그 뉘라서 말리리오.

**격암格菴 남사고南師古 선생 秘訣**

長興 北 五十里 君王大坐形 群臣案 乾亥之龍 艮震甲脈 穴在抱中
장흥 북 오십리 군왕대좌형 군신안 건해지룡 간진갑맥 혈재포중

案有千峰 龍三虎四 左有靈泉 水纏玄武 發福長久
안유천봉 용삼호사 좌유영천 수전현무 발복장구

印浮水面 鎭外疆華表 蓋在虎頭 鼓烈五戶
인부수면 진외강화표 개재호두 고열오호

| ❶水口 | ❷左右旋水 | ❸坐向 | ❹入首 | ❺入首五格 | ❻水口와 向 |
|---|---|---|---|---|---|
| 丁未 | 右旋水 | 艮坐<br>坤向 | 癸入首 | 橫龍入首 | • 88향수법 ☞ 自生向(吉)<br>• 향상포태수법 ☞ 養破(借庫消水)吉<br>• 장생수법 ☞ 衰破로 吉<br>• 구성수법 ☞ 艮坐에 丁破면 巨門,<br>　未破면 貪狼 |

| ❼入首와 向<br>(淨陰/淨陽) | ❽水口<br>入首 관계 | ❾左右<br>旋龍 | ❿穿山<br>72龍 | ⓫透地龍<br>(氣線) | ⓬分金 | ⓭左右旋<br>穴坐 | ⓮穴의<br>陰陽向 |
|---|---|---|---|---|---|---|---|
| 陽龍入首에<br>陽向 | 冠帶龍<br>入首 | 左旋龍 | 癸의<br>중앙<br>빈칸<br>(水) | 艮의<br>2번선<br>戊寅(土)脈 | 辛丑<br>分金<br>(土)<br>丙寅生<br>(火)<br>(불합) | 左旋<br>穴坐 | 陰向<br>(右旋水<br>이기 때문) |

| ⓯得水吉凶 | ⓰穴證 | ⓱穴相<br>및 物形 | ⓲吉凶砂 | ⓳冲殺<br>및 病瘝 |
|---|---|---|---|---|
| 辛得(艮坐에 辛得은<br>向上으로는 冠帶得,<br>九星으로는<br>武曲(吉) | 결지 내용이<br>모두 적중 | 君臣奉朝形<br>이 분명 | 三台砂, 雙鬼砂, 蛾眉砂,<br>투구봉, 案山의 六卿砂,<br>印浮砂, 虎頭鼓烈五戶<br>(큰바위)玉帶砂,<br>案有千峰(兵馬砂) | 冲殺 病瘝은<br>전혀 없으나<br>內白虎가 낮게<br>玉帶砂 역할을<br>하고 있음 |

　필자는 많은 명혈 중에서도 결지에 비교적 자세히 그 특색을 기록해 놓았기 때문에 기어코 필자의 정성을 다 하여 찾고 싶었다. 그러나 필자의 욕심이 과해서 격암 남사고 선생의 구천십장九遷十葬의 선례를 따르게 될까 싶어 염려가 되기도 했다. 필자는 마침 그곳 군 단위 기관장에 5년간이나 재직하게 되었다. 일요일이면 거의 빠짐없이 답산 심혈尋穴을 했다.

　가지산伽智山 일대를 둘러보면 보림사寶林寺 너머로 백여 기의 묘들이 산재하고 있다. 서로 자기들이 진혈을 얻은 것처럼 자랑한다. 또 옮기고 또 다른 사람이 씀이 계속되어 명문가들의 묘비도 줄을 잇는다. 필자는 차분하게 그 결지의 특색을 다음과 같이 간추려냈다.

❶ 上帝奉朝상제봉조 拜禮배례받 뇌였구나(육조신하六朝臣下가 조배朝拜를 올리는 대명당大明堂을 말함).

❷ 雙鬼樞星쌍귀추성 세운 곳에 穴在上取혈재상취하였구나.

❸ 印浮水面인부수면의 有無유무.

❹ 三台峰삼태봉이 西서(酉方)에 있다.

❺ 六卿육경이 案안이 되고(六朝臣下),

❻ 乾亥之龍건해지룡 艮震甲脈간진갑맥,

❼ 案有千峰안유천봉,

❽ 虎頭호두 鼓烈五戶고열오호.

※ 현재 나돌고 있는 결지에 따른 山圖에는 寶林寺가 우측에 있는 등 현실과는 상당한 차이가 있다.

### 개요
① 우선 조산祖山인 가지산伽智山은 장흥군長興郡의 영산靈山으로 통하고 있다. 태조산太祖山인 무등산에서 뻗어내려 능주綾州의 중조산中祖山을 거쳐 그 용세龍勢가 **艮寅·癸丑·壬子龍**으로 뻗어내려 가지산에 이르는데 정상에서 건너다 보면 장엄하게 위이장원逶迤長遠한 모습이 한눈에 보인다. 이곳 가지산 정상에서 한 가닥은 **甲卯 右旋龍**으로 내려와 보림사寶林寺를 감싸주고 있으나 앞에 흐르는 구곡수九谷水는 **右旋水**(탐진강耽津江 상류)이기 때문에 음택陰宅으로는 부적不適함에도 우리의 7대 조부님도 이곳에 모셔졌으며(지금은 이장했음) 많은 묘들이 나열되어 있다.

② 다른 한 가닥은 **庚兌·乾亥·壬子 左旋龍**으로 개장開帳·과협過

峽·기복起伏을 거듭하여 봉만峰巒이 첩첩하고 계천溪川이 구곡九谷하여 절경을 이룬다. 이는 탐진강 상류이다. 가지산을 둘러싸고 있는 명산들이 너무도 많다. 서쪽으로는 월출산月出山·국사봉國師峰, 북쪽으로 중조산中祖山·봉미산鳳尾山, 동쪽에 제암산帝巖山, 남쪽에 수인산修仁山·억불산億佛山·사자산獅子山·천관산天冠山 등 마치 많은 공신들이 성군의 주위에 도열하고 있는 모습이다. 산봉上峰에서 庚兌·乾亥龍을 타고 내려오면 겹겹이 개장과 과협을 거듭하면서 거팔래팔去八來八 송앙送仰이 분명하다. 辛亥로 과협을 이루고 다시 솟았다가 壬坎으로 재차 큰 과협을 이루니 이를 사기점재(峙)라고 칭한다. 이 재에서 다시 부흥봉復興峰을 이룬 연후에 평평한 용맥龍脈 속에 왕자맥王字脈을 이루고 다시 甲卯로 기두起頭하여 그중 한 가닥은 높이 솟아 청룡을 이루었고 다른 한 가닥은 아래로 낙맥落脈하여 내백호인 옥대사玉帶砂를 이룬다. 두 날개로 개장한 그 사이에서 힘차게 뻗어내린 중심룡中心龍은 甲卯·艮寅으로 내려온다. 이렇게 힘찬 용을 따라 내려오면서 용혈사수龍穴砂水를 두루 살펴보면 불원간에 대혈大穴이 눈앞에 나타날 것 같은 예감이 든다. 드디어 癸 입수 艮坐 坤向의 유혈乳穴이 눈앞에 전개된다. 이곳에 첫째 들어서니 뇌두·선익사·순전이 분명하기에 차분히 흥분된 마음을 가라앉히고 나서 위에서 열거한 결지에 나온 특색을 하나하나 확인해 본다.

❶ "쌍귀추성雙鬼樞星 세운 곳"이라 했는데 필자는 쌍귀雙鬼가 다른 곳에 또 있는지를 확인하기 위해 안산으로 뻗어 내려온 사자봉獅子峰에서 끝까지 수차례를 다니면서 앞에서 고루 전망하며 확인했으나 보이지 않았다. 귀사鬼砂란 원래 횡룡입수처에 존재하는 귀사貴砂이다. 양공楊公께서는 귀성鬼星이란 혈산穴山 뒤에 있는 후장이며 혈장의 침락枕樂이라 했다. 따라서 본 쌍귀사雙鬼砂는 대명당大明堂임을 증명하는 혈증의 하나이다. 다른 곳에 쌍귀사가 없다면 당연히 쌍귀사가 있는 곳에서 출맥出脈한 횡룡입수처

에서 혈을 찾는 것이 순서일 것으로 소신을 굳혔다.

❷ "배례拜禮밭 되였구나"는 즉 육조신하六朝臣下가 군왕에게 아침 인사를 드리는 장소를 말하며 곧 대명당을 말한 즉, 이곳 안산 앞에 분명히 존재함을 혈장에서 보면 확인할 수 있다.

❸ "인부수면印浮水面"이란 옥쇄(御印)가 수중水中에 있음을 말한다. 보림사 앞을 좀 지나면 맑게 흐르는 물 속에 많은 큰 바위가 옥쇄의 역할을 하고 있다.

❹ "삼태봉三台峰이 서西에 있다"했는데 혈에서 안산을 건너다보면 정확히 酉方(西)에 분명한 삼태봉이 있어 결지와 일치됨을 입증해 준다.

❺ "육경六卿이 안案이 되고"는 안산을 보면 봉우리가 6개 있다. 이를 배례전拜禮田(대명당)에서 조배朝拜를 올리는 육경六卿(육조신하)으로 표현한 것이니 위치와 절하는 모습이 분명하다.

❻ "건해지룡乾亥之龍에 간진艮震 갑맥甲脈"이라 했는데 본신룡을 재보면 甲卯 艮寅脈이 분명하니 이 역시 결지 내용과 차이가 없다.

❼ "안유천봉案有千峰"이라 했는데 이는 군왕을 지키는 천마만병千馬萬兵을 뜻한다. 안산 뒤에 나열한 조산朝山들을 보면 하나도 배신한 산이 없고 전부가 본 혈을 에워싸고 있다.

❽ 끝으로 "호두고열오호虎頭鼓烈五户"라 했는데 호두虎頭란 백호의 머리(시발처)를 뜻한다. 가지산 영봉靈峰을 보면 정상이 약간 우측으로 큰 바위가 5개 마치 초가집처럼 또는 큰 북처럼 나열하고 있다.

이상 8가지 특색이 결지 내용과 일치되는데 한 가지만은 확인이 불가능했다. 그것은 좌유左有 영천靈泉이라 했는데 좌측에 영천靈泉이 있음을 확인할 수 없었다. 좌유左有 영천靈泉이라 했으면 보림사 내에 있는 영천靈泉

을 뜻하겠는데. 하기야 앞에서 보면 혈의 좌측이니 그 진부를 가릴 수 없다. 결지에 붙은 산도山圖를 보면 보림사의 위치도 반대쪽에 있으니 다소의 차위差位는 있을 것으로 느껴진다.

◑ 다음 또 한 가지 다른 것은 **"연정延丁의 귀물貴物"**이라 했는데 결지 해설에는 연안延安 정씨丁氏를 말한다고 했는데 필자가 해석하기는 도선국사 결지에 나온 많은 명혈 중 화성火姓 또는 목성木姓 등으로 표현했지 성姓의 본관本貫까지 기록한 곳은 없다. 따라서 연정延丁이란 구전 시 염정廉貞(火姓)을 잘못 듣고 연정延丁으로 적은 것으로 생각된다.

글로는 쉽게 표현되었으나 필자는 실제로 공무원이기 때문에 재혈까지는 일요일을 기해 50회 이상 이곳을 찾아 헤맸다. 심지어는 너무도 열중한 끝에 조부님이 꿈에 나타나서 현몽을 주시기도 했다. 마음을 정한 뒤에 가묘를 만들어 놓고도 1년 여 수십 회를 다녔다. 남사고 선생이 자기 부친을 구천십장九遷十葬까지 하면서 고사枯蛇를 생룡生龍으로 오인했다는 실화를 보더라도 범안凡眼으로 한두 번 보고 진혈을 정할 수 있다는 경솔한 마음 자세는 크게 경계해야 할 문제이다.

이곳에 필자의 정성을 다해 부모님을 모신 지도 38년이 되었다. 그 당시 필자의 나이 45세. '심룡尋龍 3년에 재혈裁穴 10년'이란 말처럼 두 가지가 다 어려운 일이었다. 수만 평 큰 산에서 사람 하나 누울 자리를 찾는다는 것은 마치 운동장 잔디밭에서 바늘 하나를 찾는 정도 어려운 일이다. 필자는 그후 38년 동안 계속해서 풍수 공부를 하였으니 상당한 발전을 느낄 수 있지만 지금도 그곳 치밀한 재혈에서 오류를 찾아내지 못한다. 필자는 그 당시도 세밀하게 정성을 쏟았기 때문이다. 그러나 필자는 지금도 돈 받고 남의 일을 해줄 자신이 없다. 조부님의 유언을 머릿속에 담고 있기 때문인지도 모른다. 풍수지리는 참으로 어려운 공부요, 아니 수도인 것 같다.

## 9

### 화순군和順郡 동면東面 소재지
### 주씨朱氏 선산(농협창고 후면)

巽得    丁未破

祭閣

현재 亥 입수에 壬坐 丙向인 것 같으나 정음정양법으로 陰龍입수에 陰 向이니 합법이나 左旋水에 左旋穴坐가 되어 불합이다.

※ 이런 경우 《청오경青鳥經》에는 四正龍(子午卯酉)입수는 직좌直坐를 쓰도록 되었으니 그에 따른다면 子 입수 子坐로 해야 된다. 이런 경우 陽龍입수(子)에 陽向(午向)이니 정음정양으로도 합법이다.

| ❶水口 | ❷左右旋水 | ❸坐向 | ❹入首 | ❺入首五格 | ❻水口와 向 |
|--------|-----------|--------|--------|-----------|-------------|
| 丁未 | 左旋水 | 壬坐<br>丙向 | 亥入首 | 橫龍入首 | • 88향수법 ☞ 自旺向<br>• 향상포태법 ☞ 衰破(借庫消水)吉<br>• 장생수법 ☞ 衰破(吉) |

※ 亥 입수 壬坐 丙向이면 左旋穴坐가 되어 左旋水와 불합.

| ❼入首와 向<br>(淨陰淨陽) | ❽水口<br>入首 관계 | ❾左右<br>旋龍 | ❿穿山<br>72龍 | ⓫透地龍<br>(氣線) | ⓬分金 | ⓭左右<br>旋穴坐 | ⓮穴의<br>陰陽向 |
|---|---|---|---|---|---|---|---|
| 陰龍(亥)<br>入首에<br>陰向(丙向) | 丁未破<br>(木局)에<br>旺龍入首<br>(吉) | 右旋龍 | 壬坐丙向의<br>경우 穿山도<br>맞지않으며<br>子入首子坐라<br>면 穿山은 子坐<br>의 4번선(土)에<br>透地도 4번선<br>庚子脈(土) | 子坐의<br>4番線<br>庚子脈<br>(土) | 壬坐라면<br>辛亥分金<br>이라야<br>된다.<br>(丁亥<br>分金<br>不可) | 右旋<br>穴坐 | 陽向<br>(丙向) |

| ⓯得水吉凶 | ⓰穴證 | ⓱穴相<br>및 物形 | ⓲吉凶砂 | ⓳沖殺 및 病療 |
|---|---|---|---|---|
| 巽巳得<br>(官得)吉 | • 龍三 虎四<br>• 案砂에倉庫<br>砂등 吉砂 | 乳穴 | • 巳方(祿方)<br>• 艮寅方(驛馬方)<br>• 貴人方 ☞ 卯方<br>巳方 ☞ 三台峰 | 해당되는<br>沖殺 및<br>病療은 없음 |

※ 현재 墓에서 약100미터 上部에 穴證이 분명한 吉地가 비어 있음

❶ 水口는 안산 밑으로 흐르는 물이 들판을 거쳐 상당한 거리에서 횡류橫流하고 있기 때문에 뚝만 보이고 물이 보이지 않는다. 이런 경우는 左旋水이기 때문에 백호 끝과 안산이 마주친 곳 합금지처를 破로 본다 丁未破이다.

❷ 左旋水이다.

❸ 현재는 壬坐 丙向인데 정음정양법으로 陰龍입수에 陰向이니 합법이나 이런 경우 左旋水에 左旋穴坐가 되어 불합이다. 만약 壬坐에서 丁亥분금을 사용하면 봉침은 亥坐가 되어 丁未破와 전혀 맞지 않다. 이런 경우 《청오경靑鳥經》에는 사정룡四正龍 子午卯酉 입수에는 직좌直坐를 쓰도록 되었으니 子 입수 子坐로 하면 陽龍입수에 陽向(午向)이니 합법이며, 분금과 천산, 투지로 右旋穴坐가 되도록 한다. 현상대로 亥 입수 壬坐 丙向이면

명혈에 대한 간평 제2부

투지는 그 2번선인 **丙子脈**(水)이 **亥** 입수 천산은 2번선 **丁亥脈**(土)이고 4번선은 **辛亥脈**(金) 중 둘 다 맞지 않다. 때문에 **壬坐 丙向**은 여러 가지가 맞지 않다. 통맥법으로도 맞지 않다. 이런 경우 어떻게 해야 할까?

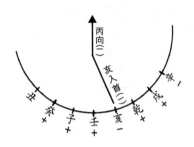

앞에서 말한 바와 같이 《청오경 靑鳥經》 이법에 따라 **子** 입수 **子坐 午向**으로 하면 **陽龍**입수(子)에 **陽向**이니 정음정양법도 합법이며 통맥법으로도 합법이다.

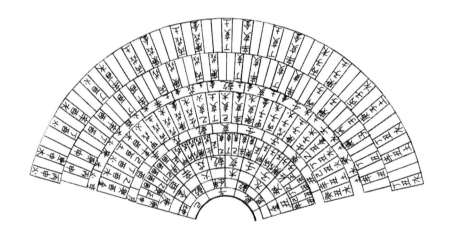

❹ 천산은 **子**의 4번선 **庚子脈**(土)에 투지는 **壬坐**의 4번선 **庚子脈**(土)이니 비견比肩이 되어 **吉**하다.

❺ 분금은 망명亡命에 따라 **丙子** 분금(水), **庚子** 분금(土) 어느 것이 되어도 약간의 **右旋穴坐**가 되어 **左旋水**와 합법이다.

❻ **左右旋 穴坐**는 앞에서 설명한 바와 같이 **左旋水**이기 때문에 현재대로 **亥** 입수 **壬坐 丙向**이면 **左旋穴坐**가 되어 불합이지만 **子** 입수 **子坐 午**

向이면 **右旋穴坐**가 된다.

❼ 혈의 **陰陽向**은 **左旋水 陽局**이기 때문에 **陽向**이라야 합법이다. **丙向**이고 **午向**이고 간에 **陽向**이니 다 합법이다. 여기서 **陽向**이라 함은 정음정양의 **陽**이 아니라 **甲庚丙壬 子午卯酉 辰戌丑未向**은 **陽**이요 그 외에는 **陰**이다(陰 ➡ 乾坤艮巽 寅申巳亥 乙辛丁癸 向).

❽ **得水**의 길흉에 있어서도 여러 가지 방법이 있으나 향상포태법으로 보면 **午向**이고 **丙向**이고 간에 **火局**(艮丙辛 寅午戌)이니 **火局 乾亥** 궁위에서 돌리면(순선) **巽巳得**은 관득官得이 되어 **吉**하다.

❾ 혈증은 청룡 백호가 용삼龍三 호사虎四로 중포重抱하였으며 안산에 창고사倉庫砂가 있어 吉하다.

❿ 혈상은 유혈乳穴이 분명하며, 물형은 뚜렷한 특정 물형이 없다.

⓫ **吉凶砂**에 있어서는 뚜렷한 흉사는 안 보이며 길사는 각자 녹방祿方·역마방驛馬方·귀인방貴人方에 귀사貴砂가 있다.

⓬ 해당되는 충살沖殺 및 병렴病㾾은 없는 것 같으나 다만 현재대로 **亥**입수 **壬坐 丙向**이면 약간 이법에 맞지 않은 사항이 있을 뿐이다.

# **IO**

## 화순군和順郡 능주綾州 · 황사출초형黃蛇出草形

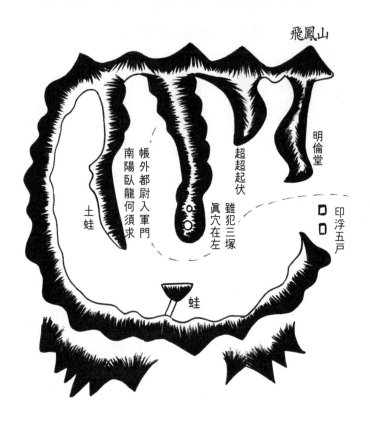

飛鳳山

明倫堂

超超起伏
雖犯三塚
眞穴在左

帳外都尉入軍門
南陽臥龍何須求

土蛙

印浮五戶

蛙

**秘訣 내용** 능주綾州 서북쪽 봉산鳳山 아래에 황사출초형黃蛇出草形이 주와안走蛙案을 하고 있구나. 이 자리는 토와土蛙가 **庚方**에 있고 인사印砂가 부오호浮五戶하고, 혈은 해래亥來 계작癸作하였고 수전현무水纏玄武하였으니 발복장원發福長遠하리라. (庚子 2월 : 1960년)

※ 여기는 수십 기의 묘들이 황사출초혈黃蛇出草穴에 모셔졌다고 서로 믿고 있다. 그러나 막상 진혈은 참 주인을 기다리고 있어 火星(李氏)이 우연 득지할 것 같다.

| ❶水口 | ❷左右旋水 | ❸坐向 | ❹入首 | ❺入首五格 | ❻水口와 向 |
|---|---|---|---|---|---|
| 巽巳破가 가깝게 있다 | 右旋水 | 癸坐丁向 (訣誌 內容) | 亥入首 (訣誌 內容과 같음) | 直龍入首 | • 88향수법 ☞ 正局向에 正養向(吉)<br>• 향상포태법 ☞ 病破(祿馬貴人破)<br>• 장생수법 ☞ 死破(吉)<br>• 丑坐도 무방하고 九星法으로는<br>  丑坐에 巽破라야 貪狼破로 吉함 |

◎ 亥입수 癸坐는 통맥법으로도 합법.

◎ 壬입수면 생룡生龍입수(그러나 陽龍입수라 丁向(陰)과 불합.

| ❼入首와 向 (淨陰淨陽) | ❽水口 入首 관계 | ❾左右 旋龍 | ❿穿山 72龍 | ⓫透地龍 (氣線) | ⓬分金 | ⓭左右旋 穴坐 | ⓮穴의 陰陽向 |
|---|---|---|---|---|---|---|---|
| 亥入首 癸坐丁向 (陰龍入首 에 陰向) | 巽巳破 (水局) 浴龍入首 | 左旋龍 | 亥의 4번선 辛亥 金脈 入首 | 癸의 2번선 丁丑(水)脈 이 氣線 金生水(吉) | 庚子 分金 (土) 이라야 된다 | 左旋 穴坐 | 陰向 (癸坐丁向) |

| ⓯得水吉凶 | ⓰穴證 | ⓱穴相 및 物形 | ⓲吉凶砂 | ⓳冲殺 및 病廉 |
|---|---|---|---|---|
| 乾亥得 (生旺水) | 腦頭, 蟬翼砂, 脣氈, 結咽 분명 | 乳穴 (走蛙砂 분명) 黃蛇出草形 분명 | 白虎가 長大하여 案山과 靑龍까지 겸하고 있는 것이 특이하다 | 癸坐의 丙子分金을 使用하면 縫針은 子坐가 되기 때문에 巽巳破에 子坐는 大黃泉破(官破)가 되어 大凶하니 주의 요 |

# II

## 화순군和順郡 이서면二西面 안심리安心里
## 장군대좌형將軍大坐形

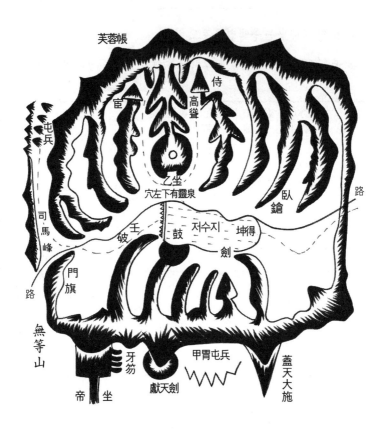

芙蓉帳

侍
宦 高聳

屯兵

乙坐
穴左下有靈泉
臥鎗 路

司馬峰

壬破 鼓 저수지 坤得
劍

門旗

路

無等山

牙笏 甲胄屯兵 蓋天大施

帝坐 獻天劍

**秘訣 내용** 담양潭陽에 장군대좌형將軍大坐形이 되어 있구나. 이 자리는 문무文武 병발並發하고 3대 통상統相에 20대 영화지지榮華之地로다.

穴證 : 좌시左侍 우시右侍가 분명하고 전우측에 둔병사屯兵砂 乾方에 문기門旗 안산에 고사鼓砂 및 검劍에 삼합혈三合穴(乙坐·坤得·壬破) 坤壬乙이 분명. 수래단水來短하고 거장去長하니 발복은 늦다(丁酉年 正月).

## 용어 해설

- 고용(高聳) : 높게 솟음.

- 宦(벼슬 환) : 관직, 관리.

- 侍(모실 시) : 귀인貴人을 곁에서 모시고 있는 사람.

- 부용장(芙蓉帳) : 부용芙蓉 … 연꽃, 미인의 형용形容.

- 와창(臥槍) : 누워 있는 창.

- 사마봉司馬峰(天馬砂) : 지휘관指揮官이 탄 말.

- 아홀(牙笏) : 조선시대에 일품에서 사품까지의 벼슬아치가 몸에 지니던 홀笏.

- 헌천검(獻天劍) : 나라에서 내린 검.

| ❶ 水口 | ❷ 左右旋水 | ❸ 坐向 | ❹ 入首 | ❺ 入首五格 | ❻ 水口와 向 |
|---|---|---|---|---|---|
| 壬破 | 左旋水 | 乙坐辛向 | 巽入首<br>(即入首 辛向이면 左旋水에 左旋穴坐가 되어 불합) | 直龍入首 | • 88향수법 ☞ 乙坐에 壬破는 不合<br>• 향상포태법 ☞ 乙坐辛向에 壬破는 胎破 : 吉凶相半<br>• 장생수법 ☞ 乙坐에 壬子破는 官破 黃泉水<br>• 구성수법 ☞ 乙坐에 坤得은 伏吟이요, 乙坐에 壬破는 貪狼破가 되어 最吉이나 기타 수법은 불합 |

| ❼ 入首와 向 (淨陰淨陽) | ❽ 水口 入首 관계 | ❾ 左右旋龍 | ❿ 穿山 72龍 | ⓫ 透地龍 (氣線) | ⓬ 分金 | ⓭ 左右旋 穴坐 | ⓮ 穴의 陰陽向 |
|---|---|---|---|---|---|---|---|
| 陰龍入首에 陰向(合) | 壬破(火局)에서 逆旋浴龍入首 | 右旋龍 | 巽의 가운데 빈칸 (木) | 乙坐의 2번선 庚辰(金)脈 | 亡命에 따라 調節 | 右旋 穴坐 | 左旋水 陽局에 陰向 (乙坐는 陰向) 불합 |

| ⓯ 得水吉凶 | ⓰ 穴證 | ⓱ 穴相 및 物形 | ⓲ 吉凶砂 | ⓳ 沖殺 및 病廉 |
|---|---|---|---|---|
| 坤得 (坤壬乙 三合局) | 窩穴이 분명 將軍大坐이기에 鼓砂, 司馬峰, 屯兵劍 등이 있음 | 窩穴 (陰來陽受) | 너무도 局勢가 웅장하고 기복, 굴절을 거듭하는 龍勢는 참으로 표현하기 힘들다. 將軍大坐를 상증하는 吉砂가 나열하고 있다 | 해당 없음 |

**개요** 본 혈은 결지 내용대로 乙坐에 坤得 壬破(坤壬乙)坐上 삼합혈三合 穴이 분명하나 다른 수법으로는 맞지 않으며 구성수법만은 乙坐에 坤得은 복음伏吟에 해당되며 특히 乙坐에 壬破는 탐랑파貪狼破가 되어 최고 吉破 이다. 도선국사 결지에도 이처럼 좌상坐上 삼합혈三合穴이 많으니 삼합혈은 다른 수법으로는 맞지 않아도 상관없이 吉地임을 나타내고 있다.

❶ 水口는 앞에서 설명한 바와 같이 壬破이다. 水口를 壬子破, 즉 천간 과 지지의 쌍산雙山으로 나타내지 않고 천간 또는 지지 하나로 표시한 경 우는 거의 구성수법으로 나타낸 경우이다.

❷ 물은 안심저수지安心貯水池로 집수集水하여 左旋水가 되어 흐르고 있다.

❸ 坐向은 乙坐 辛向의 와혈窩穴이 분명하니 와窩 속에 있는 유乳 바닥에 작혈作穴되어 있고 물이 左旋水이니 右旋穴坐가 되는 곳을 찾아야 된다.

❹ 입수는 정음정양법으로 辛向은 陰向이기 때문에 右旋穴坐가 되게 하기 위해서는 나경 乙坐의 좌측에서 陰龍을 찾아야 한다. 따라서 巽 입수 에 乙坐 辛向이면 陰龍입수에 陰向이며 左旋水에 右旋穴坐가 되어 모두 합법이다.

❺ 입수 오격과 직룡입수의 표본이라 할 수 있다.

❻ 水口와 向 관계에 있어서는 개요에서 설명한 바와 같이 삼합혈三合穴 이기 때문에 88향수법, 향상포태수법, 장생수법은 불합이며 다만 구성수 법만이 吉하니 삼합혈로서 大吉地이다.

❼ 입수와 向 관계는 陰龍입수에 陰向이니 정음정양법으로는 합법이 나 만약 통맥법을 적용한다면 불합이다.

❽ 水口와 입수 관계는 水口가 壬破 火局이기 때문에 庚酉에서 역포태 로 돌리면 浴龍입수가 된다. 구성법으로 봐도 좋은 편은 아니다. 만약 乙

**辰龍** 입수라면 관대룡冠帶龍 입수로 **吉龍**입수이지만 직좌直坐가 된다.

❾ 본신룡은 물이 **左旋水**이니 당연 **右旋龍**이다.

❿ 천산72룡은 巽(천간)의 빈칸 (木)脈으로 입수한다.

⓫ 투지는 **乙坐**의 2번선 **庚辰脈**(金)이 기선이며 천산과의 관계는 금극목 金剋木(我剋者)이 되어 합법이다. 2번선이면 자동으로 천간좌(乙坐)가 된다.

⓬ 분금은 망명亡命에 따라 정침 **乙坐**의 두 분금 **丁卯**와 **辛卯** 분금 중 하나를 택하면 되지만, **丁卯** 분금을 택하면 용법에 의한 이용배향以龍配向에 있어서는 정침으로 **乙坐**가 되지만 봉침으로는 **卯坐**가 되기 때문에(以 龍配向 = 外向) 수법에 맞지 않으니 **丁卯** 분금만이 합법이라면 봉침 **乙坐** 의 **丁卯** 분금을 택해야 된다.

⓭ 혈좌는 **左旋水**이기 때문에 **右旋穴坐**라야 합당하다.

⓮ 혈의 **陰陽**에 있어서는 **左旋水 陽局**이기 때문에 **陽向**이라야 합법이 다. 결지 내용인 **乙坐**는 **陰向**이다. 그러나 삼합혈三合穴이니 이 역시 불고 한 것 같다.

⓯ **得水**는 결지 내용대로 **坤得**이다. **得水** 역시 삼합국三合局으로만 보 았지 포태법 등 다 맞지 않다.

⓰ 혈증으로서는 와중유窩中乳가 분명하며 와窩는 음혈이기 때문에 음 래양수陰來陽受가 된다. 그리고 장군대좌혈將軍大坐穴에 알맞는 좌시左侍 우 시右侍가 분명하고 앞 우측에 병사兵砂, **乾方**에 기사旗砂·고사鼓砂 및 검劍 ·사마사司馬砂·와창臥槍이 있고 혈 아래에 영천靈泉이 있다.

⓱ 혈상과 물형은 위에서 설명한 바와 같이 와중유窩中乳 음래양수陰來陽 受이다. 물형은 장군대좌형將軍大坐形이 분명하다.

⓲ 뒷 입수룡入首龍이 웅장한데 비해 기복은 잘 이루어졌으나 너무도 굴 곡은 거의 없이 직입수直入首가 된 것 같이 보이지만 국세局勢가 너무도 웅

장하고 높이 솟은 龍(고용高聳)이 부용장막하芙蓉帳幕下에 위용당당한 장군의 형체가 분명하다. 그리고 청룡 백호가 너무도 중중 정포情抱하고 있다.

⓱ 충살冲殺 및 병렴病廉은 辰・巽巳龍으로 들어왔으면 巽卦가 되어 卯坐 酉向이면 용상팔살에 해당되며 震龍입수(甲卯乙)면 寅坐 申向이 용상팔살에 해당되지만 乙坐는 해당되지 않는다. 그리고 乙坐 辛向이면 乾方得水가 팔로사로 황천수가 되지만 여기서는 해당되지 않는다. 그리고 乙坐에서는 庚酉破(死破)가 소황천파小黃泉破이지만 이도 壬破이니 해당되지 않는다. 기타 충살冲殺도 없다.

⓴ 뒤에서(主山) 내려오는 용세龍勢는 압중탁립壓衆卓立하는 기상은 지극히 수려하여 보기 드문 가작佳作이며 대과협大過峽을 거듭한 후 낙맥落脈하여 장군대좌형將軍大坐形을 결혈結穴하였다.

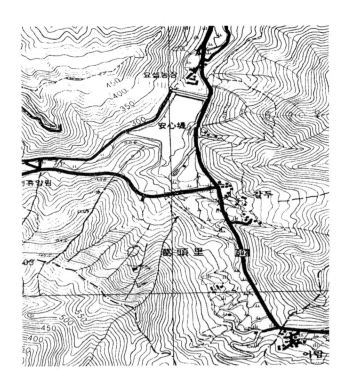

# 12

## 광주시光州市 동구東區 각화동刻花洞 뒷산
## 군왕봉君王峰·상제봉조형上帝奉朝形)

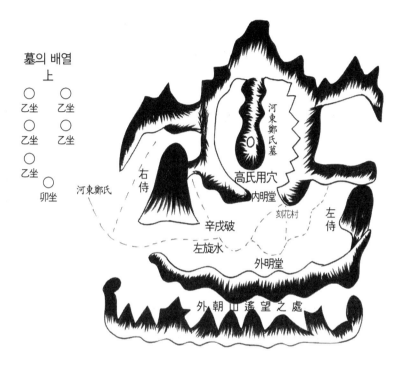

墓의 배열
上

○乙坐　　○乙坐

○乙坐　　○乙坐

○乙坐　　○卯坐

河東鄭氏

右侍

河東鄭氏墓

高氏用穴

內明堂

刻花村

左侍

辛戌破

左旋水

外明堂

外 朝 山 遙 望 之 處

---

**秘訣 내용** 광주光州 동쪽 십리에 있는 군왕봉君王峰 각화촌刻花村 뒤의 최고봉最高峰에 상제봉조형上帝奉朝形이 군신안群臣案을 하고 있구나. 이 자리는 丙午龍 甲卯脈에 내외內外 명당이 광활廣闊하니 재학문과才學文科가 5~6대 부절不絶하리라.

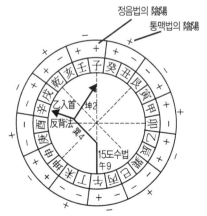

정음법의 陰陽
통맥법의 陰陽

乙入首
坤2
反背法
巽4
15도수법
午9

●**사정룡**四正龍 …… 子(1, 陰), 午(9, 陽), 卯(3, 陰), 酉(7, 陽)

●**사태룡**四胎龍 …… 乾(6, 陽), 坤(2, 陰), 艮(8, 陰), 巽(4, 陽)

☯ **반배용법**反背龍法 …… 午(離)丙으로 **右旋**하는 **龍**이 **巽脈**만 있고 **坤脈**이 없으면 **坤脈** 대신 **乙脈**을 취한다. **坤脈**이 있어 택하면 15도수법에 해당되나 **乙脈**만 있을 경우 **乙脈**을 취하여 작혈作穴하면 반배용법이다. **坤壬乙 合局**이기 때문이다.

| ❶水口 | ❷左右旋水 | ❸坐向 | ❹入首 | ❺入首五格 | ❻水口와 向 |
|---|---|---|---|---|---|
| 辛戌破<br>(저수지<br>무넘기) | 左旋水 | 卯坐酉向<br>(碑에는<br>乙坐로<br>기록) | 卯入首에<br>卯坐 酉向<br>이라야<br>합법 | 直龍入首 | • 88향수법 ☞ 正局向 自旺向(吉)<br>• 향상포태법 ☞ 衰破(借庫消水)<br>• 장생수법 ☞ 衰破로 吉向 吉水 |

●乙坐에 丁卯 분금을 쓰면 봉침은 卯坐가 되기 때문에 모든 수법과 合(구성법으로는 卯坐에 辛破는 거문파巨門破로 吉).

| ❼入首와 向<br>(淨陰淨陽) | ❽水口<br>入首 관계 | ❾左右<br>旋龍 | ❿穿山<br>72龍 | ⓫透地龍<br>(氣線) | ⓬分金 | ⓭左右<br>旋穴坐 | ⓮穴의<br>陰陽向 |
|---|---|---|---|---|---|---|---|
| 卯(陰)<br>入首에<br>辛向(陰)은<br>合 | 辛戌破<br>(火局)에서<br>역선하면<br>卯入首는<br>臨官龍<br>入首(吉) | 右旋龍 | 卯의<br>4번선<br>癸卯<br>金脈<br>으로<br>入首<br>한다 | 卯의<br>4번선<br>투지맥,<br>癸卯脈(金)<br>이다<br>比和(吉) | 地支坐이기<br>때문에 두<br>分金 중 亡<br>命에 맞도록<br>하면 된다.<br>그러나 되도<br>록 丁卯 分<br>金을 택해야<br>右旋穴坐가<br>된다 | 右旋<br>穴坐 | 左旋水<br>陽局이니<br>陽向을 택<br>해야 한다.<br>陽向(甲庚<br>丙壬, 子午<br>卯酉) |

| ⑮ 得水吉凶 | ⑯ 穴證 | ⑰ 穴相 및 物形 | ⑱ 吉凶砂 | ⑲ 沖殺 및 病癱 |
|---|---|---|---|---|
| 坤申得이 官得(吉) 丁未, 坤申, 庚酉得까지 모두 生旺得 이다 | 穴證 있는 곳을 찾아본다 | 乳穴 (現墓域) [혈장 내에 별 혈증이 없음] | 庚酉向의 祿方 ☞ 坤申方<br>卯坐(木局)의 앞 局인 巽巳方<br>卯坐의 貴人方 ☞ 丑未方 三吉方 亥卯庚方 | • 甲卯乙 入首에서는 寅坐申向이 용상팔살이니 주의를 요한다.<br>• 卯坐酉向에서는 八路四路는 해당 안 됨<br>• 八路四路 黃泉水 보는 법<br>－甲庚丙壬向은 바로 向의 좌측 天干方<br>－乙辛丁癸向은 바로 우측 天干<br>－乾坤艮巽向은 양쪽 天干方 |

◓ *左旋水 辛戌破의 경우*

❶ 입수와 **向**의 관계

■ 정음법淨陰法 … **碑**에는 제일 아래 묘 1기만 **卯坐**이고 기타 5기는 **乙坐**로 기록되어 있다. 용법으로 봐서는 앞에서 설명한 내용처럼 **乙** 입수가 되어야 **坤龍** 대신 역할을 할 수 있다(坤壬乙 合局이기 때문). 이를 반배법反背法이라 하며 만약에 **坤脈**이 있다면 15도수법에 해당된다. 따라서 **乙** 입수라야 용법에 맞다면 **乙** 입수에 알맞은 **坐向**을 택해야 되는데 **乙** 입수(陽)에 **乙坐 辛向**이면 **陰向**이 되기 때문에 맞지 않다. 통맥법으로도 **乙**은 **陰**이요 **卯**는 **陽**이기 때문에 불합이다. 따라서 여기서는 **卯** 입수 **卯坐**라야 각종 용법에 다 합법이다(정음정양법 · 통맥법 · 청오경).

❷ **卯** 입수 **卯坐**의 경우 충뇌沖腦는 투지60룡 및 분금으로 조절한다(양쪽 내용 참조).

❸ **辛戌破**와 **乙坐 辛向**의 관계

■ 88향수법 … **辛戌破**면 정국향正局向에 속하지만 **辛戌破**에 맞는 **吉**

向이 없으며 乙坐 辛向에 辛戌破는 당문파當門破에 속하는데 戌字 (지지)를 범하지 않고 유거流去하면 부자나 귀인이 나지만 右旋水의 경우는 자손이 상하고 재산을 잃는다 했다.

- **향상포태수법** … 乙坐 辛向은 艮丙辛 寅午戌 火局에 속하니 火局인 乾亥에서 순선하면 辛戌破는 묘파墓破에 해당되지만 乙辛丁癸 辰戌丑未 向에 있어서는 묘파墓破라 할지라도 정고소수正庫消水가 아닌 흉파凶破에 속한다.

- **장생수법** … 장생수법만이 쇠파衰破가 되어 吉하다(옛날 장생수법만 믿고 정혈했을 리가 없다. 구성법으로도 乙坐에 辛破는 녹존祿存에 해당되어 흉파이다).

❹ 장생수법만 제외하고 모든 수법에 맞지 않으며 장생수법도 左旋水의 경우 乙坐가 아니라 辰坐라야 합법이다.

❺ 이렇게 수법에 맞지 않는 乙坐를 택한 이유

卯 입수 卯坐 酉向이면 모든 용법과 수법에 다 맞는데 乙坐를 쓴 이유는 알 수 없으나 乙坐의 丁卯 분금을 쓰면 정침(용법龍法 ➡ 망명과 분금, 각종 제살諸殺 ➡ 용상팔살, 쌍금살 등)으로는 乙坐이며 봉침으로는 卯坐가 되기

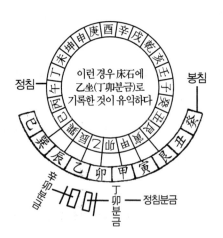

때문에 각종 수법(향과 득파의 관계, 좌우선수에 따른 음양향 조건, 제살諸殺 ➡ 팔요황천수, 팔로사로 황천수, 살인 대소황천파 등)과 다 맞다. 이처럼 정침분금으로 정침 乙과 봉침 卯를 관중串中시켜 용법과 수법이 다 맞도록 조절하는 방법을 관중법串中法이라 한다.

# 13

# 담양군潭陽郡 금성면金星面 금성리金星里
# 국씨鞠氏 구대조산九代祖山

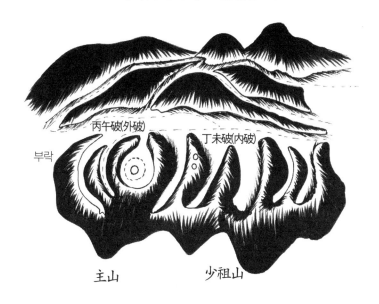

主山      少祖山

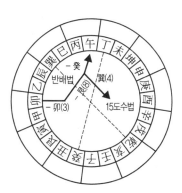

◉ **반배법反背法** … 卯甲으로 右旋하여 艮脈을 만났으나 巽脈이 없으면 卯艮巽의 15도수 교합交合이 이루어지지 못하므로 그 대신 癸脈이 있으면 癸脈을 취한다. 巽庚癸 合局이기 때문에 癸가 巽을 대신해 주기 때문이다.

| ❶ 水口 | ❷ 左右旋水 | ❸ 坐向 | ❹ 入首 | ❺ 入首五格 | ❻ 水口와 入首 관계 |
|---|---|---|---|---|---|
| 內破－丁未破<br>外破－丙午破<br>(丁未破는<br>子坐라야<br>合：串中法) | 左旋水 | 癸坐丁向<br>碑에는<br>子坐로<br>기록(下) | 艮入首(浴)<br>丑入首(冠帶) | 直龍入首<br>(主山에서) | 丁未破(木局)에서<br>역포태 艮入首(浴龍)<br>丑入首(冠帶龍 入首) |

| ❼ 入首와 向<br>(淨陰淨陽) | ❽ 左右旋龍 | ❾ 穿山<br>72龍 | ❿ 透地龍<br>(氣線) | ⓫ 分金 | ⓬ 左右旋穴場 | ⓭ 左右旋穴坐 | ⓮ 穴의 陰陽向 |
|---|---|---|---|---|---|---|---|
| 陰龍入首에<br>陰向(合)<br>艮入首에<br>癸坐면<br>통맥법은<br>불합,<br>丑入首면<br>다 합법 | 右旋龍<br>(主山<br>부터<br>發祖) | • 艮入首<br>라면<br>빈칸 － 土<br>• 丑入首<br>라면<br>丁丑 － 水脈 | 癸坐의<br>2번선<br>丁丑 水脈 | 癸의<br>丙子分金<br>이면<br>縫針은<br>子坐가<br>되어 모든<br>수법과<br>합법 | 左旋穴場<br>좌측<br>선익사가<br>길고<br>右高左落 | 右旋穴坐 | 子坐 午向<br>이면<br>陽向<br>(左旋水<br>陽局에<br>合) |

| ⓯ 得水吉凶 | ⓰ 穴證 | ⓱ 穴相<br>및 物形 | ⓲ 吉凶砂(中針) | ⓳ 沖殺 및 病廉 |
|---|---|---|---|---|
| 丙午得이<br>旺得<br>(午向火局에<br>서 순선하면<br>丙午得은<br>旺得이 된다) | 乳穴(뚜렷한<br>뇌두, 선익,<br>순전 등 없음)<br>오래된 墓<br>(약300년)<br>이기 때문에<br>확인하기<br>어려움 | 뚜렷한 물<br>형은 없음<br>(위에 투구<br>봉으로 보<br>기 어려움) | 子坐에서는<br>祿方이 巽巳方<br>(向 중심)<br>驛馬方 － 艮寅方<br>(坐 중심)<br>三吉方 － 亥卯庚方<br>六秀方 － 艮丙辛巽<br>丁兌方 | • 위에 少祖山의 巖石이<br>참암살의 역할을 할<br>우려가 있으나<br>穴에서는 보이지 않는<br>것이 吉하다.<br>四胎 － 乾坤艮巽木<br>四胞 － 寅申巳亥水<br>四正 － 子午卯酉火<br>四順 － 甲庚丙壬火<br>四强 － 乙辛丁癸土<br>四藏 － 辰戌丑未金 |

⚫ **사태룡**四胎龍(乾艮巽坤龍) － 《실전풍수입문 (179쪽 참조) 동학사 발행》

사태四胎란 **乾坤艮巽**방에서 입수한 용맥龍脈을 말하며 생룡生龍과 사룡死龍을 구별하는 용법龍法 중 하나이다.

⚫ **乾龍**이 **左旋**하여 **艮脈**을 만나 **寅** 입수되면 생룡生龍이며, **右旋**하여 **坤脈**을 만나 **未** 입수하면 생룡生龍이다.

- 巽龍이 左旋하여 坤脈을 만나 申 입수가 되면 생룡生龍이요, 右旋하여 艮脈을 만나 丑 입수가 되면 생룡生龍이다.

- 艮龍이 左旋하여 巽脈을 만나 巳 입수이면 생룡生龍이요, 右旋하여 乾脈을 만나 戌 입수가 되면 생룡生龍이다.

- 坤龍이 左旋하여 乾脈을 얻고 亥 입수하면 생룡生龍이요, 右旋하여 巽脈을 만나 辰 입수가 되면 생룡生龍이다.

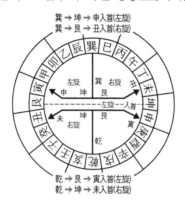

巽 → 坤 → 申入首(左旋)
巽 → 艮 → 丑入首(右旋)

乾 → 艮 → 寅入首(左旋)
乾 → 坤 → 未入首(右旋)

※ 위 사태룡을 살펴보면 右旋龍에서는 辰戌丑未 입수라야 생룡이며, 左旋龍에서는 寅申巳亥 입수가 되어야 생룡이라 할 수 있다. 용의 생왕사절生旺死絶은 형기形氣에 따라 확인할 수도 있으나 혈의 진결眞結은 형기와 이기理氣(龍法)의 합작으로 이루어지기 때문에 용의 외적 형세가 아무리 왕성해도 용법에 맞지 않으면 진룡眞龍이라 할 수 없다.

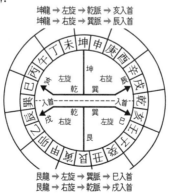

坤龍 → 左旋 → 乾脈 → 亥入首
坤龍 → 右旋 → 巽脈 → 辰入首

艮龍 → 左旋 → 巽脈 → 巳入首
艮龍 → 右旋 → 乾脈 → 戌入首

명혈에 대한 간평 제2부

# 14
## 광주시光州市 광주이씨光山李氏 선산

| ❶水口 | ❷左右旋水 | ❸坐向 | ❹入首 | ❺入首五格 | ❻水口와 向 |
|---|---|---|---|---|---|
| 內破-丁未破<br>外破-丙午破<br>(丁未破는<br>子坐라야<br>함 - 串中法<br>으로) | 左旋水 | 癸坐丁向<br>(碑에는<br>子坐로<br>기록) | 艮入首<br>(浴)<br>丑入首<br>(帶) | 橫龍入首<br>(主山에서) | •88향수법 ☞ 丁未破는 癸坐면<br>불합<br>•향상포태법 ☞ 衰破, 縫針子坐<br>로 해야(串中法 丙子分金)<br>•장생수법 ☞ 子坐라야<br>衰破(吉) |

| ❼入首와 向<br>(淨陰淨陽) | ❽水口<br>入首 관계 | ❾左右<br>旋龍 | ❿穿山<br>72龍 | ⓫透地龍<br>(氣線) | ⓬分金 | ⓭左右旋<br>穴坐 | ⓮穴의<br>陰陽向 |
|---|---|---|---|---|---|---|---|
| 陰龍入首<br>陰向(合) | 丁未 木局<br>浴龍入首<br>(丑入首면<br>冠帶龍<br>入首(吉) | 右旋龍 | 艮의<br>빈칸(土)<br>丑入首<br>라면<br>丁丑(水) | 癸坐의<br>2번선<br>丁丑水脈 | 癸의<br>丙子<br>分金<br>으로<br>縫針<br>子坐가<br>되도록<br>(串中法) | 右旋穴坐<br>(左旋水) | 子坐라야<br>左旋水<br>陽局에<br>合法이다.<br>癸坐는<br>陰向불합 |

※ 卯(震)龍에서 艮龍을 거쳐 丑 入首 하여야 모든 理法이 맞다.

| ⓯得水吉凶 | ⓰穴證 | ⓱穴相<br>및 物形 | ⓲吉凶砂(中針) | ⓳沖殺 및 病癀 |
|---|---|---|---|---|
| 丙午得<br>– 旺得(吉) | 窩中乳 | 窩穴 | •丁向의 祿方은 午方<br>•癸坐의 驛馬方은 乾亥方<br>•癸坐의 貴人方은 卯巳方<br>•三吉方 – 亥卯庚方<br>•六秀方 – 艮丙辛巽丁兌方 | 山上의 巉巖은<br>안 보이는 것이<br>吉하다 |

# 15

## 광주시光州市 소쇄원 계곡 순천박씨順天朴氏 선산

## 선인무수형仙人舞袖形

| ❶水口 | ❷左右旋水 | ❸坐向 | ❹入首 | ❺入首五格 | ❻水口와 向 |
|---|---|---|---|---|---|
| 坤申破 | 右旋水 | 卯坐酉向 下段墓<br>乙坐辛向<br>(우측 丁卯 분금을<br>쓰면 봉침은 卯坐<br>(불가) | 卯入首 | 直龍<br>入首 | • 88향수법 • 향상포태법<br> ☞ 卯坐에 坤申破는 官破(대황천파<br>  로 成材之子가 상하고 재산이 없<br>  어지고 二方부터 敗한다<br>• 장생수법 ☞ 官破로 대황천파<br>  (구성법도 凶) |

| ❼入首와 向<br>(淨陰淨陽) | ❽水口<br>入首 관계 | ❾左右<br>旋龍 | ❿穿山<br>72龍 | ⓫透地龍<br>(氣線) | ⓬分金 | ⓭左右旋<br>穴坐 | ⓮穴의<br>陰陽向 |
|---|---|---|---|---|---|---|---|
| 卯(陰龍)<br>入首에<br>酉向(陰向) | 坤申破에<br>역선하면<br>甲卯<br>入首는<br>生龍入首<br>(吉) | 左旋龍 | 卯入首의<br>경우<br>卯의 2번선<br>己卯(土)脈<br>乙坐의경우<br>卯의 4번선<br>癸卯(金) | 卯坐의<br>경우<br>4번선<br>癸卯(合)<br>乙坐의<br>경우<br>2번선<br>庚辰(金) | 卯坐는<br>두 분금 중<br>亡命에<br>맞도록<br>쓰되<br>右旋水이<br>기 때문에<br>가급적<br>辛卯 분금<br>이라야<br>된다 | 左旋<br>穴坐 | 卯坐이면<br>陽向<br>乙坐辛向<br>이면<br>陰向 |

| ⓯得水<br>吉凶 | ⓰穴證 | ⓱穴相<br>및 物形 | ⓲吉凶砂 | ⓳沖殺 및 病癃 |
|---|---|---|---|---|
| 丙午得<br>－旺得 | •結咽 분명<br>•主山 수려<br>•龍虎가<br>최상급 | •仙人舞袖形<br>에가깝다<br>•乳穴 | 乙坐에서 祿方은<br>辛向의 좌측 옆 酉方<br>驛馬方은 坤壬乙坐(水局)<br>의 앞 局에 해당되는<br>艮寅方<br>坤壬乙, 申子辰坐<br>(水局)☞ 앞 局인 艮寅方 | 다른 흉살은 없으나<br>윗 墓는 卯坐에 坤申破는<br>대황천파에 해당 大凶,<br>밑에 乙坐辛向에 坤申破는<br>•88향법 ☞ 正養向(吉)<br>•향상포태법 ☞ 病破(祿馬<br>貴人破吉)<br>•장생수법 ☞ 死破(吉) :<br>乙坐辛向은 陰衰向(借局)<br>역선하면 坤申破는 死破<br>에 해당된다 (吉) |

乾甲丁, 亥卯未坐(木局) → 앞에 局 水局 巽巳方 ⎤<br>　　　　　　　　　　　　　　　　　　　　　　⎬ 驛馬方<br>艮丙辛, 寅午戌坐(火局) → 앞 局인 木局 坤申方 ⎦

❶ 본 혈은 소쇄원 안 계곡을 따라 500미터 정도 걸어 가면 주산과 청
룡 백호가 모습을 나타낸다. 소쇄원이란 글자의 뜻대로 속세를 떠난 신선
이 머문 곳에 들어온 느낌이 든다. 무등산은 案이 되고 후고전응後靠前應
좌보우필左輔右弼(청룡·백호·주산·안, 조산) 부족한 점이 전혀 없다.

❷ 혈장에 들어서 선견수구先見水口하니 좌보우필左輔右弼 **坤申破**가 분명한데 제일 위 묘는 卯 입수 卯坐 직좌直坐인 것 같다. 그렇다면 입수와 向의 관계는 卯(陰龍) 입수에 **酉向**(陰向)이니 합법이며 통맥법, 청오경 모두 합법이다.

❸ 그러나 **水口**와 **向** 관계는,

**첫째, 坤申破**에 **庚酉向**은 대황천파(향상포태법으로 甲庚丙壬, 子午卯酉向에서 官破가 되면 대황천파라 하여 극히 흉한 파이다)로서 극흉極凶이며(3년 내 큰 재해로 패가망신, 二房부터 敗),

**둘째,** 88향수법 **坤申破**면 정국향正局向에 속하지만 흉파가 되어 성재지자成才之子가 상하게 되고 재산이 없어지고 다병다재多病多災한다. 이방二房부터 상하고 다른 차자次子 손손孫에게까지 미친다.

**셋째,** 장생수법으로는 역시 관파官破가 되어 대흉大凶하다(甲庚丙壬, 子午卯酉向은 陽旺向이기 때문에 卯坐酉向(巽庚癸 巳酉丑은 金局인 艮寅에서 순선하면 坤申破는 官破가 되어 장생수법으로도 대흉하다).

**넷째,** 구성법으로도 **卯坐**에 **坤破**면 문곡文曲이요, **申破**면 염정廉貞이므로 다 흉파이다.

❹ 제일 밑에 묘는 최근에〔효풍학회고문이 재혈〕 **乙坐 辛向**으로 모셔졌다.

첫째 卯 입수(陰) **乙坐 辛向**(陰)은 입수와 **向** 관계가 정음법으로 합법이다.

다음 **右旋水 陰局**에 **乙坐 辛向**은 **陰向**이니 합법이다.

다음에는 **右旋水**이기 때문에 卯 입수 **乙坐**는 **左旋穴坐**가 되어 합

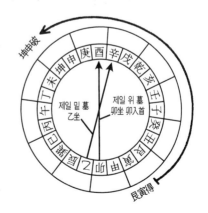

법이다.

**❺ 水口와 向 관계**

- **88향법** … 정국향正局向인 **坤申破**에서는 정양향正養向과 정묘향正墓
  向의 두 가지만 **吉向**이다. 따라서 여기서는 정양향正養向에 해당되
  는 **辛戌向**이 합법인 **吉向**인 것이다. 88向 해설 내용을 보면 정양
  향正養向은 **左旋龍 右旋水**라야 되며 자손과 재산이 크게 성하고
  공명이 높고 남녀가 다 장수하며 충효忠孝 자녀가 탄생하며 방방房
  房이 고루 발복한다고 설명하고 있다.

- **향상포태수법** … **乙坐 辛向**에 **坤申破**는 병파病破(녹마귀인파)가 되어
  **吉**하다.

- **장생수법** … **乙坐 辛向**에 **坤申破**는 음쇠향陰衰向 (借局)이기 때문에
  **辛向**은 묘향墓向이지만 차국借局 **木局**에서 역선 **丙午**에서 기포하
  면 **坤申**은 사파死破에 해당 **吉破**이다.

- **구성수법** … **乙坐**에 **坤破**면 복음伏吟, **申破**면 무곡武曲이니 다 **吉破**
  이다. 이처럼 **卯坐**에서 바로 옆인 **乙坐**로 돌리면 모든 수법이 고
  루 합법이 되어 아무 흉살이 없게 된다.

**※ 기타 내용은 앞의 기록 내용 참고 바람.**

# 16

영암읍靈巖邑 학송리鶴松里 영신정

비봉포란형飛鳳抱卵形

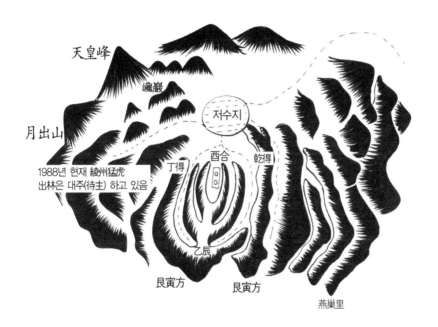

天皇峰

嶢巖

月出山

저수지

酉合

丁得　　　　乾得

1988년 현재 綾州猛虎
出林은 대주(待主) 하고 있음

乙辰

艮寅方　　　　艮寅方

燕巢里

**秘訣 내용** 初仟葬後 地師曰 出政丞則 綾州華鶴山의 猛虎出林形에 必
　　　　　　초천장후 지사왈 출정승즉 능주화학산　맹호출림형　필

히 改葬하라 以後 萬世榮華也. 然이나 不履行而 柳鳳輝政丞은 逆敵罪로
　개장　　이후 만세영화야　연　　불속행이 유봉휘정승　역적죄

死後에 剖棺斬屍 當했다. 艮寅行龍 乙辰巽辰으로 轉身甲坐庚向(卯入首)
사후　부관참시 당　　간인행룡 을진손진　　전신갑좌경향 묘입수

丁乾破 酉合坤方去, 月出山(滿身石骨山)巨大沖天火矢嶢岩之殺不勝其任
정건파 유합 곤방거 월출산 만신석골산 거대충천화시참암지살불승기임

極盛極衰, 甲旺水無唇爲吉, 此地則 唇爲案 巨軀 故로 一發後 改葬則免殺
극성극쇠 갑왕수무진위길 차지즉 진위안 거구 고　일발후 개장즉면살

485

명혈에 대한 간평 제2부

而 轉禍爲福矣, 是名堂運用妙法也라 → 명신 60명을 죽이고 자신은 반역죄로 몰
이 전화위복의 시 명당운용묘법야    려 부관참시(剖棺斬屍) 당한 殺이다.

※ 후유연소리後有燕巢里에 연소형燕巢形이 있는데 상지혈上之穴(비봉포란형飛鳳抱
卵形)보다 월등하게 좋은 명당 吉地가 있다. 무흠대지無欠大地 백자천손百子千孫
부귀겸전富貴兼全 지지之地이다.

| ❶水口 | ❷左右旋水 | ❸坐向 | ❹入首 | ❺入首五格 | ❻水口와 向 |
|---|---|---|---|---|---|
| • 坤破<br>• 丁乾破 ☞ 丁乾水(內堂水)가 酉에서 合水되어 丁水가 左旋하여 酉에서 合水된다. 乾水는 過堂하지 못한다 | 左旋水 | 甲坐庚向 | 卯入首(陰)庚向(陰向) | 直龍入首 | • 88향수법 ☞ 庚向은 坤破와 불합<br>• 향상포태법 ☞ 官破 大黃泉破<br>• 장생수법 ☞ 官破 黃泉破<br>• 구성수법 ☞ 甲坐에 坤破는 巨門, 申破는 貪狼(最吉)<br>※ 구성수법으로 재혈했음 |

| ❼入首와 向(淨陰淨陽) | ❽水口入首 관계 | ❾左右旋龍 | ❿穿山72龍 | ⓫透地龍(氣線) | ⓬分金 | ⓭左右旋穴坐 | ⓮穴의陰陽向 |
|---|---|---|---|---|---|---|---|
| 卯入首 陰龍入首에 庚向陰向 (合) | 坤破 水局에 역선 生龍入首 | 右旋龍 | 卯의 2번선 己卯 土脈 | 甲坐의 透地 2번선 己卯 土脈 | 甲의 正針分金 庚寅分金(木) 亡命에 따라 定한다 (丙寅分金은 不可) | 右旋穴坐 | 庚向(陽向)左旋水陽局과 合 |

| ⓯得水吉凶 | ⓰穴證 | ⓱穴相 및 物形 | ⓲吉凶砂 | ⓳沖殺 및 病癏 |
|---|---|---|---|---|
| 庚向(金局)에서 순선 丁得은 冠帶水가 得이 되니 吉 | 長乳穴이 별다른 穴場 증거는 없고 龍虎가 겹겹이 情抱 | 飛鳳 抱卵形이 분명 | 좌우에 吉砂도 많으나 月出山의 石骨(凶石) 참암살은 너무도 흉살이다 | 案山인 月出山 天皇峰 등 주위 많은 尖峰들이 참암살로 작용하는 것이 유일한 흠이다 |

갑왕수甲旺水라 함은 甲坐에서 볼 때 경유수庚酉水는 왕수旺水가 된다. 巽
庚癸 金局에서 순선하면 합수처合水處 유방수酉方水는 왕수旺水에 해당된다.
이 혈은 장유혈長乳穴이나 脣이 없는 대신 본신룡의 끝이 둥글게 안산을 대
신하고 있다. 때문에 일발一發(출세) 후는 개장改葬을 요한다.

# 17

# 담양군潭陽郡 용면龍面 도가道家회원 조모님 墓

● 丁未破(木局)에 子坐 午向은 右旋龍에 左旋水라야 되며 부자와 귀인이 나고 자손이 번성한다.

※ 天穴이지만 요함凹陷한 곳이 없이 장풍藏風이 잘 되고 보기 드문 穴地이다.

| ❶水口 | ❷左右旋水 | ❸坐向 | ❹入首 | ❺入首五格 | ❻水口와 向 |
|---|---|---|---|---|---|
| 丁未破(外波)<br>內破는 觀念水에<br>불과하고 담양 댐<br>상류가 보여<br>丁未破이다 | 左旋水 | 子坐午向<br>(陽向) | 癸入首<br>(陽)<br>右旋<br>穴坐 | 直龍<br>入首 | • 88향수법 ☞ 自旺向(吉)<br>• 향상포태법 ☞ 衰破(借)－(吉)<br>• 장생수법 ☞ 衰破(吉) |

| ❼入首와 向<br>(淨陰淨陽) | ❽水口<br>入首 관계 | ❾左右<br>旋龍 | ❿穿山<br>72龍 | ⓫透地龍<br>(氣線) | ⓬分金 | ⓭左右旋<br>穴坐 | ⓮穴의<br>陰陽向 |
|---|---|---|---|---|---|---|---|
| 癸入首(陽)에<br>午向(陽向)<br>[합법] | 丁未破<br>木局에서<br>역선하면<br>癸入首는<br>冠帶龍<br>入首(吉) | 右旋龍 | 癸의<br>빈칸(水) | 4번선<br>庚子(土)脈<br>(我剋者吉) | 두 분금 중<br>亡命에<br>맞는 분금 | 右旋穴坐<br>(癸入首에<br>子坐는<br>右旋穴坐<br>☞ 左旋水<br>(合) | 陽向<br>(左旋水<br>陽局에<br>合) |

| ⓯得水吉凶 | ⓰穴證 | ⓱穴相<br>및 物形 | ⓲吉凶砂 | ⓳沖殺 및 病瘝 |
|---|---|---|---|---|
| 乙辰(帶)<br>巽巳(官)<br>丙午(旺)<br>水 | 天穴이지만<br>주위 砂가<br>陷한 곳 없이<br>情抱<br>• 뇌두, 선익사,<br>순전 분명 | 취두(嘴頭)穴<br>(부리) | • 祿方 ☞ 午向의<br>좌측 巽巳方<br>• 驛馬方 ☞ 子坐<br>(水局)의 앞局<br>金局인 艮寅方 | 추월산의 屍體砂가<br>보이지만 금오탁시혈이나<br>취두혈에 있어서는<br>屍體砂가 보이면<br>吉한 것이다 |

# 18

## 담양潭陽 승편산繩鞭山
## 금구음수형金龜飲水形 옥녀직금형玉女織錦形

### ① 혈장穴場 개괄槪括

태조산太祖山인 무등산에서 내룡來龍된 승편산繩鞭山 옥녀봉玉女峰은 震龍으로 준급하게 내려와 양래음수陽來陰受로 박환剝換하여 巽龍으로 과협過峽을 이루어 내룡來龍 도중 입수일절入首一節 전에 왕자형王字形으로 과협過峽하고 서서히 기봉起峰을 이루고 艮龍으로 입수하여 석골石骨 뇌두腦頭를 이룬 다음 거기서 다시 穴 좌우 선익사가 확연하고 뇌두에서 순전을 향해 생기生氣가 흐르는 기선氣線이 분명하니 眞穴이 분명하다. 따라서 투지 辛丑 토기土氣가 생해 주어야 되는 穴坐는 나경의 우측에서 찾아 癸坐에 丙子 분금이 취택되었다.

癸坐는 쌍산雙山으로 金이니 투지 토기土氣가 穴坐를 생해 주는 토생금土生金이 되어 적법하며, 분금은 망명亡命이 甲寅生 木이기 때문에 丙子 분금을 쓰면 비견比肩이 되어 吉하고, 4층정침(內向)은 癸坐이지만 각종 수법을 확인하는 8층봉침은 子坐로서 모든 수법에 적법이다.

전체적 물형을 살피면 청룡에서 갈라진 지맥枝脈은 금구음수형金龜飲水形을 이루고 옥녀봉玉女峰에서 내려온 본신룡의 용진처龍盡處에 생긴 穴場은 음래양수陰來陽水로 짧은 와혈窩穴을 이루었으니 건너편 가락 등을 비롯 백호에 해당되는 물래 등과 함께 본신룡인 옥녀봉玉女峰은 巽龍인 베틀 끝에 앉아 穴場에 해당되는 도투마리를 앞에 놓고 베를 짜는 옥녀직금형玉女

繡錦形이다.

외향外向인 **午向 火局**에서 장생방長生方인 **艮方水·冠帶水·臨官水**의 **三吉水**가 합류하여 **辛戌破**를 이루고 저수지에 이르며 **辛戌破 火局**에 **艮** 입수는 생왕룡生旺龍 입수이다.

이룡배향以龍配向인 내향內向은 **癸坐 丁向**으로 정음정양법에도 맞으며, 외향外向도(봉침으로) **子坐**이니 모든 수법에 한 치의 오차도 없다. 뿐만 아니라 청룡·백호·안산 및 주산이 빼어나게 아름다운 산세로 다정하게 중중重重 정포情抱하였고 **穴** 한 곳은 석곽石槨이 ㄷ자형으로 한 치도 이법에 틀리지 않았고 그 옆 **穴**은 삼색토三色土인 비석비토非石非土로 **眞穴土**였으며 기타 제살諸煞이 전무하니 알려지지 않은 천장지비天藏地秘를 누가 거역하리오.

**吉向 吉水** 부귀왕정富貴旺定에 자손마다 고루 발복한다. 따라서 자손은 조상님의 은총에 보답키 위해 노력하면 많은 복록을 받으리라.

## ② 용절龍節과 좌향坐向 ～ 재혈裁穴

**❶ 용절龍節(내향內向 : 이용배향以龍配向)**

①**甲卯龍**으로 발조發祖 ➡ **巽巳龍** ➡ **艮寅龍** ➡ **艮** 입수에 **癸坐 丁向** 陰向이다.

②**癸坐**에 **丙子** 분금(水)을 사용하면 내향은 정침 **癸坐**에 해당되나 각종 수법을 보기 위한 외향 봉침은 **子坐**에 해당하니 이를 **癸**와 **子**를 관통하는 관중법串中法이라 한다.

王字形 過峽

【 용절도 】

③ 망명亡命은 甲寅生 水이니 丙子 분금이 水이기 때문에 같은 오행 비견比肩으로 吉하다.

④ 용절龍節은 震龍이 左旋하여 乙脈이 생겨 이어서 巽脈을 만나니 巽脈에서 艮脈을 취하여 陰과 陽을 짝지어 (震 3·巽 4·艮 8) 15도수에

【 용절도 】

자연 부합되므로 생왕룡生旺龍에 해당된다. 右旋龍이다

⑤ 艮 입수는 艮의 빈칸(土)으로 입수하여 투지 기선은 辛丑(土)과 비견比肩이어서 吉하다. 여기서 坐에 대한 오행을 癸의 正脈 2번 선 丁丑句으로 본다는 이론도 있으나 坐는 항상 투지기맥선상에 놓이기 때문에 따로 맞추지 않아도 된다.

⑥ 투지 辛丑 토기土氣는 30대에 부귀하고 크게 흥왕하며 사람이 왕성하며 모든 일이 吉하고 충효와 우애가 깊어진다.


❷ 외향外向(이수배향以水配向)

① 봉침으로는 子坐 午向이 陽向이니 左旋水 陽局에 적법하다.

② 左旋水이니 右旋穴坐가 적법하다.

③ 辛戌破, 艮 입수는 왕룡旺龍입수이다(辛戌破는 수구사국 火局이니 역포태로 돌리면 庚酉에서 기포하여 艮 입수 왕룡입수가 된다).

④ 水口와 向과의 관계

㉠ 88향수법 辛戌破 子坐 午向은 정왕향正旺向에 해당되어 吉하다(辛戌破는 수구사국 火局이니 乾亥에서 기포하여 순포태로 돌리면 丙午向은 正旺向이 된다).

491

ⓒ 향상포태수법 辛戌破에 午向은 장파葬破(정고소수)가 되어 **最吉**
**破**이다(午向은 삼합오행 艮丙辛 寅午戌 火局이므로 乾亥에서 기포하
여 순선하면 葬破가 된다). 龍과 穴이 분명하며 정왕향正旺向으로
부귀왕정富貴旺丁에 자손마다 고루 발복한다.

ⓒ 장생수법 子坐 午向에 辛戌破는 장파葬破가 되어 吉하다(午向은
**陽旺向**이니 火局 乾亥에서 기포하여 순포태로 돌리면 辛戌破는 葬破
가 된다. 여기서도 삼합오행 艮丙辛 寅午戌 火局이 적용된다).


※陽旺向 ➡ 甲·庚·丙·壬, 子·午·卯·酉向(순선)

陰旺向 ➡ 乾·巽·艮·坤, 寅·申·巳·亥向(역선)

陽衰向 ➡ 辰·戌·丑·未向(순선)

陰衰向 ➡ 乙·辛·丁·癸向(역선)


ⓔ 구성수법 子坐에 戌破는 거문파巨門破에 해당되어 吉하다.

ⓜ 88향 수구별 길흉화복론

辛戌破에 壬坐 丙向, 子坐 午向은 右旋龍에 左旋水가 합법이
며 정왕향正旺向이라 한다. 수구사국 중 辛戌破는 火局에 해당
되기 때문에 火局의 기포점에서 순선포태順旋胞胎하면 정왕향正
旺向으로 吉向 吉水이다. 부귀왕정富貴旺丁에 자손마다 고루 발
복한다.

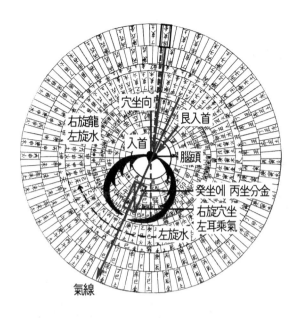

**【 재혈도 】**

※ 기타 제살諸煞에 있어 용상팔살龍上八煞, 팔요황천살八曜黃泉煞, 팔로사로
황천살八路四路黃泉煞, 쌍금살雙金煞, 곡살谷煞, 능살稜煞이 전무한 穴地로
大穴임이 입증된다.

명혈에 대한 간평 제2부

# 19

## 광주시光州市 금당산·옥녀단좌형玉女端坐形

현재 未坐 丑向에 右旋水 艮寅破는
過堂이 안 되어 左旋水라야 합법

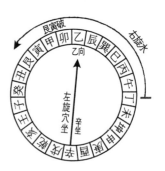

지도상으로 보아도
左旋龍 右旋水가 분명

| ❶水口 | ❷左右旋水 | ❸坐向 | ❹入首 | ❺入首五格 | ❻水口와 向 |
|---|---|---|---|---|---|
| 艮寅破 | 右旋水 | 未坐丑向 | 丁入首 | 直龍入首 | ●88향수법 ☞ 正墓向(吉) |

| ❼入首와 向<br>(淨陰淨陽) | ❽水口<br>入首 관계 | ❾左右<br>旋龍 | ❿穿山<br>72龍 | ⓫透地60<br>龍(氣線) | ⓬分金 | ⓭左右旋<br>穴坐 | ⓮穴의<br>陰陽向 |
|---|---|---|---|---|---|---|---|
| 丁入首(陰)<br>통맥법으로<br>합법 | 艮寅破(金)<br>丁入首는<br>冠帶龍<br>入首 | 左旋龍 | 丁入首<br>빈칸(火) | 丁未<br>透地<br>4번선<br>水脈 | 丁未와<br>辛未 분금<br>중 亡人이<br>乙丑(金)<br>이니<br>辛未 분금<br>(土)가<br>합법 | 左旋<br>穴坐 | 右旋水<br>陰局에<br>丑向陽向<br>이니 불합 |

| ⓯得水吉凶 | ⓰穴證 | ⓱穴相<br>및 物形 | ⓲吉凶砂 | ⓳沖殺 및 病疾 |
|---|---|---|---|---|
| 坤申得이<br>官得 | 별로 뚜렷한<br>穴證 없음<br>(穴後 1.5m<br>정도 암석) | 玉女端坐<br>뚜렷 | 주위에 凶砂는 없고<br>앞에 고층건물이 있어<br>案砂는 잘 보이지<br>않음 | 穴後 가까이 서 있는<br>바위는 腦頭石으로<br>보기 어려움<br>(珠石이라야 길함) |

**설명**

❶ 水口는 艮寅破요, 물은 右旋水이며, 坐向은 상석床石에 未坐 丑向으로 기록되어 있다. 艮寅破에 右旋水가 틀림없는 이상 未坐 丑向은 큰 오류를 범한 것 같다. 왜냐하면 묘가 未坐 丑向인데 그 龍 자체가 지도상으로 보나 실제적으로 보아도 右旋龍에 모셔져 있기 때문이다.

그리고 艮寅破에 未坐 丑向은 88향수법·향상포태수법·장생수법 모두 吉向 吉水로 설명되고 있다. 그러나 반드시 左旋水라야 합법이며, 만약 右旋水이면 凶한 것으로 설명되고 있다. 때문에 右旋水 艮寅破는 과당 過堂도 못한 凶破이다. 거기서 10여m만 백호 쪽으로 이동하면 뇌두·선익사·순전 등 穴證이 분명한 辛坐 乙向(正養向)에 向上으로는 병파病破(녹마 귀인파)요, 장생수법으로는 사파死破인 吉破이며, 구성법으로도 辛坐에 艮破는 무곡武曲 吉破가 되어 모든 수법이 다 합법이다. 따라서 정혈하신 분이 左右旋水와 左右旋龍 등을 정확히 구별하지 않았기 때문에 생긴 오류인 것 같다.

❷ 입수와 向 관계는 丁 입수 未坐 丑向은 정음정양법이나 통맥법 모두 합법이다. 右旋水와 左旋穴坐도 합법이다. 여기서는 未 입수로 보았다면 청오경에는 辰戌丑未 입수는 직좌直坐라야 可하다 했으니 이런 경우 정음법·통맥법 모두 합법이나 분금으로 左右旋에 따라 충뇌沖腦를 피하면서 동시에 左旋水면 右旋穴坐가 右旋水이면 左旋穴坐가 되도록 조절한다.

❸ 右旋水가 陰局에 未坐 丑向은 陽向이니 불합이나 통맥법에서는 별로 개의치 않은 것으로 간주된다.

❹ 다음은 뇌두석腦頭石에 대해 간략히 설명하자면 뇌두석이란 원래 주석珠石을 말한다. 2자(60cm)가 넘는 입석立石 또는 첨석尖石 등은 뇌두석이라기보다는 흉석凶石으로 보아야 된다. 穴 뒤에 2자가 넘는 입석立石이 있으면 참암살이 되는 경우도 있으니 조심해야 된다.

# 20

## 광산구光山區 본양면 상산김씨商山金氏 선산

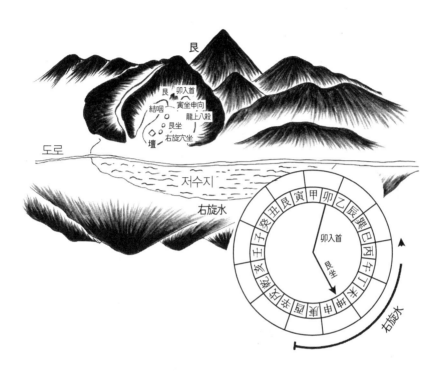

🔵 사태룡四胎龍이 생룡生龍이 되기 위해서는 左旋이면 寅申巳亥 입수,
右旋이면 辰戌丑未 입수가 되어야 한다.

乾龍 ➡ 左旋 艮脈을 만나 寅入首 右旋이면 坤脈을 만나 未入首 ⎤

巽龍 ➡ 左旋 坤脈을 만나 申入首 右旋이면 艮脈을 만나 丑入首 ⎟ 생룡生龍

艮龍 ➡ 左旋 巽脈을 만나 巳入首 右旋이면 乾脈을 만나 戌入首 ⎟

坤龍 ➡ 左旋 乾脈을 만나 亥入首 右旋이면 巽脈을 만나 辰入首 ⎦

명혈에 대한 간평 제2부

| ❶水口 | ❷左右旋水 | ❸坐向 | ❹入首 | ❺入首五格 | ❻水口와 向 |
|---|---|---|---|---|---|
| 丁未破 | 右旋水<br>(저수지) | 寅坐 申向<br>艮坐 坤向 | 卯入首 | 直龍入首 | • 88향수법 ☞ 丁未破에 艮寅 坐坤<br>申向이 自生向<br>• 향상포태법 ☞ 養破(乾坤艮巽,<br>寅申巳亥向에 한해 借庫消水(吉)<br>• 장생수법 ☞ 衰破에 해당(吉) |

| ❼入首와 向<br>(淨陰淨陽) | ❽水口<br>入首 관계 | ❾左右<br>旋龍 | ❿穿山<br>72龍 | ⓫透地60<br>龍(氣線) | ⓬分金 | ⓭左右旋<br>穴坐 | ⓮穴의<br>陰陽向 |
|---|---|---|---|---|---|---|---|
| 卯(陰龍)에<br>直坐인<br>酉向(陰)이면<br>청오경,<br>정음법,<br>통맥법<br>모두(吉) | 丁未破<br>(木局)에서<br>역선하면<br>甲卯<br>入首는<br>生龍入首 | 左旋龍<br>인데<br>壇 때문에<br>右旋으로<br>보임 | 卯의<br>4번선<br>癸卯<br>金脈<br>으로<br>보인다 | 卯(地支坐)<br>는 4번선<br>癸卯(金) | 丁卯<br>분금<br>(亡命에<br>맞춤) | 左旋<br>穴坐<br>右旋水에<br>(合) | 卯坐 酉向<br>은 陽向<br>(右旋水<br>陰局에<br>불합) |

| ⓯得水吉凶 | ⓰穴證 | ⓱穴相<br>및 物形 | ⓲吉凶砂 | ⓳沖殺 및 病疾 |
|---|---|---|---|---|
| 坤向 水局<br>辛戌得이면<br>冠帶得(吉) | 結咽<br>분명<br>乳穴 | 뚜렷한<br>물형 없음 | 艮坐의 祿方 ☞ 寅方(向)<br>의 바로 우측<br>驛馬方 ☞ 坤申方 艮丙辛<br>火局 바로 앞 즉 木局의<br>坤方 | 甲卯龍 入首에 寅坐申向은<br>龍上八殺에 해당(極凶)<br>艮坐는 右旋水에<br>右旋穴坐 불합 |

**참고**

艮脈(四胎)이 左旋하여 巽脈을 만나 巳入首가 되면 生龍이다.

이처럼 四胎龍이 左旋하면 寅申巳亥 入首요, 右旋하면 辰戌丑未 入首라야
生龍이다.

## ① 사태용법四胎龍法

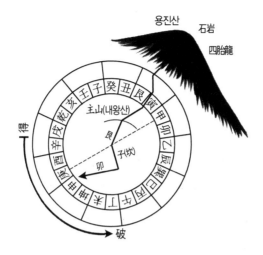

○ 사태룡四胎龍인 艮龍에서 발조發祖(용진산) 甲卯로 결인結咽 부흥봉 復興峰 내왕산봉을 이루고 다시 艮寅을 거쳐 坎龍으로 결인結咽하여 卯 입수로 左旋한다. 주산主山인 내왕산 봉우리부터 발조發祖로 본다.

○ 사정룡四正龍인 卯龍이 艮脈을 만나고 다음 巽脈을 만나야 15도수법에 해당되어 생룡生龍이다. 巽脈이 없고 대신 癸脈이 있으면 이를 반배룡反背龍이라 한다(巽庚癸 合局이기 때문이다).

이곳 용진산에서 艮脈으로 뻗어 내려와 결인結咽 과협過峽 다시 부흥봉復興峰이 내왕산 주산을 이루고 艮寅龍으로 내려와 다시 결인結咽하여 卯(震)龍을 이루고 있는 것 같다. 주산主山인 내왕산에서부터 艮脈으로 발조한다.

명혈에 대한 간평 제2부

## ② 여러 가지 수법水法

丁未破에 맞는 吉向은,

88水法 ☞ 丁未破는 木局이기 때문에 坤申에서 순선하면 적법. 吉向은 정생향正生向인 乾亥向과 자생향自生向인 坤申向, 정왕향正旺向인 甲卯向, 자왕향自旺向인 丙午向 등인데 그중 혈장용세穴場龍勢에 맞는 向은 艮坐 坤向뿐이다.

따라서 제일 위의 묘는 寅坐 申向을 썼으나 卯 입수이기 때문에 용상팔살에 해당되니 불가하다. 卯 입수 艮坐 坤向도 정음정양법·통맥법 모두 맞지 않으며 右旋水 右旋穴坐가 되어 더욱 안 좋다. 그렇다 해서 卯 입수 卯坐 酉向(右旋)으로 하면 관대파冠帶破가 되어 맞지 않는다.


● 艮坐(卯 입수에 艮坐 坤向)

卯 입수(陰龍)에 坤向이면 坤向(陽向)은 불합. 통맥법도 불합.

● 卯 입수에 맞는 吉坐向

卯(陰)龍 입수이니 辛向·酉向·庚向(45○內)뿐이다. 그중 乙坐 辛向

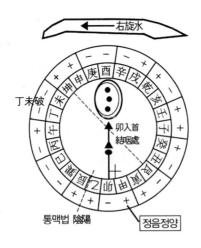

이 합법이나 혈장穴場이 乙坐에 맞지 않으며 甲坐 庚向은 右旋穴坐가 되어 右旋水와 불합이니 卯 입수 卯坐 酉向이면 정음법·통맥법·청오경 모두 입수와 向은 합법이지만 丁未破에 卯坐 酉向은 관대파가 되어 맞지 않으니 이런 곳은 재혈하기가 극히 어렵다. 이런 경우는 癸 입수가 되는 곳을 찾아 艮坐 坤向으로 써야 된다.

- **향상포태수법** ☞ 艮坐 坤向과 丁未破의 합법 여부를 알기 위해서는 坤向은 水局(坤壬乙 申子辰)이기 때문에 巽巳에서 丁未破까지 순선하면 양파養破이다. 양파養破라 할지라도 乾坤艮巽 寅申巳亥 向에 한해서 양파養破면 차고소수借庫消水가 되어 吉向 吉水가 된다.

- **장생수법** ☞ 艮坐 坤向은 음왕향陰旺向이기 때문에 坤向인 水局에서 역선한다. 甲卯에서 기포 역선하면, 丁未破는 쇠파衰破에 해당 吉破에 속한다.

- **左右旋水와 左右旋 穴坐** ☞ 卯 입수에 艮坐 坤向이면 右旋水에 右旋穴坐가 되어 불합이다.

- **左右旋水와 陰陽向의 적부** ☞ 이곳 저수지가 右旋水라면 陰局이기 때문에 陰向이라야 합법이다. 艮坐 坤向은 陰向이기 때문에 합법이다.

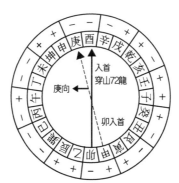

※ 右旋水에 右旋穴坐가 되어 불합이다

## ③ 살법殺法(흉살凶殺)

●나경 1층에 丑艮寅(艮卦)란을 보면 寅이라 기록되어 있고 甲卯乙 1층에는 申이 기록되어 있으니 제일 위 묘는 寅坐 申向인데 그는 용상팔살에 해당되며 아래 艮坐의 묘는 寅坐 申向이 아니기 때문에 용상팔살에 해당이 안 된다.

●申方에 得水 또는 소류지小溜池가 있으면 팔요황천수八曜黃泉水이나 여기서는 해당 없음.

●팔로사로황천수풍八路四路黃泉水風 해당 없음 – 보기 쉬운 방법

　– 甲庚丙壬 子午卯酉 向에서 관파官破는 대황천파大黃泉破

　– 乙辛丁癸 辰戌丑未 向에서 사파死破는 소황천파小黃泉破

# 21
## 순창淳昌 • 용마등공형龍馬騰空形

- 㡤(두건 복)
- 帕(머리띠 파)
- 印(도장 인)

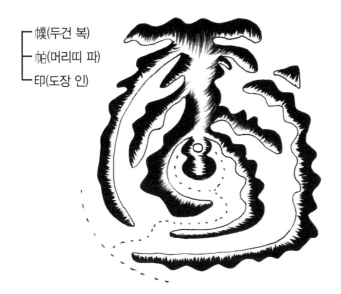

**秘訣 내용** 순창 북서쪽 삼십 리의 회문산回文山에 용마등공형龍馬騰空形이 되어 있구나. 뒤에 검극劍戟이 나열해 있으니 이는 천추혈식지상千秋穴食之像이로다. 앞에는 산봉傘峰이 삼림森林해 복두나열㡤頭羅列해 있고 천태을天太乙이 층립層立해 있고 일월日月과 기치旗幟가 구비하였으니 장례 후 5년에 발복하여 명공거경名公巨卿이 끊이지 않고 대를 이어서 나올 국이로다. 혈 앞에 인대석印臺石이 있으니 이름이 역사에 기록되어 길이 빛나리라. 이는 천장지비天藏地秘하고 있으니 적덕가積德家라야 쓸 수 있으리라(一耳僧).

● **龍法** : 위의 도식을 보면 확연치 않으나 **坎龍**에서 발조發祖하여 **艮龍**을 거쳐 **乾龍**으로 내려오고 있다. 즉, 사정룡四正龍의 15도수법에 해당되는 생왕룡生旺龍이다.

● **水法** : 구성수법에 의한 재혈인 것 같다. 구성법으로는 **壬坐**에 **乙破**면 탐랑貪狼이요, **辰破**면 거문巨門이니 **吉**하다. 그러나 기타 수법은 맞지 않다. 우선 **右旋水**(陰局)에 **丙向**(陽向)은 불합이요, **水口**와 **向** 관계도 **壬坐**와 **乙辰破**는 맞지 않으나 **壬坐**의 **丁亥** 분금을 쓴 것 같다. **右旋水**이기 때문에 **壬坐**의 **丁亥** 분금을 사용, 모든 수법을 봉침 **亥坐 巳向**으로 보아야 안전할 것 같다.

## **壬坐**에 **甲破**라면 **武曲88향수법** 浴破(沐浴消水)

| ❶水口 | ❷左右旋水 | ❸坐向 | ❹入首 | ❺入首五格 | ❻水口와 向 |
|---|---|---|---|---|---|
| 乙辰破 | 右旋水 | 壬坐 丙向 壬坐의 丁亥 분금을 쓰면 봉침 亥坐 | 亥入首 (陰) | 直龍入首 | • 88향수법 ☞ 乙辰破에 亥坐 巳向은 自生向<br>• 향상포태법 ☞ 壬坐 丙向 – 乙辰破는 冠帶破(凶)<br> 亥坐 巳向 – 乙辰破는 養破(吉)<br>• 장생수법 ☞ 衰破(吉)<br> 壬坐로 보면 帶破(凶) |

| ❼入首와 向 (淨陰淨陽) | ❽水口 入首 관계 | ❾左右 旋龍 | ❿穿山 72龍 | ⓫透地60 龍(氣線) | ⓬分金 | ⓭左右旋 穴坐 | ⓮穴의 陰陽向 |
|---|---|---|---|---|---|---|---|
| 亥(陰)入首에 丙向 (陰)向 | 乙辰破 (水局) 甲卯 기포 역선 하면 亥入首는 浴龍入首 | 左旋龍 | 亥의 4번선 辛亥 (金)脈 | 壬子의 2번선 丙子水脈 (金生水) | 丁亥 분금을 사용하여 수법을 보는 봉침은 亥坐가 되도록 한다(串中法). | 左旋穴坐 | 壬坐면 陽向이지만 丁亥 분금을 썼기 때문에 亥坐는 陰向이 되어 합법 |

→ 子入首 子坐 午向이면 生龍入首 (수법 불합)

| ⑮得水吉凶 | ⑯穴證 | ⑰穴相<br>및 物形 | ⑱吉凶砂 | ⑲沖殺<br>및 病癩 |
|---|---|---|---|---|
| 壬坐 丙向은 火局에서<br>기포 순선하면<br>艮得은 生得<br>乙辰得은 冠帶得 | 主龍이 生旺하고<br>結咽 龍虎가 분명<br>朝案山도 알맞음 | 龍馬騰空形<br>또는 天馬嘶風<br>2km 정도<br>앞에서 보면<br>龍馬體가 보임 | •丙向의 祿位<br>☞ 巽巳方<br>•壬坐의 驛馬方<br>☞ 艮寅方 | 沖殺 病癩은<br>해당 없음 |

505

# 22

## 광주시光州市 광산구光山區 경주최씨慶州崔氏 선산

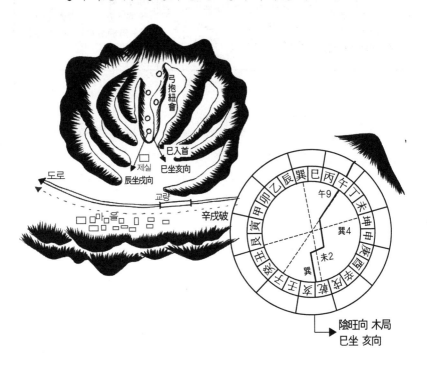

水法 : 도로와 교량 때문에 하천수가 흐르는 것이 잘 보이지 않으나 옛날에는 확연했을 것으로 생각된다. 득수는 **右旋水**가 과당過堂하니 **甲卯 艮寅 癸丑 乾亥方**의 생왕방生旺方에서 **得水**하여 합쳐서 **辛戌方** (火局)으로 거去한다.

**右旋水**는 **陰局**이니 **乾坤艮巽 寅申巳亥 向**과 **乙辛丁癸 向**이라야 적법하다. 따라서 **辰坐 戌向**은 불합이고, **亥坐 巳向**이 합법이다.

龍法 : 산이 높아 정상에 오르지 못한 것이 아쉽다. 망견望見하니 **午龍**에서 발조發祖하여 **未坤**을 짧게 거쳐 **巽龍**(辰巽巳)이 길게 뻗는 것 같으니 15도수법에 해당된다. **龍**은 사정룡四正龍(子午卯酉)에 해당된다.

● 水口에 대한 입수룡入首龍의 관계는 **辛戌破**는 **火局**이니 **庚酉**에서 기포 역선하면 **午龍**은 생룡生龍이요, **巽巳龍**은 욕룡浴龍이요, **乙辰龍**은 관대룡冠帶龍 입수가 된다. 기타는 아래 표를 참조하기 바란다.

| ❶水口 | ❷左右旋水 | ❸坐向 | ❹入首 | ❺入首五格 | ❻水口와 向 |
|---|---|---|---|---|---|
| 辛戌破 | 右旋水 | 巳入首<br>巳坐 亥向 | 巳入首<br>(陰) | 直龍入首 | ● 88향수법 ☞ 辛戌破에 巳坐 亥向은 自生向<br>● 향상포태법 ☞ 巳坐 亥向에 辛戌破 養破 借庫消水<br>● 장생수법 ☞ 衰破(吉) |

| ❼入首와 向<br>(淨陰淨陽) | ❽水口<br>入首 관계 | ❾左右<br>旋龍 | ❿穿山<br>72龍 | ⓫透地60<br>龍(氣線) | ⓬分金 | ⓭左右旋<br>穴坐 | ⓮穴의<br>陰陽向 |
|---|---|---|---|---|---|---|---|
| 巳(陰龍)<br>入首에<br>亥向(陰向) | 辛戌破(火)에서 역선<br>庚酉에서<br>기포 역선<br>하면<br>巳入首는<br>浴龍入首 | 左旋龍 | 巳의<br>2번선<br>辛巳脈<br>金으로<br>入首 | 巽巳의<br>4번선<br>乙巳(火)<br>(火克金)<br>我剋者 (吉) | 丁巳(土)<br>辛巳(金)<br>중 亡命을<br>生해 주는<br>분금을<br>택한다 | 左旋穴坐 | 右旋水<br>陰向이니<br>亥向<br>(陰向)은<br>합법 |

| ⓯得水吉凶 | ⓰穴證 | ⓱穴相<br>및 物形 | ⓲吉凶砂 | ⓳沖殺 및 病疾 |
|---|---|---|---|---|
| 亥向(木局)에서<br>순선하면<br>甲卯得 旺得<br>艮寅得 官得<br>癸丑得 冠帶得<br>乾亥得 生得 | 뇌두,<br>선익,<br>청룡,<br>백호,<br>案朝山이<br>분명 | 大乳에 속하며<br>弓抱紐會<br>하였기에 넓게<br>보이나 分水가<br>분명하다<br>● 紐(맺을 유) | 亥向의 祿位砂는<br>乾坤艮巽은 向의<br>우측 壬方(火) 巳坐의<br>金局의 앞 국인<br>火局의 궁위<br>乾亥方이<br>驛馬方이다 | 穴의 위에서 배수조치<br>를 잘해야 된다.<br>제일 밑에 辰坐戌向의<br>墓(이유) 불분명<br>入首와의 관계<br>左右旋水와의 관계<br>辛戌破와의 관계 등<br>(불합) |

# 23

## 담양군 대덕리 대산리 전주이씨 全州李氏 선산

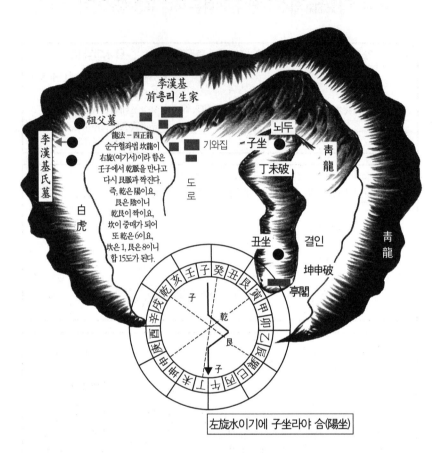

李漢基 前총리 生家

祖父墓

李漢基氏墓

龍法 - 四正龍
순수혈좌법 坎龍이
右旋(여기서)이라 함은
壬子에서 乾脈을 만나고
다시 艮脈과 짝진다.
즉, 乾은 陽이요,
艮은 陰이니
乾艮이 짝이요,
坎이 중매가 되어
또 乾은 6이요,
坎은 1, 艮은 8이니
합 15도가 된다.

기와집

子坐

뇌두

丁未破

青龍

도로

丑坐

결인

坤申破

白虎

亭閣

青龍

左旋水이기에 子坐라야 合(陽坐)

| ❶水口 | ❷左右旋水 | ❸坐向 | ❹入首 | ❺入首五格 | ❻水口와 向 |
|---|---|---|---|---|---|
| 上丁未破<br>下坤申破 | 左旋水 | 上子坐<br>下丑坐 | 上癸 入首<br>子坐 午向<br>下艮 入首<br>丑坐 未向 | 直龍<br>入首 | ●88향수법 ☞ 自旺向(上)<br>下는 坤申破 丑坐 未向 正墓向<br>●향상포태법 ☞ 上衰破(借庫)<br>下絶破<br>●장생수법 ☞ 衰破(吉)下病破(吉) |

龍上八殺은 癸入首는 戌坐辰向이 艮入首는 申坐寅向 子坐는 辰得이면 八曜黄泉水

| ❼入首와 向<br>(淨陰淨陽) | ❽水口<br>入首 관계 | ❾左右<br>旋龍 | ❿穿山<br>72龍 | ⓫透地60<br>龍(氣線) | ⓬分金 | ⓭左右旋<br>穴坐 | ⓮穴의<br>陰陽向 |
|---|---|---|---|---|---|---|---|
| 子(陽)入首에<br>午(陽)向<br>이니 合<br>艮(陰)入首에<br>未(陰)向은<br>合 | 丁未破(木)<br>冠帶龍<br>入首<br>坤申破(木)<br>浴龍入首 | 右旋龍 | 癸의<br>빈칸(水)<br>艮의<br>빈칸(土)<br>子入首<br>子坐<br>寅入首<br>寅坐로<br>쓸 수도<br>있음<br>(甲卯龍<br>이면<br>불가) | 上庚子<br>(土)脈<br>下4번선<br>辛丑<br>(土)脈 | 각 亡命에<br>맞도록<br>조정<br>地支坐는<br>두 분금<br>중다 吉 | 右旋穴坐 | 左旋水<br>陽局이니<br>午向<br>(陽向)<br>이라야<br>子坐 午向<br>(合) |

| ⓯得水吉凶 | ⓰穴證 | ⓱穴相<br>및 物形 | ⓲吉凶砂 | ⓳沖殺 및 病疾 |
|---|---|---|---|---|
| 艮得(生)<br>乙辰得(帶)<br>巽巳得(官)<br>丙午(旺) | 龍虎 분명<br>龍法에 合<br>腦頭 분명 | 乳穴 | 午向 ☞ 巽巳方(祿方)<br>未向 ☞ 午方(祿方)<br>子坐 ☞ 艮寅方(驛馬)<br>丑坐 ☞ 乾亥方(驛馬) | 風殺, 水殺, 谷殺 및<br>病廉 해당 없음 |

# 24

## 담양군 대덕면 대산리 17

(전남 유형문화재 夢漢閣)

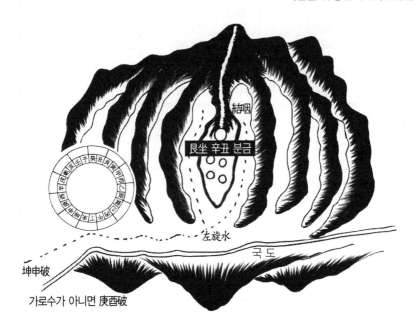

結咽

艮坐 辛丑 분금

左旋水

국도

坤申破

가로수가 아니면 庚酉破

| ❶ 水口 | ❷左右旋水 | ❸ 坐向 | ❹ 入首 | ❺ 入首五格 | ❻ 水口와 向 |
|---|---|---|---|---|---|
| 庚酉破<br>(水口<br>확인을<br>정확히<br>해야 한다) | 左旋水 | 艮坐 坤向에<br>庚酉破면<br>浴破<br>(文庫消水)<br>吉하나<br>左旋水에 艮<br>坐는 불합.<br>구성법은<br>艮坐에 庚破<br>면 貪狼,<br>酉破면 巨門<br>이니 합법 | 寅入首<br>艮坐 坤向<br>右旋穴坐 | 橫龍<br>入首 | ● 88향수법 ☞ 變局向浴破<br>　　　　　　　(文庫消水)<br>● 향상포태법 ☞ 浴破(文庫消水)<br>● 장생수법 ☞ 官破가 되어 불합 |

| ❼ 入首와 向 (淨陰淨陽) | ❽ 水口 入首 관계 | ❾ 左右 旋龍 | ❿ 穿山 72龍 | ⓫ 透地60 龍(氣線) | ⓬ 分金 | ⓭ 左右旋 穴坐 | ⓮ 穴의 陰陽向 |
|---|---|---|---|---|---|---|---|
| 寅(陽龍) 入首에 坤向(陽向) 이니 합법 | 坤申破 木局에서 역선하면 寅入首는 浴龍入首 (中) | 右旋龍 | 戊寅 2번선 (土脈) | 戊寅 2번선 (土脈) 比肩(吉) | 辛丑 분금 (丁丑 분금 을 쓰면 봉침은 丑坐가 되어 각종 수법 과 불합) | 右旋穴坐 左旋水와 合 | 艮坐 坤向 은 陰向 이니 左旋水 陽局과 불합 |

| ⓯ 得水吉凶 | ⓰ 穴證 | ⓱ 穴相 및 物形 | ⓲ 吉凶砂 | ⓳ 沖殺 및 病廉 |
|---|---|---|---|---|
| 丙午得 得水는 生旺得이 못된다 | 結咽이 분명하고 乳穴 | 뚜렷한 물형 없음 | 祿方 ☞ 坤向의 右庚方 驛馬方 ☞ 艮丙辛(坐) 火局의 앞 국인 木局에 해당되는 坤申方이 驛馬方이다 | 沖殺 및 病廉은 해당 없으나 水口를 정확히 확인 해서 坐向(분금)을 결정해야 된다 |

명혈에 대한 간평 제2부

# 25

## 장성군 진월면 진월리 山 53번지

## 경주정씨慶州鄭氏 선산 · 매화낙지梅花落地

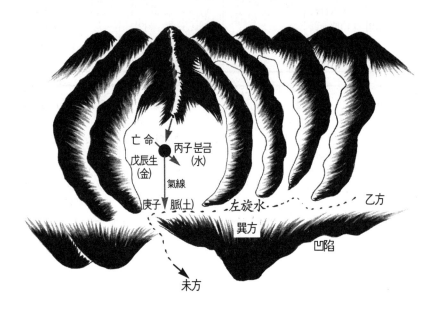

亡命
戊辰生
(金)

丙子 분금
(水)

氣線

庚子 ▼ 脈(土)

左旋水

乙方

巽方

凹陷

未方

○ **水法** : 양 계곡에서 흐르는 물이 바로 **午方**에서 합수合水 **丁未方**으로
거去하기 때문에 **右旋水**로 본다면 과당過堂도 못하니 **左旋水**라야 합
법이다.

| ❶水口 | ❷左右旋水 | ❸坐向 | ❹入首 | ❺入首五格 | ❻水口와 向 |
|---|---|---|---|---|---|
| 丁未破 | 左旋水 | 子坐 午向 | 癸入首 | 横龍入首 | ● 88향수법 ☞ 自旺向<br>● 향상포태법 ☞ 衰破(借庫消水)<br>● 장생수법 ☞ 衰破(吉) |

| ❼入首와 向<br>(淨陰淨陽) | ❽水口<br>入首 관계 | ❾左右<br>旋龍 | ❿穿山<br>72龍 | ⓫透地60<br>龍(氣線) | ⓬分金 | ⓭左右旋<br>穴坐 | ⓮穴의<br>陰陽向 |
|---|---|---|---|---|---|---|---|
| 癸(陽)入首에<br>午(陽)向(合) | 丁未(木)<br>에서 역선<br>하면<br>癸入首는<br>冠帶龍<br>入首(吉) | 右旋龍 | 癸의<br>아래<br>빈칸<br>(水) | 子坐의<br>4번선<br>庚子(土)脈<br>土剋水<br>(我剋者) | 地支坐<br>庚子 丙子<br>분금 중<br>亡命을<br>生해 주는<br>분금을<br>택한다 | 右旋<br>穴坐 | 左旋水<br>陽局에<br>午向<br>(陽向)<br>이니<br>合 |

| ⓯得水吉凶 | ⓰穴證 | ⓱穴相<br>및 物形 | ⓲吉凶砂 | ⓳沖殺 및 病癘 |
|---|---|---|---|---|
| 乙辰得<br>(冠帶得) | 細龍이<br>많다 | 梅花落地 | 祿方에 가깝게 倉庫砂<br>未方에도 倉庫砂<br>(부가 난다) | 乙辰方이 陷하니<br>乙辰風이 해롭기<br>때문에 나무로<br>裨補해야 한다 |

# 26

## 전남 화순군 앵남리·앵무봉충혈鸚鵡逢蟲穴

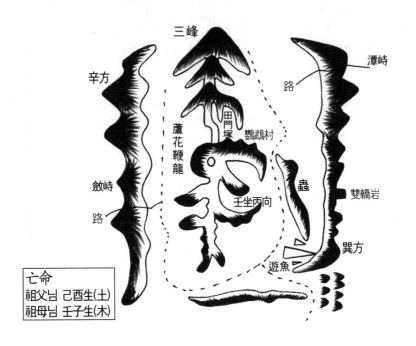

三峰

辛方

潭峙

路

蘆花鞭龍

田門塚

鸚鵡村

斂峙

蟲

雙轎岩

路

壬坐丙向

遊魚

巽方

亡命
祖父님 己酉生(土)
祖母님 壬子生(木)

**秘訣 내용**   화순 서쪽 20리의 앵무산鸚鵡山 아래에 앵무봉충형鸚鵡逢蟲形이 되어 있구나. 이 자리는 해룡장원亥龍長遠하여 **壬坎** 작혈作穴하고 용삼호사龍三虎四에 곡곡유신谷谷流神하고 노화편룡蘆花鞭龍하니 이를 누가 알꼬. 태산내룡泰山來龍이 진회두盡回頭하여 금사유어봉수희金蛇遊魚逢水喜로다. 남쪽에는 비스듬이 날아가는 한아寒鴉가 자리하고 화표한문華表捍門은 오호五戶에 줄 지었고 퇴화적고간堆禾積庫間은 겹겹이 둘러싸이고 길로 인하여 허리가 잘린 것은 흉하지만 색반위지塞返爲之하니 도리어 길하도다. 상운祥雲이 비래飛來하여 巽辛상에 있으니 몸이 삼공三公에 이르러 세불이世不移하리라 穴은 돌 위를 여러모로 자세히 살펴보아야 하리라.

◉ 水法 : 水口를 巳破로 보기 쉬우나 陰陽 합수合水가 丙으로 거去함이 정확하다. 병파丙破라면 壬坐 丙向에 당문파堂門破 태향태류胎向胎流로 볼 수 있고, 壬坐의 丁亥 분금을 썼다면 봉침으로는 亥坐 巳向이 되기 때문에 변국향變局向 욕파浴破 문고소수文庫消水로 보는 것이 부자와 귀인이 많이 나고 수복겸전壽福兼全이라 했으며, 구성법으로도 亥坐에 병파丙破는 탐랑貪狼이 되고 吉하니 후자로 정혈함이 吉하다고 본다. 그러나 장생법으로는 관파官破(黃泉水)에 해당되어 凶하다 (연구를 요한다).

| ❶水口 | ❷左右旋水 | ❸坐向 | ❹入首 | ❺入首五格 | ❻水口와 向 |
|---|---|---|---|---|---|
| 丙破<br>(陰陽合水口) | 左旋水 | 壬坐 丙向<br>丁亥 분금<br>● 이 자리는<br>亥入首<br>亥坐 巳向이<br>제일 무난한<br>裁穴 | 정음법으로<br>亥入首<br>亥坐 | 直龍<br>入首 | ● 88향수법 ☞ 丁亥 분금을 쓰면<br>봉침 巳向이 되어 각종 수법에 맞음<br>丙破에 丙向이면 胎向胎流<br>● 향상포태법 ☞ 堂門破 丁亥 분금<br>이면 亥坐 巳向 浴破(文庫消水)<br>● 장생수법 ☞ 旺破(黃泉水) |

| ❼入首와 向<br>(淨陰淨陽) | ❽水口<br>入首 관계 | ❾左右旋龍 | ❿穿山72龍 | ⓫透地60龍(氣線) | ⓬分金 | ⓭左右旋穴坐 | ⓮穴의陰陽向 |
|---|---|---|---|---|---|---|---|
| 亥(陰龍)<br>入首에<br>丙向(陰向) | 丙破(水局)<br>역선<br>亥入首는<br>浴龍 | 右旋龍 | 亥坐의<br>4번선<br>辛亥<br>金脈 | 亥坐의<br>4번선<br>(辛亥)脈<br>比和(吉) | 壬坐의<br>丁亥 분금<br>(土)이나<br>봉침은<br>亥坐 巳向<br>이 되어<br>수법과<br>일치 | 右旋<br>穴坐 | 左旋水<br>陽局에<br>巳向(陰向<br>이기에<br>불합) |

| ⑮得水吉凶 | ⑯穴證 | ⑰穴相<br>및 物形 | ⑱吉凶砂 | ⑲沖殺 및 病廉 |
|---|---|---|---|---|
| 巳向(金)의<br>生得 巽巳(生得)<br>丁未(冠帶) | 결지 내용<br>처럼<br>모든 砂勢가<br>일치된다 | 鸚鵡<br>逢蟲形 | 雙輪岩, 龜砂捍門,<br>蟲砂 등 결지 내용과<br>일치됨. 다만 鸚鵡村<br>위치가 실지와 다르다.<br>지도와는 일치 | 龍上八殺, 雙金殺,<br>陵殺, 谷殺, 黃泉破<br>등 諸殺 없음 |

## 【 앵무봉충혈鸚鵡逢蟲穴 답산록 】

### 실지 현장의 형기形氣 이기理氣와 결지 내용 및 지도와의 비교

◉ 결지 산도山圖에는 앵무촌鸚鵡村이 청룡을 넘어 있기 때문에 眞穴이 어느 墓인가를 두고 서로 견해가 다르다. 지도상으로 보면 확실하다.

◉ 결지 내용처럼 亥龍이 장원長遠하여 壬坎으로 작혈作穴함이 분명하며 용삼호사龍三虎四란 표현 역시 산도로는 확인하기 어렵지만 지도상으로는 확실하다. 다만 결지 내용대로 壬坐로 재혈할 경우 정확한 水口(破) 확인이 어렵다.

◉ 곡곡유신谷谷流神이라 하였으니 골짝골짝에서 계곡수가 흐르며 노화편룡(蘆花類龍·갈대꽃 피는 가는 龍)도 거의 산도와 지도가 일치된다.

◉ 태산泰山에서 내려온 龍이 큰 뇌두腦頭를 이룬 뒤에 본신룡이 물형物形은 마치 금사金蛇가 물과 고기를 동시에 얻는 물형이니 그 기쁨 누가 알리요?

◉ 남쪽에서 날아가는 겨울 가마귀가 있고 화표사(華表砂·수구 한문 가운데 솟은 큰 바위 또는 봉오리) 한문捍門(수구 양쪽 산 끝) 예 : 구사한문龜蛇捍門은 오호五戶에 줄 지었고,

◉ 퇴화적고간堆禾積庫間 벼를 쌓은 벼늘같은 노적봉은 겹겹이 둘러 있고

◉ 길로 인하여 허리가 잘린 것은 색반위지塞返爲之하니 도리어 吉하다 하였는데 이는 산도 내용처럼 옛날 검치(黔峙·구걸재) 담치(潭峙·연못재) 등 길로 인하여 산이 잘렸으나 막혀서 보이지 않으니 오히려 吉하다 는 뜻인 것 같다.

◉ 상운(祥雲·구름)이 巽方 辛方에 비래飛來하였으니 삼공(三公·삼정승)에 이르러 세불이(世不移·발복장원) 하리라. 여기서 상운祥雲이란 巽辛方 귀사貴砂를 말한다.

◉ 穴은 석상石上에 있으니 여러모로 자세히 살펴보라 했으니 본신룡의 기氣가 끝이는 혈증穴證으로 순전脣氈에 해당되는 바위가 확연하다.

◉ 결지 산도에 표시된 안조산案朝山의 쌍교사雙轎砂·충사蟲砂 등이 제대로 보여 이기理氣·형기形氣·물형物形·혈증穴證 등이 결지 내용과 일치되니 후손들의 발복 역시 정확하리라 믿는다.

# 27

## 최종 유산록遊山錄
## 전북 순창군 동계면 내령리 · 비천오공혈飛天蜈蚣穴

필자는 소개하고 싶은 여러 명혈 중 전라북도 순창군 동계면 내령리 앵계촌 동록東麓에 있는 비천오공혈飛天蜈蚣穴을 마지막으로 선정했다. 선정 이유는 옛날부터 전해온 설화도 다양하고 자세히 유래를 소개한 내용도 입수되었기 때문이다. 이 명혈에 대한 풍수지리적 이론(이기와 형기)에 앞서 그 유래를 먼저 소개하기로 하며 그 내용은 다음과 같다.

◐ 비천오공혈飛天蜈蚣穴에 대한 유래(결지 내용)
  ● 을좌건파건손진국(乙坐 乾破 乾巽 震局)
  ● 承旨公 李渾之墓 長子禮判琴軒 李大胤(理人遷)
  ● 묘지소재 : 순창군 동계면 내령리 앵계촌 동록

금헌이대윤琴軒李大胤은 선조(1567～1608) 때 사람이다. 戊午年 사마시司馬試에 오르고 7년 뒤인 乙酉年 문과文科에 급제及第하여 홍문관수찬弘文館修撰 예조정랑禮曹正郎을 끝으로 남원南原 동촌東村(현 임실 둔덕)으로 지맥기운地脈氣運의 연계를 따라 낙향했다.

이대윤李大胤은 승지承旨 이혼李渾의 아들로서 문장과 인물됨이 뛰어났으며 풍수지리에 달통達通하였다. 임진왜란(1592~1598)이 일어나자 전국 각지에서 의병이 일어났는데 추성명회秋城盟會에서 고경명高敬命을 의병대장으로 추대할 때 도유사 겸 모량장으로 추대되었으며 권율權慄과 김성일金誠一의 포상장계褒賞長計를 받은 임금이 의병상호군을 제수除授하였으나 선산 전투에서 병을 얻어 丙申年(1596)에 운명하였다. 예조

참판禮曹參判에 추증追贈되었으며 훗날 그 아들은 예조판서禮曹判書에 올랐다.

임진외란 십여 년 전에 이대윤의 부친이 작고했는데 효령대군孝寧大君의 증손曾孫인 춘성정공春城正公의 아들이 었다. 탈상 3년 후에 아우인 어모장군禦侮將軍이 이대윤에게 물었다.

"형님께서는 효자이시고 지리에 달통하신 분인데 어찌 선고先考님의 면례緬禮를 미루십니까?"

이대윤이 침통한 목소리로 대답하였다.

폐백幣帛 천 냥이 없어서 — 마침 어모장군의 처가는 풍천노씨豊川盧氏였는데 갑부였다. 노씨부인은 혼인한 지 1년째였는데 3년을 기약하고 친정에 가서 수시로 시가에 송금을 했다.

3년 후 어모장군이 천 냥을 이대윤에게 전하자 장정 열 명에게 천 냥을 짊어지게 하여 남쪽 십 리 길을 가서 앵계촌에 사시는 김가金哥에게 주고 수결手決을 받아왔다. 웬일인지 그 후에도 1년이 지나도록 이장移葬을 하지 않았다. 궁금하여 어모장군이 하루는 형님께 정중히 여쭈었다.

"형님 이장택일移葬擇日은 언제신가요?"

이대윤이 침통한 목소리로 말했다.

"이장택일移葬擇日은 어렵지 않으나 하루라도 동생을 더 보고파서 미룬다네. 하관下棺한 지 4일만에 동생이 극락세계로 가는 穴이니 어찌 어렵지 않겠는가."

그때까지 어모장군은 슬하에 피륙血肉이 하나도 없었다. 노씨부인이 이 말을 듣고 말하였다.

"상통천문하고 하통지리하신 형님께서 동생 살릴 묘술妙術이 없겠습니까? 장군의 효성孝誠을 떠볼 양으로 하신 말씀으로 생각됩니다. 다시 형님께 가서서 이장移葬을 서두르십시오."

마침내 丁亥年 2월 乙未日(임진외란 5일 전)에 면례를 마쳤다(乙坐 亥卯未 택일). 이장

移葬을 마친 후에 이대윤이 말하였다.

"금일부터 동생 내외가 함께 시묘侍墓를 하십시오."

시묘 첫날 밤 자정에 느닷없이 일진광풍一陣狂風과 함께 천군만마千軍萬馬가 몰려오는 소리가 나기에 깜짝 놀랐는데 잠시 후 다투는 소리가 소란하였다. 한 장수將帥인 듯한 자가 말하였다.

"우리가 천상조회天上朝會에 갔다 온 틈에 동촌 이수찬東村 李修撰이 김가金哥 자리에 아비의 유골遺骨을 묻었으니 파내자."

그야말로 야단법석이었다. 그러자 수장首將인 듯한 자가 나섰다.

"아니다. 김가金哥 자리만 천 냥을 받고 팔았으니 이승지 자리가 되었다. 이후 행하가 있을 터 우리는 수호守護나 잘해주자."

잠시 후 잠잠해지므로 조심조심 나와 보니 십오야 밝은 달만이 중천에 떠 있었다. 하지만 예언대로 어모장군은 이장移葬 후 3일만에 운명했다.

이대윤은 동생의 장례를 후하게 치른 뒤 사람들을 물리친 다음 슬픔에 잠긴 제수弟嫂 노씨부인에게 조용히 타일렀다.

"제수씨, 진정하십시오 이미 제수씨는 홀몸이 아닙니다. 자중자애自重自愛 하십시오. 그 유복자遺腹子의 자손이 흥왕興盛하고 부귀富貴를 누린다고 합니다. 동생의 자손이 먼저 발복한 뒤에 양가兩家의 후손들이 고르게 발복한다고 합니다."

과연 이대윤의 말 그대로였다.


현재 남원, 임실, 순창, 장수, 전주는 물론 각처에 남자만 6,000여 명의 자손이 행세하고 있으며 9대 진사進士가 나온 부귀富貴한 집안이다. 최근에는 전라북도 도지사도 나왔고, 도의회 의장도 나왔다.

## 【답산내용】

◉ **龍法** : 주산에서 巽으로 발조發祖하여 震龍으로 이어진다. 기복 굴곡을 거듭하면서 오공蜈蚣의 특징인 세맥細脈 지맥支脈이 양쪽으로 고르게 뻗고 있다. 龍은 巽으로 발조發祖 震龍으로 이어졌으니 다음은 離龍으로 이어지면 산매법山媒法 태교胎交 또는 용교법龍交法에 해당된다.

그러나 離(午)龍은 없고 寅脈만 있다. 이는 寅午戌 삼합三合이기 때문에 寅은 午龍과 같이 취급하여 吉하다. 이러한 龍의 흐름을 반배법反背法이라 한다. 사태룡四胎龍이 左旋하면 寅申巳亥로 입수한다는 용법龍法에도 일치된다.

主山

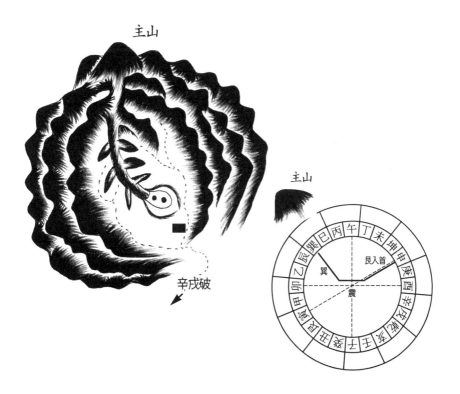

主山

辛戌破

521

명혈에 대한 간평 제2부

| ❶水口 | ❷左右旋水 | ❸坐向 | ❹入首 | ❺入首五格 | ❻水口와 向 |
|---|---|---|---|---|---|
| 辛戌破 | 左旋水 | 乙坐 辛向 丁卯 분금 봉침은 卯坐가 되기 때문에 모든 수법은 卯坐 기준으로 한다 | 巽入首 (陰龍入首) | 直龍 入首 | • 88향수법 ☞ 辛戌破에 卯坐酉向은 自旺向<br>• 향상포태법 ☞ 衰破(借庫消水)<br>• 장생수법 ☞ 衰破(吉) |

| ❼入首와 向 (淨陰淨陽) | ❽水口 入首 관계 | ❾左右 旋龍 | ❿穿山 72龍 | ⓫透地60 龍(氣線) | ⓬分金 | ⓭左右旋 穴坐 | ⓮穴의 陰陽向 |
|---|---|---|---|---|---|---|---|
| 艮(陰)入首에 乙坐 辛向 합법 | 辛向(火) 에서 역선하면 艮寅은 旺入首(吉) | 右旋龍 | 艮의 빈칸 珠寶脈 (土) | 乙坐의 庚辰脈(金) 土生金 | 丁卯 분금 | 右旋穴坐 | 봉침으로 卯坐 酉向 은 陽向 이기에 左旋水 陽向과 合 |

| ⓯得水吉凶 | ⓰穴證 | ⓱穴相 및 物形 | ⓲吉凶砂 | ⓳沖殺 및 病廉 |
|---|---|---|---|---|
| 酉向은(金局)에서 순선하면 庚酉得이 旺得이다(吉) | 結咽, 腦頭가 분명 | 穴相은 乳穴이며 物形은 蜈蚣飛天形이다 | 吉砂가 수없이 많음 | 沖殺 및 病廉은 없음 |

### ☺ 결지 내용과의 차이

누구의 기록인지는 잘 모르겠으나 옛부터 내려온 자손들의 발복 내용들은 거의 비슷하다. 다만 수법에 있어 乾破라 했는데 辛戌破가 정확하다. 옛날에는 구성법을 많이 취하였기에 乾破에 乙坐로 했는지 모르겠다. 乙坐에 乾破는 거문巨門에 해당되기 때문에 합법이다. 그러나 乾破는 실제로는 전혀 맞지 않다. 광주대 풍수지리 특수반이 확인한 결과는 辛戌破가 분명하다.

坐向은 乙坐 辛向이 분명했다. 여기서 한 가지 조심해야 할 일이 있다. 수백 년된 구묘舊墓는 거의 구성법을 적용한 墓가 많다. 따라서 지금 쓰고 있는 각종 수법과는 맞지 않는 경우가 많다. 이런 경우 흔히 쓰지 않은 관중법串中法을 많이 적용했음을 확인할 수 있다.

이곳 오공혈蜈蚣穴도 정확히 실측을 해보면 乙坐에 丁卯 분금을 쓴 것이다. 때문에 이룡배향以龍配向인 내향內向은 乙坐(정침)이지만 각종 수법을 보는 봉침으로는 卯坐가 되는 것이다. 따라서 丁卯 분금을 택함으로써 내향內向인 용법龍法과 외향外向인 수법水法이 다 적중되는 것이다. 이 방법을 관중법串中法이라 하여 꼭 알아두어야 할 이법인 것이다. 때문에 이곳 오공혈蜈蚣穴도 망인亡人의 장자長子인 이대윤 신안神眼이 직접 재혈했으니 틀릴 수 없고 또 묘비墓碑에도 卯坐로 기록되어 있으니 辛戌破에 乙坐 丁卯 분금으로 관중법串中法을 쓴 것이 분명하다.

후세에 이곳을 찾는 어느 지사가 墓의 坐向은 乙坐 辛向이 분명하니까 구성법으로 그에 맞는 乾破를 선택하여 기록에 남긴 것 같다.

# 맺는말

필자는 이제 85세 나이로 총 10번째 출판에 풍수지리로서는 네 번째인 《과학적으로 증명하는 현장 풍수》를 발간하면서 맺는 말을 쓰려 하니 감회가 무량하다. 필자는 조부님의 유지遺志에 따라 풍수지리 연구에 앞서 필자 자신의 수신에 힘써 왔다. 옛 선사들의 예언을 보면 가가풍家家風이란 말이 있다. 후세 혼탁한 말세가 되면 집집마다 풍수風水들이 생겨날 것이라는 뜻이다.

지금 현상이 바로 적중된 것이다. 전국 각 대학에 설치된 평생교육원 및 여러 학원 등에서 매년 전국적으로 수백 명씩 지사들이 양성된다. 뿐만 아니라 수맥水脈, 기맥氣脈, 지전류地電流의 탐지봉으로 진혈眞穴을 찾는 학원들이 수없이 많다. 또는 소형 도자기류에 부적 등을 넣어 묘墓 옆에 묻으면 수맥水脈, 지전류地電流 등을 차단하고 기氣가 뭉치게 만든다고들 한다. 이도 저도 이해하지 못하고 효심만으로 조상님을 길지吉地에 모시려는 선량하고 순박한 사람들이 어느 것이 진眞인지 판단하기 어려울 수밖에 없다. 판단력이 없는 사람일수록 허풍이 강한 쪽으로 넘어가기 쉽다. 일반 사람들이 진위眞僞를 판단하기 어려운 원인은 크게 두 가지로 나눌 수 있다.

첫째, 풍수지리의 용혈龍穴, 사수砂水, 살렴殺殮 등에 대한 이론이 옛부터 각기 다르게 전해 왔기 때문에 어느 것이 진眞인지 구별하기 어렵다. 옛날 선사들의 책임도 중하다고 느껴진다.

둘째, 탐욕이 많은 지사들의 감언이설이 너무도 심하기 때문에 풍수지리에 대한 기초지식이 약한 사람들은 그 진위眞僞를 식별하기 어렵다.

필자는 이러한 현실 속에서 풍수지리를 연구하는 사람이나 진혈眞穴을 구하려는 사람이나 다 같이 현혹되지 않도록 바르게 배우고 바르게 구할 수 있는 지침서가 되기를 바라는 마음에서 《과학적으로 증명하는 현장 풍수》라고 이름을 지었다. 필자는 이 책을 펴면서 오염된 사회 속에서도 백옥처럼 깨끗한 분도 있었기에 필자의 뜻을 이룰 수 있어 그 은공은 필자가 살아 있는 동안 잊을 수 없을 것 같다.

그 한 분은 전 광주시청 여러 과장을 거친 박민규朴敏圭 선생님이시다. 95세를 넘은 노부모님을 맛있는 음식으로 봉양하기 위해 요리학원까지 이수한 효자이시다. 필자는 그 효심에 감복했다. 그런 분이야 말로 길지吉地를 구해 부모님을 편안하게 모시리라고 믿는다. 그분은 필자의 원고 정리를 위해 총력을 다해 주셨다. 그러나 그분은 필자의 옆을 떠나게 되어 필자는 출판을 포기했었다.

그러나 약 1년이 지난 후, 원고 정리를 돕겠다고 적극 출판을 권한 분이 바로 의천宜泉 이제봉李帝奉(본명 啓演) 선생님이시다. 이 선생님은 산도山圖 및 여러 도표 등 어려운 난제를 해결해 주셨다. 이분도 숭조崇祖 효친孝親의 정신이 투철할 뿐만 아니라 정통풍수正統風水, 통맥법通脈法, 기맥氣脈, 수맥水脈 및 자미두수紫微斗數까지도 어느 누구보다 열심히 공부에 여념이 없는 분이기에 필자로서는 누구보다 아끼고 촉망하는 동호인으로서 풍수지리학의 발전과 정화에 크게 기여해 주리라 믿는다.

효성이 지극한 두 분들의 적극적인 협조로 필자의 마지막 저서가 빛을 보게 되어 너무도 기쁘게 생각하면서 풍수지리를 바르게 연구하려는 분이나 효심 깊은 여러분들께 크게 도움이 되기를 간절히 바라면서 끝을 맺을까 한다.

2009년 6월

朴 奉 柱 올림

맺는말

# 상원문화사 동양철학

**사주학 길잡이** • 정용근 지음 • 20,000원

**춘광 종합 만세력** • 김배성 지음 • 7000원

**운명을 좋게 만드는 25가지 방법** • 정용근 지음 • 10,000원

**격국용신정의** • 김배성 지음 • 30,000원

**命星명성** • 임정환 지음 • 39,000원

**죽원 구성만세력** • 김도희 지음 • 18,000원

**자평진전평주** • 심효첨 원저 서락오 평주 박영창 번역 • 30,000원

**면상비급** • 최인영 편역 • 25,000원

**精選 명리약언** ◦ 진소암 원저 위천리 편저 이용준 편역 ◦ 30,000원

**복서정종 〈상·하〉** ◦ 김도희 편역 ◦ 각권 25,000원

**확 트이는 風水 꽉 잡히는 地理** ◦ 정판성 지음 ◦ 30,000원

**공부와 취직에도 풍수가 있다** ◦ 정판성 지음 ◦ 12,000원

**육효학정해** ◦ 최대환 지음 ◦ 25,000원

**신살백과** ◦ 김재식 지음 ◦ 35,000원

과학적으로 증명하는
# 現場風水

**1판 1쇄 인쇄** | 2009년 9월 1일
**1판 2쇄 발행** | 2020년 8월 20일

**지은이** | 박봉주
**펴낸이** | 문해성
**펴낸곳** | 상원문화사
**주소** | 서울시 은평구 증산로 15길 36 (신사동) (03448)
**전화** | 02)354-8646 · **팩시밀리** | 02)384-8644
**이메일** | mjs1044@naver.com
**출판등록** | 1996년 7월 2일 제8-190호

ISBN 978-89-87023-77-9  03150